TARJETA ROJA

$19.95

TARJETA ROJA

EL FRAUDE MÁS GRANDE EN LA HISTORIA DEL DEPORTE

KEN BENSINGER

Planeta

Diseño de portada: Óscar O. González

Título original: *Red Card*

Traducción: Estela Peña

Bajo el sello editorial PLANETA M.R.
Avenida Presidente Masarik núm. 111, Piso 2
Colonia Polanco V Sección
Delegación Miguel Hidalgo
C.P. 11560, Ciudad de México
www.planetadelibros.com.mx

Primera edición en formato epub: junio de 2018
ISBN: 978-607-07-5024-3

Primera edición impresa en México: junio de 2018
ISBN: 978-607-07-5025-0

Impreso en los talleres de Litográfica Ingramex, S.A. de C.V.
Centeno núm. 162-1, colonia Granjas Esmeralda, Ciudad de México
Impreso y hecho en México - *Printed and made in Mexico*

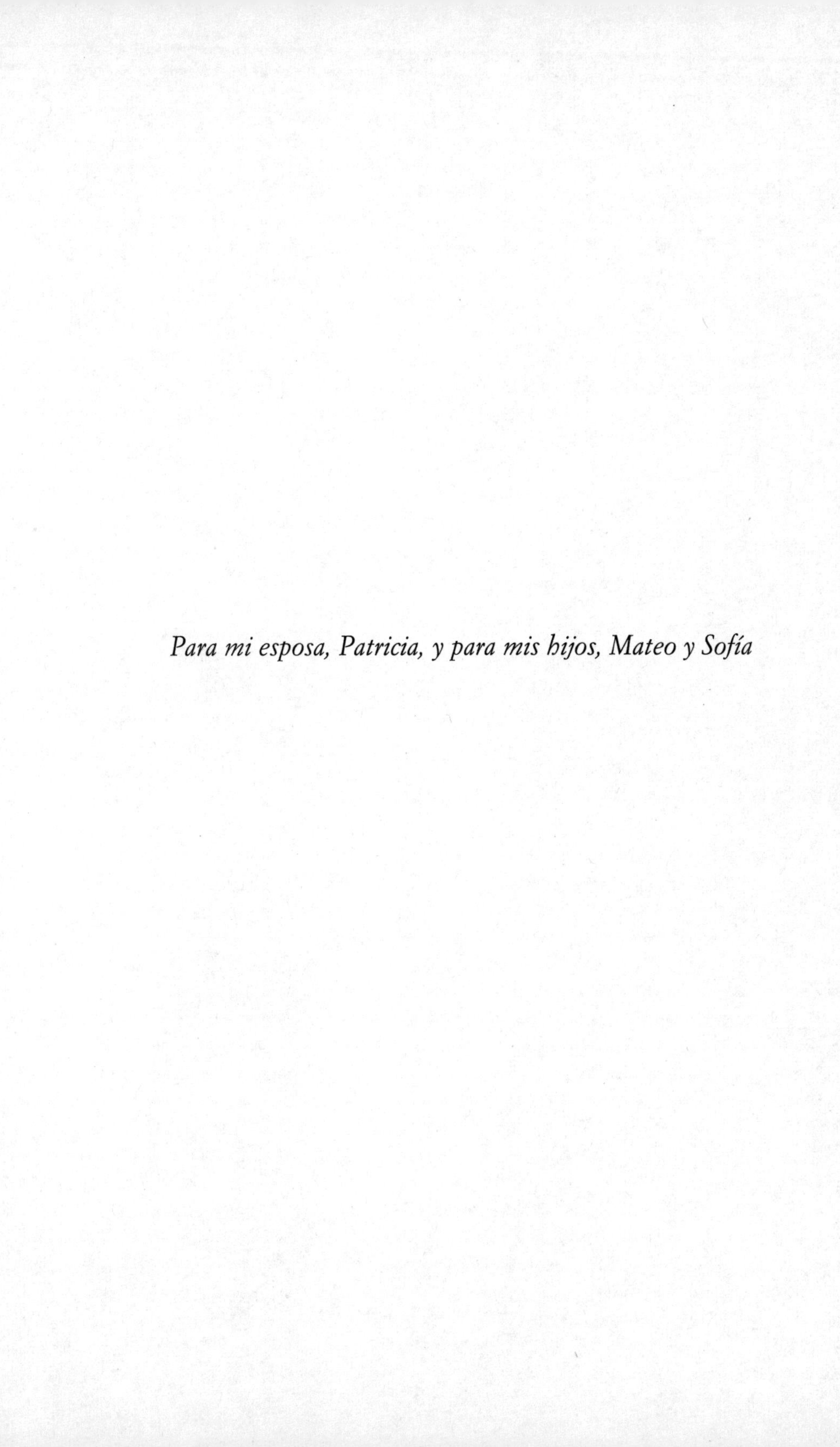

Para mi esposa, Patricia, y para mis hijos, Mateo y Sofía

Entre mi pueblo hay hombres malvados; vigilan como cazadores al acecho; tienden la trampa; atrapan hombres. Al igual que una jaula llena de aves, de igual modo sus casas están llenas de engaños. Por tanto, se han vuelto grandes y se han enriquecido.

Han engordado, son astutos: sí, sobrepasan las hazañas de maldad; no defienden la causa, la causa del huérfano y, sin embargo, prosperan, y no defienden los derechos de los necesitados.

«¿Acaso no los castigaré por estas cosas?» dice el SEÑOR. «¿No me vengaré de una nación como esta?».

JEREMÍAS 5, 26-9

CONTENIDO

REPARTO DE PERSONAJES

La Fédération International de Football Association (FIFA), Zúrich

Jean-Marie Faustin Godefroid «João» Havelange, *presidente (1974-1998)*

Joseph «Sepp» Blatter, *presidente (1998-2015); secretario general (1981-1998)*

Jérôme Valcke, *secretario general (2007-2015)*

Confederación de Norteamérica, Centroamérica y el Caribe de Futbol (CONCACAF), Nueva York y Miami

Austin «Jack» Warner, *presidente (1990-2011); Vicepresidente de la FIFA y miembro del Comité Ejecutivo (1983-2011)*

Charles Gordon «Chuck» Blazer, *secretario general (1990-2011); miembro del Comité Ejecutivo de la FIFA (1997-2013)*

Jeffrey Webb, *presidente (2012-2015); vicepresidente y miembro del Comité Ejecutivo de la FIFA (2012-2015)*

Enrique Sanz, *secretario general (2012-2015)*

Alfredo Hawit, *presidente (2015); vicepresidente y miembro del Comité Ejecutivo de la FIFA (2015)*

Confederación Sudamericana de Futbol (Conmebol), Asunción, Paraguay

Nicolás Leoz, *presidente (1986-2013); miembro del Comité Ejecutivo de la FIFA (1998-2013)*

Eugenio Figueredo, *presidente (2013-2014), vicepresidente (1993-2013); vicepresidente y miembro del Comité Ejecutivo de la FIFA (2014-2015)*

Juan Angel Napout, *presidente (2014-15); vicepresidente y miembro del Comité Ejecutivo de la FIFA (2015)*

Confederación Asiática de Futbol (AFC), Kuala Lumpur

Mohamed Bin Hammam, *presidente (2002-2011); miembro del Comité Ejecutivo de la FIFA (1996-2011)*

Asociaciones Nacionales de Futbol

Julio Humberto Grondona, *presidente, Asociación de Futbol Argentino (1979-2014); vicepresidente y miembro del Comité Ejecutivo de la FIFA (1998-2014)*

Ricardo Terra Teixeira, *presidente, Confederação Brasileira de Futebol (1989-2012); miembro del Comité Ejecutivo de la FIFA (1994-2012)*

José María Marin, presidente, Confederação Brasileira de Futebol (2012-2015)

Marco Polo del Nero, *presidente, Confederação Brasileira de Futebol (2015-); miembro del Comité Ejecutivo de la FIFA (2012-2015)*

Sunil Gulati, *presidente, United States Soccer Federation (2006-2018); miembro del Comité Ejecutivo de la FIFA (2013-)*

Eduardo Li, *presidente, Federación Costarricense de Futbol (2007-2015); miembro del Comité Ejecutivo de la FIFA (2015)*

Vitaly Mutko, *presidente, Russian Football Union (2005-2009; 2015-2017); miembro del Comité Ejecutivo de la FIFA (2009-2017)*

Rafael Esquivel, *presidente, Federación Venezolana de Futbol (1988-2015)*

Manuel Burga, *presidente, Federación Peruana de Futbol (2002-2014)*

Grupo Traffic, São Paulo y Miami

José Hawilla, *propietario fundador*
Aaron Davidson, *presidente, Traffic Sports USA*

Torneos y Competencias, Buenos Aires

Alejandro Burzaco, *director ejecutivo*

Full Play Group, Buenos Aires

Hugo Jinkis, *cofundador y copropietario*
Mariano Jinkis, *cofundador y copropietario*

International Soccer Marketing, Jersey City

Zorana Danis, *propietario*

Agencia Federal de Investigaciones
Oficina de Nueva York

Mike Gaeta, *supervisor agente especial*
Jared Randall, *agente especial*
John Penza, *supervisor agente especial*

Servicio de Recaudación de Impuestos
División de Investigación de Delitos, Oficina de Los Ángeles

Steven Berryman, *agente especial*
J.J. Kacic, *agente especial*

Oficina del Fiscal para el Distrito Este de Nueva York, Brooklyn

Loretta Lynch, *fiscal de Estados Unidos (2010-2015); procuradora general de Estados Unidos (2015-2017)*
Evan M. Norris, *asistente de la fiscal*
Amanda Hector, *asistente de la fiscal*
Darren LaVerne, *asistente de la fiscal*
Samuel P. Nitze, *asistente de la fiscal*
Keith Edelman, *asistente de la fiscal*
M. Kristin Mace, *asistente de la fiscal*

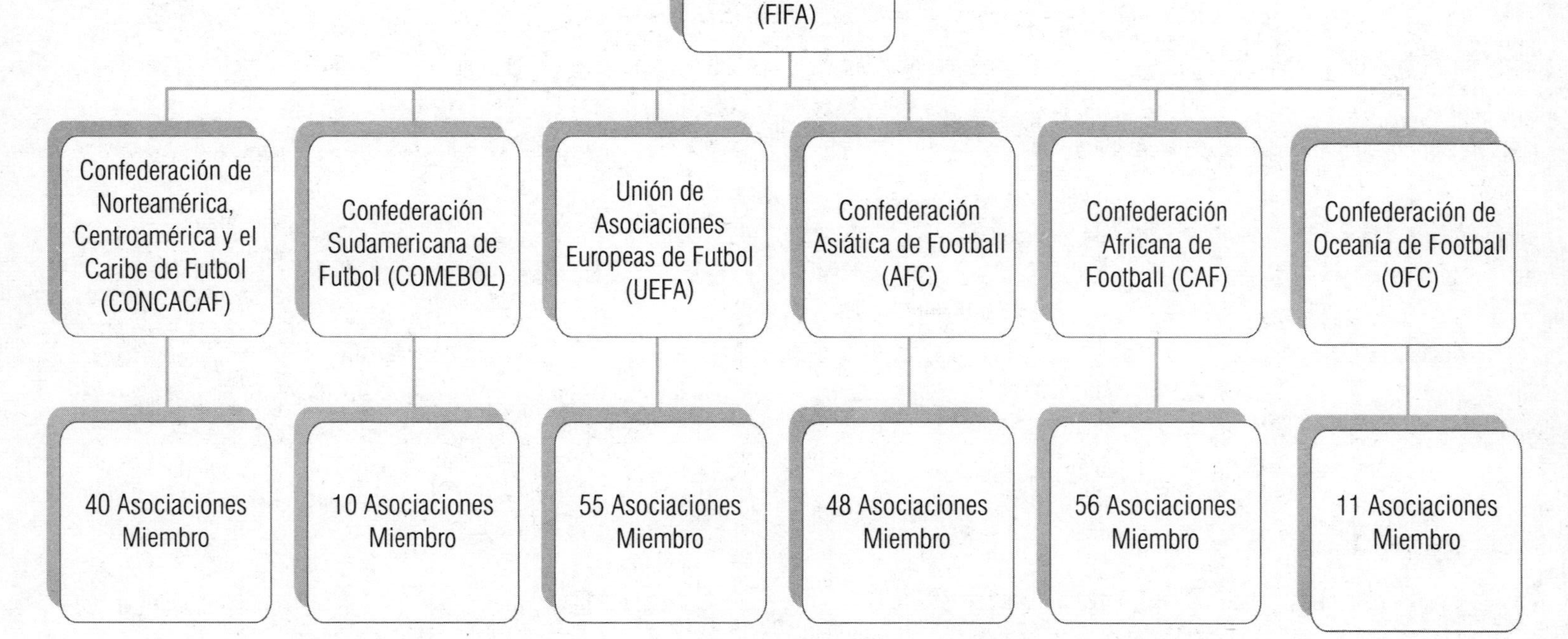
Fédération International de Football Association (FIFA)
Confederación de Norteamérica, Centroamérica y el Caribe de Futbol (CONCACAF)
Confederación Sudamericana de Futbol (COMEBOL)
Unión de Asociaciones Europeas de Futbol (UEFA)
Confederación Asiática de Football (AFC)
Confederación Africana de Football (CAF)
Confederación de Oceanía de Football (OFC)
40 Asociaciones Miembro
10 Asociaciones Miembro
55 Asociaciones Miembro
48 Asociaciones Miembro
56 Asociaciones Miembro
11 Asociaciones Miembro

1
BERRYMAN

Poco después de las diez de la mañana del 16 de agosto de 2011, Steve Berryman, un agente especial de 47 años del Servicio de Recaudación de Impuestos (IRS, por sus siglas en inglés), se encontraba en su cubículo en el tercer piso de un enorme edificio de oficinas federales conocido como el Zigurat, en Laguna Niguel, California, cuando su teléfono celular comenzó a vibrar. Había una nueva alerta de correo entrante de Google.

Berryman, delgado, de 1.83 metros de altura, ojos cafés tan oscuros que parecían casi negros, cejas gruesas, piel blanca y un bigote blanco perfectamente recortado que combinaba con su pelo relamido, había programado tales alertas. Su elección de las palabras clave traicionaba una sensibilidad que, después de veinticinco años en el IRS, se había vuelto altamente refinada en todo lo relacionado con delitos financieros. Berryman tenía alertas para «lavado de dinero», «corrupción», «Ley del Secreto Bancario» y «Ley de Prácticas Extranjeras de Corrupción», entre muchas otras. Los mensajes llegaban en lotes durante el día, con docenas de nuevos artículos provenientes de todo el mundo sobre diferentes casos de mal comportamiento financiero, mismos que Berryman revisaba rápidamente antes de volver a cualquiera de los casos en los que estuviera trabajando.

Pero esta notificación en particular hizo que se detuviera en seco. La alerta entraba en la categoría «soborno» y contenía un enlace a un artículo del servicio de noticias de Reuters. En el encabezado se leía «El FBI examina los registros financieros de los jefes del futbol».

La historia describía una serie de documentos que supuestamente habían sido revisados por el FBI y señalaban que un funcionario del futbol *soccer* en Estados Unidos llamado Chuck Blazer había recibido más de $500,000 dólares en pagos sospechosos a lo largo de un periodo de quince años.

Blazer era un alto funcionario de la FIFA, el organismo que dirige el mundo del futbol. A Berryman le pareció que ya había escuchado su nombre en alguna parte, pero no pudo reconocerlo por la foto en donde se veía a un hombre de ceño fruncido, despeinado, con cejas pobladas y una barba gris ingobernable. Sintió que una oleada de entusiasmo intoxicante lo invadía mientras releía el artículo varias veces y tomaba nota especialmente del hecho de que Blazer tenía varias cuentas bancarias en el extranjero, incluida una en las Islas Caimán.

Le pasó el artículo a su supervisora, Aimee Schabilion, y luego corrió a su oficina para asegurarse de que ella lo leyera.

—Esto podría ser enorme —dijo.

◆◆◆

Desde niño, Berryman amaba el futbol.

Creció en Inglaterra porque su padre pertenecía a la Fuerza Aérea y pasó la mayor parte de sus primeros once años viviendo afuera de las bases militares que se encontraban allí, jugando futbol la mayoría de las tardes. Cuando su familia regresó a Estados Unidos y se estableció en el caluroso y polvoriento Inland Empire del sur californiano, no pudo encontrar a nadie con quien jugar, por lo que transfirió sus habilidades futbolísticas al emparrillado del futbol americano, convirtiéndose en un pateador estrella.

Su poderosa pierna izquierda le valió una beca deportiva en la Universidad East Illinois. Berryman podía patear el balón a una distancia de sesenta y cinco yardas por entre la H tres de cada cuatro ocasiones, pero no era tan bueno como para entrar en los rangos profesionales. Berryman detestaba los amargos inviernos del medio oeste. Tan pronto como se dio cuenta de que no tendría futuro en la NFL, abandonó su beca y se transfirió a Cal State San Bernardino, donde concluyó su licenciatura en contabilidad y se inscribió para convertirse en agente del IRS.

Su primer caso fue en contra del propietario de un lujoso salón de belleza que no había declarado sus ingresos. Berryman pasó sus primeros años en el IRS investigando a pequeños evasores y a contadores tramposos. Pronto se movió al área de narcóticos e hizo equipo con otras agencias en investigaciones internacionales amplias y complejas.

La gran revelación para Berryman al trabajar en esos casos fue que las drogas, las armas y la violencia eran sólo la mitad en la historia. Sólo se podían resolver los crímenes una vez que se rastreaba el dinero. Mientras que los agentes de la Administración para el Control de Drogas (DEA, por sus siglas en inglés) soñaban con giros dramáticos para elevar los precios de las drogas, Berryman pasaba su tiempo cazando de forma meticulosa el dinero de los traficantes a lo largo y ancho del mundo, agregando cargos —y muchas veces indiciados— a sus acusaciones. Se daba cuenta de que la gente es falible. Jugaban juegos, olvidaban hechos, sucumbían a la tentación, exageraban y se contradecían a sí mismos. Los documentos nunca mentían.

Después de que nacieron sus hijos, Berryman y su esposa compraron una casa cerca del mar. Fue transferido a la oficina del IRS en Laguna Niguel, en lo profundo del condado de Orange, donde comenzó a trabajar en casos de corrupción pública, incluida una importante investigación que mandó a prisión al bien conocido *sheriff* del condado, Mike Carona. Viajó a otras oficinas, enseñándoles a los agentes sobre la Ley de Prácticas Extranjeras de Corrupción; encabezó un proyecto de corrupción de funcionarios públicos y extranjeros en la oficina central en Los Ángeles, y participó como testigo voluntario en acusaciones federales que requerían en el estrado a expertos en lavado de dinero.

—Soy un contador con una pistola —le gustaba decir a Berryman—. ¿Qué podría ser más divertido?

Berryman no estaba motivado, como algunos policías, por un sentimiento de indignidad moral. De hecho, a menudo se encontraba admirando a los hombres y mujeres que perseguía, preguntándose si en otras circunstancias podrían haber sido amigos. Lo que le hacía funcionar, en cambio, era la emoción de la cacería.

No era abogado, pero se hizo de una reputación como agente del fiscal, cuyo implacable enfoque en la mecánica de los casos sólo era comparable a su apasionada atención en los detalles. Algunos de los más altos miembros de la agencia consideraban a Berryman como el mejor agente de IRS en el país: ambicioso, deseoso de viajar y dispuesto a trabajar las horas que fueran necesarias para armar un caso.

Cuando no estaba trabajando, sin embargo, lo más probable era que estuviera pensando en el *soccer*, al que él llamaba futbol, como la mayor parte de los habitantes del planeta.

Berryman acostumbraba levantarse temprano los fines de semana, a veces incluso antes de las cinco de la mañana, para ver a su equipo favorito, el Liverpool, jugar la Liga Premier

Inglesa en televisión por cable. En 2006, él y dos amigos viajaron a la Copa del Mundo en Alemania y asistieron a los tres encuentros jugados por la selección nacional de Estados Unidos, así como a un partido entre Brasil y Ghana. Él mismo jugó en una liga de futbol de adultos, entrenó los equipos de sus hijos y frecuentemente iba a los partidos de la Major League Soccer (Liga de Futbol de Estados Unidos). Y como muchos de los simpatizantes del futbol, se preocupaba cada vez más por los constantes rumores de corrupción y las malas gestiones en los más altos niveles del deporte.

Durante años, Berryman había escuchado que los avariciosos funcionarios del futbol robaban y así privaban a los equipos, los jugadores y, especialmente, a los aficionados de dinero que podría haber mejorado y desarrollado el deporte. Pero el problema siempre había parecido distante. Los informes eran ciertamente molestos para alguien que gustaba del futbol, pero estas cosas sucedían en lugares lejanos como Suiza, Italia o África, definitivamente no en Estados Unidos, donde el futbol seguía siendo un deporte de segundo nivel, demasiado pequeño para albergar una gran corrupción. El futbol podía ser sucio, pero Berryman nunca había pensado que los problemas del deporte fueran potencialmente criminales.

El artículo del Reuters cambió esa idea. Blazer era un estadounidense que vivía en Nueva York. Eso implicaba una potencial jurisdicción y la posibilidad de aplicar una de las pasiones de Berryman, la investigación financiera criminal, a su otra gran pasión, el deporte más popular del mundo.

Si este funcionario nacional del futbol había estado involucrado en un acto delictivo, Berryman sentía que había nacido para averiguarlo.

◆◆◆

La declaración de impuestos es algo tan fundamental en la experiencia de ser estadounidense que se ve casi como algo sagrado: aburridos documentos cargados de números que actúan como piedras Roseta en la vida de todo ciudadano. Estados Unidos es uno de los dos únicos países en el mundo, junto con Eritrea, pequeña y devastada por la guerra, que exigen que sus ciudadanos declaren incluso cuando viven en el extranjero y cada año el Servicio de Recaudación de Impuestos procesa más de 150 millones de declaraciones individuales de impuesto sobre la renta.

Hay una sección especial de la ley federal dedicada exclusivamente a consagrar el carácter privado de las declaraciones y prohíbe casi a todas las personas, bajo pena de castigo, consultar o divulgar las declaraciones de impuestos. Esa restricción incluye a los guardianes de la ley; hasta el propio FBI debe sortear una serie de obstáculos legales antes de que pueda siquiera mirar una declaración de impuestos.

Sin embargo, hay un grupo encargado por el gobierno para revisar las declaraciones de impuestos, una casta cuyos poderes únicos se han ganado de forma perversa el miedo y el desprecio social: los empleados del IRS. Un empleado del IRS, Steve Berryman, tenía el poder único de examinar las declaraciones de impuestos de cualquier persona, siempre que tuviera motivos para creer que se había cometido un delito. Gracias al artículo de Reuters pudo moverse.

De pie en la oficina de su supervisora ese martes de agosto, le pidió permiso para consultar las declaraciones de impuestos de Chuck Blazer. En tan sólo unos minutos, puedo echar un primer vistazo a esta información crucial.

Berryman estaba buscando omisiones obvias y signos inequívocos de ingresos ocultos. El resultado fue mucho mejor de lo que él mismo habría esperado: «No hay registros».

Abrió los ojos desmesuradamente. El sistema le estaba

diciendo que Chuck Blazer no había realizado sus declaraciones al menos en los últimos diecisiete años.

No declarar puede ser un delito. Pero si Blazer había recibido algún tipo de ingreso en cualquier lugar y lo había ocultado intencionalmente, eso podría elevar la omisión a un delito grave. Y si tenía cuentas bancarias en el extranjero sin informar de ello al gobierno, eso también constituía un delito grave.

Chuck Blazer, el único estadounidense en el Comité Ejecutivo de la Federación Internacional de Futbol Asociado (FIFA), el órgano supremo que gobierna el futbol a nivel global, tenía toda la pinta de ser un delincuente fiscal.

Con el corazón batiendo a mil, Berryman se apresuró a la oficina de Schabilion. Le explicó quién era Blazer, lo que hacía la FIFA y cómo este contundente caso fiscal que había desenterrado podía ser la puerta de entrada para algo mucho más grande.

—¿Puedo participar? —suplicó.

Berryman no era de los que retaban a la autoridad. Pero, en general, sus superiores confiaban en su capacidad de seleccionar casos que valían la pena, así que se mantenían fuera del camino. Schabilion no tuvo ningún problema con que él investigara esto, ¿pero y el FBI? El artículo sugería que el caso ya estaba abierto. Si quería involucrarse, primero tendría que consultar a la Agencia.

Berryman no tenía forma de verificar los sistemas informáticos del FBI para ver si había un caso abierto que involucrara a Blazer, así que llamó a una agente del FBI con la que había trabajado en Santa Ana y le pidió que lo revisara.

La agente le devolvió la llamada poco después.

—Sí —respondió ella—. Hay un agente que se está ocupando del caso en Nueva York.

Hay docenas de agencias policiales federales en Estados Unidos, cada una con sus propias responsabilidades y capacidades; existen, incluso, los agentes armados de la Policía del Parque Zoológico Nacional y el Inspector General de la Administración de Pequeños Negocios.

Pero la más grande, la mejor financiada y la más poderosa de todas es la Agencia Federal de Investigaciones (FBI, por sus siglas en inglés). Tiene decenas de miles de agentes, vastos recursos y oficinas en todo el mundo. Es la estrella del espectáculo legal de Estados Unidos, goza de la atención prodigada por los periodistas, Hollywood y, particularmente, por los miembros del Congreso con autoridad en el presupuesto. Aunque es común que varias autoridades policiales se unan en los casos, los investigadores de otras agencias rápidamente aprenden a caminar de puntillas cuando tratan con el FBI. Tienen una extraña habilidad para siempre estar en la cima.

Berryman le preguntó a su amiga en la Agencia si se había comunicado con el agente en Nueva York para saber si estaría dispuesto a hablar del caso. Claro, le respondió. Y le dijo que se volvería a poner en contacto con él tan pronto como supiera algo.

Mientras esperaba ansiosamente, Berryman estudió todo lo que pudo sobre Blazer, la FIFA y el futbol internacional. Se quedó hasta tarde investigando a Jack Warner, un funcionario de futbol de Trinidad y Tobago que había entregado cheques con un valor de $512,750 a Blazer y que ahora estaban bajo escrutinio, según el artículo de Reuters, y sobre la Confederación de Norteamérica, Centroamérica y el Caribe de Futbol, que ambos hombres habían dirigido durante más de dos décadas. También leyó acerca de un hombre de Qatar fabulosamente rico llamado Mohamed bin Hammam, que había ayudado a la pequeña nación de Medio Oriente a ganar el derecho a organizar la Copa del Mundo en 2022.

No tardó en comenzar a imaginar un posible caso, las formas en que podría ser investigado y procesado, además del alcance que podría tener. Cada día que pasaba, el entusiasmo de Berryman crecía hasta que se sintió más entusiasmado de llevar este caso que cualquier otro en toda su carrera. Quería involucrarse a como diera lugar.

No tenía idea del camino que había tomado la investigación del FBI, pero estaba seguro de que sus agentes no podían ver las declaraciones de impuestos de Blazer sin una orden judicial. Berryman tenía un poco de esperanza en que estuvieran estancados. Necesitaban a un agente del IRS en el caso. Esa era la forma de meterse, pensó, y Blazer podría ser tan sólo el comienzo.

Casi una semana después, la agente del FBI de Santa Ana lo llamó de nuevo.

—El nombre del agente es Jared Randall —le dijo, y le pasó sus datos de contacto—. Está dispuesto.

◆◆◆

Berryman había sido profético.

Investigar el problema fiscal de Chuck Blazer era como detener a alguien que lleva una luz de freno fundida y descubrir que lleva el maletero lleno de cadáveres.

Durante los siguientes cuatro años, Berryman trabajaría en secreto con el FBI y los fiscales federales en Brooklyn para construir una de las investigaciones más grandes y ambiciosas en la historia de Estados Unidos sobre corrupción y lavado de dinero internacionales.

Al cabo de casi un año, en efecto, la investigación del FBI se había estancado, sumida en los desafíos de enfrentarse a una institución tan vasta, compleja y poderosa como la FIFA. Pero gracias en gran parte a Berryman, el pequeño caso estallaría si el gobierno estadounidense confrontaba al principal negocio que apuntaba al juego más popular del mundo. Docenas de personas de más de quince países diferentes serían acusadas de violar las estrictas leyes de Estados Unidos respecto a asociaciones delictivas, lavado de dinero, fraude e impuestos, puestas en evidencia por lo que los fiscales describían como una conspiración criminal cuidadosamente orquestada durante décadas para torcer el deporte más querido en beneficio de intereses egoístas.

Muchos de los involucrados en la investigación se arrojarían a merced del Departamento de Justicia, renunciarían a cientos de millones de dólares y acordarían cooperar silenciosamente. Esto permitía a los fiscales lanzar en secreto una red aún más amplia a medida que los funcionarios de futbol traicionaban a sus amigos y colegas. El caso finalmente se hizo público con un dramático arresto de siete funcionarios de futbol en una incursión matutina en Suiza en mayo de 2015 que sacudió los cimientos del deporte. Pronto casi todos los funcionarios importantes de la FIFA habían sido destituidos, incluido su genial pero despiadado presidente, el suizo Sepp Blatter. Los fiscales en todo el mundo se sintieron inspirados para abrir sus propias investigaciones penales particulares, ayudando a revelar aun más el espantoso funcionamiento interno del deporte conocido como el juego bonito.

Tras décadas de impunidad ante escándalos, finalmente el cártel mundial del futbol quedó de rodillas ante uno de los pocos países del mundo al que parecía no importarle en absoluto ese deporte. Esa ironía no pasó desapercibida para los cientos de millones de fanáticos alrededor del mundo, que se encontraron en la posición poco común de alentar a Estados Unidos a que se inmiscuyera de verdad en el negocio de otros países: el Tío Sam, de manera inverosímil, se convertía en la superestrella más importante del futbol.

Cuando el caso clandestino finalmente se hizo público, los críticos acusaron a la fiscalía, dirigida por un graduado de la escuela de leyes de Harvard llamado Evan Norris, de arrogancia y de extralimitarse; argumentaban que Estados Unidos no debería tratar de vigilar todo el planeta o imponer sus leyes a países extranjeros. Otros afirmaron que el caso representaba su propio tipo de conspiración, un complot de la nación más rica y poderosa del mundo para derrocar un deporte extranjero que detestaba y temía. Tal vez la teoría más popular fue que el caso era un desquite que venía desde los niveles más altos porque Estados Unidos fue rechazado para ser sede de la Copa del Mundo en 2022.

Los fiscales del caso se anticiparon a esas inquietudes e hicieron todo lo posible por abordar sólo los delitos que presuntamente tuvieron lugar —al menos en parte— en territorio estadounidense o a través del sistema financiero estadounidense. Conscientes del poder emocional y político del futbol en el resto del mundo, los agentes del FBI hicieron lo posible por proteger las sensibilidades de otros países y dejaron claro que no estaban acusando al deporte, sino sólo a los hombres que habían mancillado su reputación. De hecho, se esforzaron por argumentar que el futbol en sí mismo era la víctima de los crímenes que se estaban imputando y que tenía derecho a recuperar el dinero que le habían robado.

En cuanto a la noción de que alguna agenda insidiosa, vengativa y abiertamente xenofóbica estaba impulsando el caso, la verdad es las investigaciones sobre la FIFA comenzaron meses antes de que los miembros con derecho a voto del poderoso Comité Ejecutivo de la FIFA eligieran Qatar y no Estados Unidos como sede para celebrar la competencia más importante del deporte.

El caso de Estados Unidos en contra de la corrupción en el futbol no comenzó desde arriba, en la cumbre. Fue producto de un cuidadoso y paciente trabajo policial realizado por investigadores dedicados; comenzó como algo pequeño y creció hasta convertirse en una tarea mucho más amplia de lo que cualquiera de los involucrados podía haber imaginado. Y todavía están sucediendo cosas.

La saga de la corrupción dentro de la FIFA y en el futbol mundial es un conjunto inconmensurablemente complicado, demasiado extenso como para explicarlo o abarcarlo en estas páginas. Abarca décadas de engaños, sobornos, repartos e impunidad, que fueron ocurriendo conforme el futbol se expandía geométricamente hasta convertirse en el gran monstruo deportivo del planeta que es hoy, un multimillonario pasatiempo encendido por las fervientes pasiones de sus fanáticos devotos.

Este libro hace un recuento general de un solo caso delictivo que sobresalió por su apabullante complejidad y alcance, uno que traspasó los límites de lo que cualquiera, especialmente los fanáticos desilusionados del juego mundial, pudiera haber creído posible. También es la historia de algunas de las personas, brillantes y corrompibles, dedicadas y descuidadas, humildes y arrogantes, leales y traidoras, que hicieron de este el escándalo deportivo más grande del mundo.

2
INTERCEPCIÓN TELEFÓNICA

Increíblemente, lejos de sus humildes raíces en el siglo XIX como un simple pasatiempo de las clases trabajadoras resultado de la Revolución industrial, el futbol se ha vuelto en muchos países una institución social y cultural tan poderosa como el gobierno o la Iglesia. Animado por las pasiones de cientos de millones de fanáticos devotos alrededor del planeta, el *soccer* ha madurado también en un agitado dínamo económico, inyectando grandes sumas de dinero que llenan los bolsillos de la élite que organiza el deporte, lo trasmite y pega sus logotipos corporativos a lo largo de los estadios y en el pecho de los talentosos jóvenes atletas que persiguen el balón.

Jugado en cada país del globo terráqueo, una infinita combinación de encuentros, torneos y campeonatos de futbol amateur y profesional se disputa casi de forma continua durante todo el año. Pero el evento particular alrededor del cual se organiza el *soccer* mundial, el ancla del calendario deportivo y de su palpitante corazón, es la Copa del Mundo. Creada por una FIFA mucho más modesta en tiempos mucho más modestos, el torneo cuatrienal ha representado a lo largo de las décadas el apogeo del poder e influencia del deporte: un espectáculo único, moderno, trasnacional y masivo para la era televisiva, mezcla del consumismo rampante, de los intereses corporativos, de la ambición política y del desenfrenado oportunismo financiero.

Este evento de un mes de duración que enfrenta equipos nacionales de futbol en una orgía de fervor patriótico es el suceso deportivo más grande que el ser humano hay concebido jamás.

El 9 de junio de 2010, tres días después de la patada inicial de la Copa Mundial de Sudáfrica, enviados de Rusia e Inglaterra esperaban nerviosos afuera de un salón de conferencias del Centro de Convenciones Sandton de Johannesburgo, para hacer la presentación de su candidatura para acoger el torneo 2018.

Su audiencia: los representantes electos de la Confederación de Norteamérica, Centroamérica y el Caribe de Futbol, o CONCACAF. Las asociaciones miembros de la FIFA, cada una de las cuales regula el futbol en sus países, se dividía en seis confederaciones que velaban por el deporte a nivel regional. La CONCACAF, con 35 asociaciones miembro bajo su protección, era una de ellas y, a su vez, le rendía cuentas a la FIFA. Su territorio abarcaba desde Panamá en el sur hasta Canadá en el norte, e incluía a Estados Unidos, así como a todo el Caribe y a dos países sudamericanos escasamente poblados, Surinam y Guyana.

Con la posible excepción de México, los miembros de la confederación no se consideraban particularmente formidables en la cancha, pero en el despiadado campo de las políticas internacionales del *soccer*, la CONCACAF era una fuerza motriz.

Su influencia se debía en gran parte a Jack Warner, su presidente trinitense. Era enjuto, con lentes sobrepuestos en un rostro con profundas líneas de expresión que le recordaba a la gente que era un hombre negro emergido de una pobreza abyecta. Era un político nato con la habilidad de incitar a las treinta y cinco naciones miembro de su confederación a votar en un bloque firmemente unificado en los congresos anuales de la FIFA. Esa incomparable disciplina daba a la CONCACAF una influencia desmedida en comparación con otras confederaciones de futbol incluso más grandes, que constantemente luchaban con conflictos y faccionalismo internos que dividían sus votos, en ocasiones en muy diversas direcciones.

Eso también hacía de Warner, de 67 años en esa época, uno de los hombres más temidos y poderosos en el mundo del futbol. Durante las tres décadas precedentes, había desplegado astucia, persistencia y una férrea disciplina para encaminar al Caribe y con él a toda la confederación. Sus posiciones raramente eran cuestionadas. A cambio de las generosas aportaciones económicas que se filtraban a través de él desde los rangos más altos del deporte, esperaba que las asociaciones miembro votaran exactamente como él quería.

Nacido en la pobreza extrema de la campiña trinitense, el esbelto y combativo Warner se había convertido en el tercer vicepresidente de la FIFA y el miembro más antiguo de su Comité Ejecutivo, o ExCo, el órgano de veinticuatro hombres encargado de tomar las decisiones más importantes de la FIFA, incluida la determinación de dónde se celebran las Copas Mundiales. Warner también era poderoso en otros círculos: menos de dos semanas antes de volar a Sudáfrica para asistir al torneo, había protestado como ministro de Obras y Transporte en el gobierno de Trinidad y Tobago.

El poder de Warner en la FIFA se había visto fortalecido por su aliado más cercano, Chuck Blazer, un judío neoyorkino mórbidamente obeso con gran talento para los negocios y una barba blanca desatendida que lo convertía en el doble de Santa Clos. Jugador compulsivo guiado por apetitos aparentemente insaciables y por un inextinguible oportunismo, Blazer había sido el cerebro detrás de las fortunas políticas de Warner y, en gran medida, del espectacular crecimiento del futbol en América del Norte. Había sido el secretario general de la CONCACAF, el segundo al mando encargado de las operaciones cotidianas, desde 1990 y se había reunido con Warner en el ExCo de la FIFA desde 1997. El tercer funcionario de la CONCACAF, el guatemalteco Rafael Salguero, también formaba parte del comité gobernante formado por veinticuatro miembros de la FIFA y de él se esperaba que emitiera votos que siguieran los de sus colegas de la confederación.

Cualquiera que pretendiera ganar la sede del torneo sabía que era fundamental cortejar a Warner y Blazer, y que ambos hombres estaban dispuestos a poner precio a cualquier cosa, incluido el premio más importante del futbol. El voto del ExCo sobre dónde realizar las Copas Mundiales 2018 y 2022 iba a celebrarse en Zúrich el 2 de diciembre y con poco menos de seis meses por delante, la reunión de la CONCACAF en Johannesburgo se consideraba como una oportunidad de venta crucial.

Inglaterra no había sido sede del campeonato desde 1966. Su población enloquecida por el futbol estaba desesperada por volver a serlo. Londres estaba programado para albergar los Juegos Olímpicos de 2012, y el gobierno británico calculó que una Copa del Mundo le daría un impulso a su economía de casi $5,000 millones de dólares. También tendría un valor social y psicológico incalculable para el país, que, como sus fanáticos no tardaban en hacer notar, era el inventor del deporte en primera instancia.

Inglaterra se enfrentó a una serie de competidores. Bélgica y los Países Bajos se habían unido para hacer una oferta rival, y España y Portugal, otra. Una multitud de otros países luchaban por separado por ganar los derechos de la Copa del Mundo

2022, entre ellos Estados Unidos, Australia y Qatar. Pero el adversario más formidable de Inglaterra para 2018 fue sin duda Rusia.

Había sido galardonada con los Juegos Olímpicos de Invierno 2014 justo dieciocho meses antes y había recorrido casi una década de un crecimiento económico espectacular, gracias en gran parte a los precios récord del petróleo y otros recursos naturales.

Ese país y particularmente su líder, Vladimir Putin, habían estado ansiosos por aprovechar ese auge y reafirmar el papel como potencia mundial que había abandonado hacia tiempo. Ganar el derecho de ser sede de la Copa del Mundo, vista por cientos de millones en todo el mundo, sin duda sería una forma efectiva de ayudar a sembrar esa idea al proyectar fuerza y estabilidad. Y, aun más importante, elevaría la propia imagen de Putin entre los rusos. Para Putin era impensable perder el voto.

◆◆◆

En un intento de imparcialidad, y quizás, también debido a la poca capacidad de atención de muchos de sus delegados, la CONCACAF asignó doce minutos para que cada uno de los aspirantes hiciera su presentación.

La delegación de Rusia, encabezada por Alexey Sorokin, secretario general de la Federación Rusa de Futbol, se presentó primero. No le fue bien.

Para empezar, el equipo nacional de futbol de Rusia no había clasificado para la Copa Mundial 2010 debido a una humillante derrota sufrida el noviembre anterior ante la humilde Eslovenia, un país con una población total ligeramente superior a la ciudad siberiana de Novosibirsk. Y Blazer, que supuestamente se inclinaba a votar por Inglaterra, ni siquiera estaba en la sala. Diabético y con molestos problemas respiratorios, había decidido evitar Johannesburgo porque la altura de la ciudad afectaba su salud.

En tanto, la presentación de Rusia quedó vergonzosamente estropeada debido a que la presentación de PowerPoint falló en tres ocasiones mientras hablaba Sorokin. Él, un hombre guapo y muy pulcro, con un inglés de acento estadounidense excelente y una sonrisa de comercial, emanaba confianza. Pero su presentación, que ponía la atención en ciudades anodinas y lejanas como Yekaterimburgo, carecía de brillo o encanto. La audiencia, en su mayoría funcionarios del Caribe y Centroamérica, parecía indiferente, si no es que francamente aburrida.

En comparación, el equipo de Inglaterra tuvo un desempeño deslumbrante. David Dein, un antiguo vicepresidente del club de futbol londinense Arsenal impecablemente trajeado parecía y se oía como el tío amable y rico que todos desean tener, con una actitud majestuosa y un acento sofisticado. Calentó los ánimos con una broma: «La última vez que lo hice en 12 minutos, tenía 18 años», lo que provocó carcajadas. Luego proyectó un video protagonizado por el centrocampista superestrella David Beckham. Destacaba el hecho de que Inglaterra ya poseía suficientes estadios de vanguardia, sin mencionar los aeropuertos, hoteles y autopistas, para albergar la Copa del Mundo más o menos inmediatamente, sin necesidad de invertir en infraestructura.

La prensa inglesa, en un ataque de optimismo poco característico, elogió la presentación como una señal de que las posibilidades de Inglaterra parecían buenas y de que la destreza técnica, la infraestructura existente y la competencia, así como el mérito general, los harían ganar la sede.

Los rusos, sin embargo, jugaban un juego diferente.

◆◆◆

Sudáfrica no es un país rico. Más de la mitad de su población, alrededor de 30 millones de personas, vive por debajo del límite de pobreza y el desempleo oscila constantemente en alrededor de 25 por ciento. El futbol es su deporte más popular, seguido ávidamente por la población negro-africana del país, la cual constituye una abrumadora mayoría de la ciudadanía.

Para prepararse para la Copa del Mundo de 2010, que había anhelado desesperadamente durante años, Sudáfrica gastó más de $3,000 millones de dólares de dinero público, principalmente en estadios e infraestructura de transporte. Las proyecciones originales habían estimado cerca de una décima parte de esa cantidad, pero los estrictos requisitos impuestos por la FIFA, movidos casi en su totalidad por el deseo de maximizar los ingresos durante el torneo de corta duración, elevaron la cifra de forma contundente.

En lugar de mejorar o expandir muchas de las instalaciones deportivas existentes, la FIFA empujó a Sudáfrica a construir la mitad de los estadios de la Copa Mundial desde los cimientos, principalmente en barrios blancos prósperos y turísticos donde el futbol es mucho menos popular que el rugby y el cricket. Muchos de los clubes profesionales más importantes del país continuaron jugando en viejos estadios en decadencia, mientras que algunos de los que se construyeron para la Copa Mundial no se usarían regularmente para el futbol una vez que finalizara el torneo. Un nuevo sistema ferroviario de alta velocidad que abrió en vísperas del torneo terminó sirviendo principalmente como un transbordador entre las áreas adineradas y los estadios, sin brindar ningún servicio cercano a los barrios bajos donde vive la mayor cantidad de pobres del país. El mensaje era, aparentemente, los pobres no son bienvenidos.

La profunda influencia de la FIFA sobre la nación soberana no sólo se limitó a tranzas en la infraestructura. Para ser anfitrión del torneo, Sudáfrica tuvo que aceptar cumplir con muchos requisitos estrictos impuestos por la organización sin fines de lucro suiza, incluida la modificación o suspensión de muchas de sus leyes impositivas y de migración, a veces, con un gran costo financiero para el país. Se hizo incluso que Sudáfrica recurriera a su propio sistema policial y judicial para hacer cumplir rigurosamente la normativa referente a marcas registradas y a derechos de autor de la FIFA a fin de proteger las ganancias de las ventas de mercancías que el país, irónicamente, había prometido no gravar.

A cambio de toda esta generosidad, la FIFA se había comprometido a invertir grandes sumas en el desarrollo del deporte en Sudáfrica. Pero al final apenas y pagó por unas cuantas de las canchas de futbol con pasto artificial que había prometido, junto con algunos autobuses y camionetas que donó a la federación de futbol de Sudáfrica para que los clubes transportaran a sus jugadores a los partidos. Según algunos cálculos, la FIFA donó menos de una décima del uno por ciento de las ganancias que obtuvo del torneo.

Así que la FIFA se imponía en casi todas las áreas. Y en tanto que el órgano de gobierno del futbol reportaba ganancias cada vez mayores, los seguidores más apasionados del deporte veían pocos beneficios o resultaban completamente excluidos.

Sudáfrica nunca ha sido una potencia futbolística formidable; su equipo nacional nunca ha progresado más allá de la fase de grupos en la Copa del Mundo. Pero incluso en países como Brasil y Argentina, mecas espirituales del deporte y cunas de talentos legendarios como Pelé, Diego Maradona y Lionel Messi, abundan ejemplos evidentes de las inequidades del deporte. Los clubes profesionales en esas naciones juegan en estadios húmedos y anticuados, y a menudo muchos carecen hasta de los baños más rudimentarios para los aficionados. Muchos niños en Sudamérica aprenden el deporte sin el beneficio de canchas adecuadas, entrenamientos, balones e incluso zapatos. Las niñas pequeñas carecen casi por completo de oportunidades para jugar.

Mientras tanto, los hombres que controlan el futbol en cada país disfrutan de una vida de exclusivos privilegios, volando en aviones de un torneo al otro, para ser prodigados con los más exquisitos lujos, honrados, venerados y alabados como amos y señores del deporte del pueblo. Los funcionarios de las asociaciones nacionales, las seis confederaciones regionales de la FIFA y la propia vivían en una burbuja enrarecida, que a menudo parecía extrañamente ajena al deporte en sí, pero que nunca es más burbujeante que cuando una Copa Mundial o, como en este caso, dos copas mundiales están en juego.

Dos días después de la reunión de la CONCACAF en Johannesburgo, la FIFA celebró lo que denominó una «exposición de licitaciones», una especie de feria comercial para la Copa Mundial en sí. El evento les dio a los nueve países que competían por el derecho de organizar los torneos 2018 y 2022 la oportunidad de conocer delegados de todo el mundo. En particular, era una oportunidad para relacionarse con casi todos los miembros del Comité Ejecutivo.

Con varias horas de antelación, el multimillonario ruso Roman Abramovich entró al Centro de Convenciones Gallagher de Johannesburgo. Abramovich, que era dueño del Chelsea Football Club de Inglaterra, llegó ese mismo día en su jet privado, acompañado de Igor Shuvalov, el viceprimer ministro de Rusia.

Abramovich, quien abandonó la escuela preparatoria, fue mecánico de automóviles y comerciante de productos básicos, y logró su fortuna gracias a su firme apoyo a Boris Yeltsin; llegó a controlar Sibneft, una de las mayores productoras de petróleo de Rusia. Posteriormente, apoyó a Vladimir Putin como candidato para suceder a Yeltsin y fue recompensado por su lealtad.

Fanático del futbol, Abramovich compró el Chelsea, uno de los clubes con más historia de Inglaterra, en 2003 y cinco años más tarde se mudó a Londres, tras vender gran parte de sus empresas rusas. A diferencia de muchos oligarcas que abandonaron Rusia, Abramovich mantuvo una relación cercana con Putin. Como visitante frecuente del Kremlin, consideraba al exoficial de la KGB como una especie de figura paterna; siempre se dirigía a él en los tonos más formales y reverentes. Entre los más enterados, era bien sabido que Putin ocasionalmente llamaba a Abramovich para pedirle favores especiales.

Como regla, los multimillonarios odian esperar por cualquier cosa. Pero una vez que inició la feria de licitaciones, el normalmente tímido y retraído Abramovich, vestido con un traje color carbón hecho a la medida en lugar de sus habituales pantalones de mezclilla, hizo una demostración inusualmente entusiasta de buen humor.

Con una amplia sonrisa en su mandíbula sin afeitar, se unió a un contingente de compatriotas en la cabina rusa, incluido Andrey Arshavin, un delantero estrella del club inglés Arsenal, saludando a los funcionarios de futbol de todo el mundo y posando para tomarse la foto con David Beckham.

Y finalmente, cuando la feria estaba llegando a su fin, Abramovich salió del pasillo al lado de Sepp Blatter, el presidente suizo de la FIFA. Con todo del revuelo que causaba la presencia de Beckham, casi nadie notó que se marchaban juntos en silencio.

Más temprano ese mismo día, Blatter alardeó ante el cuerpo de miembros de la FIFA sobre las ganancias récord de la organización en los cuatro años previos al 2010. Se jactó de que la FIFA tenía mil millones de dólares en el banco y se comprometió a distribuir la grandiosa cantidad de $250,000 dólares a cada asociación miembro por concepto de bono, más $2.5 millones a cada confederación. Era ese tipo de patrocinio lo que le había valido la adoración de muchos de los 207 miembros de la FIFA, una asamblea más grande que la de las Naciones Unidas.

Como anunció en una conferencia de prensa después de que concluyó el congreso, Blatter planeaba postularse por cuarta vez consecutiva como presidente de la FIFA. «Trabajaremos para la próxima generación», dijo, parafraseando intencionalmente a Winston Churchill.

Después de una docena de años en el cargo, y de diecisiete años como secretario general, Blatter se había vuelto muy consciente del costo de mantener el poder en una organización tan rica, diversa y despiadada como la FIFA. Más que nadie, había dominado las artes oscuras de la administración del deporte más popular del mundo y había participado en muchos de los acuerdos y de las asignaciones de sedes más maquiavélicos a lo largo de los años.

Absortos en una conversación en voz baja, el multimillonario ruso inusualmente jocoso y el presidente de la FIFA diminuto y casi calvo subieron en una escalera eléctrica hasta el segundo piso del centro de convenciones. Entonces, los dos poderosos hombres se deslizaron en una sala privada de reuniones y en silencio cerraron la puerta.

◆◆◆

Mientras la mayor parte del mundo estaba sumergido en el drama y la pasión de la Copa del Mundo sudafricana, el espía jubilado Christopher Steele, sentado en una suite de oficina escasamente decorada en el segundo piso de un edificio del siglo XIX en el lujoso distrito de Belgravia, en el oeste de Londres, estaba ocupado en otros asuntos.

Steele, egresado de Cambridge, había pasado varios años como agente encubierto en Moscú a principios de la década de 1990, y a mediados de la década de 2000 ocupó un cargo superior en la oficina rusa de la sede del MI6 en Londres. En ese trabajo, tuvo un papel clave al determinar que la misteriosa muerte del exespía ruso Alexander Litvinenko, quien había muerto al ingerir polonio radiactivo en 2006, había sido probablemente un golpe aprobado por Vladimir Putin.

Steele, con una espesa cabellera que se iba llenando de canas, facciones especialmente simétricas y ojos azul claro, era un hombre de mundo, educado y seguro de sí mismo. Serio, preciso y cuidadoso, era conocido entre las personas que se preocupaban por esos detalles como alguien que podía conseguir hasta la información más sensible sobre las actividades clandestinas de Rusia. Desde el año anterior, Steele también se había vuelto capitalista, había abierto una agencia de investigación llamada Orbis Business Intelligence y buscaba oportunidades para convertir en ganancias su profundo conocimiento de asuntos rusos, basado en gran parte en su red de contactos bien ubicados en el país.

Hizo un poco de trabajo de gobierno, proporcionó información para agencias de inteligencia y policiales, pero lo que le ayudaba a Steele a ganarse el pan eran las empresas privadas y los despachos de abogados que querían desenterrar los secretos sucios de sus rivales de negocios en Rusia o recopilar chismes sobre las actividades comerciales de los oligarcas ricos del país.

Más recientemente, Steele había sido contratado por un grupo de personas y empresas que apoyaban la candidatura de Inglaterra para la Copa Mundial y que estaban dispuestos a pagar para obtener una ventaja en la competencia para recibir el mayor premio del futbol.

Para aquellos que promovían al Inglaterra 2018, como se llamó oficialmente a la candidatura, resultó evidente que ganar el derecho a ser sede del torneo iba a depender de algo más que la calidad de los estadios, los aeropuertos y el futbol de cada país. Contrataron a Steele para reunir información de inteligencia sobre las candidaturas en la competencia y ayudar a que Inglaterra 2018, como él mismo señalaría más tarde, «comprendiera mejor a qué se enfrentaba y a lo que se enfrentaba era una forma completamente desconocida de hacer negocios».

Vladimir Putin era un apasionado fanático del hockey sobre hielo sin ningún interés en el futbol; sin embargo, reconoció el valor propagandístico de albergar tal evento. La Copa Mundial de Rusia nacería de los Juegos Olímpicos de Sochi 2014 y crearía un furor nacionalista que podría ayudar al dictador a mantener el poder en los años venideros.

Al principio, encomendó la tarea a su ministro de deportes y asesor de confianza, Vitaly Mutko, quien también era miembro del ExCo de la FIFA, para que presentara la candidatura. Pero quedó claro que Madre Rusia no era una favorita. Estaba perdiendo la batalla de las relaciones públicas. La Copa del Mundo podría escapársele fácilmente.

Luego, en la primavera de 2010, poco después de que las fuentes revelaran que Putin había adquirido repentinamente un interés personal en la candidatura, Steele comenzó a escuchar una serie de rumores curiosos y preocupantes.

En abril, el viceprimer ministro Igor Sechin fue a Qatar para hablar de un proyecto masivo de extracción de gas natural casi al mismo tiempo que el equipo ruso encargado de presentar la candidatura a la Copa Mundial viajaba a Doha para cabildear. Una de las fuentes más confiables de Steele dijo que la sincronicidad de ambos eventos no era una coincidencia y que, además de los enormes acuerdos de gas, los emisarios se estaban confabulando para intercambiar los votos de la Copa Mundial. La teoría también decía que Rusia comprometería el voto de sus miembros en el ExCo para que Qatar fuera anfitrión en 2022 y, a su vez, Qatar se comprometería a que su miembro en el ExCo escogería a Rusia para 2018.

Mientras tanto, otras fuentes comenzaron a comentar por lo bajo que los funcionarios de la candidatura rusa habían sacado valiosas obras del Museo del Hermitage que habían ofrecido a los miembros del ExCo a cambio de votos.

Luego, a mediados de mayo, lord David Triesman, el presidente de la histórica Asociación de Futbol Inglesa de 147 años de antigüedad fue captado en video hablando sobre lo que él llamaba un complot ruso para sobornar a los árbitros en la Copa Mundial de 2010 para que favorecieran a España a cambio de una promesa del país ibérico de abandonar su candidatura para 2018.

Triesman había sido grabado en secreto por una joven mujer mientras estaban en un café londinense. Quitado de la pena, comentaba que ese plan no dañaría a Rusia, ya que ni siquiera estaba compitiendo en el torneo de 2010.

—Supongo que los latinoamericanos, aunque no lo hayan dicho, votarán por España —le confió Triesman a su compañera—. Y si España declina, porque está buscando el apoyo de los rusos para ayudar a sobornar a los árbitros en la Copa del Mundo, sus votos pueden cambiar a favor de Rusia.

Incrédula, la joven preguntó:

—¿Y Rusia los ayudaría con eso?

—Oh —respondió Triesman—, creo que Rusia cerraría el trato.

Tristemente para Triesman y para el aterrorizado equipo inglés, su compañera entregó la cinta a un tabloide londinense. Su publicación generó un estallido de ira en Gran Bretaña, así como fuertes protestas de inocencia tanto de parte de los rusos como de los españoles. Triesman, que había encabezado la Federación de Futbol (FA) desde principios de 2008, renunció a los pocos días, expresando preocupación de que sus comentarios pudieran dañar la candidatura inglesa.

Para Steele, las indiscreciones de Triesman no fueron un problema. Por lo que respectaba al exespía, el titular, reforzado por los informes recientes del encuentro privado de Abramovich con Blatter en Johannesburgo, era claramente para Rusia.

Informó de todos sus hallazgos a su cliente y los miembros del equipo de candidatura estaban alarmados, como era de esperarse. Inglaterra estaba condenada, Steele estaba seguro: nunca iba a vencer a un país como Rusia, que claramente estaba dispuesto a hacer cualquier cosa para evitar una derrota humillante en el escenario mundial.

Pero el antiguo espía reflexionó sobre el asunto. La información que había estado generando sobre Rusia y la FIFA era muy específica, pero también única y potencialmente valiosa, tal vez extremadamente. Sería una pena que se desperdiciara. Y entonces Steele pensó en otro cliente potencial para esa información, un agente de policía estadounidense que acababa de conocer.

◆◆◆

El agente especial Mike Gaeta asumió el mando del escuadrón contra el crimen organizado euroasiático del FBI en Nueva York a finales de 2009.

A cada escuadrón de la oficina de campo en Nueva York se le asigna un número. C-1, por ejemplo, es el equipo contra los crímenes de cuello blanco y el C-13 es uno de los muchos grupos de narcóticos. Cuando el C-24, escuadrón contra el crimen organizado euroasiático, se estableció en 1994, era el primero en su tipo en el país, creado para enfocarse en las actividades ilícitas organizadas por grupos de rusos, ucranianos, chechenos, georgianos, armenios e incluso coreanos étnicos que provienen de los tramos orientales de Rusia, Uzbekistán y Kazajstán.

Después de la caída de la Unión Soviética, los grupos delictivos de estas regiones inundaron Estados Unidos. A pesar de que se dedicaron a las típicas extorsiones de protección y drogas, también tenían talento en complejos temas fiscales, de bancarrota, de seguros y fraudes en el ámbito de salud, y mostraban una inusual propensión a la violencia.

El C-24 floreció en la década de 1990, con importantes redadas a padrinos como Vyacheslav Ivankov, un exluchador que aterrorizó a Brighton Beach con grandes estafas de extorsión. Pero después del 11 de septiembre las cosas cambiaron. El director del FBI, Robert Mueller, transfirió a más de 2,000 agentes a la lucha contra el terrorismo y a la contrainteligencia, y el C-24, como muchos escuadrones, recibió un golpe.

Para cuando Gaeta asumió el control de C-24 a fines de 2009, la mitad de los recursos del FBI, se destinaban a seguridad nacional y contraterrorismo. Mientras tanto, lo que los jefes en el FBI llamaban a menudo «crimen organizado tradicional» carecía de recursos. Más importante, como Mueller dejó en claro, era una vaga categoría a la que llamaba «crimen organizado transnacional».

El nuevo escuadrón de Gaeta carecía de personal, pero se le ocurrió que, si argumentaba que la mafia rusa de hecho cometía crimen organizado transnacional y si podía atraer algunos casos que se extendían más allá de la frontera, el C-24 obtendría más apoyo.

Hijo de un detective de la Policía de Nueva York (NYPD), Gaeta, con piel mediterránea suave y complexión musculosa, usaba trajes caros y camisas con mancuernillas llamativas. Asistió a la escuela de derecho de Fordham y después de dos miserables años trabajando en el área de seguros de un despacho legal en Manhattan, se adhirió al FBI.

Gaeta había pasado la mayor parte de su carrera trabajando en casos de la mafia italiana, incluida una docena de años en la Brigada del Crimen Genovés, una fuerza especial enfocada en sólo una de las cinco familias mafiosas que controlaban Nueva York.

El trabajo le enseñó a Gaeta sobre la vieja escuela de la policía, sobre cómo salir de la oficina y hablar con la gente y, siempre que fuera posible, sobre cómo grabar a los sospechosos. Su truco favorito era llamar, sin previo aviso, a la puerta de la casa de un sospechoso e identificarse a sí mismo como agente del FBI, sonriendo, pretendiendo no saber nada antes de extender su tarjeta de presentación e irse. El tipo no lo sabía, pero para entonces la Agencia ya había intervenido su teléfono, y las cintas de grabación corrían para detectar la llamada de pánico del sospechoso que invariablemente hacía diciendo: «Jefe, acabo de recibir la visita de los federales, ¿qué hacemos ahora?».

Gaeta lo llamaba «intercepción telefónica».

Con los años, su discurso se enriqueció con la jerga de la mafia; a veces parecía como si viera todo con el mismo lente que usaba cuando atrapaba personajes llamados «Hot Dog» Battaglia y Vincent «Chin» Gigante. La Cosa Nostra era el mundo de Gaeta. Estaba poblado de capos, soldados, hombres prominentes y tipos listos que podían pasar fácilmente diez años en el bote.

No hablaba ni media palabra de ruso. Además de un breve viaje a Moscú como estudiante, no conocía casi nada del país y mucho menos de su red criminal. Pero Gaeta imaginaba que no podía ser tan diferente a perseguir capos genoveses. Los delincuentes le fascinaban y amaba la emoción de perseguirlos, así que comenzó a revisar los casos abiertos del C-24. Uno de ellos, que implicaba una red de apuestas ilegales, parecía especialmente prometedor.

Las pistas de los informantes y una serie de intervenciones telefónicas sugerían que una pequeña organización de rusos había estado organizando juegos de póquer de alto riesgo en Nueva York y en Los Ángeles, así como una sofisticada red de apuestas deportivas en línea. El caso implicaba a una élite de sospechosos magnates y poderosos, incluidos celebridades y jugadores profesionales de póquer, pero la figura más intrigante era Alimzhan Tokhtakhounov.

Nacido en Uzbekistán en una familia uigur, el sobrenombre de Tokhtakhounov era Taiwanchik. De joven había sido un futbolista amateur. En 2002, fue indiciado por un gran jurado federal, acusado de soborno a los jueces del patinaje artístico en los juegos Olímpicos de Salt Lake City para favorecer con la medalla de oro a los patinadores rusos.

Taiwanchik había sido arrestado en Italia poco después, pero cuando los fiscales no pudieron extraditarlo a Estados Unidos, regresó a Rusia y nunca volvió a salir. Ahora uno de los agentes de Gaeta estaba recabando evidencia de que Taiwanchik había ayudado a financiar la operación de apuestas y lavado de decenas de millones de dólares de Rusia y Ucrania a través de Estados Unidos en el proceso.

Presentar una demanda contra un hombre que el Departamento de Justicia ya consideraba un fugitivo internacional y que supuestamente tenía profundos lazos con el crimen organizado en múltiples países ciertamente parecía calificar como transnacional.

◆◆◆

Fuera de Moscú y San Petersburgo, Londres era el centro mundial de los rusos. Desde el colapso de la Unión Soviética, el Reino Unido se había visto inundado de dinero de rusos que querían comprar propiedades en el exterior.

Londres también estaba lleno de académicos, diplomáticos, consultores y otros expertos en asuntos rusos. Debido al papel de la ciudad como uno de los principales centros bancarios del mundo, la policía británica mantenía una estrecha vigilancia sobre la actividad de lavado de dinero, especialmente por parte de los rusos.

En abril de 2010, Gaeta viajó a Londres para conseguir contactos. Dado el interés del agente del FBI en los sospechosos dentro de las fronteras de Rusia, pronto dio con Christopher Steele, que siempre estaba a la búsqueda de nuevos negocios. El espía jubilado sabía que la Agencia era un cliente rentable.

Sentado en sus acogedoras oficinas durante su primera reunión, Steele le aseguró a Gaeta que sin duda podría investigar a Taiwanchik y la corrupción deportiva, y los dos acordaron mantenerse en contacto.

Sólo habían pasado dos meses, pero ahora Steele tenía algo que se sentía un poco más sólido en sus manos: información sobre la Copa del Mundo, sobre Rusia y sobre la FIFA en general. Ya no importaban las apuestas deportivas en línea y las salas de póquer. Aquí había sobornos de alto nivel, lavado de dinero y otros delitos transfronterizos en juego, exactamente el tipo de cosas en las que Gaeta había expresado tanto interés cuando se conocieron.

Entonces, Steele preguntó al agente del FBI si pensaba volver a Londres pronto. Quería presentarle a alguien.

3
«¿ALGUNA VEZ HA RECIBIDO UN SOBORNO?»

En el mundo del futbol, el periodista investigador Andrew Jennings ocupaba un lugar único. Estaba lejos de ser el único reportero en sumergirse en el sórdido negocio del juego bonito; legiones de escritores de toda Europa y Sudamérica habían estado desmontando la gestión del deporte a nivel local desde 1970.

Pero pocos periodistas, si es que había alguno, podían igualar el obsesivo impulso de Jennings para erradicar la corrupción o su instinto maniaco por lo dramático. Ya fuera ante una multitud en una sala de prensa o persiguiendo a un miembro de un comité ejecutivo por las calles, Jennings siempre encontraba la manera de llamar la atención hacía sí mismo y hacia el hombre que execrara.

Tras años de dar cobertura a la corrupción en los Juegos Olímpicos y de escribir varios libros sobre el tema, Jennings volvió la vista hacia la FIFA, que había recibido poca o nula atención crítica por parte de corresponsales más interesados en el acceso y la propaganda.

Jennings, a quien el futbol en sí lo aburría, no perdió tiempo en hacer saber que tomaría un enfoque diferente. En una conferencia de prensa grabada en video poco después de que Blatter resultara electo para su segundo mandato como presidente de la FIFA en 2002, Jennings, cuyo típico uniforme de trabajo con camiseta, chaleco de fotógrafo y botas de montaña contrastaba notoriamente con el atuendo estrictamente formal de la élite de la FIFA, tomó el micrófono:

—Herr Blatter —espetó Jennings, con su blanco cabello y su voz chillona y nasal—. ¿Alguna vez ha recibido un soborno?

Ese tipo de interacción cruda y directa, tan gustada por la televisión, junto con una larga serie de primicias escandalosas, se convirtió en sello de Jennings y con el paso de los años descubrió miles de formas creativas de ser insultado, denostado y demandado por difamación por muchas de las figuras más importantes del deporte. Escribió otro libro, pletórico de revelaciones sobre eminencias futbolísticas, pero en particular sobre Sepp Blatter y Jack Warner, y se divertía contando a cualquiera que lo quisiera escuchar que la FIFA, cansada de sus excentricidades, finalmente lo había vetado de todos sus eventos.

Con el tiempo, el irascible Jennings se convirtió en la fuente de referencia de las filtraciones dentro de la estrecha comunidad de futbol. A pesar de que de forma implacable continuó sacando más suciedad, Jennings se frustraba cada vez más, porque, aparte de la indignación, sus revelaciones tenían poca repercusión. En lo que a él respectaba, los hombres que controlaban el deporte tenían que estar tras las rejas, pero nadie parecía escucharlo.

Luego, a fines de 2009, recibió una llamada de Christopher Steele, quien se preguntaba si podrían tener una pequeña charla sobre futbol. Jennings estuvo de acuerdo, a condición de que Steele fuera a encontrarlo hasta Penrith, la aletargada ciudad del extremo norte de Inglaterra donde vivía, y que le pagara £250 por su tiempo.

No mucho después, Steele le pagó a Jennings para que viajara a Zúrich, donde se reunió con algunas de sus fuentes en el futbol, con las que de todas formas había estado esperando encontrarse, y posteriormente llenó el informe correspondiente con todo lo que le contaron.

Los dos continuaron con algunas llamadas telefónicas y el exespía le pareció a Jennings una persona amigable e inteligente, aunque la información que Steele estaba buscando parecía bastante básica. Estaba claro que tenía un cliente, pero jamás revelaría su identidad ante Jennings y las comunicaciones se suspendieron hasta el verano de 2010, cuando Steele volvió a llamar para preguntar si viajaría a Londres para reunirse con gente muy importante.

◆◆◆

El tren desde Penrith hasta el centro de Londres tarda poco menos de cuatro horas y durante el viaje el astuto reportero no sabía qué esperar. Pero lo que lo recibió al entrar a las oficinas de Orbis Business Intelligence en un segundo piso de Belgravia en ese cálido día de julio de 2010 era, de hecho, exactamente lo que había esperado durante tantos años.

La sala principal, detrás de una puerta sin distintivos, con una peculiar ventana de ojo de buey, era silenciosa y tranquila, con paredes blancas y varios escritorios ocupados por jóvenes investigadores. Tras una segunda puerta estaba una oficina más pequeña que Steele compartía con su socio. Dentro esperaba el FBI.

Mike Gaeta como siempre, impecablemente vestido, irradiaba experiencia y confianza en sí mismo, y su acento neoyorquino, típico de una serie policiaca estelar, daba un toque aun más atractivo a la situación. Otro agente del FBI, más joven, de cabello corto y ojos grandes, miró a Jennings como si hubiera venido directamente desde la Infantería de Marina. Un tercer hombre se presentó como jefe de la Sección para la Delincuencia Organizada del Departamento de Justicia en Washington, D.C.

Le dijeron a Jennings que se especializaban en crimen organizado, particularmente en asuntos rusos y ucranianos, y que últimamente estaban interesados en la FIFA; se preguntaban si tal vez él podría ayudarlos a ponerse al corriente en el tema y si les podría hablar sobre las posibles formas de corrupción. La emoción de Jennings se acumulaba y ahora rayaba en el vértigo.

—Finalmente —pensó.

◆◆◆

Dejando de lado las películas de acción, los agentes del FBI pasan muy poco tiempo derribando puertas, en persecuciones de automóviles a gran velocidad y en tiroteos sangrientos contra señores del crimen con miradas de acero. Gran parte de su trabajo consiste en hablar tranquila y pacientemente con la gente.

Los agentes buscan y reclutan personas que les puedan ayudar a construir casos. Puede ser el delincuente o el testigo de un crimen, alguien en una posición de la que puedan obtener información útil o una persona con conocimiento valioso sobre un tema relevante.

El término formal que el FBI da a tales informantes es «fuentes humanas confidenciales» y son el alma de la mayoría de las investigaciones. Los agentes aprenden que la médula de su trabajo es construir y cultivar relaciones con ellos, a veces incluso a lo largo de años.

Gaeta, en particular, privilegiaba este tipo de trabajo policial basado en su creencia de que los seres humanos reales que testifican ante un jurado, en lugar de documentos incoloros y aburridos, son más convincentes.

Convencer a la gente de que hablara, según Gaeta, era lo que hacía de él un agente eficaz. Se enorgullecía de poder detectar las vulnerabilidades y motivaciones de las fuentes involucradas en las conspiraciones, y luego lograr que aceptaran usar micrófonos ocultos para hacer grabaciones clandestinas de confesiones criminales.

Como supervisor, Gaeta constantemente invitaba a los agentes jóvenes a «salir al campo» en busca de fuentes, pero también les recordaba que fueran cautos. El objetivo era obtener información, no compartirla: los agentes escuchan. Las fuentes hablaban, incluidos los periodistas británicos excéntricos.

Sentados en la oficina de Steele, los dos agentes y el abogado del Departamento de Justicia observaron expectantes cómo Jennings respiraba profundamente y ponía en orden sus pensamientos.

La historia del futbol moderno trataba realmente sobre la aparición de un nuevo tipo de negocio, uno que resultó ser un horno de corrupción casi desde su surgimiento. Ese negocio se basaba en la compra y venta de los derechos para patrocinar y transmitir eventos. Este mercado es tan fundamental en la forma en que se administran todas las actividades deportivas hoy en día que casi pasa desapercibido pero, hace una generación, la idea de que una marca como Adidas adquiriera en exclusiva el derecho de adherir su logo a todos los eventos de la FIFA en todo el mundo, durante años y con un único contrato, era revolucionaria.

El rápido crecimiento de esa nueva industria permitió importantes depósitos de valor en eventos como la Copa del Mundo y los Juegos Olímpicos, con derrames de enormes cantidades de dinero tanto para quienes dirigían el deporte como para quienes lo comercializaban. Pero también demostró ser susceptible, casi desde el principio, al soborno y la codicia, lo que causó directamente algunos de los problemas más profundos e incontrolables en el deporte.

Para la FIFA, esa historia comenzó unos treinta y cinco años atrás, cuando la autoridad mundial del futbol era una organización mucho más pequeña y sencilla. Ahí era donde la historia tenía que comenzar y había mucho terreno por recorrer.

◆◆◆

Cuando el brasileño João Havelange fue electo como el primer presidente no europeo de la FIFA el 11 de julio de 1974, la FIFA todavía tenía menos de diez empleados de tiempo completo y, como él mismo recordaría más adelante, «el secretario general, su esposa, su gato y su perro vivían en el mismo edificio. Las reuniones siempre tenían que celebrarse en otro lugar».

El futbol, que tenía más de un siglo de antigüedad para entonces, no era una empresa sofisticada; las pequeñas sumas de dinero que generaba provenían casi en su totalidad de los fanáticos dispuestos a comprar boletos para sentarse en gradas de hormigón crudo desde donde alentar a sus equipos. Los salarios de los jugadores eran bajos; el patrocinio, inexistente, y los hombres que administraban el deporte estaban principalmente movidos por un sentido de servicio público y amor por el juego.

El predecesor de Havelange, sir Stanley Rous, era una encarnación casi perfecta de ese espíritu romántico: un inglés en *tweed* casi alérgico a las posibilidades comerciales del deporte, que se ocupaba en gran medida él mismo de preservar nociones cada vez más oxidadas de amateurismo que parecían victorianas, si no es que francamente colonialistas, para la creciente participación internacional de miembros de la FIFA.

Havelange, abogado y hombre de negocios, era claramente un animal diferente. Le encantaba contar la historia de cómo la FIFA tenía poco más de $30 dólares en su cuenta bancaria cuando él asumió su cargo.

—La FIFA —decía— no tenía dinero. Ni un centavo.

Exageraba. De hecho, la organización sin fines de lucro logró ingresos de cerca de $25 millones de dólares en 1974, principalmente provenientes de la Copa del Mundo. Pero era claro que el órgano supremo del deporte estaba muy lejos de maximizar su potencial de ingresos.

Havelange había construido su plataforma de campaña en torno a un compromiso de ocho puntos para cambiar el juego, centrándose principalmente en la asistencia a los países en desarrollo que lo eligieron como candidato, así como en la promesa de ampliar el número de equipos que jugaran en la Copa Mundial, de modo que más países tuvieran la oportunidad de cosechar los sustanciales beneficios financieros.

Pero lograr todo eso costaría considerables cantidades de dinero que la FIFA simplemente no tenía. La ayuda llegó en la persona de Horst Dassler, el vástago de la familia fundadora de Adidas, y del joven publicista británico Patrick Nally. Su visión era traer grandes marcas corporativas que inyectaran efectivo al futbol a cambio de un acuerdo de patrocinio completo y exclusivo que duraría años e incluiría la Copa del Mundo y todos los demás eventos de la FIFA.

Hasta entonces, los publicistas simplemente pagaban dinero a los propietarios de estadios para alquilar un espacio donde pudieran exhibir sus logotipos ya fuera durante un solo partido, o bien, por temporada. Poco o nada de ese dinero iba a parar a manos de los equipos, las ligas o la propia FIFA. Dassler y Nally se dieron cuenta de que, en el fondo, la FIFA y todas las organizaciones de futbol que esta controlaba eran las verdaderas entidades con el activo y no los propietarios del estadio; ese activo era el futbol. El futbol era el motivo por el que la gente iba al estadio; el futbol era la gallina de los huevos de oro. Como resultado, Dassler y Nally pensaron que las organizaciones de futbol podrían reivindicar, por primera vez, el derecho a controlar toda publicidad y el patrocinio relacionados con los partidos. Una vez hecho esto, los derechos podrían consolidarse en enormes paquetes de derechos todo incluido, por millones de dólares para garantizar la exclusividad y la uniformidad de las marcas.

Dassler y Nally se avocaron a este tipo de transacciones y crearon un nuevo tipo de negocio que se llamaría empresa de mercadotecnia deportiva, la cual compraría los derechos comerciales de los eventos de la FIFA al por mayor y luego los revendería por partes a los patrocinadores, con un amplio margen de ganancia integrado.

El modelo que inventaron pronto se hizo omnipresente en los deportes, pero a mediados de la década de 1970 resultaba revolucionario, casi una locura, y a este par de hombres les tomó más de dieciocho meses de ventas agresivas convencer a Coca-Cola de comprometer al menos $8 millones de dólares para convertirse en el primer socio de marca de la FIFA y el primer patrocinador mundial exclusivo en la historia de los deportes.

Fue un momento decisivo. El Programa de Desarrollo Mundial de Futbol FIFA/Coca-Cola que crearon Dassler y Nally marcó el comienzo de un nuevo tipo de relación simbiótica directa entre las marcas internacionales y las organizaciones deportivas, lo que empezó a generar la mayor parte de sus ingresos.

La inversión de Coca-Cola le permitió a Havelange cumplir sus promesas: aumentó el tamaño de la Copa del Mundo; asignó más lugares para equipos de África, Asia y Oceanía, la región que incorpora a Nueva Zelanda y el Pacífico Sur, y nutrió continuamente las relaciones con funcionarios influyentes en la política mediante un patrocinio directo. Primero entregó equipo, entrenamientos y capacitación médica, principalmente a través del programa de Coca-Cola, a las federaciones empobrecidas.

Más tarde, cuando los ingresos de la FIFA comenzaron a dispararse, el apoyo tomó la forma tanto de subsidios de desarrollo como de préstamos blandos y poco supervisados. Havelange le cumplía a todas las asociaciones miembros de la FIFA y estas, responsablemente, lo reelegían cada cuatro años. Dicho en pocas palabras, fue cambiar efectivo por votos.

La creciente dependencia de los patrocinadores multinacionales significaba que la misión, la imagen y las actividades fundamentales de la FIFA, del Comité Olímpico Internacional (COI) y de otras organizaciones similares estaban cada vez más determinadas por la búsqueda de ganancias de las grandes corporaciones multinacionales. Además, la explosión en el valor de los derechos televisivos, que comenzó unos años más tarde a medida que la tecnología de transmisión mundial mejoraba, no hizo más que impulsar las cosas más en esa dirección.

Dassler y Nally, mientras tanto, vieron en el acuerdo con Coca-Cola la base de una nueva era comercial, con compañías gigantes que pagaban sumas cada vez mayores por los derechos y la mercadotecnia deportiva especializada como eje de todo; controlaban todos los aspectos de los tratos, para ambas partes, y por supuesto, tomaban su considerable tajada de todo ello. La clave del éxito en la industria emergente era ganar el control de los derechos a cualquier costo.

A lo largo de las décadas, Coca-Cola inyectaría cientos de millones de dólares a la FIFA en una de las asociaciones comerciales de marca más duraderas en todos los deportes. Pero cuando se firmó el acuerdo por primera vez, los ejecutivos de mercadotecnia del gigante refresquero en Atlanta lo consideraron de alto riesgo e insistieron en que Dassler y Nally encontraran a alguien que pudiera proteger sus intereses al interior de la FIFA.

El candidato ideal —todos estaban de acuerdo— sería alguien suizo, con experiencia en relaciones públicas y administración. Una persona leal que entendiera el deporte como una actividad principalmente comercial. Alguien que viajaría por el mundo para promocionar el futbol y las bebidas gaseosas color caramelo, mientras repartía uniformes, balones y zapatillas de futbol gratuitos para favorecer la base electoral de Havelange, comenzando con un viaje a Etiopía el 17 de noviembre de 1976.

Ese alguien era Sepp Blatter, primer funcionario de desarrollo y futuro presidente de la FIFA.

◆◆◆

Joseph Blatter, hijo de un mecánico de bicicletas y obrero de fábrica, nació prematuramente, dos meses antes de lo previsto, en marzo de 1936, tan pequeñito que ni siquiera tenía uñas en la punta de los dedos.

Sin la atención hospitalaria adecuada en el hospital local, su madre, Bertha, se vio obligada a cuidarlo en la casa familiar en la ciudad suiza de Visp. Bertha estaba vuelta loca con él, lo llamaba *chérie*. Todos los demás simplemente usaron el diminutivo común para Joseph: Sepp.

Visp se encuentra en el cantón de Valais, al sur de Suiza, hogar del escarpado e imponente Matterhorn y de las verdes colinas de la zona salpicadas de pequeñas granjas lecheras y viñedos. No es una región rica y los lugareños se enorgullecen de su dureza, independencia, sencillez y de su profundo sentido de lealtad. Otros suizos miran a los nativos con recelo, como insulares, cautelosos e incluso directamente antipáticos.

—Si un amigo te visita desde lejos, para eso están los hoteles —solía decir el padre de Blatter—. Si necesita ir a algún lado, para eso están los taxis. Y si tiene hambre, para eso están los restaurantes.

Cuando era niño, Blatter se sintió atraído por las actividades atléticas, y le encantaba especialmente el hockey sobre hielo, enormemente popular en las regiones de habla alemana de Suiza. Pero su pequeña estatura hizo que un futuro deportivo fuera poco prometedor. En cambio, recurrió al negocio detrás de los juegos.

Para cuando asumió el cargo de desarrollo en la FIFA, Blatter, de treinta y nueve años, había pasado cuatro años en el ejército suizo; había obtenido títulos en economía y relaciones públicas, y había trabajado para la Junta de Turismo de Valais, para la Federación Suiza de Hockey sobre Hielo y, finalmente, para el relojero Longines, donde dirigió la división de cronometraje olímpico.

Havelange ascendió a Blatter a secretario general de la FIFA en 1981, en gran parte porque había desarrollado una excelente relación de trabajo con Dassler. El hombre de Adidas había expandido rápidamente su incipiente negocio a otros deportes, incluidos los Juegos Olímpicos, pero la FIFA y la Copa del Mundo constituían su plato fuerte.

Como secretario general, Blatter tuvo un papel integral en un periodo de importante crecimiento económico para la FIFA, pues supervisó las Copas Mundiales en España, México, Italia y Estados Unidos en 1994. Para cuando el principal evento de futbol llegó a las costas de ese último país, Blatter había estado en el cargo durante trece años y sus ambiciones ahora estaban centradas en el trono más alto de la FIFA.

Después de un frustrado intento de campaña contra Havelange en 1994, Blatter finalmente recibió la bendición del brasileño cuando este decidió jubilarse después de veinticuatro años al frente de la presidencia de la FIFA; fue electo en París, en la víspera de la Copa Mundial Francia 1998, derrotando al jefe de la confederación europea de futbol, conocida como UEFA. La elección se vio empañada con acusaciones de juego sucio, ya que Blatter no era considerado favorito y se esperaba que perdiera por al menos veinte votos.

Entre los seguidores más entusiastas de Blatter había estado Jack Warner, quien encauzó los votos de la CONCACAF a su favor, y un magnate de la construcción qatarí increíblemente rico llamado Mohamed bin Hammam, quien también participaba en el ExCo. Cuatro años más tarde, el presidente de la Federación Somalí de Futbol alegaría que le habían ofrecido $100,000 dólares, la mitad en efectivo, para votar por Blatter y que «dieciocho votantes africanos aceptaron sobornos para votar en favor de Blatter», votos suficientes como para torcer las elecciones.

Los alicientes financieros, según el somalí, fueron entregados la noche anterior a las elecciones en el hotel burgués *Le Méridien*, donde se hospedaba Blatter.

—La gente estaba formada —dijo— para recibir el dinero.

Blatter y Bin Hammam demandaron al somalí por difamación; luego lo arrastraron ante el comité disciplinario de la FIFA, donde fue expulsado del deporte durante dos años por no aportar pruebas suficientes para sustentar sus acusaciones.

Las acusaciones, dijo la FIFA en un breve comunicado, «minaron los intereses del futbol en su conjunto», y pronto fueron olvidadas.

El golpe más grande a la flamante presidencia de Blatter, uno que perseguiría a toda la organización durante años y que prefiguró crisis posteriores, se produjo el 21 de mayo de 2001, cuando el principal socio comercial de la FIFA, International Sport and Leisure, o ISL, se declaró en bancarrota en el cantón suizo de Zug.

ISL fue fundada por Horst Dassler a principios de la década de 1980 después de romper con Nally. Continuó con el mismo modelo de negocio y añadió derechos de televisión a los paquetes de publicidad que compró en masa de la FIFA; pronto se expandió para comprar los derechos de las Olimpiadas también.

Aunque Dassler murió de cáncer en 1987, ISL mantuvo el control de la mayoría de las actividades comerciales de la FIFA y en 1996 se comprometió a pagarle al organismo de futbol la cantidad de $1,600 millones de dólares por los derechos de televisión y comercialización de las Copas Mundiales de 2002 y 2006.

Pero ISL se había quedado sin liquidez luego de haberse extralimitado en múltiples acuerdos de derechos deportivos y, después de intentos inútiles de venderse, fue llevado a la liquidación. Sin su socio de mercadotecnia de tanto tiempo, la FIFA enfrentaba la perspectiva de pérdidas paralizantes y se vio obligada a negociar una serie de quebraderos de cabeza económicos y logísticos para garantizar que los derechos de transmisión y publicidad de la Copa Mundial 2002, en Corea del Sur y Japón, se vendieran y administraran adecuadamente.

Apenas una semana después de la presentación de la bancarrota, la FIFA presentó una denuncia penal contra los ejecutivos de ISL, acusándolos de «sospecha de fraude», «malversación de fondos» y «administración comercial desleal»; argumentó que la extinta empresa había retenido deliberadamente un pago de $60 millones de dólares que le debía a la FIFA por la venta de los derechos televisivos de la Copa Mundial.

A pesar de las crecientes críticas y acusaciones de soborno, fraude y corrupción, Blatter fue reelecto al año siguiente y en 2004 la FIFA retiró silenciosamente su denuncia penal contra ISL, aparentemente enviando a la empresa de mercadotecnia al olvido.

Pero un fiscal en el oscuro cantón suizo de Zug llamado Thomas Hildbrand continuó indagando el asunto. Al estudiar incansablemente registros bancarios de todo el mundo, así como los documentos incautados en una redada de la sede de la FIFA en 2005, Hildbrand comenzó a armar un caso descomunal, alegando que ISL había pagado millones de dólares en sobornos y «mordidas» a funcionarios deportivos a cambio de contratos de derechos de televisión y mercadotecnia, los cuales representaban su fuerza vital.

Tarde o temprano, la investigación de Hildbrand reveló pruebas de que entre 1989 y 2001 se hicieron transferencias electrónicas de al menos $22 millones de dólares en pagos ilícitos a través de una complicada serie de compañías extraterritoriales hacia cuentas que controlaban João Havelange y su yerno, Ricardo Teixeira, quien era presidente de la asociación de futbol de Brasil. También se pagaron cantidades considerables a Nicolás Leoz, presidente de la confederación sudamericana, conocida como Conmebol.

Sin embargo, el soborno comercial, en ese momento, no era un delito en Suiza. Ninguno de esos funcionarios de la FIFA fue acusado y sus identidades se mantuvieron en secreto. A la larga, Hildbrand presentó cargos contra seis ejecutivos de ISL, pero en 2008 los jueces que atendían la causa absolvieron a la mayoría de ellos y tres de ellos fueron obligados a pagar sólo modestas multas. Nadie fue a la cárcel.

Lejos de negar las acusaciones de corrupción en su contra, los ejecutivos de ISL admitieron abiertamente durante el juicio que se habían pagado sobornos. Uno de ellos, que había sido director ejecutivo de la empresa cuando esta colapsó, explicó en juicio que ISL y las compañías de mercadotecnia rivales habían estado pagando sobornos a funcionarios deportivos —él los llamó «comisiones» durante *décadas* para asegurarse de que mantendrían el control sobre la mercadotecnia lucrativa y los contratos por derechos televisivos—.

En efecto, Dassler le había confiado a Nally ya en 1978 que pretendía sobornar a Havelange. Una vez que Havelange empezó a aceptar dinero por debajo de la mesa, Dassler lo tuvo en sus manos. El presidente de la FIFA no cedería los derechos a nadie más. Fue el nacimiento de la corrupción deportiva. A partir de ahí, Dassler comenzó a pagar a cada vez más funcionarios, hasta que esa se convirtió en la característica que definía el negocio de ISL.

El atractivo de dichos pagos era que garantizaban que nunca habría competencia por los derechos, lo que mantenía bajo el precio. A cambio del dinero en efectivo pagado por debajo de la mesa, los funcionarios deportivos cedían sus derechos a precios muy por debajo del valor de mercado, a menudo durante años o incluso décadas, y rechazaban cualquier oferta externa.

Eso creaba oportunidades para que los despachos de mercadotecnia deportiva que pagaban sobornos obtuvieran grandes ganancias y para que los funcionarios deportivos que recibían los sobornos amasaran fortunas secretas, pero también arrebataban al deporte todo el dinero que habría recibido si se hubieran vendido los derechos en un mercado verdaderamente abierto y competitivo.

Entretanto, los funcionarios deportivos, que alguna vez buscaron puestos de liderazgo gracias a un amor permanente por el juego, empezaron a verlo como una oportunidad financiera viable. Empezaron a insistir en recibir sobornos y se negaron a firmar contratos de derechos sin ellos.

—La compañía no habría existido si no hubiera hecho tales pagos —dijo el desprestigiado ejecutivo de ISL—. Todos los deportes internacionales —trataba de explicar a los jueces en toga— estaban apuntalados por la corrupción.

Muy poca gente lo escuchaba en ese momento.

◆◆◆

Con toda esa plática apasionada sobre corrupción y sobornos secretos a puertas cerradas, Jennings definitivamente se había ganado la atención de Gaesta. Los dos tenían los mismos instintos cuando de delincuencia se trataba, además de una corazonada compartida de que todos estaban de una forma u otra en el ajo. La historia sobre corrupción de la FIFA de Jennings era complicada y densa, pero también estaba llena de lo que parecía ser una importante pista que seguir. Y lo que el periodista describió en la primera junta era claramente sólo el comienzo. Gaeta podía ver cómo los tentáculos de la FIFA se habían extendido a través de un vasto territorio y un amplio reparto de personajes.

Había, por ejemplo, fotografías que Jennings había publicado donde Blatter, en 2005, disfrutaba de un coctel en un club nocturno de Moscú con Taiwanchik, que el grupo ruso de Gaeta ya consideraba como un importante jefe del crimen. Si el FBI pudiera de alguna manera vincular a la mafia rusa con la corrupción interna de la FIFA, bueno, eso uniría todos los puntos.

Gaeta sabía que podía aprender mucho de un hombre como Jennings, que parecía tener una respuesta y una anécdota divertida para cada pregunta.

Él y otras personas lo interrogaron acerca de cada personaje del futbol que se les ocurrió y, cuando finalmente tuvieron suficiente información, le dieron al periodista sus tarjetas de presentación con el sello del FBI en relieve dorado, junto con sus datos generales, direcciones de correo electrónico y números de teléfono celular.

Llevarían toda esta información a Nueva York y tratarían de averiguar si podrían armar un caso. Se comunicarían muy pronto con él de nuevo.

4
UN TIPO DE QUEENS

El 5 de agosto de 2010, el secretario general de la CONCACAF, Chuck Blazer, en traje azul oscuro, camisa blanca, tirantes y una llamativa corbata floreada de color rosa, negro y gris, fue escoltado a la Casa Blanca rusa a orillas del río Moskva para lo que llamó una «ocasión muy especial». El edificio de la era soviética, con su fachada de mármol blanco y pisos de mármol pulido, es la sede del gobierno de la Federación de Rusia y funge como la oficina de su primer ministro.

Acompañado por un intérprete, Blazer fue escoltado por una serie de ministros de gabinete a la oficina de Vladimir Putin. Sonriendo, Blazer apretó la mano de Putin; luego se sentó junto a otro miembro del ExCo, Vitaly Mutko.

—¿Sabes? —dijo Putin—. ¡Te pareces a Karl Marx!

Blazer, de 65 años y con una enorme barriga contra la mesa de café, guiñó un ojo y dijo:

—Sí, lo sé.

Putin levantó la mano y chocó la mano con el estadounidense.

Como primer ministro de un país de 150 millones de personas, Putin era un hombre ocupado. Esa misma mañana había estado tratando frenéticamente de resolver una desastrosa cadena de incendios forestales que había estallado en todo el país. Pero con la competencia por ganar la candidatura de la Copa del Mundo en pleno apogeo, Putin parecía tener tiempo de sobra para atender al miembro del ExCo. Se había asegurado de que Blazer fuera tratado solícitamente durante su estancia en Moscú y ahora, en su oficina, se esmeraba en preguntar sobre el proyecto favorito de Blazer, un blog de viajes que había creado durante la Copa Mundial de 2006 en Alemania.

El blog, que había comenzado como «*Inside the World Cup*» («Dentro de la Copa del Mundo») y luego se convirtió en «*Travels with Chuck Blazer*» («Viajes con Chuck Blazer»), estaba repleto de fotos de Blazer en compañía de amigos, funcionarios de futbol, empresarios de deportes y, en más de una ocasión, alguna participante de un concurso de belleza. Radiante y alegre, proporcionaba un vistazo a la intensamente lujosa vida que llevaban Blazer y otros miembros del ExCo. El blog estaba en gran parte poblado con instantáneas de eventos de futbol en todo el mundo y tenía poco comentario o análisis, porque, según Blazer, «la escritura recreativa a veces puede ser muy demandante frente a otras obligaciones».

Muchas de las publicaciones mostraban a Blazer cenando con amigos pertenecientes al mundo de los deportes, visitando museos o celebrando festividades. Aficionado a los disfraces para ocasiones especiales, una de las publicaciones lo mostraba vestido como pirata, y en otra iba en un elaborado atavío de Obi-Wan-Kenobi de *Star Wars*, mientras pide dulces con sus nietos en Halloween.

Putin escuchó atentamente mientras Blazer le contaba con gran detalle sobre el blog y sus orígenes. El líder ruso lo miró fijamente a los ojos y casualmente mencionó que haría un largo viaje al campo ruso al final del verano.

—Si te envío fotos de mi viaje —preguntó—, ¿las publicarías en tu blog?

Blazer, halagado, accedió rápidamente, prometiendo no sólo que publicaría las fotografías, sino que también cambiaría el nombre de su blog: «Travels with Chuck Blazer and His Friends» («Viajes con Chuck Blazer y sus amigos»). para conmemorar su nueva amistad con Vladimir Putin, uno de los hombres más temidos y poderosos del mundo.

◆◆◆

La Youth Soccer Association de New Rochelle, Nueva York, donde Charles Gordon Blazer comenzó en el juego a mediados de la década de 1970, estaba dirigida por voluntarios, en su mayoría ejecutivos de empresas y abogados, que consideraban el deporte como un pasatiempo saludable para sus hijos y lo promovían con fervor casi religioso.

La misión de la liga, fundada en 1973, era garantizar «el crecimiento de los niños a través de lo que creemos que es un deporte saludable y retador».

Luego de ser largamente ignorado hasta el punto de resultar irrelevante en Estados Unidos, en menos de una década el futbol se había ganado un interés significativo entre las familias suburbanas de clase media, deseosas de adoptar un deporte al aire libre que no fuera ni béisbol ni futbol americano para que sus hijos jugaran. Esa racha coincidió con el nacimiento de la North American Soccer League, o NASL, una deslumbrante asociación profesional que, gracias a la afluencia de estrellas rentables como Pelé, atrajo por primera vez la atención de los medios de comunicación masivos del deporte en Estados Unidos.

En todo el país, los padres de niños pequeños de repente estaban dispuestos a gastar más de $50, $100 o más dólares cada año para que sus hijos jugaran este extraño juego en el que no podían usar las manos y nadie parecía anotar nunca.

La mayoría de los hombres y mujeres que participaban en la liga de New Rochelle eran padres trabajadores que no tenían tiempo para asumir las complejidades de la gestión de una organización de futbol que crecía rápidamente. El fundador de la liga dirigía una fábrica textil y su primer presidente era un ejecutivo de seguros que trabajaba muchas horas en Manhattan.

Veían la liga como una forma sencilla de hacer algo por sus hijos. Blazer, por otro lado, había desarrollado una perspectiva muy diferente y, en cierto modo, visionaria sobre el juego. Reconocía una tremenda oportunidad financiera para sí mismo en el futbol, un deporte con una viabilidad comercial casi nula en Estados Unidos en aquel momento.

Nacido en 1945 y criado en Flushing, Queens, Blazer nunca había jugado este deporte. Recio estudiante, obtuvo un título en contabilidad de la Universidad de Nueva York y comenzó los cursos para una maestría en administración de negocios, pero luego abandonó la idea para entrar en las ventas; con el tiempo se dedicó a la venta de artículos promocionales como camisetas y *frisbees*.

Su hija, Marci, nació en 1968, y su hijo, Jason, llegó dos años más tarde; para cuando alcanzaron la edad suficiente para unirse a la liga de New Rochelle, Blazer tenía mucho tiempo libre.

A los pocos años de ver su primer partido de futbol, Blazer se convirtió en director de la liga de New Rochelle, cofundador de la Youth Soccer League de Westchester, y en 1980 fue electo primer vicepresidente de la Southern New York Youth Soccer Association, que supervisaba el deporte en una amplia porción del estado.

En 1984, dio un gran salto al ganar el voto para vicepresidente ejecutivo de la Federación de Futbol de Estados Unidos, que supervisaba todo el futbol en el país. La federación, ubicada en el piso cuarenta del Empire State, estaba en la quiebra, con un déficit de $600,000 dólares durante el ejercicio anterior, y el cargo de Blazer no era remunerado. Para Blazer, sin embargo, fue un punto de inflexión, el momento en que sus ideas sobre hacer una carrera en el futbol mundial —una idea casi absurda para un estadounidense de la época— comenzaron a parecer posibles.

Mientras viajaba intensamente, Blazer supervisaba a un equipo nacional que no había logrado clasificar a un Mundial desde 1950 y también al comité que autorizaba los encuentros internacionales que se jugaban en Estados Unidos, fuente clave de ingresos para la federación. En esos puestos, Blazer comenzó a ver el funcionamiento del lado financiero del deporte, aún rudimentario y en desarrollo, e identificó el potencial que se escondía más allá del campo de juego.

—No hay magia —dijo a un periodista con el tono típico del ejecutivo de negocios, poco después de asumir el puesto—. Para borrar el déficit, tenemos que tener un producto viable y vendible que atraiga a los patrocinadores.

Pero el producto no resultó vendible.

La glamorosa North American Soccer League, marchita después de su esplendor a finales de 1970, jugó su último partido en octubre de 1984. La FIFA había rechazado la candidatura de Estados Unidos para albergar el Mundial de 1986 a favor de México y el equipo nacional de Estados Unidos fue eliminado de la clasificación para ese torneo en mayo de 1985 en Torrance, California, ante un público «local» que parecía mucho más interesado en alentar a su oponente, Costa Rica.

En julio de 1986, pocos días después de su regreso de la Copa Mundial de México, Blazer perdió su candidatura para un segundo periodo, la ganó un abogado de Luisiana que hizo una campaña en torno a la promesa de centrarse en el futbol juvenil y no en el aspecto internacional del juego.

Pero Blazer, en ese entonces completamente comprometido

con hacer una carrera en el futbol, se recuperó rápidamente, y a principios de 1987 él y un expatriado británico cofundaron la American Soccer League, una alternativa de bajo presupuesto a la NASL, la cual se había replegado después de la temporada de 1984. Como comisionado de esta nueva liga arribista, Blazer se asignó un salario de $48,000 dólares y dirigió las operaciones desde su casa en Scarsdale.

—Tenemos la intención de atraer a las familias suburbanas —dijo.

La liga jugó su primer encuentro en abril de 1988, pero ya para finales del año Blazer había sido despedido por los furiosos propietarios, ya que se negaba a compartir con ellos la información sobre las finanzas, no estaba dispuesto a delegar y parecía estar abusando de su cuenta de gastos. Sin inmutarse, de inmediato consiguió un trabajo como presidente de una de las franquicias de la liga, los *Miami Sharks*, donde Blazer fijó su propio salario en $72,000 dólares, a pesar de que el equipo tenía poco menos de 1,000 espectadores por juego. En mayo de 1989, Blazer fue despedido por el propietario brasileño del equipo.

Menos de un año después, sin embargo, dio su golpe maestro al dirigir la campaña de Jack Warner de Trinidad para la presidencia de la CONCACAF, desempeñándose como jefe de campaña. En abril de 1990, Warner derrocó al antiguo titular de México y poco después recompensó a Blazer al convertirlo en el secretario general de la confederación.

Mientras Warner se ocupó del lado político del juego, Blazer trataba de averiguar cómo hacer dinero con la CONCACAF. Cuando él y Warner asumieron el control, la organización, fundada a principios de la década de 1960, tenía un presupuesto de $140,000, solamente $57,000 en el banco y su oficina principal en la ciudad de Guatemala.

Blazer trasladó la sede de la CONCACAF a Nueva York y en pocos meses Donald Trump personalmente le ofreció oficinas en el decimoséptimo piso de la Trump Tower. Con la economía en recesión y las tasas de ocupación bajas, el magnate de bienes raíces propuso a Blazer darle un año de alquiler gratis y once años adicionales a la mitad del precio de mercado. Blazer, quien llegó a considerar a Trump un amigo cercano, dijo que el trato evidenciaba que había una «fuerza espiritual que nos cuida».

Pronto creó la Copa Oro, un torneo que enfrentaba a los equipos nacionales de la confederación en un formato similar a la Copa Mundial. Lanzada como una obra maestra centrada en los equipos nacionales de Estados Unidos y México, la Copa Oro pronto reportaría decenas de millones de dólares por derechos de televisión y por concepto de patrocinios en cada partido.

A principios de 1997, se liberó una plaza en el ExCo de la FIFA cuando uno de los tres delegados de la CONCACAF murió repentinamente de un ataque al corazón. Aunque otros habían expresado su interés en el cargo, no se le dio una oportunidad real a nadie. Warner, en un movimiento típicamente dictatorial, no permitió ninguna campaña, insistió en una votación mediante fax y anunció tres días después que Blazer había sido electo para la junta más poderosa del futbol.

A lo largo de los años, Blazer ha formado parte de cinco comités de la FIFA, incluido el ExCo. Bajo su supervisión, el futbol en Norteamérica pasó de la oscuridad a ser un proyecto viable, y los ingresos llovían en forma de patrocinios, publicidad y ofertas televisivas.

Blazer no sólo ayudó a la FIFA a través del catastrófico colapso de su socio externo de mercadotecnia y televisión, ISL, sino que fue pieza instrumental para encaminarla a ganancias mucho mayores. Por su parte, la CONCACAF veía sus ganancias crecer de casi cero en 1990 a $35 millones en 2009, mientras que su prestigio e influencia dentro de la FIFA se disparaban.

La liga profesional de futbol de Estados Unidos, la Major League Soccer, que ni siquiera existía cuando Blazer se unió a la CONCACAF, ganó un contrato a largo plazo con ESPN, gracias en gran parte a la influencia directa de Blazer. El futbol femenino, que había promovido cuando estaba en la Federación de Futbol de Estados Unidos, jugó su primera Copa del Mundo mientras Blazer estaba al mando y desde entonces el torneo se celebró dos veces en Estados Unidos.

Divorciado, Blazer vivía con su novia, una atractiva exactriz de telenovela, en un espacioso apartamento de lujo en el piso cuarenta y nueve de la Trump Tower; tenía un condominio de $900,000 dólares junto a la playa en las Bahamas, y acordó la compra de apartamentos adyacentes con vistas a Biscayne Bay, en la zona South Beach de Miami, para su uso exclusivo.

Del mismo modo que hacía con sus dos docenas de miembros del ExCo, la FIFA le pagaba a Blazer viajes en primera clase a sus numerosos eventos y reuniones en todo el mundo, lujosos alojamientos de cinco estrellas, limusinas con chofer, comidas gourmet, vinos finos, obsequios y un suministro interminable de boletos para partidos. Le pagaba un estipendio anual de $100,000, sin incluir viáticos adicionales; un bono anual de al menos $75,000, y una generosa dieta diaria en efectivo siempre que estaba de viaje.

Socializó con presidentes, realeza y multimillonarios; hizo amistad con celebridades y productores de televisión exitosos; pasó noches en el legendario centro turístico Elaine de Nueva York, e incluso se ganó el favor personal ocasional de su buen amigo Donald Trump, quien, por ejemplo, una vez le permitió ser anfitrión de su reunión de la escuela preparatoria en el deslumbrante vestíbulo de la Trump Tower.

Famoso entre los aficionados al futbol fuera de Estados Unidos por su gran tamaño y su tupida barba blanca, disfrutaba de un anonimato casi total en casa y podía viajar libremente por Central Park en motoneta, con su loro posado sobre su hombro, sin temor a ser molestado por fanáticos del futbol o miembros de la prensa deportiva.

Era, en resumen, un estilo de vida bastante impresionante e inesperado para un tipo obeso de Queens que nunca había pateado una pelota de futbol hasta pasados los treinta años.

◆◆◆

El 23 de agosto de 2010, poco después de su regreso de Moscú, Blazer recibió un correo electrónico de su viejo amigo Jack Warner.

Los dos hombres eran diferentes en casi todos los sentidos. Mientras Blazer, el estereotipo del neoyorquino, era ruidoso y sociable, Warner, de la campiña trinitense, era callado y reservado. Escandaloso y sociable, a Blazer le encantaba el espectáculo y, sobre todo, llamar la atención. Warner, que sufría de un leve impedimento del habla que hacía que su acento ya de por sí característico del Caribe fuera casi impenetrable, tendía a preferir las cenas íntimas. Insistía en muestras de respeto elaboradas y formales, y cuando percibía un desaire, su ira podía durar años.

El reino de Blazer era Manhattan, mientras que Warner vivía en los suburbios de la capital de Trinidad, Puerto España. Aun así, a menudo realizaban viajes internacionales juntos, asistían a eventos oficiales uno en compañía del otro y acudían juntos a una serie interminable de reuniones de la CONCACAF. A pesar de sus diferencias, la pareja dispareja se complementaba: se volvieron más cercanos e incluso tomaron, en alguna ocasión, vacaciones familiares juntos.

Gracias a su posición como vicepresidente de la FIFA y presidente de la CONCACAF, Warner era mucho más conocido en el mundo del futbol que Blazer, el foco de atención constante en la prensa deportiva. Pero quienes seguían de cerca el futbol veían a este par como inseparables.

Les llamaban Jack y Chuck.

El correo electrónico que envió Warner en agosto era breve; le informaba al secretario general que pronto recibiría el pago por el que había estado preguntando, con creciente urgencia, desde hacía cierto tiempo.

El dinero era parte de una suma de $10 millones de dólares que Sudáfrica había prometido en secreto a Warner más de seis años antes. En ese momento, Sudáfrica planteaba su oferta para ser sede de la Copa Mundial de 2010 y había estado compitiendo contra Marruecos y Egipto por el honor.

Ostensiblemente, el dinero había sido enviado para «apoyar a la diáspora africana hacia países del Caribe como parte del legado de la Copa del Mundo», pero todo mundo sabía lo que era: un soborno para obtener votos a favor.

En efecto, cuando el ExCo se reunió en Zúrich en mayo de 2004 para decidir quién sería el anfitrión del torneo, Warner y Blazer votaron obedientemente a favor de Sudáfrica. Sus votos resultaron decisivos: por un margen de 14-10, Sudáfrica había ganado el derecho de ser sede del Mundial de 2010.

Warner le prometió a Blazer que, cuando llegara el dinero, $1 millón de dólares sería suyo.

—Estoy orgulloso de mi voto por Sudáfrica y estoy orgulloso de la FIFA —dijo Blazer a un periodista unos días más tarde desde su apartamento en Manhattan.

Sin embargo, a medida que pasaba el tiempo, Blazer se daba cuenta de que nunca vería un centavo. De vez en cuando le preguntaba a Warner sobre eso, pero nunca lograba obtener una respuesta directa. Parecía que los sudafricanos habían tenido dificultades para encontrar la manera de hacer el pago y Warner finalmente acudió al secretario general de la FIFA para que intercediera en su nombre.

Después de una larga y acalorada negociación, a principios de 2008 la FIFA hizo transferencias por un total de $10 millones de dólares, divididos en tres pagos, a cuentas que estaban registradas con los nombres de CONCACAF y Caribbean Football Union, pero que, de hecho, eran controladas únicamente por Jack Warner. Finalmente, en diciembre Warner le dio a Blazer parte de lo que se le debía, a través de una transferencia por $298,500 dólares a una cuenta que tenía en un banco de las Islas Caimán.

Las cosas se agravaban, pero era típico de cómo habían evolucionado las cosas entre los dos viejos amigos.

El voto de Blazer en el ExCo de la FIFA tenía exactamente el mismo peso que el de Warner; no obstante, se había visto obligado a suplicar su magra porción del pago. El correo electrónico que Warner envió a Blazer llegó como un alivio. Esperaba que este desagradable incidente remanente de los viejos negocios pudiera finalmente dejarse de lado.

El 23 de septiembre se retiró un cheque por $205,000 de la cuenta de la Unión Caribeña de Futbol en una sucursal del Republic Bank en Puerto España y luego se envió a Blazer. El cheque se giró a una compañía que él dirigía, la Sportvertising Inc., registrada en las Islas Caimán. No eran los $701,500 dólares que Warner aún le debía por su voto comprado, pero al menos era un comienzo.

Cuatro días más tarde, Blazer depositó el cheque en una cuenta que usaba para comprar acciones en la correduría Merrill Lynch. Esta tenía una oficina en la Quinta Avenida, a menos de una cuadra de la Trump Tower, y llevar el cheque allí era sin duda mucho menos complicado que enviarlo por correo a su banco en las Islas Caimán.

«Para abono en cuenta», escribió Blazer en el reverso.

Esta simple maniobra tendría un precio muy alto.

5
LA VOTACIÓN

Una delgada capa de nieve cubría el suelo de las oficinas centrales de la FIFA en Zúrich el día 2 de diciembre de 2010, mientras llegaban los miembros del Comité Ejecutivo para una votación que tal vez sea la más importante en la historia del futbol. Sin detenerse, avanzaron pasando los controles de seguridad a bordo de Mercedes S-Class sedán negros conducidos por un chofer y luego bajaron por una larga rampa que conducía directamente a las entrañas del edificio.

Desde allí se dirigieron al tercer nivel subterráneo, eludiendo así a la multitud de periodistas que se había reunido desde antes del amanecer en la entrada del edificio. El lugar, conocido en los círculos de futbol como Casa de la FIFA, era un imponente símbolo de la transformación del otrora humilde órgano de gobierno deportivo.

Diseñado por un famoso arquitecto suizo y construido por $200 millones de dólares, el edificio, inaugurado en 2007, presentaba una fachada fría e inescrutable de vidrio brillante, cubierta por una malla de acero, tan alejada de las vallas perimetrales y de los puestos de seguridad que no se podía ver desde la calle.

Contrastaba notablemente con la primera sede de la FIFA en Zúrich, que albergaba una miserable oficina de dos despachos alquilada en una de las avenidas más transitadas de la ciudad durante más de veinte años. La nueva sede se encontraba en un terreno aislado de cuatro hectáreas y media en la parte alta de la ciudad. La costosa propiedad contaba con un campo de futbol de tamaño reglamentario, varios campos de juego más pequeños y un gimnasio, así como seis jardines cuidadosamente mantenidos con costosas plantas exóticas importadas de todo el mundo. Cada uno representaba una de las diferentes confederaciones regionales que rigen el futbol mundial; un exuberante bosque tropical formado por pinos, helechos y musgos del Noroeste del Pacífico representaba a la CONCACAF, por ejemplo.

A veces era llamado «rascacielos subterráneo», pues cinco de los ocho pisos de la FIFIA eran subterráneos, y el gran vestíbulo del edificio, cubierto por piedra toscamente labrada, estaba austeramente decorado con costosas flores discretas. El acceso estaba estrictamente controlado y las puertas de todo el edificio podían abrirse sólo con sensores de huellas dactilares de alta tecnología, lo que daba a los visitantes la clara impresión de estar en una instalación militar clandestina. O en una bóveda de banco.

La estética era rigurosamente suiza, con casi ningún adorno en ninguna parte, pero estaba claro que no se había escatimado en nada. Incluso los ascensores, con puertas transparentes de vidrio, estaban equipados con luces brillantes extrañamente fascinantes en el exterior. Las luces no tenían un propósito particular, pero parecían insinuar, suave pero confiadamente, que aquí sí se había gastado dinero.

El corazón palpitante tanto del edificio como de la institución se encontraba en el tercer subnivel. Allí estaba la sala de juntas ejecutiva, donde el ExCo de la FIFA tomaba las decisiones más importantes del futbol. Era una habitación dentro de otra habitación: una oscura e impenetrable cámara de guerra sacada de algún drama político de la Guerra Fría, con altas paredes curvas revestidas de aluminio martillado y pisos de lapislázuli pulido. Tenía escritorios de roble entintados de negro, dispuestos en un gran cuadrado debajo de un enorme candelabro de cristal con la forma ovalada de un estadio.

No se permitía que la luz solar penetrara en el recinto, explicó Blatter en la inauguración del edificio, porque «los lugares donde las personas toman decisiones deben contener sólo luz indirecta».

Cerca había una suite de baños inmaculados y espaciosos reservados para los ejecutivos de la FIFA, y más allá, una recámara de meditación resplandeciente, hermosa y sorprendentemente costosa hecha completamente de placas de ónice iluminadas desde adentro. La sala, creada en atención a los miembros musulmanes del Comité Ejecutivo de la FIFA, contenía dos bancos sencillos y una alfombra de oración, con una flecha verde en el quicio de la puerta apuntando en dirección a La Meca.

Finalmente, en el otro extremo del piso, había un salón amueblado con modernos sofás y sillones tapizados, donde, entre reuniones, se servían bocadillos a los miembros del ExCo bajo un candelabro de crepé.

Colgada en la pared en un extremo del salón, estaba una de las únicas obras de arte visibles en cualquier lugar dentro de la sede de la FIFA: una instalación de neón con una escritura curva del artista italiano Mario Merz. Planteaba una intrigante pregunta: *Noi giriamo intorno alle case o le case girano intorno a noi?* («¿Giramos alrededor de las casas o las casas giran alrededor de nosotros?»).

◆◆◆

A comienzos del siglo XX, la creciente popularidad del relativamente nuevo deporte provocó la demanda de organizar partidos entre clubes provenientes de diferentes naciones. Pero la forma en que se jugaba el deporte variaba enormemente de un lugar a otro y la necesidad de un único organismo organizador que pudiera garantizar partidos equitativos entre los países se hizo cada vez más evidente.

Las cuatro asociaciones de futbol británicas, que se consideraban a sí mismas como inventoras del deporte y sus mejores exponentes, no estaban interesadas en someterse a una autoridad superior. La Federación de Futbol de Inglaterra, que ya tenía cuarenta años, era particularmente escéptica y argumentaba que «no podía ver las ventajas de una federación de este tipo», así que se negó a tener algo más que ver con ella.

Sin desanimarse, siete grupos continentales —que representaban a Francia, Bélgica, Dinamarca, los Países Bajos, España, Suecia y Suiza— se reunieron en la trastienda de un club deportivo parisino el 21 de mayo de 1904 y decidieron organizarse sin los británicos.

Llamaron a su organización sin fines de lucro *Fédération Internationale de Football Association* y, al unirse, los funcionarios pioneros se comprometieron a adherirse exclusivamente a sus estatutos, dándole la autoridad suprema sobre el deporte. Todo el mundo jugaba con el mismo conjunto de reglas en el campo. Quizás lo más importante era que la FIFA exigiría lealtad absoluta a sus miembros y la exclusión total de las asociaciones de futbol que no probaran ser leales a los miembros fieles del club.

En unos pocos meses, Alemania aceptó pagar la tarifa anual de membresía de 50 francos franceses, y finalmente Inglaterra, Escocia, Gales e Irlanda del Norte se unieron también. Sudáfrica se convirtió en el primer miembro no europeo, afiliándose en 1909; Argentina y Chile se unieron en 1912, y Estados Unidos ingresó al grupo el año siguiente.

En 1928, bajo la presión de sus miembros para crear un torneo que rivalizara con la popularidad del futbol en los Juegos Olímpicos, al tiempo que admitiera jugadores profesionales —lo que el Comité Olímpico Internacional no permitía—, la FIFA anunció planes para la primera Copa del Mundo.

Cinco países presentaron ofertas para ser anfitriones. Pero la asociación de futbol uruguaya, que había ganado medallas de oro en los Juegos Olímpicos de 1924 y 1928, ofreció cubrir los costos de viaje de los equipos visitantes, construir un nuevo estadio enorme a sus expensas y compartir cualquier ganancia con la FIFA, absorbiendo todo riesgo de pérdida financiera.

—Estos argumentos —dijo la FIFA más tarde— fueron decisivos. Poco dispuestos o incapaces de asumir tales compromisos financieros, los otros países cancelaron sus ofertas y trece países finalmente compitieron en la primera Copa del Mundo, que fue un éxito instantáneo. El 30 de julio de 1930, 70,000 fanáticos llenaron el flamante Estadio Centenario de Montevideo para ver a Uruguay vencer a Argentina con un marcador de 4-2, en la final.

Sin embargo, la creciente popularidad del evento no generó sustanciales ganancias financieras durante muchos años. Durante sus primeras décadas, la FIFA persistió en gran medida gracias a las aportaciones anuales pagadas por sus miembros, más pequeñas comisiones que cobraba por la venta de boletos en partidos internacionales. Regaló, sin costo alguno, los derechos de trasmisión de su primera Copa Mundial televisada, celebrada en Suiza en 1954, e incluso en la Copa Mundial de 1974 en Alemania Occidental la mayoría de los ingresos del torneo aún provenía de la venta de entradas.

Eso cambió rápidamente con el advenimiento de las comunicaciones y la publicidad modernas, pues pronto los acuerdos televisivos y de patrocinio superaron con creces los ingresos de taquilla. Una vez que gran parte de los ingresos de la FIFA comenzó a derivarse de la Copa del Mundo, la organización sin fines de lucro optó por medir sus finanzas en ciclos de cuatro años que finalizaban con el campeonato.

El ciclo que finalizó con la Copa del Mundo de 1974 arrojó un beneficio neto de poco menos de $20 millones de dólares. Para el periodo 2007-2010 que culminó en Sudáfrica, la FIFA registró una ganancia récord de $631 millones de dólares y las reservas en efectivo de la FIFA alcanzaron los $1,300 millones. La Copa del Mundo se había convertido en el evento deportivo más grande y lucrativo en la historia de la humanidad.

◆◆◆

Cuando se reunían en Zúrich, los miembros del ExCo de la FIFA se hospedaban en el Baur au Lac, un monumental edificio de 165 años de antigüedad decorado muy a la estética suiza de modestia costosa. El hotel, cercano a las orillas del lago Zúrich, se enorgullece de su discreción absoluta, pero admite haber hospedado, entre otros, a Haile Selassie, la emperatriz austríaca Elisabeth y el Kaiser Guillermo II.

Durante las reuniones de la FIFA, se podían encontrar a menudo, tendidos en mullidos sofás en el salón del Baur au Lac a los hombres que controlaban el mundo del futbol, de traje, de *zobe*,* y batas, chismeando sobre las políticas del deporte acompañando la charla con exclusivos cócteles y servicios de té servidos bandejas de plata.

Apenas unas semanas antes de la Copa del Mundo de diciembre de 2010, dos miembros del ExCo, el nigeriano Amos Adamu y el tahitiano Reynald Temarii, fueron suspendidos por el Comité de Ética de la FIFA después de una operación encu-

* N. de la T. Túnica blanca con mangas, típica de los países árabes y del este de África.

bierta por *The Times* de Londres en donde fueron grabados mientras ofrecían vender sus votos a cambio de sobornos de hasta seis y siete cifras. Blatter lo llamó «un día triste para el futbol».

Los veintidós miembros restantes del comité constituían un grupo variopinto que incluía a varios exfutbolistas profesionales, un médico, el propietario de una ferretería, ejecutivos de aerolíneas y compañías petroleras, un campeón corredor de media distancia, varios políticos profesionales, un puñado de abogados y al menos dos multimillonarios.

En la víspera de la votación, el 1° de diciembre, las nueve naciones que presentaron candidaturas para la Copa Mundial se hospedaron en el Baur au Lac para hacer un último intento de cabildeo, desplegando toda su artillería para influir en el ánimo de los miembros del ExCo.

Australia, que competía por 2022, había enviado a la supermodelo Elle Macpherson a Zúrich, junto con el multimillonario presidente de su federación de futbol, el desarrollador de centros comerciales, Frank Lowy. La delegación estadounidense rival incluyó a la estrella del equipo nacional Landon Donovan, al actor Morgan Freeman, al fiscal general adjunto Eric Holder y al expresidente Bill Clinton.

Inglaterra, la favorita para 2018, mientras tanto, había sido humillada varios días antes con la emisión de un documental de la BBC en el que se acusaba a tres miembros del ExCo de recibir millones de dólares en sobornos por parte de la empresa de mercadotecnia deportiva International Sport and Leisure, o ISL. El informe también afirmaba que Jack Warner, un cuarto miembro del ExCo, había intentado sacar más de $80,000 en entradas para la Copa Mundial de 2010.

Aterrorizado por la furia de los susceptibles funcionarios de la FIFA, el equipo de selección de Inglaterra intentó hacer que la BBC retrasara la transmisión del informe, producido por el periodista de investigación Andrew Jennings. Sin éxito alguno, el equipo inglés recurrió a los insultos y calificó el informe de «antipatriótico» y «vergonzoso».

A pesar de las crecientes señales de que las probabilidades estaban en su contra, Inglaterra había alquilado dos suites en el Baur au Lac y se jugó su mejor carta con sus «Tres Leones»: el primer ministro David Cameron, el príncipe William y David Beckham, para hacer una apelación final. Luego, en un giro alentador para los ingleses, llegó la noticia de que Vladimir Putin no vendría a Zúrich para la votación. El líder ruso afirmó que no se presentaba porque, dijo a la prensa, los miembros del ExCo deberían «tomar su decisión en paz y sin presiones externas».

Por su parte, los miembros de la candidatura de Inglaterra habían rondado el Baur au Lac hasta pasada la medianoche e invitado a los miembros del ExCo tragos de whisky de malta añejado, así como tratando desesperadamente de evitar las ofertas de último minuto para impulsar su esfuerzo hacia la victoria. Antes de retirarse, Jack Warner abrazó efusivamente al príncipe William, una señal segura, al parecer, de que enviaría su voto a favor de Inglaterra.

Poco antes de irse a la cama en su inmaculada residencia escondida en una calle apartada en un elegante barrio de Zúrich, Blatter recibió una llamada telefónica del presidente Barack Obama.

Se había encontrado con el presidente en la Oficina Oval durante una visita de cuatro días el año anterior y no pudo evitar sentir una oleada de emoción cuando escuchó su voz en la línea. La llamada, breve y formal, duró sólo unos minutos.

Blatter había expresado públicamente su apoyo a la oferta de Estados Unidos en numerosas ocasiones, señalando las enormes oportunidades comerciales que tal evento proporcionaría. Hablando en un inglés muy acentuado pero preciso, reiteró esa postura al teléfono, señalando deliberadamente que sólo tenía un voto y no podía decir a los otros miembros del ExCo cómo actuar.

—¿Cómo están nuestras posibilidades? —preguntó Obama.

Blatter hizo una pausa y suspiró suavemente.

—Señor presidente, será difícil.

—Entiendo. Bueno, buena suerte —respondió Obama antes de colgar.

Nunca volvieron a hablar.

◆◆◆

—Soy un presidente feliz —dijo Blatter, que no parecía muy contento cuando anunció que Rusia y Qatar habían ganado y serían sede de la Copa del Mundo en 2018 y 2022.

Se subió al podio ante una gran multitud e hizo una mueca. Los centenares de periodistas presentes para atestiguar el resultado de la votación de esa mañana se apresuraron a presentar informes de la delegación rusa, incluido Roman Abramovich mientras chocaban manos y festejaban mientras Blatter entregaba al viceprimer ministro Igor Shuvalov el trofeo de la Copa Mundial en el escenario. Minutos después, la familia real de Qatar hizo lo mismo, abrazándose unos a otros, casi al borde de las lágrimas.

Chuck Blazer, con un traje oscuro y una de sus coloridas corbatas, estaba sentado en la primera fila del auditorio que había sido reservado para los miembros del ExCo. Apretado entre Mohamed bin Hammam de Qatar y Nicolás Leoz de Paraguay, no se unió a los vítores; se levantó sólo para abrazar brevemente al repentinamente exultante qatarí que estaba junto a él, antes de desplomarse nuevamente en su silla.

Directamente detrás de él, Bill Clinton murmuraba a Sunil Gulati, presidente de la Federación de Futbol de Estados Unidos; luego se levantó para estrechar la mano de los políticos y la realeza en la sala. Blazer, el funcionario del futbol de más alto rango de Estados Unidos, permaneció inmóvil, mirando fijamente al frente. Había votado por Rusia en lugar de Inglaterra para ser sede de la Copa Mundial de 2018, pero más tarde admitió que se sorprendió cuando Estados Unidos no ganó la Copa del Mundo de 2022.

Apenas unas horas más tarde, Vladimir Putin aterrizó en Zúrich, exultante.

En una conferencia de prensa convocada a toda prisa, agradeció a Blatter e insistió en que Rusia estaría lista para 2018 y que esperaba que Abramovich, de quien dijo que estaba «revolcándose en dinero», participara en la construcción del estadio.

—¿Sería justo decir —preguntó un exaltado periodista— que es usted el primer ministro más inteligente del mundo al mantenerse alejado y ganar el concurso a miles de kilómetros de distancia?

—Gracias —respondió Putin en ruso y sonriendo—. Me alegro de haber insistido en darle la palabra. Gracias, es muy agradable escuchar esto.

Los fanáticos del futbol en Australia, Corea, Japón, España, Portugal, Bélgica y Holanda, que se quedaron con las manos vacías, lamentaron la votación y cuestionaron su imparcialidad.

Los comentaristas de la prensa cuestionaron cómo era posible que los dos países menos propicios para acoger la Copa del Mundo hubieran ganado, señalando las inhóspitas condiciones climáticas de Qatar, donde las temperaturas diurnas en junio y julio, periodo en el que se celebra siempre la Copa Mundial, superaban los 46 °C.

Nadie lo tomó con más indignación que Inglaterra, en donde la votación había dominado los titulares durante semanas, y todas las conversaciones sobre el tema se limitaron a agonizantes exámenes de conciencia, acusaciones y un desesperado crujir de dientes. A pesar de todos sus esfuerzos, el país obtuvo humillantemente sólo dos votos: el de su propio representante en el ExCo y el del camerunés Issa Hayatou.

El primer ministro británico, David Cameron, que había volado de vuelta a Londres horas antes ese mismo día para atender unos asuntos, escuchó las noticias de boca de uno de sus asesores con quien compartía el asiento trasero de su Jaguar blindado en su camino desde Heathrow a Downing Street. Los dos hombres se hundieron en sus asientos.

—Hicimos nuestro mejor esfuerzo —dijo finalmente Cameron antes de caer en un silencio atónito.

Un miembro del equipo de candidatura de Inglaterra arrinconó a Jack Warner y le preguntó por qué había prometido su voto para luego retractarse. El trinitense susurró su respuesta:

—¿Quién nos lo va a impedir?

Otro miembro de ese equipo, que viajaba de vuelta al centro de Zúrich desde el auditorio donde se había anunciado el resultado, notó que el secretario general de la FIFA, el alto y apuesto abogado francés Jérôme Valcke, hundía su cara entre sus manos, mientras murmuraba para sí mismo:

—Esto —insistía Valcke— es el final de la FIFA.

◆◆◆

Las oficinas del FBI en Nueva York ocupan siete pisos de los 26 del Federal Plaza, una torre de oficinas federales fuertemente custodiada en el centro de Manhattan, enclavado entre Chinatown y el Ayuntamiento. Es la oficina más grande del FBI; con aproximadamente 1,200 agentes, es aproximadamente del doble del tamaño de la oficina de Los Ángeles, y eso sin contar los aproximadamente quinientos oficiales del Departamento de Policía de Nueva York asignados a las fuerzas especiales del FBI en el edificio.

Sentado en su cubículo en el piso veintitrés a la mañana siguiente de la votación, el 3 de diciembre, el agente especial Jared Randall hojeó un ejemplar del *New York Times*, examinando las noticias del día.

El periódico no se había molestado en enviar a un periodista a Zúrich para cubrir el voto de la FIFA. Los tres artículos que incluía sobre la FIFA estaban bien escondidos en el diario: comenzaban en la página B11 con el titular «Rusia y Qatar expanden la huella mundial del futbol *soccer*».

La silenciosa reacción del *Times* era acorde con la del público estadounidense en su conjunto, que, excepto por los fanáticos del deporte, parecía profundamente desinteresado. Incluso el presidente Obama pareció tomarse las noticias con calma, calificando la votación como «la decisión equivocada», pero confiando en que el equipo nacional de Estados Unidos jugaría bien sin importar dónde se celebrara la Copa del Mundo.

Randall, sin embargo, encontró los artículos fascinantes. Se levantó y se precipitó a la oficina de Mike Gaeta, a pocos metros de su escritorio. Delgado y atlético con intensos ojos oscuros, Randall era uno de los agentes más jóvenes en la oficina de Nueva York.

Al igual que muchos agentes del FBI, su padre había sido policía en Narragansett, Rhode Island, donde Randall creció, aunque desde pequeño mostraba poco interés en la aplicación de la ley. En la preparatoria, había comenzado un negocio de diseño web y se había especializado en sistemas informáticos en la universidad.

Consideró la opción del FBI sólo después de que un encargado de reclutamiento visitara el campus durante su último año, mencionando que la Agencia estaba buscando agentes para combatir el delito cibernético. Eso le resultó emocionante, y Randall se postuló para el puesto a sus veinticinco años, la edad mínima permitida.

Al concluir la academia fue asignado a la oficina de campo de Nueva York, pero no pasó ni un sólo día en crimen cibernético. Después de unas cuantas rotaciones de capacitación y un breve periodo en incautación de bienes, un área compleja y técnica, Randall fue transferido a principios de 2010 al escuadrón de crímenes de Eurasia, el C-24.

Gaeta estaba feliz de recibirlo. Su nuevo escuadrón era más bien magro y además le encantaba trabajar con agentes jóvenes. No tenían malas mañas, absorbían sus consejos como esponjas y no cuestionaban sus teorías sobre los casos.

Con hasta veinte investigaciones a la vez, no había forma de que Gaeta pudiera hacer todo. Al delegar a los motivados y jóvenes agentes actividades como vigilancia, escucha de cintas, registro de los cooperadores y un millón de detalles más, pensó que él podría actuar como lo que llamaba «agente mayor», coordinando todo a la vez.

Uno de esos casos fue la investigación sobre futbol.

Gaeta había regresado de múltiples reuniones con Christopher Steele convencido de que había un caso que involucraba a la FIFA, pero no estaba seguro de qué. Parecía un poco amorfo y confuso, pero muchos casos importantes comenzaban de esa manera. Gaeta llamó a Evan Norris, un fiscal que conoció en el Distrito Este de Nueva York, que cubre Brooklyn, Queens y Long Island. Él había trabajado con Norris y creía que era el hombre indicado para un caso que lucía jugoso. Norris no lo pensó dos veces. El caso de la FIFA quedó abierto oficialmente.

Lo único que faltaba era que alguien llevara a cabo la investigación a diario y, al revisar su lista de agentes, le vino en mente el nombre de Jared Randall. Sólo había tenido uno o dos casos antes y no habían ido a ninguna parte, pero con los agentes más experimentados de Gaeta ocupados en otros asuntos, simplemente no había muchos otros disponibles.

Además, Randall había sido becario de futbol en el Manhattan College y jugaba activamente en el equipo de futbol del Departamento de Policía de Nueva York (NYPD). Sólo ese hecho, pensó Gaeta, hacía de Randall el tipo más calificado de la brigada.

Ahora, sentado en su atiborrada oficina, Gaeta tomó el periódico de la mano de Randall y leyó la noticia.

—Rusia ganó la sede de la Copa del Mundo —dijo Randall.

—Sí —Gaeta se encogió de hombros, sin sorpresa.

El agente veterano hizo una pausa para mirar fuera de su oficina a través de docenas de cubículos sucios que constituían las diversas brigadas del crimen organizado de la oficina de campo. Por aquí y por allá había trofeos de redadas exitosas, mezclados con montones de papel, cajas de pruebas, chalecos antibalas, equipos antimotines y chaquetas del FBI colgando sobre el respaldo de las sillas. Agentes bien afeitados bebían tazas de café, conversaban a media voz, decían tonterías antes de ponerse a trabajar.

El desparpajado cuadro parecía el apropiado para reventar a un par de matones mediocres encargados de los pequeños delitos en los barrios periféricos de la ciudad, increíblemente alejados de las opulentas y prístinas salas de reuniones de la FIFA que se mantenían en lo alto, por encima de Zúrich. No obstante, Gaeta era un agente ambicioso y le encantaba la idea de acabar con los aparentemente intocables mandarines que controlaban todo el futbol mientras comían canapés y se empinaban champaña fina.

—Imagínate —le dijo a Randall— si pudiéramos llegar a ese nivel.

6
JACK *VS.* CHUCK

«Jack», Chuck Blazer comenzó a escribir en su computadora. «Espero que esto sea una broma del Día de los Inocentes».*

Durante los más de veinticinco años que llevaba de conocer al tipo, Chuck Blazer había visto a Jack Warner hacer mil piruetas extravagantes, como cuando en 2003 saboteó una cena de gala para 1,200 personas con motivo de la celebración por la apertura de un nuevo estadio de futbol en Carson, California, donde se dedicó a despotricar con fuertes implicaciones de tinte racial y todo porque no fue recogido del aeropuerto en una limusina.

O cuando Warner insistió en que Trinidad fuera la sede del Campeonato Mundial Sub-17, repartiendo para sí mismo, sus amigos y familiares casi todas las concesiones y contratos, para después estar casi a punto de cancelarlo. O esa ocasión en 2010, en la que cuando el equipo para la presentación rusa de la Copa del Mundo terminó su exposición ante los líderes

*N. de la T. En Estados Unidos, el Día de los Inocentes se celebra el 1° de abril; por ello, Blazer escribió a Warner ese mensaje precisamente ese día (1° de abril de 2011).

de la CONCACAF, Warner se volvió hacia ellos y, para sorpresa de todos los presentes, dijo socarronamente: «¿Y nosotros qué ganamos?».

Ahora, sentado en su departamento en lo alto de la Torre Trump, a primera hora del día 1° de abril de 2011, a Blazer le pareció que su viejo e irascible amigo estaba al borde de otra de sus raras actuaciones. Warner, como de costumbre, se había levantado antes del amanecer y antes de las seis de la mañana apareció un correo de su parte en la bandeja de entrada de Blazer.

El compañero miembro del ExCo Mohamed bin Hammam había enviado un correo electrónico a Warner unos minutos antes donde expresaba su deseo de dirigirse directamente a los miembros de la confederación en un «congreso especial» en torno al 18 de abril, menos de dos semanas antes del congreso anual ya programado de la CONCACAF en Miami para principios de mayo. El multimillonario, después de más de una docena de años de leal servicio a Blatter, había anunciado recientemente sus intenciones de competir contra él por la presidencia de la FIFA. Más allá de su riqueza, era el presidente de la Confederación Asiática de Futbol y había tenido un papel clave para que Qatar obtuviera la sede como anfitrión en el torneo de 2022, lo que lo había convertido en héroe nacional y probablemente lo había envalentonado para desafiar al hombre más poderoso del futbol.

Después de tantos años al lado de Blatter, estaba familiarizado con las diversas tácticas empleadas por los suizos para mantener su posición. Bin Hammam quería la oportunidad de solicitar los 35 votos de la CONCACAF a solas y de forma personal antes de las elecciones presidenciales en Zúrich el 1 de junio.

Warner respondió inmediatamente que «haría todo lo posible para ayudarlo con la organización de tal reunión» en Trinidad luego reenvió el mensaje a su secretario general, instruyéndolo para «organizar esto».

Blazer apenas podía contener su furia al leer el correo electrónico. Redactó una respuesta enérgica, pero, antes de enviarla, le enseñó el correo electrónico a un colega de confianza. Finalmente, a las 9:43 a. m. hora de Nueva York, respondió.

«Lamento la necesidad de abordar este asunto sólo después de ocurrido, y que no consideraras oportuno consultarlo conmigo antes de dar una respuesta a Mohamed», escribió. «La solicitud de Mohamed, aunque es claramente conveniente para él, es realmente imposible para nosotros».

Para empezar, el personal de la CONCACAF tanto en Nueva York como en Miami iba contrarreloj para preparar la competencia de la Copa Oro en junio, ello mientras organizaban también el congreso en Miami. En ese momento se jugaba un torneo de clasificación para la Copa Mundial Juvenil en Guatemala, lo que inmovilizaba los recursos adicionales de la confederación, y el equipo de mercadotecnia tenía un evento programado en la Ciudad de México en los mismos días que Bin Hammam había propuesto.

Pero aun más preocupante que la logística en sí misma para lograr la reunión con tanta premura, eran, en primer lugar, los motivos que tenía Warner para pedir tal cosa.

La oficina del presidente de la FIFA gozaba de un estatus más cercano al de un monarca o un autócrata que al de una figura decorativa elegida democráticamente, y todos los caprichos del hombre se tomaban como una orden que cumplir. Los líderes de las naciones, los intelectuales públicos y las celebridades querían estar cerca del presidente; se tomaban en serio sus ideas, y lo colmaban de elogios. Mientras tanto, las autoridades suizas tendían a adoptar un enfoque de no intervención para regular la organización que él controlaba, le cobraban una fracción de los impuestos que pagaban las empresas con fines de lucro y le daban la libertad para hacer lo que quisiera.

Perder todo sería devastador. Después de superar la crisis de ISL para ganar en 2002, Blatter se había presentado sin oposición en 2007 y había dejado claro que tenía toda la intención de aferrarse a su famoso puesto durante un largo tiempo.

Blazer y Warner habían construido sus carreras en la FIFA en torno a la lealtad a Blatter, defendiéndolo vehemente e incansablemente en medio de numerosas crisis públicas y entregando rutinariamente los treinta y cinco votos de sus confederaciones como tributo.

A cambio, Blatter se había mostrado magnánimo prodigando fondos de la FIFA destinados al desarrollo del futbol para los proyectos favoritos de ellos, como un estudio de televisión en las oficinas de la CONCACAF en la Trump Tower con un valor de $3 millones de dólares que Blazer había estado codiciando, o la mayor parte de los $26 millones de dólares gastados para pagar un enorme complejo deportivo, de entretenimiento y hotelero construido por Warner en Trinidad. La hija de Blazer, abogada, había sido durante varios años miembro del Comité Legal de la FIFA, mientras que el hijo menor de Warner, Daryll, trabajaba en ese momento como funcionario de desarrollo de la FIFA en el Caribe, ayudando a repartir más de la generosidad de la organización.

Cuando Issa Hayatou, funcionario de futbol de Camerún, se había enfrentado a Blatter como presidente de la FIFA en 2002, él también había pedido dirigirse a los miembros de la CONCACAF. Pero Warner, en una audaz y astuta muestra de lealtad, tomó la decisión sin precedentes de que sólo un presidente de la FIFA podría dirigirse al congreso de la CONCACAF, lo que efectivamente terminó por excluir al rival de Blatter.

Permitir que Bin Hammam hablara en Miami no sólo iría en contra de esa decisión, sino que se arriesgaría a distanciar a

Warner y Blazer de su benefactor suizo, quien era conocido por eliminar a quienes no lo apoyaban.

Por otra parte, pensó Blazer, esto no era impropio del carácter de Warner. En el mundo feroz de la política de la FIFA, él nunca había sido un hombre con quien fuera fácil llevarse. Después de más de un cuarto de siglo en el ExCo, Warner era orgulloso, vengativo y fácil de provocar; se enroscaba como una cobra lista para atacar. A pesar de su constante trabajo, sus habilidades administrativas dejaban mucho que desear, y Blazer y su personal tenían que cargar la mayor parte del peso en lo que respecta al trabajo real de dirigir la confederación.

Peor aún era la avaricia insaciable de Warner. Incluso Blazer, que era ciertamente adepto a usar su cargo para beneficio personal, se sorprendía de cuán descaradamente su amigo iba tras el dinero y de cuántas veces había escapado ileso del aparente desastre.

—Jack Warner cree que puede salir siempre airoso —escribió una vez Blazer.

El viejo Warner había sobrevivido tanto tiempo debido a su innato instinto para la política. Comprendía instintivamente el rudo negocio de asegurar votos, apuntalar alianzas y castigar a los disidentes. Durante décadas, la clave de su poder había sido la forma en que dominaba el Caribe, su pequeño feudo, y ahora Blazer temía que su viejo y astuto camarada estuviera perdiendo el control.

Bin Hammam era muy querido dentro de la FIFA, seguro y profundamente generoso por derecho propio. Con las fortunas de Qatar en aumento, resultaba un buen aliado. Pero ayudar a la campaña de Bin Hammam era el análogo a una traición. En la cúspide de la pirámide de la FIFA, o estabas con Blatter o en su contra.

—Por favor —le rogó Blazer a Warner en su correo electrónico—, no destruyas todo el trabajo apresurándote a tomar decisiones que nos pueden causar problemas.

◆◆◆

A fin de cuentas, si no hubiera sido por Blazer, Warner nunca habría alcanzado su alto cargo.

Se habían conocido durante un congreso de la CONCACAF en Tobago, apenas un mes después de que el neoyorquino fuera elegido vicepresidente de la Federación de Estados Unidos, e inmediatamente simpatizaron, a pesar de nunca trabajar juntos directamente.

Luego, el 20 de noviembre de 1989, en la casa de Warner en Arouca, un suburbio al este de Puerto España, sonó el timbre cuando tomaba su té de la mañana. En la puerta esperaba un Chuck Blazer bastante optimista. Su inesperada visita era particularmente sorpresiva, considerando el resultado de la competencia del día anterior entre Estados Unidos y Trinidad y Tobago en el Estadio Nacional, a cuarenta kilómetros de distancia.

Durante el minuto 31 del cerrado encuentro, el centrocampista estadounidense Paul Caligiuri se descolgó, encontrando suficiente espacio para marcar un largo tiro arqueado con el pie izquierdo hasta el fondo de la portería, con el que rompió el empate a cero. Fue el único gol del día y se le conoció en los círculos del futbol como «el disparo que se oyó en todo el mundo» porque catapultó a Estados Unidos a la clasificación de la Copa del Mundo por vez primera en cuarenta años. Trinidad, que nunca había calificado, en ese mismo encuentro quedó eliminada de la contienda.

Entonces, sentado con Warner y su esposa en la mesa de la cocina, Blazer respiró hondo y soltó la gran noticia. Warner, le dijo emocionado, debería renunciar a la asociación de futbol de Trinidad y Tobago y postularse para la presidencia de la CONCACAF.

El presidente de la confederación, el mexicano Joaquín Soria Terrazas, estaba gravemente enfermo de diabetes y presumiblemente no lograría sobrevivir otro periodo de cuatro años, dijo Blazer. Conforme a los estatutos de la confederación, el vicepresidente más antiguo de la CONCACAF se haría cargo en caso de muerte o destitución del presidente; eso significaba que Gene Edwards, expresidente de la Federación de Futbol de Estados Unidos, obtendría el puesto. Y dado que estaba programado que Estados Unidos fuera la sede de la Copa Mundial de 1994, Edwards representaría un obstáculo para alcanzar el puesto cuando se celebraran nuevamente las elecciones en vísperas del mayor evento deportivo del mundo.

Si Warner no se movía ahora, explicó Blazer, la presidencia quedaría fuera de su alcance durante años, si no es que para siempre. Blazer se ofreció a trabajar, de forma gratuita, como gerente de campaña, pero la victoria dependería de la capacidad de Warner para poner a raya a sus colegas del Caribe. Una vez que ganara, añadió Blazer, estaría más que contento de manejar las operaciones diarias de la confederación como secretario general, dejando a Warner libre para mantener la unidad entre los miembros.

Blazer había estado sin trabajo desde el mes de mayo anterior, cuando fue despedido como presidente de los Miami Sharks. Tenía un montón de cuentas sin pagar esperándolo en Scarsdale, incluidas hipotecas múltiples y facturas de automóviles, sin mencionar una demanda pendiente de un vecino por un préstamo personal, y había descubierto que había muy pocos empleos que dejaran ganancias en el mundo del futbol. Esta descabellada idea parecía ser la última esperanza.

—Si vas a ser el presidente de la CONCACAF —imploró Blazer— tendrás que estar disponible para las próximas elecciones dentro de unos meses o esperar hasta 1998, lo que es demasiado tiempo.

◆◆◆

Warner, nacido en enero de 1943 en una familia pobre, en el sudeste de Trinidad, era el tercer hijo de un padre alcohólico y frecuentemente ausente y de una madre severa y devotamente católica, que lograba llegar a fin de mes con la limpieza de casas. El hogar de su infancia no tenía agua corriente, como muchas del área rural donde prácticamente todas las familias, incluida la suya, eran negras.

Estudiante superior al promedio y apasionado, pero poco hábil jugador de futbol, había obtenido un título como maestro mientras encauzaba su amor por el deporte escalando los peldaños administrativos de las caóticas ligas de aficionados de Trinidad. Durante la mayor parte de su vida, su único «trabajo» asalariado fue como maestro de escuela secundaria en Puerto España y, mientras ascendía lentamente a las filas de las clases medias del país, logró también ganar y mantener el poder en el mundo del futbol.

Warner fue elegido secretario de la Asociación de Futbol de Trinidad y Tobago en 1974, pero su gran oportunidad llegó el 8 de diciembre de 1982, cuando los soldados llegaron a la casa de André Kamperveen en Paramaribo, la capital de Surinam; dispararon contra sus perros, destrozaron sus teléfonos y terminaron con la vida del hombre a sus 58 años.

Kamperveen, un exfutbolista profesional y exitoso hombre de negocios, había criticado públicamente al pequeño gobierno de la nación sudamericana, una dictadura represiva. Esa noche fue salvajemente golpeado y muerto a tiros, junto con otros catorce disidentes.

Kamperveen también había sido presidente de la Unión Caribeña de Futbol (UCF), una organización que él había ayudado a fundar cinco años antes, lo que automáticamente lo habilitaba para un puesto en el ExCo de la FIFA. A raíz de su muerte, Warner, que había sido hasta entonces funcionario de segundo rango de la UCF, tomó ambos puestos vacantes y se convirtió instantáneamente en uno de los hombres más poderosos en el futbol.

El Caribe de ninguna manera era un semillero para el talento futbolístico. Sólo un equipo de la región había calificado alguna vez para la Copa del Mundo y el interés en el deporte en la mayoría de los países era tan tibio que virtualmente no existía. Muchas asociaciones nacionales estaban sin un centavo y sus funcionarios rara vez viajaban al extranjero, fungiendo como poco menos que meros organizadores de ocasionales competencias de aficionados. Algunos presidentes de asociaciones parecían completamente ajenos a lo que la CONCACAF o la FIFA hacían.

Pero la FIFA y sus seis confederaciones regionales operaban como una democracia simple: asignaban un voto a cada país, sin importar su fuerza futbolística. Así, los votos del pequeño Curaçao tenían la misma fuerza en la CONCACAF que los de Estados Unidos. El territorio británico de Las Bermudas, con un equipo nacional que nunca había tenido un lugar mejor que el número 58 de la clasificación mundial, tenía exactamente el mismo voto que Brasil, un país cien veces más grande y ganador de múltiples Copas Mundiales.

La UCF se había formado en 1978 como un modo de dar a las naciones del Caribe un lugar en la mesa de una confederación que durante muchos años había estado dominada por intereses mexicanos y centroamericanos. Pero lo que Blazer identificó en la Unión era un bloque invencible de votación que podía dictar la dirección de la CONCACAF en su conjunto y, por añadidura, adquirir una formidable fuerza también ante la FIFA.

En el momento en el que tocó a la puerta de Warner en 1989, la UCF tenía dieciocho miembros, mientras que por todo

Norte y Centro América había sólo nueve. Si Warner podía lograr que todo el Caribe se alineara, le explicó Blazer, no habría obstáculos para hacerse del poder y consolidarlo durante décadas.

El 6 de abril de 1990, Warner resultó electo presidente de la CONCACAF, tal y como Blazer predijo. No demoró en darle a su amigo estadounidense el puesto de secretario general.

◆◆◆

En los más de cuarenta años desde que Warner se había convertido en funcionario del futbol por primera vez, al ayudar a dirigir la Central Football Association de Trinidad cuando estaba todavía en la escuela, había sido sujeto de una serie de acusaciones por mal manejo financiero, adjudicación en su propio beneficio, soborno, venta de votos y, especialmente, reventa de entradas.

Por ejemplo, cuando Trinidad recibió a Estados Unidos en ese glorioso 19 de noviembre de 1989, donde este último calificó a la Copa del Mundo, la asociación de futbol de Trinidad de alguna forma se las había ingeniado para imprimir 20,000 boletos de más para el partido en el Estado Nacional de Puerto España, lo que sobrepasaba la capacidad del mismo.

El recinto estaba diseñado para albergar a 25,000 personas, pero 40,000 personas abarrotaron el lugar, dejando a miles de personas con boleto comprado fuera del estadio. Furiosos, los fanáticos se arremolinaron en torno a los autobuses de ambos equipos; la subsecuente indignación desembocó en una investigación federal.

Warner, secretario de la Asociación de Futbol desde 1974, inicialmente dijo que sólo se habían vendido 28,500 boletos. Afirmó que los boletos restantes, que los los investigadores habían contado minuciosamente, eran falsos y se negó a emitir reembolsos a las personas a las que se les negó la entrada.

Pero varios meses después, Warner admitió que la cantidad total de boletos había sido de 43,000. Negó el lucro y nunca fue obligado a rendir cuentas, pero el dinero de la venta de boletos nunca fue contabilizado y no se emitieron reembolsos.

En 2006, Trinidad finalmente calificó para su primera Copa del Mundo, lo que provocó una gran asignación de boletos por parte de la FIFA a Trinidad. Según las reglas de la FIFA, sus funcionarios no podían revender boletos por más de su valor nominal, pero a fines de ese año dos investigaciones secretas de los auditores Ernst & Young filtraron que Warner había ganado más de $900,000 dólares por la reventa de pases de la Copa Mundial.

El plan involucraba a una empresa propiedad de Warner que tenía los derechos exclusivos para vender el bloque de boletos de Trinidad, los cuales vendió, junto con paquetes de viaje, a corredores de bolsa en varios países, con impresionantes alzas en el precio. Cuando los rumores de esto llegaron a Zúrich, Warner le dijo a la FIFA que había cortado las conexiones con la compañía cuando en realidad simplemente había transferido el control a su hijo mayor, Daryan.

Ante la prueba significativa de las fechorías cometidas por uno de sus funcionarios más poderosos, la FIFA expresó su «desaprobación» por la conducta de Warner, pero dijo que no lo castigaría y cerró el caso.

—No se puede probar que Jack Warner supiera sobre la reventa de boletos a precios más altos—, dijo el jefe del Comité Disciplinario de la FIFA en ese entonces.

La FIFA tampoco podía sancionar a Daryan Warner. Lo que sí hizo fue pedir a la empresa que le devolviera $1 millón de dólares que se destinarían a caridad, pero sólo se enviaron $250,000 dólares a Zúrich.

No eran sólo las entradas. Remontándose a sus días en la Asociación de Futbol de Trinidad y Tobago, Warner había descubierto que el Ministerio de Deportes de la nación cubría dos tercios de los costos por la organización de competencias internacionales o albergar congresos deportivos, ambas cosas difíciles de auditar.

En la primera reunión de la Unión Caribeña de Futbol en 1978, Warner propuso un torneo pancaribeño y se ofreció a ser el anfitrión. Antes de eso, Trinidad rara vez había celebrado algún tipo de evento internacional de futbol, pero para 2009 Trinidad había sido sede del campeonato regional nueve veces, y había sido sede de tres copas juveniles del Caribe, tres campeonatos juveniles sub17 y cinco campeonatos sub20 de la CONCACAF. Ningún otro país en la CONCACAF, incluidos países grandes y ricos como Estados Unidos o México, se acercaba a ese récord de hospitalidad.

Cada uno de esos torneos fue una oportunidad para ganar dinero. El personal de la UCF de Warner había aprendido a duplicar o incluso triplicar los costos reales de los eventos en el momento de presentar los presupuestos y la agencia de viajes de Warner se encargaba de todos los arreglos de traslados.

Warner era calculador. Blazer sabía que tenía cuentas bancarias secretas en Trinidad y en otros lados del Caribe, algunas de las cuales estaban a nombre de la UCF, pero independientes de las cuentas verdaderas de la UCF, y sólo él las administraba. Todo giraba en torno a la sed insaciable de Warner por el dinero. Incluso se le había acusado de embolsarse cientos de miles de dólares destinados a la reconstrucción de Haití tras el devastador terremoto y aún le debía a Blazer una cuarta parte de la eterna deuda por el soborno de la Copa Mundial en Sudáfrica.

Durante años, Warner y Blazer habían sido inseparables. En su primeros días en la CONCACAF, Warner se hospedaba en la recámara de visitas de la casa de Blazer en Scarsdale cuando andaba en la ciudad. Cuando se mudó a un gran apartamento en la Trump Tower, Warner también se hospedaba allí. Blazer solía referirse a Warner como su «mejor amigo».

Pero con el tiempo su relación se había ido deteriorando. Cuando Warner estaba en Nueva York se quedaba en un hotel y Blazer ni siquiera se preocupaba por invitarlo a cenar. En lugar de ello, iba a Elaine para pasar veladas de diversión en el Upper East Side, mientras que Warner prefería una tranquila cena en el Sevilla, un restaurante español que le encantaba, ubicado en el West Village.

Su relación se había vuelto casi meramente transaccional, donde cada uno de ellos se enfocaba en sus propios proyectos. La fría distancia entre ambos se incrementó cuando Warner fue electo miembro del parlamento de Trinidad en 2007. El dinero fue, sin ninguna sorpresa, la raíz de la mayoría de sus conflictos.

◆◆◆

El correo del 1° de abril parecía a una muestra más del comportamiento cada vez más errático de Warner. Desde donde Blazer estaba, todo el asunto de Bin Hammam apestaba a lucro. Los qataríes podrían haber acordado encontrarse con la plana de la CONCACAF en cualquier lugar y, de hecho, todos estarían reunidos en Miami durante los dos primeros días de mayo. Pero Warner seguía insistiendo en un congreso especial en Trinidad, lo cual era una pesadilla logística. No fue difícil para Blazer adivinar por qué: Warner había descubierto una forma de hacer un montón de efectivo manejando los arreglos de viaje e insistiendo en que Bin Hammam los pagara.

Blazer rara vez se aparecía en las oficinas del piso diecisiete de la CONCACAF antes de que los mercados cerraran a las cuatro y pasaba el día en su apartamento unos pisos más arriba en *shorts* y camiseta. La mayoría de los viernes ni siquiera se molestaba en bajar.

Ese viernes particular llegó antes que todos sus empleados a trabajar, aunque nadie se enteró de que estaba ahí hasta que lo escucharon gritar al teléfono detrás de su puerta cerrada. Desde que recibió el correo de Warner esa mañana había pasado horas en un intento desesperado por hacer al hombre entrar en razón. Su estrategia torpe de respaldar al rival de Sepp Blatter, el rey del futbol, era por demás imprudente. Lucía como motín y suicidio profesional.

Pero Warner era un hombre necio, y cuanto más lo presionaba su secretario general, más se empecinaba. Blazer propuso que Bin Hammam fuera a Miami a presentarse para la membresía ya fuera antes o después del congreso formal, pero Warner se oponía. Ahora alegaba que a Hammam le habían negado la visa estadounidense y no podía entrar al país.

Eso sonaba completamente ridículo. Bin Hammam era un magnate de la construcción con jet privado y antecedentes limpios. Quizá Estados Unidos le hacía las cosas difíciles a los mexicanos pobres que querían cruzar la frontera, pero nunca se había sabido de un multimillonario al que le negaran la entrada a Estados Unidos.

Dos días después, Warner le escribió de nuevo a Blazer.

«No será factible que Bin Hammam haga su presentación en el Congreso por todo tipo de razones, algunas articuladas y otras no», escribió. «Si es que tu personal no puede colaborar debido a los diversos eventos y reuniones, entonces no tendré problemas en recurrir a la Secretaría de la UCF y al personal de apoyo local para facilitar o incluso encontrar otra fecha en mayo».

Blazer respondió una hora después. Los delegados de Norte y Centroamérica querían apoyar a Blatter, explicó, y convocar a un congreso especial sólo por el bien de Bin Hammam en tan poco tiempo era una mala idea. «También hay un problema ético de que él pague por esa reunión y traiga delegados», agregó Blazer.

A las 3:16 de la mañana, Warner respondió.

«Chuck, Bin Hammam no desea hablar con nuestros miembros en nuestro congreso del 3 de mayo y, de alguna manera, yo tampoco deseo que lo haga», decía su correo electrónico. «En cambio, dejaré que hable con los miembros de la Unión Caribeña de Futbol e invitaré a otros miembros que estén dispuestos a asistir. Este es realmente mi último comentario sobre el asunto».

Warner, de por sí difícil de controlar cuando era simplemente un administrador de futbol, se había vuelto casi imposible ahora que era un alto ministro del gobierno y enviaba estas imperiosas directivas como si todos fueran sus sirvientes.

Si Warner iba a tratar de convertir todo lo que habían construido en cenizas para ganar dinero con Mohamed bin Hammam, a Blazer no le importaba arrojar leña al fuego.

7
PUERTO ESPAÑA

Angenie Kanhai se sentó en una silla en el salón del Hyatt Regency de Puerto España la mañana del 10 de mayo de 2011 e inspiró larga y lentamente. Después de varias semanas agotadoras, el trabajo frenético para organizar la conferencia de la UCF finalmente terminó.

Delgada y bien vestida, la trinitense de veintinueve años Kanhai, con el pelo largo, meticulosamente alisado y gafas de moda, inspeccionó la habitación.

Como secretaria general de la Unión Caribeña de Futbol, le correspondía conocer a casi todos los asistentes, y reconoció los rostros de los dignatarios del futbol que habían viajado a Trinidad, con todos los gastos pagados, desde Aruba, Puerto Rico, St. Thomas, y casi dos docenas de otras islas tropicales. La lista de asientos estaba lista. Los intérpretes de francés y español estaban en la sala y listos. El personal de cocina del hotel estaba muy ocupado preparando el almuerzo. Todo parecía estar en su lugar.

En el escenario bajo, al frente de la sala, el invitado de honor del día, Mohamed bin Hammam, intentaba dar un discurso a los pocos que parecían estar escuchando. Ligero y reservado, con cabello negro rizado y una barba prolijamente recortada, habló con un fuerte acento inglés y prometió «más participación, más apoyo y más paga» si resultaba electo presidente de la FIFA. Mientras hablaba monótonamente, el jefe de Kanhai, Jack Warner, sentado a dos asientos de distancia, le pasó una nota.

—Recuérdame de los regalos —decía.

Kanhai frunció el ceño y garabateó rápidamente una respuesta: «¿Regalos?»

A pesar de ser responsable de supervisar cada detalle del evento, Kanhai no había oído nada sobre regalos. Trató de contener un arranque de ansiedad, preocupada por haber olvidado algo crucial que pudiera detonar la ira de Warner.

Kanhai había comenzado a trabajar para Warner tres años y medio antes, después de responder un anuncio donde se solicitaba un auxiliar administrativo en la UCF. Se había imaginado a sí misma enviando faxes, archivando y fotocopiando, pero en cambio se encontró corriendo de un lado a otro para organizar torneos de futbol y planeando reuniones como esta, sólo una semana después del congreso de la CONCACAF en Miami.

Mientras Bin Hammam hablaba, ella y Warner intercambiaron una ráfaga de notas en los que acordaron que ella debería recoger lo que su jefe llamaba «obsequios simbólicos» después del almuerzo y que estos deberían distribuirse esa tarde en la oficina improvisada en la sala de juntas del hotel.

Al terminar los discursos, Kanhai conversó con algunos de los delegados por unos minutos y luego se fue.

Hizo un corto viaje hasta el Ministerio de Obras y Transportes, a sólo unas cuadras, y se estacionó en el garaje subterráneo del edificio. En el piso de arriba, se encontró con la asistente personal de Warner, quien la condujo a la oficina del ministro y le entregó una maleta cerrada desde detrás del escritorio, notando que la llave estaba en el bolsillo exterior.

Con la temperatura subiendo a 32° en una típica tarde caliente y pegajosa de mayo, Kanhai regresó de prisa al Hyatt, deseosa de terminar para tener tiempo de ir a casa, ducharse y cambiarse antes de regresar al hotel para cenar.

Unos minutos antes de las tres, Kanhai se precipitó por las puertas corredizas del Hyatt, haciendo sonar sus tacones sobre el piso pulido mientras pasaba junto a la fuente iluminada que borboteaba en el vestíbulo principal y subió por la escalera mecánica.

Kanhai llevó la maleta a la oficina improvisada, donde dos de sus colegas de la UCF, Debbie Minguell y Jason Sylvester, la estaban esperando. Entre los tres sacaron la llave y abrieron la maleta, que estaba llena con dos docenas de sobres manila, uno para cada delegación. Sacaron un sobre: no estaba marcado, sellado, pero sí empacado firmemente con lo que a Kanhai le pareció una caja rectangular. Satisfecha, se fue a casa.

En el camino, Kanhai apenas le dio vueltas al asunto de los sobres; pensó que contenían algún tipo de souvenir chabacano, de esos que se entregan en cualquiera de las innumerables conferencias internacionales que al parecer encantaban a los funcionarios de futbol: tal vez un bolígrafo, una moneda conmemorativa o un broche de solapa. En todo caso, Kanhai estaba más intrigada por el maletín en sí que con sus extravagantes decorados de color naranja; no era el tipo de equipaje que Warner usaba normalmente.

Olvidó pronto el asunto y Kanhai sólo volvió a pensar en él a la mañana siguiente, durante el bufet del desayuno del Hyatt, cuando Minguell corrió hacia ella, con los ojos muy abiertos.

—Angenie —dijo agitada—, ¡era dinero en efectivo!

◆◆◆

El teléfono celular de Chuck Blazer sonó poco después de las 4:30 esa misma tarde.

Se había quedado en Miami después de que concluyó el congreso de la CONCACAF, disfrutando de su apartamento en South Beach, que sólo había usado durante un año más o menos, para pasar un poco de tiempo con algunos amigos en la ciudad.

La llamada inesperada provino de Anton Sealey, presidente de la Asociación de Futbol de Bahamas, quien se encontraba en Zúrich para un evento de la FIFA y no había podido asistir a la reunión de la UCF. Sealey quería saber si tenía la UCF dinero suficiente para repartir regalos en efectivo de $40,000 a cada federación de futbol.

—¿Qué *cosa*?

Sealey explicó que su vicepresidente, Fred Lunn, se encontraba en Puerto España para la reunión de la UCF y se había comunicado hacía apenas una hora con la noticia de que dos de los empleados de Jack Warner le habían dado un sobre marcado con la leyenda «Bahamas», que contenía 400 billetes nuevos de cien dólares, apilados en cuatro torres.

Los miembros del personal le dijeron a Lunn que era un regalo de la UCF y que era libre de contar el dinero en ese momento. Lunn, incrédulo, preguntó cómo se suponía que debía pasar tanto dinero en efectivo a través de las aduanas de Estados Unidos en su vuelo de conexión a casa.

—Podrían enviarlo por correo —sugirió Minguell.

—¿Estás bromeando? —respondió Lunn, en estado de *shock*.

No era una broma, había dicho Minguell. El dinero era un regalo y Lunn no debería contarle nada a nadie ni dejar que nadie viera el dinero.

Lunn se apresuró a regresar a su habitación en el hotel y le envió un mensaje de texto a Sealey: «Por favor llame, URGE».

Algo olía muy mal, y Sealey y Lunn estuvieron de acuerdo en que no se quedarían el dinero. Antes de devolverlo, Lunn sacó una foto del dinero, cuidadosamente dispuesto junto al sobre manila, y cuando regresó a la sala de juntas, notó que había otros funcionarios del futbol caribeño cerca, algunos con sobres de manila en las manos y sonrisas en los rostros.

«Muchos se están llevando el dinero», Lunn envió un mensaje de texto a Sealey. «Realmente me sorprende que esté sucediendo en esta conferencia».

Blazer había visto los estados financieros de la UCF y sabía que no tenía dinero suficiente para pagar una reunión planeada apresuradamente, mucho menos lo que debía haber sido alrededor de un millón de dólares en efectivo. La CONCACAF cubría constantemente el costo de las cosas que la UCF no podía pagar, hasta el pago de árbitros en los torneos del Caribe.

Entonces, ¿de dónde venía todo este dinero? No era difícil unir los puntos.

Con las elecciones presidenciales de la FIFA a sólo tres semanas de distancia, Bin Hammam estaba peleando con uñas y dientes por cada voto que pudiera reunir. Todo el propósito de la reunión de Trinidad era presentar al qatari ante los votantes de la UCF y ahora, sólo unas horas después de conocerlos, se estaban lanzando montones de dinero en efectivo.

No había una manera amable de llamarlo. Eran sobornos.

Devastado, Blazer le agradeció a Sealey que le contara todo, colgó y envió un correo electrónico a Warner, exigiendo una explicación.

◆◆◆

Poco después de que Blatter fuera elegido por primera vez en 1998, creó varios nuevos programas que lo ayudaron a ganarse la lealtad de las federaciones de futbol a través del patrocinio financiero en nombre del desarrollo del *soccer*.

Uno de ellos, el Programa de Asistencia Financiera, fue creado en 1999 «para motivar y empoderar a las asociaciones y confederaciones» y «para fortalecer el futbol y su administración a largo plazo». En la práctica, eso significó la transferencia de $250,000 dólares desde Zúrich a cada miembro de la FIFA anualmente.

Para las grandes federaciones, esa era una cantidad trivial de dinero; pero para las pequeñas, que a menudo operaban casi sin supervisión con poco interés de sus gobiernos en el deporte, era por mucho su mayor fuente de ingresos. No sé puede saber cuánto de ese dinero se destinó realmente a programas de futbol, en lugar de forrar los bolsillos de aquellos hombres que contaban con la fortuna de haber sido elegidos funcionarios.

Otra innovación de Blatter, el Programa Goal, permitía a las federaciones solicitar subvenciones para financiar proyectos específicos, como campos de futbol o instalaciones deportivas.

La pequeña isla de Montserrat, un atolón volcánico en el Caribe con sólo 5,200 habitantes, es la federación más pequeña de toda la FIFA y su equipo nacional nunca ha rebasado el puesto 165 del mundo. Sin embargo, ha recibido alrededor de $1.51 millones de dólares desde la entrada en vigor del Programa Goal, en gran parte para financiar la construcción de un conjunto de graderías y un baño con vista al campo de futbol. México, con una población de 125 millones, ha recibido un total de $1.3 millones de dólares.

A lo largo de los años, el dinero del Programa Goal se ha destinado a casi todos los países del mundo y prácticamente en casi todas las ocasiones en que se ha levantado un estadio o se han completado sedes se instala una placa mencionando que fue el propio Sepp Blatter quien pagó por ello: un recordatorio nada sutil para los presidentes de la Federación de Asia, África, Oceanía y el Caribe de quién «aceitó» el engranaje.

El gran éxito financiero de la Copa Mundial 2010 dejó a la FIFA con una enorme reserva de dinero en efectivo y Blatter no tuvo miedo de utilizar algo de eso en su beneficio. Al dirigirse al congreso de la CONCACAF en Miami durante los primeros días de mayo, Blatter prometió un millón de dólares adicionales para distribuir a los miembros, calificándolo como un «regalo de cumpleaños» con motivo del cincuentenario de la Confederación.

◆◆◆

Después de un desayuno bufet en el Hyatt en la mañana del 11 de mayo, los delegados de la UCF en Puerto España se reunieron para lo que se suponía que sería una sesión de lluvia de ideas sobre el futuro del futbol en el Caribe. Pero, en lugar de ello, los delegados escucharon una diatriba venenosa de Warner, que estaba furioso porque Blazer había descubierto los regalos.

—Cuando Bin Hammam solicitó venir al Caribe, quería traer algunas placas de plata y trofeos de madera decorados, y cosas así —comenzó Warner con su marcado acento—. Le dije que no necesitaba traer nada; dijo que sí, que quería ofrecer a los países un valor equivalente al del regalo que habría traído.

—Le dije: «si traes dinero, no quiero que le des efectivo a nadie, pero lo que puedes hacer es dárselo a la UCF y la UCF se lo dará a sus miembros» —continuó Warner—, «porque no quiero ni remotamente que parezca que alguien tiene la obligación de votar por ti debido a los regalos que les ha dado».

Los delegados, con camisas y chaquetas deportivas, se sentaron en silencio atónito a medida que avanzaba el discurso.

Warner dijo que estaría feliz de recuperar el dinero de cualquiera que no lo quisiera, que Blatter mismo estaba al corriente de los regalos, que sentía que Bin Hammam podía proteger los intereses del Caribe en Zúrich y que era fundamental que la UCF mantuviera su control de la CONCACAF al votar como un bloque unificado.

—Sé que hay personas aquí que creen que son piadosas —fulminó Warner—. Si son piadosos, vayan a una iglesia, amigos, pero el hecho es que nuestro negocio es asunto nuestro. Aquí entramos a la sala, discutimos y tenemos desacuerdos; debrayamos y despotricamos, pero cuando nos vamos de aquí, nuestro negocio es asunto nuestro y de eso se trata la solidaridad.

◆◆◆

No fue sino hasta las dos de la tarde cuando Warner finalmente llamó a su cada vez más inquieto secretario general.

La explicación de Warner sólo hizo que Blazer quedara más atónito. El dinero, dijo, provenía de Bin Hammam, quien originalmente quería darlo personalmente a todos los delegados. En cambio, Warner le había dicho al qatarí que el dinero debería ser distribuido como un regalo de la UCF. De esa forma, según Warner, obtendría el crédito y no parecería que Bin Hammam pretendiera comprar directamente los votos.

Blazer estaba fuera de sí.

—En veintiún años, nunca hemos comprado un voto —dijo—. Hemos tenido elecciones, hemos estado en el cargo todo ese tiempo y nunca hemos comprado un solo voto. Ahora que has permitido que esto suceda aquí, cambia por completo la dinámica de la confederación.

Este comportamiento imprudente los ponía a ambos en peligro. Pero Warner fue desafiante. Si alguien tiene un problema, dijo, debería contactarlo directamente.

Después de colgar, la mente de Blazer se aceleró. Claro, él había visto pagos mucho más grandes en sus años en el futbol, pero siempre a puerta cerrada, velados en secreto y prolijamente cubiertos con compañías fantasmas anónimas que usaban cuentas bancarias en países remotos.

Esta era una historia diferente. Demasiada gente lo sabía. No podría contenerse y, si esto llegaba a oídos de Blatter antes de que Blazer tuviera la oportunidad de contárselo personalmente, las repercusiones podrían ser nefastas. Desesperado, llamó a su abogado en Chicago, un exfiscal llamado John Collins, para recibir orientación.

—Simplemente no puedo vivir con esto —dijo Blazer, agregando que estaba considerando contárselo a la FIFA.

Collins se había creado un nicho como abogado de futbol. Primero había trabajado para la Federación de Futbol de Estados Unidos con sede en Chicago desde fines de la década de 1990; había asesorado a una liga de futbol femenino profesional y la American Youth Soccer Organization, y desde 2002 era asesor externo de la CONCACAF.

Se ocupaba de miles de trabajos para la confederación y se le había otorgado un puesto en el Comité Legal de la FIFA. Collins puso mucha atención a la complicada política del deporte y su visión sobre las posibles ramificaciones de algo tan explosivo como esto era fría y aguda. Collins veía pocas alternativas y se lo dijo a Blazer.

—A veces —dijo Collins—, hay que hacer lo que hay que hacer.

Dos días después, Blazer llamó a Jérôme Valcke, secretario general de la FIFA, con las noticias sobre Warner y Bin Hammam. Valcke le agradeció a Blazer y le pidió que preparara un informe formal sobre el asunto.

Después de colgar, Valcke convocó al máximo abogado de la FIFA, Marco Villiger, así como a su nuevo jefe de seguridad, un australiano de gran estatura llamado Chris Eaton, a su oficina en el interior de la sede de la FIFA.

Los dos hombres llegaron para encontrar a Valcke con un humor inusualmente alegre. Conteniendo una sonrisa, el alto francés les dijo a los dos hombres lo que Blazer había dicho sobre los sobornos en Puerto España y cómo el rico qatari parecía haber sido la fuente del dinero.

—Finalmente —dijo Valcke— podemos deshacernos de Bin Hammam.

◆◆◆

El 24 de mayo, Collins presentó sus conclusiones a Valcke, mencionando «pruebas claras de violaciones del código de ética de la FIFA».

Mientras trabajaba en su oficina de Chicago, se las arregló para entrevistar a Lunn, a Sealey y a varios funcionarios de las asociaciones de futbol de las Bermudas, las Islas Turcas y Caicos, así como a Jeffrey Webb, presidente de la Asociación de Futbol de las Islas Caimán. Después de escuchar tres versiones independientes, Collins corroboró satisfactoriamente que se habían entregado sobornos.

La FIFA hizo público el asunto el día después de recibir su informe donde mencionaba «acusaciones de soborno» que estaban «vinculadas a las próximas elecciones presidenciales de la FIFA» y anunciaba las audiencias del Comité de Ética sobre el asunto para el siguiente domingo 29 de mayo, sólo dos días antes de la elección presidencial.

Para ese fin de semana, la vasta comunidad de dignatarios del futbol mundial había llegado a Zúrich anticipándose al congreso, y en los hoteles, restaurantes y bares de la ciudad corrían rumores y especulaciones sobre lo que había sucedido en Puerto España.

Luego, en la víspera de la audiencia, Bin Hammam se retiró abruptamente de la carrera presidencial. «No puedo permitir que el juego que amo sea arrastrado en el fango por la competencia entre dos personas», dijo en un comunicado. «El juego en sí y las personas que lo aman en todo el mundo deben estar primero».

Temprano el 29 de mayo, el Comité de Ética de la FIFA se reunió para escuchar los sucesos en Trinidad de las voces de Warner, Bin Hammam, Debbie Minguell y Jason Sylvester. También escucharía al propio Blatter, porque Warner había presentado su queja ética contra el presidente de la FIFA, alegando que ya le había contado sobre el plan de distribuir efectivo un mes antes y no había tenido objeciones.

Al ser interrogado, Warner admitió que Bin Hammam había cubierto los costos de la reunión en el Caribe. Los estados de cuenta bancarios más tarde mostraron que el 28 de abril Bin Hammam había transferido $363,557.98 a la cuenta de Warner en el Republic Bank en Trinidad, mientras que el propio Bin Hammam testificó que su personal había entregado $50,000 dólares más en efectivo al personal de la UCF para cubrir «gastos».

Pero Warner afirmó que el dinero no había cambiado de manos y anexó declaraciones de trece funcionarios del futbol caribeño que negaban rotundamente que se hubiera hecho pagos a los delegados.

—Permanezco firme e inamovible en cuanto a mi opinión —dijo el presidente de la UCF al comité durante una larga y ardua sesión—. No recibí absolutamente nada del Sr. Bin Hammam para entregar a los delegados. No sé nada de ningún dinero. Nunca mencioné ningún regalo en efectivo para cobrar y, por lo tanto, les digo hoy que ni siquiera sé por qué estoy aquí.

Por su parte, Blatter admitió que Warner, durante una reunión el día 10 de abril en Guatemala, había mencionado su idea de hacer una reunión especial de la UCF, pero que él, Blatter, le había dicho que era una mala idea.

—Me pidieron consejo o una opinión, e informé a Jack Warner que eso no debería suceder —dijo el presidente de la FIFA al panel.

A las seis de la tarde, el presidente del Comité de Etica, flanqueado por Valcke, tomó asiento en la parte delantera del espacioso auditorio en el interior de la sede de la FIFA para informar a la prensa sobre el fallo del día.

Citando la posibilidad de «la comisión de actos de corrupción», el presidente dijo que Bin Hammam y Warner habían sido suspendidos provisionalmente de todas las actividades de futbol. Blatter, mientras tanto, fue absuelto de todos los cargos.

—Coincido con que es el peor momento, pero lo que sucedió, sucedió —dijo Valcke al asombrado cuerpo de prensa y agregó que las elecciones presidenciales continuarían según lo planeado—. No hay ninguna razón para que no se realicen.

Blatter había sobrevivido una vez más. Sin contrincantes, fue elegido tres días después por el Congreso de la FIFA para un cuarto periodo consecutivo, con 186 de los 203 votos a su favor.

◆◆◆

Antes de partir hacia Zúrich, Warner pasó todo el día en el piso de la Casa Roja, el centenario edificio estilo Beaux Arts del parlamento de Trinidad. Una vez que el parlamento se levantó, él salió y habló con los reporteros locales allí reunidos. Estaba característicamente dispuesto a pelear y habló durante un tiempo prolongado en su lenguaje florido y pugilístico, especialmente sobre Blazer y John Collins, de quienes sentía que lo habían traicionado.

—Llevo 29 años en la FIFA. Fui el primer hombre negro en haber estado en la FIFA en este nivel. Vengo del país más pequeño que jamás haya formado parte del Comité Ejecutivo de la FIFA —dijo—. Ostento más poder en la FIFA que incluso el mismo presidente. Debo ser la envidia de los demás.

—He vivido setenta años y todavía no me han ahorcado. ¿Por qué tendría que pasar ahora? ¿Por quién? ¿El estadounidense Chuck Blazer? ¿Su abogado estadounidense John Collins? ¡Por favor! —continuaba un explosivo Warner—. Les diré algo: en los próximos días verán un tsunami de futbol que afectará a la FIFA y al mundo entero.

8

EL HOMBRE QUE SE FORJÓ A SÍ MISMO

Jared Randall colocó con una chincheta el recibo del restaurante en la pared de su cubículo apenas volvió a la oficina de campo del FBI. No sucedía todos los días que un joven agente fuera a almorzar con alguien como Chuck Blazer y quería un recuerdo.

La reunión le había caído después de que Blazer se pusiera en contacto espontáneamente con la Agencia para quejarse sobre las acusaciones de partidos arreglados durante la Copa Oro de la CONCACAF, que había iniciado el 5 de junio de 2011 en Dallas. Chris Eaton, el director de seguridad de la FIFA, había avisado a Blazer de ello una semana antes y el rumor le había molestado profundamente.

Él se había puesto en contacto con un amigo que trabajaba en la Agencia y, finalmente, su queja había llegado a Randall, quien estaba ansiosos por acordar una reunión.

La Copa Oro era el bebé de Blazer —y su gallina de los huevos de oro—. Primero había propuesto el torneo a unas semanas después de firmar por vez primera su contrato como secretario general de la CONCACAF, el 31 de julio de 1990.

El contrato de ocho páginas, del cual sólo tenían copias él y Warner, otorgaba a Blazer una cierta cantidad de honorarios en lugar de un salario regular, incluido el 10 por ciento de «todos los patrocinios y cuotas por derecho de televisión que la CONCACAF reciba por cualquier concepto». Era el concepto de contrato laboral de un vendedor, basado en comisiones, lo cual tenía sentido porque Blazer era un hombre de ventas de corazón. La televisión y los patrocinios eran lo más vendido del futbol y por cada $100 dólares de valor por derechos de la CONCACAF que Blazer lograra vender, él se llevaría $10 dólares.

Desde su primera edición en Los Ángeles en el verano de 1991, la Copa Oro había crecido hasta convertirse en la gallina de los huevos de oro de la CONCACAF, impulsada básicamente por el enorme interés comercial en los equipos de Estados Unidos y de México. Para 2009, la Copa Oro le había generado a la CONCACAF ganancias récord por $35 millones de dólares. Las comisiones de Blazer por comercialización y ventas televisivas alcanzaron ese año los $2.3 millones de dólares, la más grande hasta entonces.

Entonces, la idea de que algunos corredores de apuestas, delincuentes comunes, por Dios, pudieran minar todo eso al sobornar a unos cuantos árbitros mediocres era increíblemente perturbadora.

Blazer había propuesto reunirse en un restaurante de Midtown y Randall estaba más que feliz de complacerlo. Después de todo, era una oportunidad para conocer a un miembro del Comité Ejecutivo de la FIFA en carne y hueso, en lo que parecía ser el pretexto perfecto, lo que le permitiría al joven agente medir al hombre sin decirle en qué estaba trabajando.

Blazer era lo que al jefe de Randall, Mike Gaeta, le gustaba llamar «un hombre forjado por sí mismo», completamente nuevo en la familia de FIFA. Pero no se trataba de un soldado insignificante que obedeciera órdenes y mantuviera la cabeza gacha;

no, Blazer era claramente un *caporegime,*[*] uno de los hombres más importantes en la organización. Había estado en el juego de futbol durante años, incluso décadas, y seguramente sabía dónde estaban enterrados muchos cuerpos.

No sólo eso, sino que, a diferencia de cualquier otro capo de la FIFA, Blazer era estadounidense. No vivía en un rincón lejano del mundo, lejos de su alcance. Estaba justo del otro lado de la calle, a sólo un paso en metro de las oficinas del FBI en el bajo Manhattan. Y hablaba inglés.

Hasta que le fue asignado el caso, para Randall el futbol internacional tenía que ver con las superestrellas del campo: máquinas deslumbrantes como Leo Messi; porteros impenetrables como Gianluigi Buffon; defensas fuertes e incansables, la posición que Randall jugaba, como Philipp Lahm; entrenadores brillantes como Alex Ferguson, y clubes neurálgicos como el Real Madrid.

Randall pensaba que sabía mucho sobre el deporte, pero una simple búsqueda en Internet sobre corrupción en el futbol generó un universo alucinante de nombres, lugares y eventos extraños y desconocidos que se remontaban a décadas y abarcaban todo el planeta.

Había blogs enteros dedicados al tema, por no mencionar libros y documentales innumerables. Y eso fue sólo en inglés. Las búsquedas de nombres particulares a menudo arrojaban artículos en francés, alemán, español y otros idiomas. Había historias de fraude electoral, reventa de boletos, arreglo de partidos y estafas de transferencia de jugadores, cada una de ellas con su propia gama de oscuros personajes del futbol en el centro de la trama.

Resultaba abrumador. El FBI no tenía antecedentes en la investigación sobre la corrupción internacional en el futbol. No

* N. de la T. Integrante de la Cosa Nostra a cargo de varios hombres de honor.

había casos viejos de los cuales partir, ni agentes canosos que hubieran trabajado el tema del futbol durante años como para enseñarle a Randall las entrañas del asunto.

Había comenzado tratando de armar un diagrama de conexiones, una especie de diagrama de jerarquías de una organización criminal que a menudo se usaba en casos grandes y complejos con muchos objetivos potenciales, con pequeñas líneas ordenadas entre cada persona. Estos diagramas resultaban útiles en casos de mafia. El padrino era colocado en la parte superior, los tenientes debajo de él y los soldados de baja categoría en la parte inferior. La idea era crear el quién es quién en el mundo del futbol al ilustrar cómo una persona involucrada en la FIFA estaba vinculada a otra y ésta a una tercera, y así sucesivamente.

Randall puso a Blatter en la cima; eso era fácil. Completar el resto fue más difícil. Había tantos nombres y sus diversos papeles parecían poco claros: ¿era un vicepresidente de la FIFA más o menos poderoso que su secretario general? ¿Qué hay de los presidentes de las confederaciones? Una cosa era clara: Chuck Blazer merecía un lugar cerca de la cima.

Si Randall pudiera hacerlo hablar, podría explicar cómo funcionaba todo. Así era como se hacían los grandes casos. Envuelves a un tipo y él te ayuda a juntar pruebas para enganchar a otro y él te ayuda a obtener dos más y queda listo para un gran jurado. Una investigación puede tener media docena o más de cooperadores al mismo tiempo, ya que se construye para una acusación formal. El objetivo es llegar lo más alto posible en la pirámide y, cuando se trata de organizaciones grandes y complejas como la FIFA, los infiltrados eran la mejor manera de llegar rápido a la cima.

Blazer había sido objeto de interés tanto para Randall como para Gaeta durante algún tiempo, pero en las semanas posteriores a que los eventos sospechosos de Puerto España se hicieran públicos, se había convertido en una especie de celebridad. Había fotos de la cara grande y peluda de Blazer constantemente en la CNN y lo citaban en periódicos de todo el mundo.

Una historia, un perfil atractivo de *The Associated Press* recogido en los diarios de todo el país, lo describía como un delator idealista que quería limpiar el deporte, un hombre «ingenioso y gregario» que era un «defensor incansable» del futbol.

Randall sospechaba lo contrario, pero, a diferencia de los chicos listillos que el FBI estaba acostumbrado a perseguir, Blazer no era un criminal endurecido. Su registro era inmaculado; no tenía antecedentes, ni siquiera una multa por exceso de velocidad.

Durante el almuerzo, Randall había escuchado en silencio mientras el barbudo neoyorquino hablaba ampliamente sobre la Copa Oro y la amenaza de los juegos amañados. Era una persona sorprendentemente cautivadora y atractiva de escuchar, y Randall, que era callado por naturaleza hasta el punto de ser taciturno, gustaba de escuchar.

El arreglo de partidos resultó ser un tema fascinante.

Los sindicatos internacionales de apostadores conspiraban para pagar a atletas y árbitros a fin de cambiar el resultado de los juegos, de modo que se pudiera contar con que las apuestas hechas con anticipación resultarían favorables. Dado que era casi imposible sobornar a alguien para que marcara un gol o hiciera una brillante atajada, quienes arreglaban los partidos generalmente conseguían que los equipos perdieran, o al menos que tuvieran un bajo rendimiento. A superestrellas como Messi o Ronaldo, los salarios estratosféricos y la prensa impávida los hacían objetivos improbables para esos improperios.

Los jugadores mal pagados en los equipos de segunda división, así como los árbitros de segunda categoría, eran el camino a seguir, especialmente porque un apostador podía ganar tanto dinero con el resultado de un partido oscuro como con una final de la Copa del Mundo. Lo único que se necesitaba era suficiente interés para que los corredores de apuestas actuaran. Y los equipos ni siquiera tenían que perder para que se arreglara un partido; a veces los apostadores simplemente apostarían por el marcador al medio tiempo, por ejemplo, o sobre qué equipo recibiría primero un gol.

En una confederación grande como la CONCACAF, había muchos equipos débiles con alineaciones llenas de jugadores que podrían estar dispuestos a ganar algo de dinero adicional. Nadie esperaba que un equipo como Nicaragua, que nunca había clasificado para la Copa del Mundo, ganara demasiados partidos. Además, esas selecciones nacionales a menudo estaban dirigidas por administradores fácilmente corruptibles, lo que elevaba la sospecha de que nadie ponía atención para garantizar un juego limpio.

Las conexiones entre la manipulación de partidos y el crimen organizado resultaban particularmente interesantes. Algunos chicos en el escuadrón de Randall todavía estaban hasta el cuello con la investigación de apuestas ilegales, que involucraba al gánster ruso Taiwanchik. Randall personalmente había pasado muchas horas ayudando en ese caso en la sala de intercepción telefónica de la oficina de campo, escuchando una serie de registros telefónicos para buscar pruebas de actividad delictiva. Y en una extraña coincidencia, varios de los sospechosos en ese caso vivían en la Trump Tower, al igual que Blazer.

Era cierto que la manipulación de partidos no parecía tener mucho que ver con la compra de votos de la Copa del Mundo y los embustes administrativos de alto nivel que habían hecho que Gaeta se interesara en abrir un caso de futbol, pero definitivamente parecía haber cierto potencial para relacionarse, especialmente por involucrar a rusos lóbregos. A Randall le pareció otro ejemplo de cómo el futbol mundial estaba sucio hasta la raíz.

El tema fue, de hecho, lo suficientemente interesante como para inducir a Randall a comunicarse directamente con el director de seguridad de la FIFA, Chris Eaton, y solicitar la primera de una serie de reuniones sobre el asunto. Pero ese intento no llevó a ninguna parte y, en todo caso, no consiguió que el agente especial se acercara a lograr involucrar al primer testigo cooperativo para la investigación.

Era frustrante. En general, la gente no cooperaba voluntariamente con una investigación. Había que alentarlos, a veces con mucho ánimo, y la mejor manera de hacerlo era desenterrar alguna información incriminatoria contra la persona y darle una opción: ayudar o ir directamente a la cárcel. Pero Randall no tenía nada en contra de Blazer.

El almuerzo había sido memorable, pero finalmente improductivo. Después de casi un año, el caso del futbol apenas había avanzado. Si tan sólo Randall pudiera encontrar algún tipo de gancho...

◆◆◆

Poco después de suspender temporalmente a Warner y Bin Hammam, la FIFA abrió una investigación completa sobre los acontecimientos de Puerto España. Contrató a una empresa externa encabezada por el exdirector del FBI Louis Freeh para dirigir la investigación, y cuando sus investigadores profundizaron en el caso, se hizo cada vez más evidente que había pruebas sustanciales para respaldar las acusaciones de soborno.

Aunque algunos delegados del Caribe se mantuvieron leales a Warner y se negaron a cooperar con la investigación, otros, tal vez por temor a un reproche de la FIFA, comenzaron a hablar. En una serie de entrevistas en Zúrich y las Bahamas, funcionarios de siete naciones diferentes del Caribe admitieron que habían ingresado a la sala de juntas del Hyatt en donde se les entregó un sobre lleno de efectivo, y algunos proporcionaron fotografías y otras pruebas de los pagos.

Warner, de vuelta en Puerto España, había estado negociando discretamente otro gran pago de Bin Hammam. Warner lo contactó no mucho después de su suspensión inicial y los dos, mediante intermediarios, acordaron un pago de aproximadamente $1.2 millones de dólares que se transferiría a tres cuentas diferentes en Trinidad: una en poder de su asistente personal, una de su hijo Daryl y una tercera cuenta controlada por su otro hijo, Daryan.

Aunque Bin Hammam transfirió el dinero en tandas de $412,000 dólares, $368,000 dólares y $432,000 dólares, los pagos fueron retenidos por funcionarios de cumplimiento de los bancos de Trinidad, quienes exigieron una explicación sobre los motivos detrás de los pagos. Resultó ser un problema espinoso, ya que las historias inventadas por Warner —algo de un trabajo no especificado que se llevó a cabo entre 2005 y 2010— no lograron convencer a los bancos de que las transferencias eran por servicios legítimos. Simplemente no había ninguna prueba de que se hubiera hecho tal trabajo.

Incluso mientras trabajaba silenciosamente tras bambalinas para convencer a los bancos para que dejaran pasar el dinero de Bin Hammam, Warner tomó una de las decisiones más importantes de su vida.

En una carta enviada a FIFA el 17 de junio de 2011, Warner renunció a todos los cargos en el futbol internacional. Tres días más tarde, la FIFA hizo pública la noticia con una breve declaración que señalaba que aceptaba la renuncia de Warner y le agradecía al trinitense por su servicio al juego.

«Como consecuencia de la libre renuncia del Sr. Warner, todos los procedimientos del Comité de Ética contra él han sido cerrados», escribió la FIFA en el comunicado. «Se mantiene la presunción de inocencia».

En su carta de renuncia, Warner reiteró lo que él llamó su «oferta de cooperación con el Comité de Ética de la FIFA» en su investigación en curso sobre Bin Hammam. Pero los investigadores de Freeh descubrieron que estaba muy lejos de la verdad. El único poder que la FIFA tenía para obligar a los funcionarios a cooperar era la amenaza de sanción; con Warner fuera de la asociación y además totalmente exonerado, la investigación de la organización no podía tocarlo.

Warner dijo lo mismo en público; le dijo a un periodista que «primero muerto» que ayudar con una investigación iniciada por Chuck Blazer, su compañero más viejo y más cercano, quien en pocas semanas se había convertido en su mayor enemigo.

—No voy a respaldar una denuncia hecha por un estadounidense para ser investigado por los estadounidenses en un intento de ponerme en suelo estadounidense —agregó un desafiante Warner. Unos días más tarde, escribió un correo electrónico dirigido a Freeh, el investigador en jefe, en el que afirmaba que no ayudaría en la investigación, y agregó que tenía pruebas de que había una «conspiración transatlántica» dentro de la FIFA decidida a destruirlo.

◆◆◆

Después de la renuncia de Warner de la CONCACAF, Lisle Austin, un barbadense que había estado en el Comité Ejecutivo de la confederación desde finales de los años setenta, era el vicepresidente más antiguo y, por estatuto, el siguiente en la lista para la presidencia. Pero, cuando trató de asumir el cargo, se encontró con la resistencia, particularmente de Blazer, quien en su lugar arregló el nombramiento de otro vicepresidente de la

CONCACAF, el hondureño Alfredo Hawit, para el cargo. Austin respondió intentando despedir a Blazer, pero el secretario general se negó a renunciar.

Austin contrató rápidamente a unos abogados estadounidenses, quienes a su vez subcontrataron a un despacho de investigaciones corporativas llamado FTI Consulting para llevar a cabo una auditoría forense de las finanzas de la confederación. Pero después de que se negó al personal de FTI el acceso a la Trump Tower y a las oficinas de Miami de la CONCACAF repetidamente, el líder del caso, un investigador con sede en Miami llamado Simon Strong, recibió una encomienda diferente: buscar negocios sucios de Chuck Blazer.

Entonces Strong, un inglés alto con ojos azules y una actitud fría y desapegada que hacía que algunos pensaran que tal vez se trataba de un espía, comenzó a hacer lo que la gente de su línea de trabajo llamaba «desarrollar información», lo que se traducía en hacer llamadas telefónicas, conseguir contactos y pedir favores. Habló con Jack Warner, le pidió contactos a Lisle Austin y voló por el Caribe para reunirse con funcionarios y empleados actuales y antiguos de la UCF, algunos de los cuales habían abandonado la organización tan pronto como Warner fue suspendido.

Aunque Austin no había estado en la infame reunión en Puerto España, la mayoría de los funcionarios de la UCF sí lo habían hecho y muchos de ellos se embolsaron gozosamente los $40,000 dólares. Desde donde estaban, la decisión de la FIFA no sólo constituía un ataque contra Jack Warner, quien los había liderado y empoderado durante tantos años; también se sentía como una amenaza directa y muy personal a sus propios estilos de vida. El intento posterior de Blazer de anular los estatutos de la CONCACAF y evitar que Austin se convirtiera en presidente interino sólo subrayó esos sentimientos. Para ellos, se sintió como un golpe de estado. Así que, tal vez no era de sorprender que Strong pudiera dar en relativamente poco tiempo con una gran cantidad de documentos que arrojaban luz sobre Blazer.

Las fuentes que entregaron los documentos a Strong le explicaron el significado de algunos de los mismos, mientras que otros tenían connotaciones menos obvias, pero colectivamente pintaban la imagen de un hombre que había estado recibiendo grandes sumas de dinero de las que nadie sabía. Strong tenía la clara sensación de que también había mucho más detrás de ello.

En las semanas posteriores al derrocamiento de Warner, Blazer había trabajado duro para presentarse como un pilar de rectitud y transparencia; le dijo a un periodista: «no toleramos el tipo de comportamiento que manifestaron los miembros más antiguos» de la confederación.

Pero, de hecho, nadie tenía una clara imagen de lo que hacía Blazer, que se desempeñaba como tesorero y como secretario general de la CONCACAF. Por un lado, nunca mostró los libros contables de la confederación a nadie y los protegía más celosamente que a un diario privado. No había percepción, por vaga que fuera, de cuán bien había estado dirigiendo la CONCACAF durante todos estos años y nadie parecía tener la menor idea de cuánto dinero estaba ganando.

De hecho, el tema de sus ingresos había sido mencionado en la organización sólo tres veces en los últimos veinte años. La última vez que se planteó fue en 2002, cuando Blazer omitió una consulta sobre casi $1.2 millones de dólares en «comisiones» que estaban contabilizadas como gastos de mercadotecnia. Quien hizo la pregunta fue un delegado antes del congreso de la CONCACAF y Blazer se había visto obligado a reconocer que los pagos eran de hecho parte de su compensación, pero sus comentarios públicos de alguna manera no aparecieron en las minutas oficiales de la reunión y pronto fueron olvidados.

Sin embargo, lo que Strong había desenterrado sugería que Blazer había estado acumulando millones de dólares durante muchos años y que la mayor parte no había sido declarada. Eso fue lo que quedó claro con su contrato original de 1990, con la cláusula que le otorgaba a Blazer comisiones del 10 por ciento por todas las «tarifas de patrocinio y derechos de televisión», que equivalían a casi todos los ingresos de la CONCACAF.

Pero eso apenas era una parte. Entre los documentos que Strong había obtenido figuraba una carta que Jack Warner había enviado al Republic Bank en Trinidad el 31 de marzo, pocos meses antes, en la que le indicaba que extendiera un cheque por $250,000 dólares para Blazer. Strong también tenía una copia del cheque cancelado por ese monto, que había sido depositado en una cuenta bancaria en las Bahamas el 3 de mayo, inmediatamente después del congreso de la CONCACAF en Miami.

Ese pago de un cuarto de millón de dólares claramente no era un patrocinio o una tarifa por derechos de televisión. Tampoco estaba del todo claro por qué Blazer tenía cuentas en paraísos fiscales como las Bahamas, ni por qué había usado sociedades ficticias, en lugar de su propio nombre, en la gran mayoría de sus documentos financieros.

Así, 10 por ciento del contrato fue firmado entre la CONCACAF y una entidad llamada Sportvertising, y otros documentos en el poder de Strong mostraban que la compañía, originalmente constituida en el estado de Nueva York, había sido registrada desde entonces en las Islas Caimán, donde las compañías no están sujetas al impuesto corporativo y las revelaciones de propiedad son por demás mínimas.

Por lo menos, pensó Strong, los documentos sugerían una estrategia agresiva para evadir los impuestos, aunque no estaba claro de dónde venía todo el dinero.

Antes de mudarse a Miami, Strong había sido periodista y trabajó para periódicos en Fleet Street en Londres y luego en Australia. Finalmente se mudó a Sudamérica, donde fue corresponsal en el extranjero para algunos diarios británicos. Escribió un libro sobre las guerrillas comunistas en Perú, y unos años después, un segundo libro que fue uno de los primeros análisis serios sobre la carrera del narcotraficante colombiano Pablo Escobar. El libro se centró especialmente en el lavado de dinero y Strong estaba familiarizado con las muchas formas en que los delincuentes usan cuentas en el extranjero para limpiar el dinero sucio.

A pesar de que había renunciado al periodismo, Strong mantenía contactos extensos con periodistas en toda América Latina y en el Reino Unido. También era aficionado al futbol y creció apoyando al Burnley Football Club.

Al igual que los millones de personas de todo el planeta que seguían el deporte, tuvo una sensación de indignación cuando pensó en la forma en que el juego de la gente había sido explotado por funcionarios inescrupulosos que le ordeñaban cada centavo que podían. Era fácil ver que Chuck Blazer era uno de esos funcionarios, y los fanáticos deberían poder leer en blanco y negro sobre lo que él había estado haciendo.

A Strong se le venía a la mente al menos un periodista británico que se sentía igual.

◆◆◆

El primero de los artículos de Andrew Jennings sobre las finanzas de Chuck Blazer quedó escondido en la página 13 de la edición del *Sunday Herald* del 17 de julio de 2011, un diario escocés con un tiraje de alrededor de 25,000 ejemplares. Al mismo tiempo, Jennings publicó el artículo en su propio sitio web, «Transparencia en el deporte», agregando enlaces a algunos de los documentos y el descarado titular «¡Lucky Chuckie! Blazer takes secret 10% on sponsor deals» (¡El suertudo Chuckie! Blazer toma en secreto 10% de las aportaciones de los patrocinadores).

La historia, de escasas quinientas palabras, tenía el estilo clásico de Jennings, repleto de hechos explosivos y aderezados libremente con comentarios maliciosos y sarcasmo. Contenía la primera mención pública sobre Sportvertising y el inusual contrato de Blazer con la CONCACAF, que le permitió «recibir millones en "comisiones». También describió la solicitud por parte de Warner para que se enviara un cheque por $250,000 a Blazer el marzo anterior, pero no ofrecía teorías sobre para qué podría haber sido el pago.

Dos días antes de la publicación, Blazer respondió a una serie de preguntas que Jennings le envió por correo electrónico y reconoció la comisión de 10 por ciento, pero argumentó que los pagos eran «consistentes con los estándares de la industria». En cuanto al cheque de $250,000 dólares, Blazer explicó que era por concepto de «pago de un préstamo personal que le hice a Jack Warner hace más de cinco años».

Horas después de la publicación, Blazer escribió nuevamente a Jennings, discrepando con las descripciones del periodista sobre su tamaño físico, que según él era irrelevante para su trabajo, así como el hecho de que caracterizara las comisiones como «secretas».

«Encuentra a otro villano», escribió furioso Blazer. «No soy tu hombre».

Parte de la revelación de Jennings fue mencionada en una historia del *New York Times* sobre el estilo de vida exorbitante de los funcionarios de la FIFA, pero el resto pasó casi desapercibido. La prensa deportiva parecía más interesada en las repercusiones continuas de Puerto España. La investigación de la FIFA sobre los hechos se completó a principios de julio y una serie de filtraciones de Zúrich sobre los hallazgos dominaron los titulares.

El 23 de julio de 2011, la FIFA suspendió a Bin Hammam de por vida del ámbito del futbol, mientras que Jason Sylvester y Debbie Minguell, que habían entregado el dinero en la sala de juntas del Hyatt Regency, recibieron suspensiones del deporte por un año. Bin Hammam, honrando su trato con Warner, finalmente encontró un pequeño banco en Trinidad que aceptaba la lógica de que su transferencia de $1.2 millones de dólares era por concepto de «servicios profesionales prestados durante el periodo 2005-2010», y Warner, a su vez, mantuvo la boca cerrada obedientemente.

Luego, el 9 de agosto, el comité de ética de la FIFA sancionó a Lisle Austin, y le prohibió participar del deporte durante un año en tanto se resolvía la demanda que presentó para resolver su disputa con la CONCACAF. Las autoridades en Zúrich se horrorizaron por su actuación, que amenazaba la creencia arraigada de la FIFA de que era un poder superior a cualquier intromisión de naciones soberanas.

Ese mismo día, Jennings le escribió a Blazer otra vez diciéndole que «había obtenido más información» y le presentó veinte preguntas detalladas sobre sus asuntos financieros, sus activos y sus compensaciones. Las fuentes del periodista en Miami y el Caribe le habían enviado otra serie de documentos. Pidió conocer la historia detrás de un cheque de $205,000 dólares de finales del verano anterior, así como sobre las órdenes de transferencia por un pago de $57,500 a Sportvertising en 1996. También preguntó si era cierto que el hijo de Blazer, un entrenador de atletismo, recibía un salario mensual por parte de la CONCACAF de $7,000 dólares y si Blazer era el dueño de varios condominios de lujo en las Bahamas.

Aunque en comunicaciones anteriores Jennings había guardado silencio sobre el tema, esta vez preguntó, repetidas veces, sobre la situación fiscal de Blazer.

—¿Está seguro —se preguntó Jennings— de que todos los pagos extraterritoriales y todos los beneficios que has recibido han sido declarados ante el IRS?

A lo largo de su larga carrera, eran pocas las veces que Jennings había realizado trabajo colaborativo interno para alguna publicación. Escribía en ráfagas, era conocido por ser quisquilloso a la hora de editar y su enfoque monomaniático sobre un solo tema parecía más adecuado para un trabajo de *freelance*. Aunque algunos periodistas lo consideraban un ícono, él había sufrido más de unas pocas peleas con otros. En otras palabras, siempre estaba en busca de un ingreso fijo. Esta vez, el artículo encontró un hogar en la edición dominical del *The Independent* de Inglaterra.

Antes de que se imprimiera, Jennings llamó a Jared Randall al FBI para informarle que tenía en su poder lo que él creía que eran documentos importantes. Hablaban frecuentemente y Randall dijo que estaría feliz de echarles un vistazo. Jennings envió un correo electrónico con todo el material. No había manera de que él supiera lo que el FBI pensaba sobre los documentos, pero Jennings asumió que el mero hecho de que Randall los hubiera recibido era ya una evidencia de que la agencia estaba investigando su contenido.

«El FBI investiga los pagos secretos al informante de la FIFA», decía el titular en la página 10 de la edición del 13 de agosto del *The Independent*.

«El hombre al que se le atribuye el pitazo sobre el soborno y la corrupción en la FIFA, el organismo que dirige el futbol mundial, es ahora objeto de una investigación del FBI», comenzaba el artículo. «Los investigadores estadounidenses están examinando documentos que parecen mostrar pagos confidenciales a cuentas en el extranjero operadas por un funcionario estadounidense de la FIFA, Chuck Blazer».

Una vez más, Jennings publicó la historia en su sitio web, con fotos de Blazer, su hijo, su novia y enlaces a varios de los documentos subyacentes. Esta vez, sin embargo, la historia en línea circuló más del doble que la versión impresa en *The Independent* e incluía múltiples negaciones de improperio por parte de Blazer, quien afirmaba que las transacciones «no eran ingresos ni estaban sujetas a impuestos».

Tres días más tarde, el 16 de agosto de 2011, la historia fue seguida por un periodista en la cadena de noticias Reuters, que coloca historias en miles de periódicos y sitios web de todo el mundo todos los días. El periodista, un investigador veterano en la oficina de Reuters en Washington, D.C., llamado Mark Hosenball, repitió gran parte de la historia de Jennings y agregó algunos detalles.

«Un escuadrón del FBI con sede en Nueva York asignado para investigar el "crimen organizado eurasiático" está examinando pruebas relacionadas con los pagos hechos a Chuck Blazer», informó Hosenball y señaló que había revisado personalmente todos los documentos.

Los dos reporteros eran viejos amigos, y en una inusual muestra de generosidad en el competitivo negocio de las noticias, Hosenball dio el crédito tanto al *The Independent* como a Jennings y proporcionó amablemente la dirección web donde se podía encontrar el artículo completo del periodista británico.

Las alertas de noticias de Google captaron la historia de Reuters tan pronto como esta se publicó y la enviaron automáticamente a las bandejas de entrada de todo el mundo, incluida la de un fanático del futbol particularmente ávido con un gran interés en la legislación penal fiscal en el lejano condado de Orange, California.

9
RICO

La historia de Eliot Ness sobre la persecución de Al Capone, el gánster más poderoso y temido de Estados Unidos durante la Prohibición, es un clásico del género del crimen. Ness, un apuesto y joven *G-man*[*] junto con su incorruptible equipo de «intocables», hizo lo que nadie más pudo al combatir sin miedo la operación de contrabando de Capone hasta poner de rodillas a *Scarface*[**].

Sin embargo, esta versión es en gran parte ficción.

El verdadero héroe detrás de la caída de Capone fue un apasionado fumador de puros, un miope con una carrera de negocios trunca de Búfalo llamado Frank J. Wilson, que era agente de la Unidad de Inteligencia del Departamento del Tesoro.

Asignado al caso Capone en 1927, Wilson se trasladó de Baltimore a Chicago y pasó la mayor parte de los siguientes cuatro años encerrado en el cuarto piso de un antiguo edificio

[*] N. de la T. *G-man* es una abreviatura de *Government-man*, que describe un agente especial del gobierno en la lucha contra el crimen.

[**] N. de la T. Sobrenombre de Al Capone.

de la oficina de correos, quejándose de «personas cuestionables que rondan por los pasillos», revisando incansablemente montones de documentos. Tarde o temprano descubrió varios registros contables que mostraban que Capone tenía ingresos sin declarar utilizando el análisis caligráfico para identificar a su autor; luego se infiltró en Miami para rastrear a ese hombre y convencerlo de testificar contra el mafioso en el tribunal.

A partir de ahí, Wilson y su equipo de agentes especiales construyeron metódicamente el caso de evasión de impuestos más famoso de la historia, que condujo a la condena de Capone en 1931, la cual envió al gánster a prisión durante once años. Wilson pasó a desempeñar un papel clave en la solución del secuestro de Lindbergh y más tarde encabezó el Servicio Secreto, donde redujo enormemente la falsificación en Estados Unidos. En 1978 la Unidad de Inteligencia del Tesoro cambió de nombre para convertirse en la división de Investigación Criminal del Servicio de Recaudación de Impuestos (IRS-CI).

Dentro de la IRS-CI, como los agentes llamaban a la división, Wilson era una fuente de orgullo institucional, que encarnaba las virtudes de una agencia que nunca parecía recibir la atención o el crédito que recibían otras agencias encargadas de la aplicación de la ley.

—Wilson —dijo una vez con admiración el jefe de la Unidad de Inteligencia— es un genio para los detalles. Wilson no teme a nada que camine. Se sienta tranquilamente mirando libros dieciocho horas al día, siete días a la semana, para siempre, cuando quiere encontrar algo en ellos.

Steve Berryman se unió al IRS cuando tenía 23 años y, aparte de unos pocos empleos de verano en librerías durante la escuela secundaria, nunca había trabajado en otro lado.

Creía que los agentes del IRS tenían herramientas únicas y un entrenamiento a su disposición que nadie más tenía. Al igual que otras autoridades federales, los agentes del IRS llevan placa y pistola, pueden realizar arrestos y entregar órdenes, pero su mayor poder, pensaba Berryman, era la capacidad de digerir registros financieros complicados y convertir filas interminables de números en la poderosa narrativa de la ilegalidad.

—Nosotros hacemos la mierda financiera que nadie más quiere tocar —le gustaba decir a Berryman a cualquiera que quisiera escucharlo.

Después de más de veinte años en el trabajo, Berryman se había enfocado casi exclusivamente en casos internacionales complejos. En los últimos años, ayudó a ganar condenas en casos que involucraban a un par de productores de Hollywood que habían estado pagando sobornos a funcionarios en Tailandia para poder administrar un festival anual de cine en el país, y una compañía del Condado de Riverside cuyos ejecutivos habían sobornado a funcionarios del Ministerio de Defensa del Reino Unido para ganar contratos de equipamiento. Más recientemente, había estado investigando a varios bancos israelíes que no habían cumplido con las leyes de rendición de cuentas y que parecían encubrir evasiones fiscales internacionales.

Los casos eran interesantes. Berryman llegó a viajar al extranjero y experimentó con diferentes formas de aplicar aspectos poco conocidos de la ley. Pero también habían sido asuntos relativamente contenidos, centrados en uno o dos acusados, y ansiaba hacer algo realmente grande, con muchos acusados, que realmente pusiera a prueba sus habilidades como detective.

Lo que anhelaba era un tipo muy específico de investigación, uno por el que el IRS no era particularmente conocido y que él mismo nunca había tenido la oportunidad de probar.

◆◆◆

Era aún temprano por la mañana cuando Steve Berryman salió de su hotel en el SoHo, pero ya hacía un calor incómodo, el inicio de esos días pegajosos de Nueva York en los que parece que el calor opresivo del verano nunca terminará.

Era mitad de septiembre de 2011 y el agente del ISR no había puesto en pie en Nueva York desde hacía 16 años. Su teléfono celular proporcionado por el gobierno no contaba con la aplicación de mapas, de modo que se detuvo en una farmacia el día anterior para comprar un mapa plegable y laminado de la ciudad. Sintiéndose sofocado en traje y corbata, Berryman echaba una mirada al mapa de cuando en cuando mientras atravesaba Canal Street, cortaba por Chinatown y recorría los juzgados de la ciudad camino al 26 de Federal Plaza, en donde subió hasta el piso 23.

Jared Randall lo saludó en el rellano del ascensor y lo escoltó para que saludara brevemente a Mike Gaeta antes de conducirlo a una pequeña sala de juntas. Berryman estaba sorprendido de cuán joven era el agente del FBI y, mientras le explicaba su teoría del caso del futbol, Randall en silencio lo observaba.

—Ya sé que no tienes ni idea de quién soy —dijo Berryman—, pero he estado haciendo este tipo de trabajo desde hace mucho tiempo.

—Sí sé quién eres —replicó Randall.

Para Berryman era raro, un veterano acostumbrado a escoger los casos en los que quería participar. Era el tipo al que los agentes del FBI y los fiscales solían llamar para pedirle ayuda con casos difíciles, y ahora parecía que se estaba tratando de promocionar a sí mismo ante un joven que parecía recién salido de la academia.

En las semanas que siguieron desde que recibió la alerta de Google con el artículo de Reuters sobre Blazer, Berryman había reunido suficiente material como para tener varias horas de conversación. Sepp Blatter, Mohamed bin Hammam, Jack Warner. Podía recitar los nombres de la mayoría de los miembros del Comité Ejecutivo de la FIFA. Refiriéndose a una lista que llevaba mecanografiada, Berryman recitó nombres de los funcionarios de futbol que él pensaba que podrían estar en el blanco de la investigación, de otros a los que le gustaría entrevistar como testigos y de preceptos criminales específicos que consideraba que podrían haber sido violados. Mientras hablaba, pudo ver una leve sonrisa dibujarse en la cara del agente del FBI.

Berryman sospechaba que iba por buen camino y aceleró el paso; le contó a Randall sobre algunos de los casos en los que había trabajado en el pasado. Pero justo cuando empezó, Randall lo interrumpió, se echó hacia atrás en su silla con una risa rápida.

—Sí —dijo—. Pareces el hombre indicado para esto.

Berryman sintió una oleada de alivio.

—Genial —respondió, y luego dijo algo que había ensayado cuidadosamente—. ¿Podrías ponerme en contacto con tu fiscal y hacerle saber que me gustaría conocerlo?

—Ah, ya hemos hablado de ti —dijo Randall, agregando que podrían ir a Brooklyn después del almuerzo.

◆◆◆

Por lo que Berryman podía decir, las personas que controlaban el futbol no eran asesinos, secuestradores o traficantes de drogas.

Eran burócratas deportivos: hombres viejos en trajes elegantes bebiendo champán en el palco VIP durante la Copa del Mundo. Pero sin duda estaban todos unidos por una sola organización, la FIFA, que le parecía que encajaba en la definición misma de una «empresa» tal y como se define en la Ley Federal contra la Extorsión Criminal y Organizaciones Corruptas (RICO, por sus siglas en inglés).

Según la Ley Federal contra la Extorsión Criminal y Organizaciones Corruptas, un gran número de personas pueden ser acusadas en masa por delitos que se remontan a años o incluso décadas atrás siempre que se pueda demostrar que se llevaron a cabo como parte de un «patrón de extorsión criminal», que al menos dos personas participaron en el plan y que el crimen más reciente haya tenido lugar en los diez años posteriores al crimen anterior. Conforme a la Ley RICO, no era necesario estar relacionado directamente con el delito para que se acusara a alguien de haberlo cometido, siempre y cuando la persona formara parte de la misma empresa criminal que quien lo perpetró.

El proceso de RICO no sólo podía poner a la gente tras las rejas, sino que podía también desmantelar una organización completa, ladrillo a ladrillo, hasta que no quedara nada. Y aunque la ley fue creada originalmente para atacar a la mafia tradicional en 1970, pronto se expandió a otros ámbitos, convirtiéndose en herramienta favorita de los fiscales que buscan criminales de cuello blanco, como la red de operadores de bonos liderados por Michael Milken en la década de 1980, así como orquestadores de esquemas Ponzi*, contratistas gubernamentales que pagan sobornos y hasta departamentos de policía corruptos.

Esa tarde de septiembre, sentado en una mesa de conferencias en la Oficina del Procurador de Estados Unidos para el Distrito Este de Nueva York con vista al parque Cadman Plaza en el centro de Brooklyn, Berryman recitó la misma lista de posibles blancos que había compartido con Randall antes. Luego habló de ocho leyes penales diferentes que pensó que podrían aplicarse a un caso relacionado con el futbol mundial. Abarcaban una variedad de delitos y estrategias legales potenciales, algunos bastante nuevos, pero él estaba particularmente entusiasmado con uno de ellos y finalmente lo expuso.

—Hice la tarea —dijo Berryman—, y creo que la FIFA es perfecta para la Ley RICO.

* N. de la T. El esquema Ponzi es una operación fraudulenta de inversión que supone el pago de intereses a inversionistas.

Los dos asistentes del Procurador General de Estados Unidos que estaban al otro extremo de la mesa, Evan Norris y Amanda Hector, eran mucho más jóvenes que él y habían estado sentados impasiblemente durante su presentación, haciendo algunas pregutas. Pero ahora Hector, intenso y serio, con pelo castaño, hizo una mueca y le echó una mirada a Norris.

La Ley RICO era una de las armas más poderosas del Departamento de Justicia. Había generado algunos de los procesos más sensacionales y atractivos para los medios de los que se tenía registro. Pero los casos no eran sencillos. Las investigaciones de extorsión criminal exitosas a menudo requerían una mano de obra y coordinación entre agencias impresionantes. Incluso los abogados más experimentados se las veían difíciles en ocasiones para entender la desconcertante complejidad de la Ley RICO. Y explicar a un jurado las sutilezas abstractas de una ley que responsabilizaba a una persona por los delitos de otra era abrumador, por decir lo menos. Claramente, Berryman estaba corriendo un riesgo.

—Te estás adelantando, ¿no? —le preguntó despreocupadamente Hector a Berryman.

El agente intentó tragarse una sensación repentina de pánico. Tal vez el FBI había estado investigando el caso, pero era la Oficina del Procurador de Estados Unidos la que dirigía el espectáculo. Los agentes federales supervisaban el caso y podían decidir invitar a Berryman a unírseles, tomar sus ideas y entregárselas al FBI o a un agente local del IRS para que les diera seguimiento, o simplemente ignorarlas.

En su lucha, Berryman volteó a ver sus notas y se decantó por la que esperaba que fuera la parte ganadora de su presentación.

—El reto con un caso como este —dijo— es que la vasta mayoría de funcionarios de la FIFA no son estadounidenses. Pero —continuó mientras sus ojos se abrían cada vez más—

conozco al menos media docena de formas de colgarles cargos por fraude, lavado de dinero y delitos fiscales a extranjeros.

Explicó que la clave era el hecho de que cuando se hace una transferencia bancaria internacional, incluso en países remotos, normalmente el dinero pasa por instituciones financieras estadounidenses.

Las transferencias bancarias sólo se pueden hacer entre bancos que están relacionados entre sí y, como la mayoría de los miles de bancos que hay en el mundo no sostienen dichas relaciones, dependen de algo que se llama "bancos corresponsales" para que completen las transferencias en su nombre. Y como Estados Unidos es el hogar de varios de los bancos más grandes del mundo, los cuales tienen redes enormes con otras instituciones financieras alrededor del mundo, a menudo hacen las veces de bancos corresponsales intermediarios.

Si un funcionario de futbol en Qatar quisiera transferir varios cientos de dólares para pagar un soborno a un funcionario en Trinidad, es poco probable que sus bancos hagan transacciones lo suficientemente frecuentes como para que valga la pena entablar una relación comercial permanente.

Por otro lado, es bastante probable que un gran banco estadounidense, como JPMorgan Chase, haga negocios regularmente tanto con el banco del qatarí como con el banco del trinitense y, por lo tanto, por una pequeña tarifa, procese la transferencia. Y si no, es prácticamente seguro que Chase tiene una relación con otro gran banco estadounidense, como Wells Fargo, que a su vez trabaja con el banco trinitense. El dinero, entonces, fluye desde la cuenta bancaria en Qatar a través de Chase, luego a Wells Fargo, y finalmente a la cuenta del funcionario corrupto en Trinidad.

Era complicado, Berryman lo sabía y, para ayudar a mantener los ojos del agente federal fijos en el asunto, sacó una hoja de papel en blanco de su portafolio, la puso en la mesa frente a él y dibujó una línea curva entre dos cajas, que representaban a los bancos. Luego agregó cajas adicionales a lo largo del arco, que representaban los bancos corresponsales. Llamó a todo esto un «arcoíris» de transferencia de dinero.

Lo que el arcoíris mostraba, dijo Berryman, era que el dinero pasaba a través de Estados Unidos. Eso era crítico. Significaba que se podía establecer la jurisdicción penal para, por ejemplo, un soborno pagado a un miembro del Comité Ejecutivo de la FIFA para disuadir su voto de una cierta manera, incluso si ninguna de las partes en la conspiración era estadounidense y si su reunión había tenido lugar en otro país.

Pero no era todo. Todo el sistema funcionaba, dijo Berryman, añadiendo varias líneas más al arcoiris, gracias a un puñado de sistemas de transferencia electrónica que automatizan todo el proceso del banco corresponsal. Afortunadamente, dos de los sistemas de transferencias electrónicas más grandes del mundo, Fedwire y el Clearing House Interbank Payment System, o CHIPS, tenían su sede en Estados Unidos y Berryman tenía excelentes relaciones con ambos.

En lugar de buscar ciegamente fuentes que les contaran sobre los sobornos, Berryman podría citar fácilmente a Fedwire y a CHIPS para obtener una lista de transferencias internacionales que involucraran a uno de los posibles sospechosos, como Julio Grondona, un poderoso vicepresidente de la FIFA de Argentina. En cuestión de días recibiría hoja de cálculo con una lista de todas y cada una de las transferencias que Grondona hubiera hecho o recibido.

Y lo mejor de todo era que el rastreo podría hacerse en secreto, sin tener que contactar bancos extranjeros y correr el riesgo de que ellos informaran a sus clientes. El punto, dijo Berryman, era que podía descubrir pagos de sobornos de los que no sabía absolutamente nada, esencialmente aplicando una ingeniería inversa en todo el proceso de investigación. Esa información se podía usar para acusar a la gente o forzarla a cambiarse de bando y cooperar con la investigación.

Hizo una pausa y se hizo un silencio expectante en la sala de juntas. Desde el punto de vista de un agente federal, se estaba describiendo un extraño y maravilloso tipo de alquimia, algo parecido a tener un martillo neumático después de haber pasado una vida excavando con las propias manos.

Pero antes de que alguno de los agentes pudiera responder, Berryman arrancó de nuevo a toda velocidad, relatando varios de sus otros trucos favoritos, incluyendo formas de usar citaciones para obligar a las personas a revelar la existencia de cuentas bancarias en el extranjero y un artículo específico de un código federal que ampliaba enormemente la definición de lavado de dinero.

El punto, dijo Berryman, es que podría usar todo eso para ayudar a limpiar el futbol. No importaba que trabajara en California; tenía el conocimiento y la motivación para llevar este caso hasta la cima.

—Si podemos llegar hasta Blazer y Warner —concluyó—, podemos llegar a Bin Hammam. Y si podemos llegar a Bin Hammam, podemos llegar a Blatter.

Berryman lanzó una mirada suplicante a Norris, el agente en jefe del caso. Era alto y esbelto, con dedos largos y sensibles y abundante cabellera azabache peinada tan impecablemente que parecía hecha de plástico. No había dicho prácticamente nada durante la junta, pero a Berryman le pareció haber visto algo en su mirada.

Norris parecía entenderlo.

◆◆◆

Evan Mahran Norris tenía sólo 35 años, pero ya había demostrado ser uno de los agentes federales jóvenes más talentosos del Distrito Este.

Hijo de un inmigrante iraní, administrador de una preparatoria, creció en el seno de una familia de intelectuales, mudándose de una ciudad a otra mientras su padre conseguía nuevos trabajos en escuelas privadas en ciudades como Mineápolis. A lo largo del camino, desarrolló un fuerte sentido moral del bien y el mal, así como una confianza inquebrantable en su propia opinión.

Como estudiante de ciencias políticas en la Universidad de Columbia, una vez escribió una carta al editor del periódico estudiantil sólo para «decir lo preocupado que estoy por la falta de interés y compasión» mostrada por el autor de un artículo de opinión que le pareció ofensivo.

Mientras estudiaba en la escuela de Leyes de Harvard, Norris evitó la famosa y prestigiosa Law Review, y en lugar de ello se ofreció como voluntario en la Oficina de Ayuda Legal de la escuela, donde pasaba hasta treinta horas a la semana ayudando gratuitamente a familias necesitadas a lidiar con problemas legales. Se refería a la clínica como «lo mejor que hay en la facultad de derecho, por mucho».

Para cuando se graduó, ya sabía que quería ser agente federal y después de unos años en un gran despacho de abogados de Manhattan, aceptó un puesto como fiscal adjunto de Estados Unidos para el Distrito Este de Nueva York. Pronto fue asignado al crimen organizado, demostrando rápidamente que era un abogado notablemente cuidadoso y mesurado. Norris tuvo un papel crítico en la condena de varios miembros de la familia Gambino y participó brillantemente en el juicio de uno de ellos, un asesino particularmente desagradable con una predilección por disolver a sus víctimas en tinajas de ácido para ocultar la evidencia.

Pero no sólo era bueno en juicio. Sus supervisores vieron en Norris una habilidad para el liderazgo y pronto le asignaron investigaciones de larga duración y altamente sensibles que involucraban conspiraciones complicadas, a menudo ocultas.

Durante uno de esos casos, que nunca logró un acusado, Norris trabajó por vez primera con Mike Gaeta del FBI.

Gaeta también vio en el joven agente la capacidad de llevar a cabo investigaciones difíciles y pensó que tenían filosofías similares para construir casos. Por esta razón, presentó a Norris su idea en bruto de ir tras la FIFA en Brooklyn, en lugar de dirigirse a alguien del Distrito Sur de Nueva York (SDNY, por sus siglas en inglés), con sede en Manhattan. El SDNY era la oficina de mayor perfil en el país y conseguía los casos más grandes, pero Gaeta confiaba en su instinto y pensó que Norris era el indicado para el trabajo.

Norris guardaba mucho su privacidad, casi nunca mostraba sus sentimientos, pero se preocupaba profundamente por su trabajo y desarrolló un cierto grado de resentimiento contra las fechorías de las personas que perseguía. Creía que las personas procesadas se lo merecían y que eran responsables personalmente por sus propios infortunios legales.

Los agentes especiales podrían ser tipos con las pistolas en el bolsillo, pero una investigación criminal exitosa no va a ninguna parte sin un agente en jefe que pueda mantener la disciplina, ver el panorama general, pensar estratégicamente y, especialmente, mantener la calma. Un buen agente federal tiene que escribir bien, tener un gran sentido de la ley, pensar con los pies en la tierra y apasionarse por lograr la victoria. Pero, sobre todo, el trabajo requiere juicio.

Las investigaciones se arruinan si uno se mueve demasiado rápido o carece de preparación, o por errores evitables. Las acusaciones —el fin último— dependen de una toma de decisiones inteligentes sobre cómo llevar un caso y a quién involucrar en él.

Unas horas después de su reunión, Norris llamó a Berryman.

El agente del IRS estaba parado en la esquina de Canal y West Broadway, no muy lejos de su hotel. Había estado demasiado nervioso como para quedarse sentado desde que salió de la oficina en Brooklyn, preocupado por que los agentes federales pudieran tomar sus ideas y excluirlo del caso más emocionante que jamás hubiera encontrado. Él nunca había querido tan fervientemente estar en un caso como en esta ocasión y casi no había podido dormir en los días previos a su gran presentación.

—Me gustaría darle la bienvenida a bordo —dijo Norris—.

El rostro de Berryman se convirtió en una amplia sonrisa. Después de colgar, caminó por el SoHo radiante, ajeno al calor y su incómodo traje.

10

EL DINERO DE BLAZER

El 20 de julio de 2000, un gran jurado federal en Salt Lake City emitió una acusación por quince cargos en contra de Thomas K. Welch y de David R. Johnson, expresidente y vicepresidente del comité de la candidatura de Salt Lake City para los Juegos Olímpicos de Invierno de 2002.

Los agentes federales presentaron los cargos tras una larga investigación de presuntos sobornos por parte del comité de candidatura como parte de un esfuerzo exitoso para convencer a los miembros del Comité Olímpico Internacional para elegir a Salt Lake City sobre ciudades competidoras en Suecia, Suiza y Canadá. Presentaron evidencia de que se habían pagado a los votantes más de $1 millón de dólares en efectivo, becas, obsequios, viajes e incluso atención médica para los miembros del COI, así como documentación de los esfuerzos por encubrir los pagos con contratos ficticios e informes financieros alterados.

A pesar de lo que los agentes federales consideraban un caso muy sólido, ni Welch ni Johnson fueron condenados. Un año después de la acusación, el juez que supervisó el caso desestimó los cargos de soborno y cuando el caso finalmente se fue a juicio, el juez otorgó una moción de absolución a la defensa. Luego dijo que el caso había ofendido su «sentido de justicia».

El caso del COI, pensó Berryman con su soborno internacional y compra de votos, tenía paralelos obvios con la investigación del futbol y había sido un desastre absoluto.

Si él y sus nuevos colegas en Nueva York iban a enfrentarse a la FIFA, no sería suficiente mostrar que el dinero había cambiado de manos, que los funcionarios habían sido sobornados o que los pagos habían sido encubiertos. Tenían que ser absolutamente sólidos en todos los niveles y asegurarse de que no hubiera agujeros que un abogado defensor con buen ojo pudiera utilizar para socavar todo el caso. Sin importar la cantidad de basura que encontraran, no significaría nada a menos que se llevara a la corte.

Una acusación que involucrara al futbol mundial, de hacerse pública, claramente sería notoria y habría una enorme atención pública y presión sobre la acusación. Si eligieran las bases legales equivocadas para construir su caso o si tenían un problema con algún testigo, podría ser fatal. Todo debía hacerse con precisión milimétrica, pensó Berryman. No había espacio para cometer errores.

Había adoptado esa actitud en su reunión inicial en Brooklyn.

—¿Chuck Blazer no ha presentado sus impuestos? ¿Es por eso por lo que estás aquí? —preguntó la agente federal Amanda Hector—. ¿Qué estás viendo?

Berryman no dijo nada porque sabía que por ley no podía hablar del estado de una declaración de impuestos, ni siquiera con agentes federales, hasta que la investigación se ampliara formalmente para convertirse en un caso de impuestos del Departamento de Justicia. Si él les contaba y algún abogado administrativo inteligente llegaba a descubrir que había hecho las cosas en el orden equivocado, podría reventar toda la investigación.

Los impuestos, bien sabía Berryman, eran especiales. A raíz del Watergate, cuando se reveló que la administración de Nixon había utilizado la información tributaria sobre presuntos enemigos para promover sus fines, se reescribió el código del IRS para garantizar la protección de la privacidad. Uno de los principales cambios fue una enmienda a una disposición llamada Sección 6103, que hizo que la información tributaria fuera estrictamente confidencial a menos que se cumplan restricciones muy estrictas. Es la misma sección que hace extremadamente engorroso, si no imposible, que cualquier agente del orden público que no sea un agente del IRS obtenga declaraciones de impuestos, incluso las de los objetivos de una investigación ante un gran jurado.

Antes de que Berryman pudiera decir algo sobre los asuntos fiscales de Blazer a cualquiera en el caso de futbol, tenía que obtener la aprobación de su supervisor en Laguna Niguel, luego la de los abogados penales tributarios en la oficina del abogado en jefe del IRS en Washington y finalmente la de la División de Impuestos del Departamento de Justicia. Sólo entonces Berryman podría llamar a Norris y decir lo que había deseado contarle desde el momento en que se conocieron: «Chuck Blazer no ha declarado en años, al menos desde 1994».

Mientras esperaba ansiosamente ese momento, Berryman comenzó a tomar las medidas necesarias para reunir pruebas contra Blazer. Para realizar una acusación por evasión de impuestos, no era suficiente mostrar que alguien no había presentado declaraciones. Necesitaba probar que Blazer tenía ingresos ocultos intencionalmente.

Para empezar, Berryman pasó horas y horas en el sitio web del periodista Andrew Jennings, el mismo al que se daba crédito con un enlace en el artículo de Reuters que lo había llevado al caso. Berryman nunca había oído hablar de Jennings, pero estaba impresionado por su profundo enfoque en la corrupción en el futbol. El sitio tenía decenas de artículos sobre la FIFA, cuentos de argucias, trapacerías y vil criminalidad que se remontaba a la era Havelange de los años setenta.

Todo era fascinante, pero Berryman se enfocó en un documento que Jennings había publicado. Era una fotocopia de baja calidad y resolución de ambos lados de un cheque cancelado con una antigüedad de un año por la cantidad de $205,000 dólares a favor de una compañía llamada Sportvertising.

Berryman amplió el cheque en su computadora y lo observó. El escaneo era de tan mala calidad que algunas partes, como la firma, resultaban ilegibles. Pero en el reverso, alcanzó a distinguir el endoso manuscrito. Lo miró con los ojos entrecerrados, acercó su rostro a la pantalla e incluso sostuvo una lupa para ver más de cerca. Finalmente pudo distinguir la letra. Decía:

Sólo para depósito
Sportvertising Inc.
Merrill Lynch

Sintió un gran alivio. Berryman había estado preocupado pensando que Blazer pudiera haber hecho todas sus actividades bancarias en el extranjero, lo que dificultaría y arriesgaría la obtención de información sobre sus cuentas. Si, como sugerían los artículos sobre Blazer, tenía cuentas en las Islas Caimán o en las Bahamas, había obstáculos legales y diplomáticos significativos para solicitar cualquier registro asociado. E incluso entonces, los bancos en los paraísos fiscales del Caribe no eran conocidos por tener políticas de divulgación generosas.

También existía el riesgo significativo de que los banqueros en las Islas Caimán o las Bahamas, después de revisar tales solicitudes, decidieran ponerse en contacto con Blazer para decirle que los federales estaban merodeando, lo que podría tener resultados desastrosos en el caso. Alertado de una investigación, Blazer podría destruir registros, contárselo a otros funcionarios de futbol o incluso huir del país.

Pero Merrill Lynch, la casa de corretaje y administración de capital famosa por su logotipo de toro, tenía su sede en Estados Unidos y estaba sujeta a sus leyes. Eso significaba que Berryman podría citar a Merrill, exigir toda la información sobre cuentas a nombre de Sportvertising o de Chuck Blazer: estados de cuenta mensuales, listas de transacciones o información sobre cualquier cuenta asociada o propietarios favorecidos, y la empresa estaba legalmente obligada no sólo a hacerlo, sino a mantener la solicitud en absoluto secreto, incluso ante el titular de la cuenta.

Entonces, eso es exactamente lo que hizo Berryman. Le tomó tan sólo veinte minutos.

◆◆◆

Sunil Gulati consideraba a Chuck Blazer como uno de sus mejores amigos y mentores; lo conocía prácticamente desde que se hizo adulto. Habían visto juntos innumerables partidos de futbol, habían pasado interminables horas en aviones y habían departido en incontables ocasiones en reuniones. Y ahora Gulati tenía que decirle que lo habían despedido.

Conoció a Blazer por primera vez cuando recién había salido de la universidad, cuando ayudaba a dirigir los equipos de la Asociación de Futbol Juvenil de Connecticut mientras estudiaba para obtener su maestría en economía en Columbia. Blazer, dieciséis años mayor que él, estaba en ese momento a cargo de los equipos de la selección estelar en el estado vecino de Nueva York y los dos colaboraron para programar torneos y otros eventos.

Gulati, apasionado por el deporte y decidido a ascender en sus filas, se cruzó con Blazer nuevamente cuando este fue elegido vicepresidente de la Federación de Futbol de Estados Unidos, donde Gulati trabajó con él en un comité. Colaboraron juntos en la Copa Mundial de 1994, donde Gulati se desempeñó como vicepresidente, y durante varios años, mientras el joven era ejecutivo de la Major League Soccer, Blazer le facilitó espacio de oficina gratuito dentro de las oficinas de la CONCACAF en la Trump Tower.

En 2007, cuando se abrió un espacio en el Comité Ejecutivo de la confederación, Blazer ayudó a Gulati a ganar un puesto sin tener que salir electo por la totalidad del congreso de la confederación. Gulati, que había resultado electo para el puesto de presidente de la Federación de Futbol de Estados Unidos el año anterior, había permanecido en la junta de la CONCACAF desde entonces.

En medio del tumulto que siguió a la decisión de Blazer de informar a la FIFA sobre Jack Warner y Mohamed bin Hammam, Gulati había apoyado a su viejo amigo. Como uno de los acérrimos partidarios de la candidatura estadounidense para una Copa del Mundo, Gulati se enfureció con los rumores de que Warner podría haber votado por Qatar y, como muchos en la CONCACAF, parecía feliz de verlo partir.

Pero los vientos políticos habían cambiado desde la primavera de 2011. El Comité Ejecutivo de la CONCACAF nunca había cuestionado la gestión financiera de Blazer, firmando los estados financieros auditados de la confederación año tras año sin hacer ningún comentario. Después de los artículos de Jennings que revelaban la existencia del contrato inusualmente lucrativo por el 10 por ciento para Blazer, esa actitud tolerante cambió abruptamente. El Comité Ejecutivo de la CONCACAF, reunido en Panamá en agosto, solicitó al secretario general que le entregara información sobre su compensación.

Arrinconado, Blazer dijo que esperaba ganar $2 millones en 2011 y proporcionó copias de sus contratos. El primero fue el acuerdo original de 1990, cuando fue nombrado por Warner; el segundo, de 1994, contenía esencialmente los mismos términos y había vencido el 17 de julio de 1998. No había más. En otras palabras, Blazer había estado trabajando sin un contrato válido por más de trece años, pero había seguido cobrando su generosa comisión por casi todo.

Más tarde, el 31 de agosto, Jack Warner respondió a la declaración de Blazer de que el cheque de $250,000 dólares que había recibido de la Unión Caribeña de Futbol era el reembolso de un préstamo.

De hecho, Warner dijo que Blazer había recibido un total de $750,000 dólares de la cuenta de la UCF, que no se había tratado de ningún préstamo porque «nunca tuvo ocasión de pedir dinero prestado a Blazer» y que el dinero provenía originalmente de la FIFA. Warner agregó que, a pesar de sus repetidas súplicas durante años, Blazer se había negado rotundamente a divulgar la información sobre su compensación económica.

Cualesquiera que fueran las opiniones privadas que Gulati y los otros funcionarios pudieran haber tenido, el asunto ahora estaba en el ojo público, una vergüenza flagrante. Los líderes de la CONCACAF se dieron cuenta de que ya no podían quedarse de brazos cruzados.

Durante meses, la confederación había estado tratando de elegir a alguien para ocupar el puesto vacante de Warner en el Comité Ejecutivo de la FIFA, pero con una gran parte de su membresía aún bajo investigación por haber supuestamente recibido sobornos en Puerto España, eso resultó ser imposible.

Mientras tanto, la disputa sobre quién fungiría como presidente en funciones de la CONCACAF no se había resuelto. Aunque el Comité Ejecutivo de la confederación había instalado a Alfredo Hawit, los afiliados caribeños se negaron a reconocer al hondureño y se indignaron por la suspensión de un año que la FIFA impuso a Lisle Austin. Se estaba volviendo obvio que la CONCACAF no tendría un presidente legítimo hasta que se celebraran elecciones el siguiente mes de mayo.

En cuanto al Caribe, la UCF estaba planeando tener sus propias elecciones en unas pocas semanas, pero había indicios claros de que las mismas podrían suspenderse o terminar en un desastre.

La CONCACAF, en otras palabras, estaba hecha un caos.

El 3 de octubre, Gulati se reunió con los otros tres miembros del Comité Ejecutivo de la CONCACAF en Nueva York. Frente a las crecientes pruebas de graves irregularidades financieras, no encontraron más alternativa que deshacerse de Blazer. Gulati conocía bien al hombre. Recaería sobre sus hombros la responsabilidad de darle la mala noticia y lo hizo durante una visita a su apartamento en el piso de arriba de las oficinas de la confederación. Su tiempo en la CONCACAF había terminado. Blazer podría salvar la honra y renunciar de inmediato, o ser expulsado públicamente.

Había sido una gran carrera, 21 años al frente de la CONCACAF, convirtiéndola de una organización de nada en una potencia financiera, y además, Blazer todavía estaría en el Comité Ejecutivo de la FIFA, que era por supuesto el nivel más alto de todo el futbol.

Sin Warner para protegerlo y con los líderes de la confederación en su contra, Blazer sabía que no tenía muchas opciones y aceptó irse en silencio. Pero solicitó una concesión: que se le permitiera permanecer como secretario general hasta el final del año.

Gulati y el resto del Comité Ejecutivo de la CONCACAF estuvieron felices de conceder ese pequeño favor. Sólo pidieron que Blazer se abstuviera de cobrarse más pagos de las cuentas de la CONCACAF hasta que el comité pudiera determinar, en todo caso, cuánto se le debía.

Tres días después, Blazer anunció públicamente su renuncia como secretario general de la CONCACAF, mencionando su deseo de «buscar otras oportunidades profesionales en la floreciente industria del futbol internacional» y un fuerte interés por dejar el país para hacerlo.

◆◆◆

La Copa Oro 2011 fue la más exitosa de la historia. Más de un millón de personas asistieron al torneo que tuvo lugar en junio y julio; además, el hecho de que la final fuera entre México y Estados Unidos garantizó que sus patrocinadores, como Miller Lite, se marcharan contentos. El torneo contribuyó al mejor año financiero de la CONCACAF. En todo el ejercicio de 2011, la confederación ganó $60 millones de dólares en ganancias, un gran aumento en comparación con los $37 millones de dólares que recaudó en 2009, el año anterior a la Copa Oro.

Según los cálculos de Blazer, su comisión no se limitaba a honorarios de patrocinio y derechos de televisión. Él más bien tomaba su parte de las ventas de entradas para torneos, de los ingresos por las oficinas de lujo, de las tarifas de estacionamiento e incluso de las cervezas y los *hot dogs* vendidos en los puestos con concesión de los estadios. Prácticamente de cada dólar que ingresaba, Blazer recibía 10 por ciento, acumulándolo en una cuenta interna llamada «comisiones por pagar». Incluso, recibía 10 por ciento del dinero para el desarrollo enviado por la FIFA a la confederación; en una ocasión se pagó a sí mismo la cantidad de $300,000 dólares de los $3 millones de subvención de la FIFA que se utilizaron para construir el estudio de televisión dentro de las oficinas de la CONCACAF en la Trump Tower.

Al mismo tiempo, durante años Blazer había cargado casi todo lo que podía en su tarjeta corporativa American Express, utilizándola para viajes, comidas en Elaine's, ropa, regalos, casi todo. La CONCACAF pagaba las cuentas de la Amex en su totalidad, y luego, una vez al año, Blazer revisaba sus declaraciones y deducía cualquier cosa que considerara un gasto personal de la cuenta de «comisiones por pagar». De esa forma, Blazer nunca tuvo que pagar un solo centavo de su bolsillo para cubrir sus gastos personales y, al mismo tiempo, acumulaba todos los puntos de la membresía de Amex para su uso personal. Durante un periodo de siete años, la CONCACAF pagó $26 millones de dólares a Amex, lo que le generó a Blazer suficientes puntos como para canjear por doscientos boletos redondos de primera clase de Estados Unidos a Europa.

Blazer hizo lo mismo con su renta. A lo largo de los años, vivió en varios apartamentos diferentes en la Trump Tower y desde 2001 ocupó dos unidades contiguas en el piso 49, que en conjunto cuestan $18,000 dólares al mes. Dado que Blazer trabajaba frecuentemente desde su departamento y ni siquiera bajaba al decimoséptimo piso de las oficinas de la CONCACAF, justificaba un tercio del alquiler de departamentos como una oficina en el hogar a cargo de la CONCACAF. Los $12,000 dólares restantes simplemente los deducía de las cantidades qué el calculaba que le debía la CONCACAF por concepto de comisiones. Una vez más, no pagaba ni un centavo de su bolsillo.

Blazer era contador por entrenamiento. Hacer que la confederación pagara por todo no sólo le ahorró dinero, sino que también significó que en la práctica no había ningún rastro de sus ingresos y gastos. De hecho, Blazer tuvo el acierto de poner lo menos posible a su nombre.

En lugar de comprar un automóvil, hizo que la CONCACAF comprara una Hummer que sólo él usaba. En lugar de adquirir condominios en Miami y Bahamas, los ponía a nombre de la

CONCACAF a pesar de que sólo él tenía las llaves. Desde sus días en que vendía baratijas y artículos promocionales desechables, Blazer había encontrado formas de esconder dinero al crear una serie de empresas ficticias con nombres como Windmill Promotions y Sand Castle Distributors.

Una vez que llegó a la CONCACAF, se volvió más sofisticado y registró sus compañías en paraísos fiscales del Caribe, donde era casi imposible determinar su propiedad. Sus comisiones de la CONCACAF iban directamente a sus compañías fantasmas anónimas, e insistía también en que se le enviaran otros pagos menos legítimos.

Como resultado, había poca o ninguna prueba de que Blazer recibiera cualquier ingreso. No llenaba formularios W-2,* no tenía que pagar el impuesto a la propiedad, ni siquiera las facturas de servicios públicos. Al igual que Al Capone en la década de 1920, Blazer era, desde una perspectiva financiera, casi un fantasma, exactamente lo que desearía un hombre que no ha presentado ninguna declaración de impuestos sobre la renta en más de una década, a pesar de recolectar millones de dólares en ingresos durante ese periodo. Blazer estaba tan obsesionado con no dejar rastros que incluso se negaba a usar una tarjeta de lealtad durante sus visitas frecuentes a las mesas de juego de los casinos de Las Vegas, por la preocupación de que el IRS fuera alertado sobre sus ganancias de juego y lo auditara.

Años de operar con éxito con ese sistema clandestino habían envalentonado a Blazer y le habían dado una sensación de impunidad, ya que se adjudicaba sumas de dinero cada vez mayores sin pagar ni un centavo de impuestos por ninguna de ellas. Si 2011 había sido el mejor año para la CONCACAF, se deducía que también habría sido el mejor año para Blazer.

* N. de la T. Son formularios obligatorios del ISR que los contribuyentes están obligados a compilar con motivo de ingresos.

Para cuando Gulati enfrentó a Blazer a principios de octubre, el secretario general ya se había asignado $4.2 millones de dólares en comisiones de 2011. Dividió la suma, casi el doble de lo que jamás había ganado, entre dos empresas ficticias que había establecido años antes: Multisport Games Development y En Passant Ltd.

Blazer había prometido dejar definitivamente la CONCACAF el 31 de diciembre. Ahora, con el tiempo encima en la institución que había construido casi de la nada, el secretario general tenía una última comisión por cobrar.

El 10 de noviembre, Blazer se puso en contacto con el banco de la confederación en Miami, el BAC Florida Bank, y le ordenó que transfiriera $1.4 millones de dólares a su cuenta de Sportvertising en las Islas Caimán. En las instrucciones de la transferencia escribió «pago de comisiones por la Copa Oro».

Poco tiempo después, recibió un correo electrónico de su banco de las Islas Caimán, confirmando que el dinero había llegado a salvo.

—¡Hurra! —respondió Blazer.

11
CAMBIO DE BANDO

Las citaciones empezaron a correr a finales de septiembre, al principio sólo como un chorrito y luego todo un torrente, una tras otra.

Para Berryman, era como Navidad. Revisaba su correo electrónico y ¡pum! había otra, con su lenguaje legal exacto y repetitivo y los anexos que contenían una fila tras otra de hermosos números. Desde Fedwire y CHIPS, ambos con sede en Nueva York, recibía hojas de cálculo de cada transferencia que involucraba una cuenta en particular y al observar los registros podía ver los bancos de origen, los bancos corresponsales, el monto transferido y las cuentas en el otro extremo de la transferencia.

Luego, si alguno de los bancos corresponsales se encontraba en Estados Unidos enviaba otra serie de citaciones pidiendo a cada uno que emitiera la información sobre la transferencia y cualquier otra cantidad que pudiera haberse transferido desde esa misma cuenta. Berryman tenía una habilidad especial para visualizar el flujo de dinero, como si fuera algo tangible, algo que podía ver rebotando de un lugar a otro.

A veces, cuando estaba especialmente de suerte, se encontraba con una transferencia que comenzaba o terminaba en un banco nacional, y entonces podía pedir toda la información, lo que él llamaba «un fregadero de la cocina»: los nombres de cada signatario en la cuenta, del propietario beneficiario, de cualquier otra cuenta que esas personas tuvieran en el mismo banco y copias de cada estado de cuenta mensual, aunque se remontara a años atrás. Luego se sentaba y cotejaba todo, línea por línea, por línea.

Enviaba cientos de citaciones en una explosión constante. Llegó al punto en que hablaba con los empleados de los departamentos legales de los grandes bancos con tanta frecuencia que parecían amigos personales cercanos. Una en particular, una señora amable que trabajaba para Merrill Lynch en Chicago, le llamó por primera vez cuando él estaba de regreso en Nueva York por segunda vez para tener una reunión con los agentes a fines de septiembre. Iba caminando por la calle y ella comenzó a leerle tranquilamente la información de la cuenta bancaria por teléfono. Berryman sintió que quería atravesar el teléfono y abrazarla.

Citó a todos los nombres relacionados con la FIFA que se le ocurrieron: Sepp Blatter, Jack Warner, Mohamed bin Hammam, Jérôme Valcke y más. Algunos saldrían limpios, pero muchos de ellos saldrían con algo, y cuando algo prometedor aparecía, Berryman guardaba el documento dentro una carpeta en un servidor seguro llamado «Todas las transacciones», al que todos los agentes que colaboraban en el caso tenían acceso. A medida que los archivos se acumulaban y docenas se convertían en centenares, Norris le enseñó a Berryman un pequeño truco de organización: poner la fecha de la transacción sospechosa primero en el título, teniendo cuidado de enumerar el año primero, luego el mes y luego el día. El resultado se vería así:

2008-12-19 Transferencia de UCF Republic Bank Trinidad a Sportvertising

FirstCaribbean International Bank por $298,500

De esa forma, a medida que el contenido compartido del servidor crecía, cada nueva entrada se insertaba en orden cronológico y así crearon una línea de tiempo minuciosamente construida de fallas financieras aparentes.

Luego, a principios de octubre, las autorizaciones burocráticas finales de Washington abrieron el camino para que Berryman le dijera al resto del equipo sobre los problemas fiscales de Blazer. Esto le dio inmediatamente a toda la investigación un enfoque puntual y nítido.

Cada semana, Norris iniciaba una conferencia telefónica con Randall en Manhattan y Berryman en el sur de California para analizar qué estaban encontrando, a dónde podría conducir y cuáles serían los siguientes pasos. Puede que el futbol no fuera la gran cosa en Estados Unidos, pero los tres sabían cuán de cerca se le estaba examinando en el resto del mundo; con tantos blancos potenciales que vivían en el exterior, la más mínima filtración de lo que estaban haciendo podría dañar gravemente el caso. Debían tener una confianza plena en su plan para Blazer.

Norris no era un fanático acérrimo como Berryman y de hecho ni siquiera tenía televisión, lo que era motivo de bromas entre sus compañeros. Pero sí había seguido al Tottenham Hotspur, un equipo que parecía perennemente condenado a caer justo por debajo de los primeros puestos del futbol inglés. Temprano por la mañana, los sábados y domingos, cuando se transmitían los juegos de la Liga Premier inglesa en Estados Unidos, llamaba a Berryman para conversar sobre el caso, sabiendo que el agente estaría despierto antes del amanecer, pegado a su televisor.

Ambos se habían vuelto cercanos rápidamente, reconocían el uno en el otro un profundo aprecio por el arte de construir un caso. Intercambiaban ideas el uno con el otro y se maravillaban al compartir sus nuevos descubrimientos en la cada vez más bizantina investigación. Berryman sólo podía pensar en acaso uno o dos agentes federales más en su carrera que lo hubieran entendido tan bien como Norris. Y Norris, ansioso de seguir platicando con Berryman ya entrada la noche, a veces le llamaba desde el baño de su apretado apartamento en Brooklyn para evitar despertar a su esposa y sus hijos pequeños.

En una de sus llamadas, Berryman sugirió un nombre en clave que podrían usar como abreviatura para referirse a la investigación. Algo así como «Ab-scam», el nombre de un caso del FBI de corrupción pública a fines de la década de 1970, o bien «Operation Silver Shovel», que derribó a un montón de políticos en Chicago en la década de 1990. La idea de Berryman, que dijo que se le ocurrió en un santiamén, era «Operation Own Goal» (Operación Autogol). Le gustaba la idea de que los funcionarios de futbol corruptos se habían derrotado a sí mismos por sus formas corruptas, así como un jugador de futbol puede accidentalmente meter el balón en su propia red.

Norris rechazó la idea de inmediato, sin dejar opción al debate. El caso del futbol no tendría nombre.

◆◆◆

La Trump Tower, de 58 pisos de alto, con su fachada de acero dentado y vidrio negro, comparte la cuadra en el centro de Manhattan con el edificio de IBM, un poco menos imponente. Los dos rascacielos quedaron terminados con meses de diferencia a principios de la década de 1980 y están conectados mediante un patio interior con techo de cristal que se construyó con un sistema de incentivo que permite a los desarrolladores sobrepasar las restricciones de zonificación si incorporan espacios públicos en sus proyectos.

En contraste con el vestíbulo caótico y profundamente ostentoso de la Trump Tower, completamente envuelto con mármol *Breccia Pernice* rosado, del cual un crítico del *New York Times* dijo una vez que «irradia un resplandor de felicidad, aunque autocomplaciente», el patio interior adjunto representa un oasis de paz y tranquilidad. Con pisos de granito gris claro y pilas de bambú, el espacio de 740 metros cuadrados emana libertad y tranquilidad, sin rastro del ruido constante y las bravuconerías comerciales que permean al vecino de al lado. Los hombres de negocios van para encontrar momentos de respiro del caos de la ciudad, los turistas descansan y comen sándwiches y los estudiantes a menudo se reúnen debajo de su alto techo de cristal para escuchar conciertos vespertinos. Las plantas y el espacio abierto y ventilado anulan el ruido de la ciudad y, desde el ángulo correcto, incluso bloquean los edificios altos que lo rodean, creando una pequeña isla de reflexión.

En la tarde del 30 de noviembre de 2011, Randall y Berryman entraron juntos al patio, se sentaron en una pequeña mesa redonda cerca de la entrada y esperaron. El día estaba por terminar y sólo había unas cuentas personas repartidas en las mesas de alrededor. Una hora antes, Randall había llamado a Chuck Blazer para decirle que quería conversar nuevamente. Blazer estaba en una cena, pero dijo que gustosamente lo encontraría más tarde si no le molestaba viajar a esa parte de la ciudad. Ambos agentes, vestidos de traje, llegaron juntos y miraron a través de las paredes de cristal del patio, poniendo atención por si veían a su objetivo.

Finalmente una camioneta se detuvo cerca de la entrada del patio en la calle 56 y el conductor descargó un monopatín en el que se subió Blazer para llegar a la puerta. Berryman intentó no mirarlo fijamente. De alguna manera, las muchas fotos que había del ejecutivo de futbol en Internet no hacían justicia a la dimensión física del hombre. Parecía más grande y peludo en la vida real, y sonreía amablemente a través de su barba abundante mientras se dirigía hacia los agentes.

Randall saludó a Blazer familiarmente, aunque no con calidez, estrechándole la mano.

—Como sabrá, estamos investigando la corrupción en el futbol —dijo Randall—. Este es Steve y él le contará lo que estamos haciendo.

Berryman se acercó y le dio a Blazer su tarjeta de presentación que lo identificaba claramente como un agente del Servicio de Recaudación de Impuestos. Hizo una pausa para dejar que Blazer la viera antes de pronunciar un discurso que había ensayado varias veces en su mente.

—Mi nombre es Steve Berryman y quiero que sepa que estoy haciendo este caso por las razones correctas —comenzó—: me encanta el futbol; está en mi sangre. Y quiero hacer algo para limpiar toda esta corrupción. He estado trabajando en casos de corrupción extranjera y lavado de dinero; voy a tener éxito en esto.

Se detuvo por un momento, miró a Blazer seriamente y dijo:

—Usted no ha declarado impuestos durante años.

Berryman le explicó a Blazer que había rastreado sus cuentas y había encontrado pruebas de más de media docena de fuentes de ingresos que sumaban millones de dólares que nunca se habían reportado ante el IRS. Además, dijo Berryman, sabía que Blazer tenía cuentas bancarias en el extranjero que nunca había revelado. Eso era ilegal según la Ley de Secreto Bancario, que requería que los contribuyentes informaran de la existencia de tales cuentas al gobierno federal.

En conjunto, dijo Berryman, las pruebas que encontraron reflejaban claramente evasión fiscal, un delito grave castigado hasta con cinco años de prisión por cada año en que no se presentara voluntariamente una declaración. El plazo de prescripción era de seis años, lo que significaba que Blazer se enfrentaba a un máximo de treinta años tras las rejas sólo por lo que correspondía a los delitos fiscales.

Luego, para rematar su discurso, Berryman le entregó a Blazer un citatorio.

Era algo inusual, sacado directamente de la bolsa de trucos de investigación de Berryman, que obligaba a quien la recibía a entregar información sobre todas las cuentas bancarias extranjeras que tuviera. Normalmente, de acuerdo con la Quinta Enmienda, las personas están protegidas de proporcionar información que potencialmente las pueda autoincriminar. Pero, como bien sabía Berryman, los citatorios del Título 31 se mueven a través de una laguna legal que resulta útil para poner a la persona objeto del citatorio en un lugar bastante incómodo: entregan los documentos que podrían ser utilizados para construir una causa penal en su contra o se enfrentan por desacato al tribunal.

Berryman le dio a Blazer un momento para revisar el citatorio y concluyó:

—Queremos su ayuda —dijo. Y luego ambos agentes miraron fijamente a Blazer. Fue un momento crítico, y lo habían hablado hasta el cansancio con Norris y Hector en las últimas semanas.

Atrapar a Chuck Blazer por evasión fiscal estaba bien, pero ese no era realmente el objetivo. Podrían simplemente haberlo arrestado en el acto y haberlo arrastrado esposado, pero un caso fiscal independiente no los llevaría a ninguna parte. Querían que Blazer cooperara, que intercambiara su conocimiento y acceso por la oportunidad de recibir una reducción de sentencia. Este enfrentamiento en la Trump Tower fue su gran jugada y Blazer tenía una elección clara.

Si él aceptaba cooperar, había un millón de formas en las que el caso podía avanzar. Podía abrirles todas las puertas del futbol. Pero si Blazer se negaba, entonces no tendrían más remedio que acusarlo de inmediato y posiblemente nunca conseguir su ayuda. Tendrían que acusarlo e inculparlo en audiencia pública y todo el mundo se enteraría de lo que habían estado tramando. El riesgo era increíblemente alto.

Al principio Blazer no dijo nada, sentado en silencio atónito. Luego dejó escapar un largo y lento suspiro. Berryman pudo sentir una cálida sensación de hormigueo en el estómago.

—Quiero ayudar —dijo Blazer.

Su novia, la exactriz de la telenovela Mary Lynn Blanks, le había estado rogando que hiciera las cosas correctamente, explicó. Ella le había dicho una y otra vez que tenía que lidiar con eso.

—He estado cargando con esto, mi situación fiscal. Quiero arreglar las cosas y ponerme en orden —dijo Blazer con un gesto de angustia.

La corrupción en el futbol —agregó— ha ido demasiado lejos y debe detenerse.

Berryman y Randall se miraron el uno al otro, conteniendo las sonrisas, y le dijeron a Blazer que había tomado la decisión correcta. Necesitaría un abogado, le dijeron, quien debería ponerse en contacto con la fiscalía lo antes posible. Berryman tomó su tarjeta de presentación y escribió el número de teléfono de Evan Norris en la parte posterior. Se la devolvió a Blazer y le dijo que no podía contarle a nadie más que a sus abogados sobre el asunto. Luego él y Randall le dieron las buenas noches y se marcharon, dejando a Blazer solo en medio de todo el bambú.

Era una noche de principios de invierno, pero no hacía frío. Cuando los dos agentes habían llegado a la Trump Tower varias horas antes, la Quinta Avenida estaba atestada de familias alegres que iban a la ceremonia anual de iluminación del árbol de Navidad que se celebraba a pocas cuadras, en el Centro Rockefeller, esa misma tarde. Ahora las calles del centro estaban desiertas.

Era bastante tarde, pero Berryman no podía esperar para compartir las buenas noticias. Llamó a Norris en su teléfono celular, con una sonrisa en los labios; Blazer, dijo, cambió de bando. Grandes cosas vendrían pronto.

◆◆◆

Tres días más tarde, Blazer ingresó a las oficinas de Friedman Kaplan Seiler & Adelman, un despacho boutique de litigios ubicado en el piso 28 de una torre de oficinas, justo al lado de Times Square.

Después de su encuentro con los agentes, Blazer había contactado primero a su abogado personal, Stuart Friedman, un hombre discreto y estudioso que lo asesoraba en asuntos comerciales y tenía alguna experiencia en derecho deportivo comercial. Friedman quería ayudar, pero no era un penalista, por lo que le recomendó un despacho y acompañó a Blazer a la reunión.

Para reducir el riesgo de que alguien pudiera ver ingresando a un despacho de litigantes a Blazer, quien, después de todo, tenía una figura bastante notable, los abogados acordaron reunirse temprano ese sábado por la mañana, cuando había poco tráfico en Times Square y él podría salir de un automóvil e ingresar al edificio por las puertas giratorias sin llamar la atención.

Friedman lo presentó a sus nuevos abogados administrativos defensores, Mary Mulligan y Eric Corngold. Mulligan había sido agente federal en el Distrito Sur de Nueva York y daba clases de derecho penal. Corngold también había sido agente federal, pero en el Distrito Este, donde se estaba llevando a cabo el caso de la FIFA, y más tarde había sido procurador general adjunto del estado de Nueva York.

Reunidos alrededor de una mesa de conferencias, los abogados explicaron cuidadosamente lo que significaba cooperar con una investigación federal. El objetivo de la fiscalía era simple: expandir el caso, reunir suficiente evidencia para acusar a más personas por crímenes. Norris y Hector creían que Blazer podría ayudarlos al respecto.

Si decidía seguir adelante con eso, Blazer tendría que contar a los agentes federales todo lo que sabía. Tendría que compartir documentos, correos electrónicos, mensajes de texto, registros financieros, fotografías, cualquier cosa que pidieran. También era posible que se le pidiera a Blazer que hiciera cosas para ayudar en el caso. Tendría que hacer llamadas y grabar secretamente las conversaciones, enviar y recibir correos electrónicos, así como encontrarse con personas llevando consigo un micrófono oculto. Probablemente tarde o temprano tendría que testificar contra amigos y colegas en audiencia pública, hablando de sus actos mientras lo miraban.

En otras palabras, se convertiría en un soplón. Pero en la jerga legal todo caía bajo el término amplio de proporcionar «asistencia sustancial». Como recompensa por la asistencia sustancial, por hacer exactamente lo que se le pedía, por armarse de valor, por llevar una vida secreta, por traicionar a sus amigos y por ayudar a garantizar sus acusaciones, obtendría clemencia.

Primero Blazer participaría en una larga serie de reuniones con los agentes, llamadas reuniones de cooperación, y escucharían su historia. Después de revelar todo y de convencer a los federales de que había sido sincero, Blazer tendría que declararse culpable de uno o más crímenes. No había manera de evitar eso. Era casi seguro que se vería obligado a pagar una gran multa. A cambio, sería recompensado con un acuerdo de cooperación que prometía a Blazer que, cuando llegara el momento de dictar sentencia, los agentes escribirían una carta solicitando al juez un «distanciamiento de los lineamientos de sentencia». Lo que se traducía en «sean amables con este tipo porque fue útil».

Con un poco de suerte, sería posible que Blazer evitara la prisión por completo. No sería barato, pero podría vivir en su propia casa y, como su cooperación sería un secreto, nadie en su círculo social sabría sobre la detención, al menos hasta que el caso se hiciera público. De hecho, absolutamente nadie debería enterarse de lo que él estaba haciendo, porque estaba prohibido hablar sobre la cooperación. Si Blazer contaba algo, mentía o hacía algo para interferir en el caso, todos los acuerdos quedarían cancelados. Podría ser arrestado, encerrado, o bien, obligado a declararse culpable de crímenes adicionales, incluida la obstrucción a la justicia.

La cooperación, en otras palabras, sería como un segundo trabajo realmente terrible y sin paga del que Blazer no podría contarle a nadie. Pasaría incontables horas con los agentes federales y los agentes especiales, y estaría a su entera disposición. Necesitaría permiso para viajar. Dado que una parte crucial de la cooperación consistía en estar disponible como testigo en el juicio, su sentencia no llegaría hasta que todos los demás posibles acusados hubieran sido condenados o absueltos. Todo el proceso podría llevar años, durante los cual los federales serían, más o menos, dueños de Blazer.

Las alternativas eran sencillas, pero mucho más peligrosas: declararse inocente y luchar contra los cargos en los tribunales, lo que podría llevar a una larga condena si Blazer era condenado, o bien, acordar declararse culpable pero negarse a cooperar, abandonando cualquier esperanza de beneficios por parte de los agentes federales.

Blazer se mantuvo firme. Él quería cooperar. Sus abogados se pondrían en contacto con Norris y establecerían una reunión inicial. Pero primero tenían que entender cómo era que su nuevo cliente había llegado a este lugar. Entonces Blazer comenzó a contar la historia de su vida en el futbol. Para cuando terminó, estaba oscuro y frío afuera; habían pasado nueve horas.

12
LA JOYA DE LA CORONA

A Chuck Blazer le gustaba ser reconocido por haber creado la Copa Oro, el torneo estrella de la CONCACAF, que enfrentaba a los equipos nacionales de la región uno contra el otro. Soñarlo y ponerlo en marcha fueron, de hecho, sus primeros grandes logros como secretario general de la confederación.

Pero la parte de la historia de la que no le gustaba hablar era cómo el evento inicialmente había sido un desastre comercial al inicio, salvado sólo gracias a los esfuerzos de un poco conocido pero ingenioso mercadólogo brasileño de futbol. Ese hombre se llamaba José Hawilla y tenía un talento especial para transformar torneos de tercer nivel y convertirlos en grandes fuentes de dinero.

La primera Copa Oro se celebró en 1991 y el interés comercial inicial en el evento fue casi nulo. Chuck Blazer había imaginado el torneo como un centro de ganancias tanto para la CONCACAF como para él mismo gracias a su inusual contrato, pero tuvo problemas para convocar patrocinadores y apenas pudo obtener algo de dinero por la venta de los derechos televisivos a emisoras, canales de cable o de pago por evento.

Vender los derechos comerciales de los partidos de futbol, particularmente en un país donde el deporte ocupa el quinto lugar en popularidad detrás del americano, el baloncesto, el béisbol y el hockey, era significativamente más difícil de lo que parecía. Aun así, Blazer había visto lo lucrativos que podían ser los eventos como la Copa del Mundo y la *Champions* de Europa, y se dio cuenta de que necesitaba un poco de asesoría.

Conoció a Hawilla por primera vez en 1987, cuando Blazer, en ese entonces comisionado de la American Soccer League, estaba buscando inversionistas para comprar franquicias adicionales. Un jugador estrella brasileño jubilado, Carlos Alberto Torres, le presentó a Hawilla, quien voló a Nueva York desde São Paulo y pasó dos días en la oficina central de Blazer en Scarsdale, evaluando las perspectivas de la liga.

Al final, el brasileño optó por no comprar ningún equipo. Pero, anticipándose a la Copa Mundial de 1994 en Estados Unidos, se trasladó durante dos años a Boca Ratón a partir de 1992 para familiarizarse con el mercado estadounidense, ya que, según creía, tenía un enorme potencial comercial gracias a la gran población hispana que seguía creciendo en el país.

Blazer se topó con Hawilla en la segunda Copa Oro, en 1993, que había decidido dividir entre Estados Unidos y México, lo que finalmente resultó ser un intento fallido de despertar más interés de posibles patrocinadores. Al ver al brasileño en un palco VIP durante un partido, Blazer aprovechó la oportunidad para pedirle consejo.

Tres años antes, Hawilla había cofundado la empresa de mercadotecnia deportiva Inter/Forever Sports en Miami y había comenzado a recaudar regalías de bajo precio por partidos de equipos de Centroamérica y el Caribe, así como también de ocasionales partidos amistosos entre equipos nacionales que se celebraban al sur de Florida. La mayoría de los ingresos de tales eventos provenían de la venta de boletos y de los contratos de pago por evento en restaurantes y bares que atendían a una clientela hispana.

Hawilla le dijo a Blazer que se olvidara de México, que podría ser un país apasionado por el futbol, pero que presentaba numerosos desafíos logísticos. En cambio, dijo, la Copa Oro debería celebrarse sólo en Estados Unidos, el país más rico del mundo, donde los ingresos máximos y los desafíos organizativos mínimos se presentaban por sí mismos. Si se manejaba correctamente, el torneo podría ser un gran éxito, pero, dijo Hawilla, la mejor opción sería que la CONCACAF vendiera los derechos de transmisión y comerciales de la Copa Oro a una empresa de mercadotecnia con experiencia y contactos en el negocio, en lugar de que Blazer estuviera tratando de hacer todo por sí mismo.

De hecho, agregó Hawilla, él podría estar interesado en comprar los derechos, cosa que finalmente hizo al firmar un contrato en octubre de 1994 para pagar a la confederación la cantidad $9.75 millones de dólares por las próximas tres ediciones. Cuando el acuerdo expiró, Hawilla firmó para dos torneos más, la copa creció constantemente tanto en prestigio como en ingresos.

Cuando Blazer, ansioso por aumentar sus comisiones de 10 por ciento, decidió tomar la venta de los derechos de la CONCACAF en 2003, negándose a renovar con Hawilla, el brasileño se sintió ligeramente traicionado. Él había tomado entre sus manos un torneo esencialmente sin vida que ni siquiera se podía ver en la televisión por cable y lo había convertido en una fuente de dinero segura que atraía patrocinadores multinacionales. Y ahora que era autosuficiente, Blazer se lo estaba quitando.

Pero Hawilla tomó la noticia con calma. Básicamente, se ocupó de su negocio mucho más grande en Sudamérica, donde su primera empresa, Traffic, tenía su sede y donde había sido pionero en el campo al construir un imperio de mercadotecnia deportiva que lo había convertido en un hombre muy rico.

Había ayudado a que la Copa Oro creciera en valor y prominencia, pero la calidad de juego aún era bastante baja; en consecuencia, los fanáticos del futbol en América del Norte parecían mucho más interesados en ver torneos de otras partes del mundo, con los mejores jugadores del planeta. Y resultaba que Hawilla había controlado durante más de quince años los derechos de uno de esos torneos: la Copa América, que estaba repleta de estrellas de Brasil y Argentina, dos de las naciones más grandes del futbol en el mundo.

Perder la Copa Oro fue decepcionante, pero Hawilla no estaba demasiado preocupado. Mientras tuviera la Copa América, su joya de la corona, él continuaría siendo, como lo llamó alguna vez la leyenda del futbol brasileño Tostão: «el dueño de todo el mundo del futbol».

◆◆◆

Cuando José Hawilla era tan solo un joven reportero deportivo ansioso, que sostenía un pesado micrófono con su transmisor y subía y bajaba por la banda durante los partidos de futbol brasileños de la segunda división a fines de la década de 1950 y comienzos de la década de 1960, el negocio del futbol era simple.

Los equipos vendían boletos, mientras que los propietarios del estadio alquilaban espacio en algunas carteleras a negocios locales y cobraban a las estaciones de radio por el uso de una cabina de prensa sonorizada donde podían montar sus equipos. No existía el concepto de transmisión exclusiva y para las competencias importantes media docena o más estaciones de radio competían por la audiencia.

Los periodistas emprendedores como Hawilla no sólo tenían que narrar los noventa minutos de juego, proporcionar análisis en el medio tiempo y entrevistar a los jugadores después del partido, sino que también eran los responsables de vender la publicidad. No había personal de ventas ni productores: en esos días los reporteros lo hacían todo.

El enérgico Hawilla era bueno en todo eso y para atraer a una audiencia más grande, y por lo tanto más publicidad, desarrolló un sello distintivo.

Decidió usar sólo la inicial de su nombre, J, y para cuando tenía veinte años se había mudado a São Paulo desde el remoto pueblo agrícola donde creció. Pronto, J, que se pronunciaba tal cual. «Jota», se había labrado un nombre, y ya para fines de los años setenta era director del departamento de deportes en TV Globo, la emisora más importante de Brasil.

Pero después de ser despedido por apoyar la huelga de periodistas deportivos, Hawilla decidió que quería más seguridad financiera, y en 1980 compró Traffic Assessoria e Comunicações, una pequeña empresa de São Paulo que vendía publicidad en paradas de autobús.

Para entonces, Hawilla había pasado más de veinte años en el futbol y se había consumido con la idea de que el deporte, desde una perspectiva comercial, era una farsa mal dirigida. Brasil era la fuerza más poderosa que el deporte había conocido, ganadora de tres Copas Mundiales, y sus fanáticos eran monomaniacos, que apenas pensaban en algo más que en sus amados equipos.

Sin embargo, los clubes profesionales del país estaban continuamente agobiados por enormes deudas; las ligas estaban paralizadas por la mala organización y las luchas internas, y el tan alabado equipo nacional apenas tenía suficiente dinero para pagar sus propios uniformes. El avance tecnológico significaba que cada vez era más fácil para las personas de todo el mundo seguir a la selección nacional brasileña, conocida como la *Seleção* en su país y, no obstante, se hacía muy poco para explotar esa demanda.

Cuando vender anuncios de autobús no resultó muy rentable, Hawilla decidió probar sus teorías sobre la mercadotecnia deportiva. En 1982, Traffic firmó su primer contrato con la Confederación Brasileña de Futbol, conocida como CBF, otorgándole los derechos exclusivos para vender espacios publicitarios dentro de los estadios donde jugaba la selección nacional.

Pronto Traffic comenzó a ramificarse en varios ámbitos del deporte brasileño al comprar los derechos para promover a la liga de voleibol profesional de Brasil, por ejemplo, o firmar un acuerdo para transformar el departamento de deportes de la emisora *Sistema Brasilero de Televisão.*

Sin embargo, el gran salto para Traffic llegó en 1986, cuando Hawilla conoció a Nicolás Leoz, el recién electo presidente de la confederación de la FIFA que supervisaba el futbol sudamericano, conocida como Conmebol. Ambos hombres se llevaron bien e intuyendo una gran oportunidad, Hawilla le ofreció comprar los derechos de la Copa América.

Uno de los torneos más antiguos del futbol, incluso anterior a la Copa del Mundo, la Copa América se creó en 1916, cuando el Ministerio de Relaciones Exteriores de Argentina invitó a Chile, Uruguay y Brasil a participar en una competencia en honor del centenario de la independencia de Argentina. El evento resultó ser tan popular que un periodista uruguayo que asistió propuso formar una institución que organizara regularmente el torneo y nació la primera confederación regional de futbol del mundo.

El torneo finalmente cayó en el olvido. Las tres ediciones más recientes anteriores a 1986 se habían organizado como torneos de ida y vuelta sin anfitrión fijo, fueron ignoradas por los fanáticos del futbol y generaron menos de $25,000 dólares para la Conmebol. En lo que respectaba a Leoz, la Copa América era un perro.

Pero Hawilla tenía una visión: el torneo debería celebrarse en un solo país anfitrión de forma rotativa y él supervisaría casi todos los aspectos de su funcionamiento a cambio de una suma global pagada a la confederación por adelantado. Traffic ofrecería un premio en efectivo al ganador para motivar a las federaciones nacionales a convocar a sus mejores jugadores y la empresa de mercadotecnia deportiva se quedaría con el 100 por ciento de los ingresos del patrocinio, la concesión de licencias, la publicidad, la televisión y la radio.

La Conmebol, como la mayoría de las confederaciones de futbol en ese momento, no tenía mucho dinero en efectivo. Leoz, abogado y expresidente de la federación de futbol de Paraguay, se complació en dejar que un tercero pagara para administrar el asunto y el 3 de octubre de 1986 vendió a Traffic los derechos de la edición de 1987, que se realizaría en Argentina por $1.7 millones.

Ese primer torneo estuvo mal organizado y mal atendido, por lo que Traffic perdió dinero. No obstante, Hawilla se hizo con los derechos de los torneos de la Copa América para 1989 y 1991 por un total de $3.9 millones de dólares, y con el tiempo el evento se convirtió en un gran éxito comercial. Hawilla había acertado al anticipar una explosión del dinero televisivo pagado por el torneo y había presionado fuerte para asegurarse de que las estrellas más populares de cada país jugaran en cada edición.

Con el interés en el auge de las superestrellas sudamericanas y la televisión por cable haciéndose presente en todas partes, las cadenas y los patrocinadores de todo el mundo comenzaron a clamar por una tajada de la Copa América. Para finales de la década de 1990, Traffic rechazaba las súplicas de patrocinadores dispuestos a pagar millones de dólares en cada edición y en la carrera al torneo 2011 ya vendía los derechos de televisión en 199 países diferentes.

Las enormes ganancias ayudaron a Hawilla a expandirse a una amplia gama de acuerdos de derechos de futbol, incluidas competencias juveniles, eliminatorias para la Copa Mundial y el popular torneo Copa Libertadores, que enfrenta a los mejores equipos profesionales de América Latina entre sí cada año. Cerca de casa, Hawilla compró los derechos del *Brasileirão*, la principal liga de futbol profesional de Brasil; negoció acuerdos de patrocinio para la selección brasileña con Pepsi, Coca-Cola, Umbro y Nike, y compró sus propios clubes profesionales en Brasil y Portugal, mientras creaba toda una liga profesional de segunda división en Estados Unidos, la *North American Soccer League*, nombrada así por la difunta liga que había cerrado años atrás, en 1985.

Hawilla, nieto de inmigrantes libaneses venidos a menos, incrementó enormemente su fortuna y compró varias estaciones de televisión, un par de periódicos y una productora en Brasil; abrió una academia de futbol para jóvenes prometedores y administró los derechos contractuales y de publicidad de docenas de jugadores profesionales de futbol de todo el mundo. Poseía granjas cerca de su ciudad natal, tenía numerosas casas en Brasil y una en el sur de Florida, y, por supuesto, tenía varias flotillas de autos de lujo, incluido, por un corto tiempo, un Bentley con un valor de $400,000 dólares.

Calvo y con gafas, Hawilla jugaba mucho golf, tenía una participación en una compañía que le permitía el uso de un jet privado y aparecía en las páginas de sociales en Brasil junto con su esposa y sus tres hijos, el mayor de los cuales se había casado con una modelo de portada de la Vogue. Lustrosas revistas de negocios lo visitaban en sus opulentas oficinas de São Paulo para escribir reseñas brillantes y él contaba con orgullo su vida a los periodistas.

—Yo soy uno que se arriesga —presumía a un periodista—. Tienes que saber cómo tomar riesgos.

Pero lo que Hawilla nunca mencionaba en esas entrevistas era el precio real que había tenido que pagar por todo su éxito, la fea realidad del negocio moderno del futbol en el que tenía un papel fundamental.

Todo estaba basado en sobornos.

Al menos desde 1991 todos los acuerdos de la Copa América incluían pagos por debajo del agua. Al principio, el presidente de la Conmebol, Leoz, empezó a exigir dinero antes de firmar los contratos por derechos. Luego, los presidentes de las asociaciones de futbol en Argentina y Brasil amenazaban con dejar a sus jugadores más hábiles y populares fuera del torneo a menos que también se les pagara.

Y los sobornos no se detenían allí. Lo que comenzó como algo relativamente pequeño, con unos cientos de miles de dólares pagados una vez cada pocos años, se había vuelto enorme, con millones de dólares que iban a los funcionarios de futbol cada año para garantizar que Traffic siguiera recibiendo los derechos comerciales que necesitaba, además de los jugadores superestrella que requería para hacer del torneo un éxito comercial.

Después de unos años, Blazer y Warner también comenzaron a exigir dinero por debajo de la mesa a cambio de los derechos de la Copa Oro. Por ejemplo, en marzo de 199 se transfirió un pago de $200,000 dólares, a través de un intermediario con una compañía fantasma que tenía una cuenta bancaria en Uruguay, a una de las cuentas de Blazer en las Islas Caimán; luego Blazer envió la mitad a una de las cuentas de Warner en Trinidad.

Con el tiempo, estos políticos del futbol se volvieron cada vez más insistentes, exigiendo más y más dinero con cada nuevo contrato. Llegó hasta el punto en que Hawilla tuvo que contratar intermediarios de tiempo completo utilizando contratos de consultoría falsos para poder hacer los pagos mientras los mantenía fuera de los libros contables de Traffic.

No importaba que Hawilla fuera el innovador, aquel cuya visión había convertido el mundo pobre y parroquial del futbol latinoamericano en una empresa comercial viable seguida por fanáticos de todo el mundo, o que su personal de ventas fuera el que hacía posible todo trabajo de negociación de todos esos acuerdos de patrocinio y televisión, mientras que estos nimios dictadores del deporte no hacían más que disfrutar de un estilo de vida bañado en oro. Sin los pagos, los funcionarios del futbol simplemente no firmarían y entonces todo colapsaría.

Pero a medida que el valor comercial del futbol se disparaba, se hizo evidente que Hawilla no era el único dispuesto a hacer todo lo posible para adquirir esos derechos.

◆◆◆

Quizás la primera señal de que el imperio de Hawilla estaba bajo ataque llegó en la primavera de 2005, cuando la federación de futbol de Honduras informó a Traffic que ya no deseaba hacer negocios con la compañía.

A lo largo de los años, Traffic había acaparado los derechos de trasmisión de las eliminatorias de la Copa del Mundo para todas las federaciones de futbol de América Central, así como de Canadá y de toda la Unión Caribeña de Futbol.

Los contratos no eran de ninguna manera gigantescos, a lo mucho uno o dos millones de dólares, pero gracias a la gran cantidad de expatriados centroamericanos que vivían en Estados Unidos esos derechos se compensaban generosamente cuando uno de los equipos nacionales llegaba lejos en la clasificación para la Copa Mundial. Y resultaban particularmente valiosos cuando esos equipos jugaban contra México o Estados Unidos, partidos con un gran público potencial.

Traffic había firmado su primer contrato con la Federación Nacional Autónoma de Futbol de Honduras en 1997 y desde entonces había renovado o extendido sus contratos en varias ocasiones. La negativa de la federación a firmar nuevamente en 2005 desconcertó a los empleados de Hawilla en Miami, quienes creían tener un derecho de prioridad contractual, y la disputa terminó en juicio.

La demanda reveló que una empresa rival de mercadotecnia deportiva, Media World, había intentado entrar en el nicho de las eliminatorias para la Copa Mundial y, asesorados por un exempleado de Traffic que sabía exactamente cómo Hawilla mantenía contentos a los funcionarios del futbol, se habían estado reuniendo en secreto con la federación de Honduras por meses. El litigio resultó infructífero y Media World se quedó con los derechos.

Aun así, para Hawilla y su equipo perder un renacuajo como Honduras no era una tragedia y nadie se preocupó gran cosa cuando la competencia les arrebató también los derechos de las eliminatorias de El Salvador y Guatemala.

No fue sino hasta la Copa del Mundo 2010 en Sudáfrica que Hawilla se dio cuenta de que tenía una crisis absoluta entre sus manos.

La mayoría de los altos funcionarios de la FIFA se alojaron en el hotel cinco estrellas Michelangelo de Johannesburgo durante el torneo. En una serie de reuniones, primero con Nicolás Leoz y luego con varios funcionarios de futbol de Sudamérica, Hawilla se enteró de que estaba perdiendo su contrato para la Copa América y que los derechos de esta iban a ser asignados a una empresa argentina de mercadotecnia deportiva llamada Full Play.

La noticia fue impactante.

En lo que respectaba a Hawilla, él tenía un contrato válido firmado nueve años antes, que le otorgaba los derechos de las ediciones de 2011 y 2015 del torneo, así como la primera opción para comprar las ediciones 2019, 2023 y 2027. Había acordado pagar a la Conmebol la cantidad de $46 millones de dólares por el trato y había sobornado generosamente a varios funcionarios, incluido Leoz, quién recibió sólo para él $1 millón de dólares para garantizar que firmaran el acuerdo.

Sin embargo, aparentemente no había sido suficiente. En una reunión en el Michelangelo, el jefe de la federación de futbol ecuatoriana le dijo a Hawilla que estaba perdiendo la Copa América porque había sobornado sólo a los tres funcionarios principales de la Conmebol y no a cada uno de los presidentes de cada una de las federaciones sudamericanas.

El año anterior, le explicó el ecuatoriano, seis de los diez miembros de la confederación, ninguno de los cuales había recibido sobornos de la Copa América de Hawilla, habían formado un bloque unificado que llamaron Grupo de los Seis. Entonces amenazaron con su voto mayoritario dentro de la confederación para presionar a Leoz para obtener una tajada de los tratos de la Conmebol. Uno de ellos era la Copa América.

—El contrato es nuestro —protestó Hawilla—. No pueden simplemente llegar, romper un contrato válido y firmar otro contrato con otra compañía por el mismo producto.

—Claro que puedo —respondió el ecuatoriano—. Y ya lo hice.

Le estaban robando a Hawilla la joya de la corona.

◆◆◆

Durante décadas, los presidentes de las asociaciones de futbol de las dos potencias económicas y atléticas de Sudamérica, Argentina y Brasil, junto con Nicolás Leoz, presidente de la

Conmebol, habían ejercido el control total del deporte en la región. Traffic negociaba sus acuerdos de la Copa América exclusivamente con esos tres funcionarios y les pagaba sobornos sólo a ellos.

El resto del continente —Ecuador, Paraguay, Perú, Chile, Colombia, Uruguay, Bolivia y Venezuela— era casi mera decoración. Con poco o ningún poder político, los funcionarios de esas federaciones no recibían ninguno de los beneficios especiales de los que se murmuraba en los congresos y en lujosos palcos de los estadios.

Los propietarios de Full Play, la dupla formada por padre e hijo llamados Hugo y Mariano Jinkis, se ofrecieron a cambiar ese sistema. Poco a poco, a lo largo de los años, habían ido penetrando en el negocio de los derechos de Sudamérica y se habían metido en las eliminatorias para la Copa Mundial en algunos de los países más pequeños del continente; ahora buscaban mayores premios. Comenzando con Ecuador, los Jinkis construyeron relaciones cercanas con los presidentes de casi todas las asociaciones de futbol sudamericanas marginadas.

Recibieron a los funcionarios en su casa de vacaciones en Uruguay, les ofrecieron valiosas entradas para conciertos, comida y vino gourmet, además de otros obsequios; uno por uno los convencieron de que habían recibido un trato injusto y que podrían trabajar mucho mejor con Full Play. El mensaje trascendió claramente; únicamente los presidentes de Uruguay y Chile no parecían interesados.

Los Jinkis preguntaron por qué era justo que Julio Grondona, presidente de la Asociación Argentina de Futbol, y Ricardo Teixeira, presidente de la Confederación Brasileña de Futbol, recibieran lo que debían ser enormes sobornos de Traffic a cambio de los derechos de la Copa América, mientras que los otros altos funcionarios de la confederación no obtenían nada. ¿Paraguay no jugaba en ese torneo también? ¿O Colombia? Es posible que esos países no hayan ganado la Copa del Mundo, pero, ¿se podría jugar la Copa América sin ellos?

Por otro lado, decían los Jinkis, si firmaban con Full Play, cada presidente obtendría $1 millón de dólares por debajo de la mesa. Ese mensaje llegó fuerte y claro a los funcionarios y los envalentonó. Juraron que Full Play obtendría el torneo.

Pero no todavía. Como los patrocinios y los derechos de televisión para la edición de 2011 de la Copa América ya habían sido vendidos, había sido casi imposible que otra empresa entrara y tomara el control del torneo en tan poco tiempo, por lo que Traffic todavía organizó la edición de ese año.

Después de la Copa del Mundo, tanto la Conmebol como Full Play negaron públicamente que tuvieran un acuerdo formal y Hawilla usó el torneo 2011, celebrado en Argentina, como una oportunidad para realizar un último esfuerzo en persona para rescatar sus derechos por las ediciones 2015 y 2019.

Había escuchado rumores sobre los sobornos que Full Play estaba ofreciendo, así como el precio conocido que pagaría la compañía a la Conmebol por los derechos en sí, y se reunió con un presidente de la federación tras otro, ofreciendo desesperadamente igualar la oferta de la competencia.

El presidente de la federación venezolana, Rafael Esquivel, utilizó su encuentro con Hawilla para quejarse de que no había ganado lo suficiente en la edición anterior de la Copa América, que se había celebrado precisamente en su país. Según Esquivel, Traffic le había prometido una devolución de $1.5 millones de dólares por la venta de derechos televisivos locales; sin embargo, había recibido solamente $500,000.

Venezuela era consistentemente uno de los equipos más débiles de Sudamérica, el único país en la confederación que nunca ha clasificado a la Copa del Mundo. La nación rica en petróleo estaba mucho más entusiasmada con el béisbol que con el futbol, y Hawilla en una situación normal se hubiera reído de las pretensiones de Esquivel de obtener más dinero.

Pero dada su difícil situación actual, el brasileño sintió que no podía darse el lujo de decir que no. Aceptó de mala gana y utilizó una serie de intermediarios para transferir a Esquivel ese millón para finales de julio.

Fue en vano. A pesar de las negativas públicas, la Conmebol y Full Play habían firmado secretamente un contrato para la Copa América más de un año antes durante la Copa del Mundo. Y, a pesar de haber exigido descaradamente un soborno a Hawilla en Argentina, Esquivel se unió a los presidentes de todas las demás federaciones sudamericanas de futbol, así como a Leoz, al firmar una carta que confirmaba formalmente ese trato.

Los abogados contratados por Hawilla terminaron por enviar cartas de cese y desistimiento a Full Play y a la Conmebol y, al no lograr nada, Traffic interpuso una demanda. La demanda civil, presentada en el tribunal del condado de Miami-Dade el 21 de noviembre de 2011, alegaba «incumplimiento voluntario, flagrante y deliberado de contrato».

Según la empresa brasileña, Full Play conspiró para «hacerse cargo de las actividades de la Conmebol».

◆◆◆

El 1.° de diciembre, Mariano Jinkis transfirió $450,000 dólares de una de las cuentas de Full Play, la número 7063420, en una sucursal de Zúrich del Bank Hapoalim, a través de una cuenta corresponsal en Citibank en Nueva York, y finalmente a la cuenta de Banco Citibank S.A. 000-045 -01-020017-7, a nombre de Lexani Advisors Inc., en Ciudad de Panamá.

El propietario de Lexani Advisors, un consultor de mercadotecnia de futbol llamado Miguel Trujillo, utilizó posteriormente la cuenta de Panamá, así como el número de cuenta de Banco Citibank 000-045-01-020008-2, a nombre de Sponsports S.A., la cual también controlaba, para enviar un soborno de $250,000 al hondureño Alfredo Hawit, así como $100,000 a otros dos funcionarios de futbol centroamericanos.

Los pagos habían sido acordados varias semanas antes en unas vacaciones en la ciudad uruguaya Punta del Este, donde los propietarios de Full Play, Hugo y Mariano Jinkis, habían convidado a Hawit y a otros funcionarios de Centroamérica durante varios días, con todos los gastos pagados.

Los Jinkis habían llevado a los funcionarios a Punta del Este en un jet privado para hablarles sobre la posibilidad de que Full Play adquiriera los derechos comerciales de la Copa Oro de la CONCACAF, así como los partidos clasificatorios de la Copa del Mundo de varios países centroamericanos y a la larga administrar todas las propiedades de la confederación.

Desde la salida de Jack Warner, Hawit había fungido como presidente interino de la CONCACAF y, en teoría, estaba bien posicionado para decidir cómo asignar los derechos por sus propiedades más valiosas. En medio de toda la confusión dentro de la confederación, Hugo Jinkis y su hijo reconocieron una gran oportunidad para adquirir los derechos de un importante evento de la CONCACAF. Estados Unidos y México eran mercados comerciales de gran valor y la Copa Oro, según los Jinkis, podría ser muy rentable si se manejaba correctamente.

Durante el almuerzo en Punta del Este, Mariano Jinkis hizo una propuesta similar a la hecha por Full Play ante el Grupo de los Seis apenas dos años antes. Durante mucho tiempo, Centroamérica había quedado marginada de la CONCACAF por Chuck Blazer, Jack Warner y su impenetrable bloque caribeño. Esos dos hombres habían controlado todo y cosechaban los despojos. Pero Honduras había jugado en dos Copas Mundiales y parecía tener buenas posibilidades de volver a jugar en

2014. Los centroamericanos habían pagado su cuota y con Hawit ahora en la cima de la federación había llegado su turno. ¿No era hora ya de que también tuvieran su parte?

Sí, Hawit estaba de acuerdo, a cambio de unos pocos dólares bien repartidos aquí y allá mediante un intermediario adecuado para evitar cualquier sospecha, él y sus amigos estarían encantados de ayudar a sus nuevos amigos. De hecho, dijo, había una reunión del Comité Ejecutivo de la CONCACAF que se realizaría en Miami a mediados de enero. Ese sería un momento perfecto para proponer que la confederación comenzara a hacer negocios con Full Play.

Pero primero, por supuesto, Hawit y sus dos asociados necesitaban ver el dinero.

13

REINA POR UN DÍA

EL FBI LANZA UNA INVESTIGACIÓN SOBRE LA CAMPAÑA "TRUCOS SUCIOS" DE LA COPA MUNDIAL

Investigadores del FBI entrevistaron a miembros de la fallida candidatura de Inglaterra para la Copa Mundial 2018 como parte de una investigación por parte de la policía estadounidense sobre presunta corrupción, reveló el *Telegraph Sport.*

El artículo, publicado el 7 de diciembre de 2011, estaba lleno de detalles sobre la investigación de futbol en curso que supuestamente era secreta y ciertamente no se había divulgado en las páginas de un periódico londinense.

Señalaba que las autoridades estadounidenses se habían reunido en noviembre con miembros del comité inglés que presentó la candidatura, porque estaban investigando un posible juego sucio asociado con la votación de la Copa Mundial, así como los eventos que ocurrieron en Puerto España; uno de los delitos potenciales era que los delegados de la UCF hubieran aceptado dinero en efectivo que les dieron en Estados Unidos sin haberlo declarado adecuadamente. Decía que las autoridades estaban examinando los pagos a Chuck Blazer y que los agentes del FBI se habían reunido con el jefe de seguridad de la FIFA, Chris Eaton.

Una semana más tarde, el *Telegraph* publicaba un segundo artículo que confirmaba que Blazer había sido «interrogado por funcionarios del FBI» y que «la investigación está siendo manejada por especialistas financieros con sede en Nueva York, con poderes para acceder a cuentas bancarias y rastrear las transacciones financieras».

Para Evan Norris y Amanda Hector, los agentes federales que trabajaban en el caso, los dos artículos resultaron muy irritantes.

Estaban investigando una organización internacional; los posibles sospechosos estaban repartidos por todo el mundo. La fuga de información podría poner en peligro todo el asunto. Alertados sobre una investigación, los funcionarios corruptos de la FIFA podrían esconder o destruir pruebas, mover activos, amenazar a posibles testigos o incluso retirarse a países que no cuentan con tratados de extradición con Estados Unidos.

El caso ya se había presentado formalmente ante un gran jurado federal, lo que daba a los agentes el poder de emitir citaciones, pero también los obligaba a no revelar nada que no fuera estrictamente público al respecto. Si alguno de ellos violaba el secreto del gran jurado, podrían ser procesados por desacato, y habían notificado formalmente a los agentes del caso que ellos también tenían que mantener las cosas en secreto.

Ya habían tenido un problema con los detalles del caso que aparecieron en los medios en agosto, cuando Andrew Jennings y el reportero de Reuters publicaron historias que revelaban que el FBI, y específicamente la unidad de delitos euroasiáticos, poseía documentos relativos a Chuck Blazer.

Si la investigación iba a ir más lejos, y ahora que contaban con Blazer sin duda así sería, este tipo de cosas tenían que detenerse de inmediato. Norris reunió a todo el equipo, haciendo un enlace con Steve Berryman del IRS por conferencia telefónica.

Norris era por naturaleza un hombre razonable y cuidadoso. Le gustaba escuchar, pero no solía ofrecerse cuando hablaba y valoraba los beneficios de la paciencia y la moderación. A primera vista, parecía gris y sin emociones, pero quienes lo conocían habían aprendido que podía expresar sentimientos muy fuertes con sólo entrecerrar sus ojos cafés. Se dirigió al equipo para intentar equilibrar la gravedad de la filtración con una porción de racionalidad, citó serenamente las «preocupaciones» sobre la fuga de información e intentó descifrar a quién se podía acusar en ese equipo tan pequeño.

Pero nadie estaba dispuesto a declararse culpable de tal improperio. Quizá había otra explicación. Quizá nadie en el equipo era la fuente de la filtración. Con el fin de realizar entrevistas formales con los funcionarios de la candidatura inglesa, los investigadores estadounidenses se habían visto obligados a obtener el permiso de la policía británica y de varios miembros de una unidad de la Policía Metropolitana dedicada al crimen organizado que habían acudido a las juntas.

El Reino Unido estaba obsesionado con el futbol y poseía una prensa muy agresiva que se alimentaba frecuentemente de fuentes policiales. Los reporteros del *Telegraph* habían estado cubriendo la historia de la licitación de la Copa del Mundo por algún tiempo y habían publicado numerosas historias importantes sobre el tema. Excluyendo cualquier otra prueba, Norris decidió que la explicación más probable era que alguien de la Scotland Yard podría haber sido la fuente de la filtración.

No había forma de estar seguro y sería inútil intentar que los británicos confesaran. Pero el artículo periodístico dejó claro que, a pesar del bajo perfil del futbol en Estados Unidos, se trataba de un asunto gigantesco en el resto del mundo y sería difícil controlar cualquier operación que emprendieran en el extranjero.

Entonces, Norris entregó un nuevo mandato. Dejarían de trabajar por completo con las fuerzas del orden extranjeras. No realizarían entrevistas en el extranjero. No solicitarían registros de gobiernos extranjeros o a bancos en el extranjero. Y estaba absolutamente prohibido hablar con la prensa. Andrew Jennings, por más útil que pudiera ser, quedaba fuera del caso.

No había duda de que todas esas restricciones iban a hacer que el caso fuera más complicado de desarrollar de cierta manera. Teniendo en cuenta cuántas reuniones, torneos y otros eventos de futbol tenían lugar fuera de las fronteras de Estados Unidos, así como cuántos de los objetivos potenciales no eran estadounidenses, era como si se estuvieran atando intencionalmente las manos a la espalda. Pero tendrían que ponerse creativos y descubrir formas diferentes de reunir pruebas. El secreto era primordial.

El caso estaba oscuro.

◆◆◆

Chuck Blazer era «Reina por un día».*

Era 29 de diciembre, un jueves frío, con temperaturas en Brooklyn que rondaban la congelación. Blazer se instaló en una sala de conferencias en la Oficina del Procurador de Estados Unidos con vista a Cadman Plaza.

Blazer había sido atrapado en un delito, un crimen grave y fácil de probar, y su objetivo era intercambiar información útil para conseguir un trato favorable en el futuro.

Sin embargo, Norris habló primero. Aunque era casi tan alto como Blazer, el agente federal parecía casi cómicamente

* N. de la T. En Estados Unidos, a quienes colaboran con el FBI bajo este esquema se les suele llamar «Reina por un día».

esbelto al lado del hombre corpulento: ocupaba sólo una fracción del espacio en la mesa y nadaba en su traje oscuro mientras el funcionario de futbol amenazaba con reventar el suyo. La cara de Norris no traicionó ninguna emoción, aparte de un leve fruncimiento de sus espesas cejas, mientras miraba a Blazer y le explicaba tranquilamente lo que estaba por suceder. Si había la más mínima duda sobre quién estaba a cargo, esta se disipó de inmediato.

Era una sesión de cooperación. A Blazer no se le estaba ofreciendo ningún acuerdo de inocencia o inmunidad de ningún tipo. En cambio, Norris le aseguró a Blazer que ninguna de la información que proporcionara, incluidos indicios de cualquier crimen que él mismo hubiera cometido, se usarían en su contra en los tribunales. La fiscalía simplemente usaría cualquier cosa que él les dijera como «pistas» para buscar pruebas de crímenes cometidos por otros. Aunque esa protección no se extendía más allá de lo que dijera ese día, en esa habitación, significaba que, por el momento, Blazer podía hablar libremente, sin temor a empeorar su situación.

Los abogados penalistas llamaban sarcásticamente a esas sesiones de colaboración sesiones de la «Reina por un día», como el programa televisivo de concursos de 1950 y 1960, en el que cuatro mujeres desafortunadas eran entrevistadas por el presentador Jack Bailey sobre sus infortunios. Después de que todas terminaban, la audiencia del estudio votaba con aplausos por cuál de las tristes historias era la más desgarradora, y la ganadora era ataviada con una túnica de terciopelo, se le coronaba, se sentaba en un trono, se le daban cuatro docenas de rosas y se le llenaba de regalos, e inevitablemente rompía en llanto.

Esta, entonces, era la gran oportunidad de Blazer para ser la Reina Chuck.

A menos que, por supuesto, mintiera. O le dijera a alguien que estaba cooperando. O lo sorprendieran escondiendo información. O se le ocurriera alguna otra forma creativa de retrasar la investigación. Si Blazer se portaba mal, los agentes eran libres de usar cada crimen que mencionara directamente contra él.

Los agentes harían las preguntas y Blazer respondería. No revelarían con quién más podrían estar hablando ni dónde iría la investigación y, como sugirió Norris, Blazer debería abstenerse siquiera de intentar adivinar. Ni siquiera le dirían por qué crímenes pensaban que podrían acusarlo. Lo pondrían a prueba. Verían si lo podían atrapar en mentiras. Compararían lo que él decía con lo que ya sabían. No se harían promesas, en absoluto; la oferta era una calle de sentido único.

Por supuesto, todo sería muy profesional. Este era un caso federal, no un juego del policía bueno y el policía malo en una miserable estación de policía. Nada de gritos, no había un espejo falso adosado a una mugrienta pared de bloques de cemento frente a una mesa de acero. La conversación no se grababa de manera secreta. Los agentes del FBI con cara de piedra en la habitación no estaban ahí para interrogar, amenazar o engatusar. Estaban allí para tomar tranquilamente notas escritas a mano —los agentes federales a veces se referían en broma a ellos como «escribas»— y después de que terminara la entrevista, la transcribirían en un memorándum oficial para el expediente del caso.

Ese era el trato. Si no parecía justo, es porque definitivamente no lo era. Pero para Blazer representaba el primer paso para obtener el acuerdo de cooperación que codiciaba, su oportunidad de evitar un largo periodo en prisión, lo que comenzó con él firmando el documento que Norris deslizó sobre la mesa.

Las llamadas cartas compromiso de colaboración varían mucho entre los 94 distritos judiciales del país. Algunas son un poco más suaves: ofrecen un poco de margen de maniobra para el acusado o les dan un poco más de protección si las cosas marchan mal. Pero el Distrito Este de Nueva York tiene una de las cartas más duras y menos generosas del mundo, con términos que favorecen en su mayoría a la fiscalía.

«Esto no es un acuerdo de cooperación», leía. «La Oficina no declara de ninguna manera que exista la probabilidad de llegar a un acuerdo de este tipo en relación con esta oferta».

Blazer firmó. Firmaría un acuerdo similar en cada reunión de cooperación a la que asistiera, 19 en total, repartidas a lo largo de los próximos dos años.

◆◆◆

Las oficinas principales de Fedwire y CHIPS se encontraban a tan sólo unos minutos a pie en el bajo Manhattan, y después de enviarles tantas citaciones durante los últimos meses Berryman pensó que ya era hora de ir a visitarlos en persona.

El agente del IRS viajaba constantemente a Nueva York a medida que avanzaba el caso; se hospedaba en un hotel de tarifas gubernamentales en el centro de la ciudad y trabajaba en la oficina de campo del FBI, que le parecía mal ventilada y ruidosa, o en la habitación de su hotel. Dada la distancia de su casa, Berryman a menudo se quedaba por varias semanas a la vez, lejos de su esposa en California.

En enero de 2012, viajó nuevamente a Nueva York para asistir a las reuniones de cooperación iniciales con Blazer y un día se tomó el tiempo para visitar CHIPS, que era una compañía privada que pertenece y es operada por un consorcio de bancos. Berryman simpatizó con el director jurídico y mientras charlaban, se le ocurrió que el resto del equipo se beneficiaría de tener una mejor comprensión de cómo funcionaba el rastreo, así que le preguntó al abogado si no le molestaría reunirse con algunos otros investigadores y un agente federal o dos para explicarles el tipo de información que podrían obtener mediante el citatorio del sistema.

A los pocos días, Berryman había acordado reuniones tanto en CHIPS como en Fedwire, y convenció a Norris, Hector y Jared Randall del FBI para que asistieran. La primera reunión fue en la oficina propiedad del gobierno, Fedwire, ubicada dentro del edificio del Banco de la Reserva Federal de Nueva York en Liberty Street. El edificio, inaugurado en 1924 y diseñado según un palacio de los Médici, es una especie de fortaleza que ocupa toda una manzana y su bóveda subterránea contiene los depósitos de lingotes de oro más grandes del mundo, unos 17.7 millones de libras del material brillante a la fecha de la junta.

Encima de toda esa riqueza, el equipo que trabajaba en el caso de futbol vio una presentación sobre cómo se movía el dinero en una era electrónica y casi instantánea. Era un sistema más caro para los bancos que CHIPS, debido a la forma en que justificaba las transacciones y la velocidad con la que las realizaba; Fedwire era el servicio nacional más pequeño. No obstante, había originado $127 millones en transferencias electrónicas en 2011, moviendo $664,000 millones de dólares entre los más de nueve mil bancos en todo el mundo con los que trabajaba. Eso significaba que los nombres, las direcciones y los números de cuenta asociados con cientos de millones de transferencias electrónicas estaban a sólo un citatorio de distancia.

El lavado de dinero era un crimen muy moderno, apto para una era globalizada de comercio internacional. Cualquiera podía cometer un asesinato, pero sólo los ricos y poderosos tenían los recursos necesarios para mover el capital obtenido ilegalmente a través de complicadas redes de compañías creadas por costosos abogados a petición de aquellos. Casi por definición, el lavado de dinero priva a los gobiernos de los impuestos que podrían ser utilizados en beneficio de los ciudadanos respetuosos de la ley y ayuda a ocultar los delitos frecuentemente graves que generan el dinero en primer lugar. Sin embargo, a pesar de la gravedad del delito, quienes blanquean el dinero operan típicamente con la impunidad que acompaña a los grandes privilegios y que les hace creer que jamás podrán ser tocados.

Para Berryman, era fascinante. A su juicio, perseguir a los blanqueadores de dinero era lo más emocionante que sucedía en la aplicación de la ley. El gobierno de Estados Unidos había desmantelado enormes operaciones de lavado de dinero en los últimos años: desde narcos en México que lavaban las ganancias de la droga a través de operaciones en bolsa y en bancos de Nueva York, hasta oligarcas rusos que usaban remotas islas del Pacífico Sur para limpiar su saqueo. Esos casos apenas rozaban la superficie de una gigantesca industria global dedicada a esconder el dinero sucio.

La investigación del futbol era un excelente ejemplo de ello. Los funcionarios de la FIFA que aceptaban sobornos necesitaban ocultar ese ingreso ya que no se podía justificar y con frecuencia utilizaban empresas ficticias en paraísos fiscales y contratos de servicios falsos para hacer desaparecer el fruto de sus crímenes. Mientras tanto, los amantes del deporte se quedaban lamentándose sin suerte alguna por lo que ahora era un secreto a voces: el deporte estaba manchado de la cima hasta la raíz. El juego del pueblo se había convertido en propiedad de hombres egoístas que pretendían ser una especie de servidores públicos, mientras escondían incontables millones de dólares en remotos rincones del mundo.

Así había sido durante años, si no es que décadas, y nadie había podido hacer nada al respecto a pesar de las acusaciones generalizadas de corrupción. Pero eso, pensó Berryman, era porque nadie había tenido la combinación de deseo, conocimiento y oportunidad para enfrentarlo.

Después de la reunión, Berryman conversó emocionado con el resto del equipo, feliz de ver que estaban comenzando a comprender el increíble poder que Fedwire y CHIPS representaban para una gran investigación internacional como esta. Pero no todos parecían tan impresionados.

—Buen trabajo, Steve —fue todo lo que dijo Randall, antes de regresar a la oficina de campo del FBI a una docena de cuadras en la zona alta, saltándose la segunda presentación en CHIPS.

La fría respuesta fue una sorpresa para Berryman, quien asumió que su voraz apetito de información que podría ayudar al caso sería compartido por todos los demás en el equipo. Tan pronto como se unió, Randall le había pasado a Berryman una carpeta con documentos relacionados con la corrupción en el futbol y él había respondido compartiendo regularmente artículos sobre el tema, mientras asumía que el agente del FBI estaba tan cautivado por el tema como él.

Berryman sabía que Randall había hablado en numerosas ocasiones con Andrew Jennings, un formidable depósito de información sobre el deporte por derecho propio; incluso escuchó una de las llamadas de Randall con Jennings. Y, después de leer la exposición de Jennings en su libro *Foul!*, donde documentaba la corrupción en la FIFA y se enfocaba en particular en Blatter y Warner, Berryman había comprado ejemplares del libro para Norris y Randall.

La verdad era que pocas personas podían igualar el entusiasmo de Berryman por la tortuosamente lenta rutina de las investigaciones de lavado de dinero y, al mismo tiempo, su alto grado de justa indignación ante la idea de que hubiera personas que corrompieran el futbol. En un caso con tanto potencial como este, no hacía falta decir que todos trabajarían largas horas y harían sacrificios. Pero no todos parecían preocuparse tanto como Berryman de que el juego sucio pudiera haber tenido un papel crucial para determinar dónde se llevaría a cabo la Copa del Mundo.

Para la mayoría de las personas en el caso, todo parecía bastante sencillo: ejecutarlo como cualquier otra investigación y, cuando el pozo se secara, empacar y seguir adelante. Pero Berryman no lo veía de esa manera en absoluto. No tenía intención de detenerse hasta que derribara a todos los jefes corruptos de la FIFA, a todos los hombres que se sentaban en ese búnker subterráneo de Zúrich robándole al juego.

Cuando no estaba presentando citaciones o analizando los resultados de estas, pasaba cada momento libre leyendo acerca de la corrupción en el futbol. Reenviaba los artículos, uno tras otro, al resto del equipo, entusiasmado por que estuvieran al tanto de los últimos avances en el tema. Pero la mayoría de las veces, los artículos que con tanto entusiasmo había enviado al equipo se quedaban en sus bandejas de entrada, sin abrir y sin leer.

◆◆◆

Norris y Hector acudían a las juntas con Blazer con la esperanza de confirmar sus sospechas de que las elecciones de la FIFA estaban manipuladas y que los altos funcionarios aceptaban rutinariamente sobornos a cambio de sus votos. Y no quedaron decepcionados.

La historia de Blazer era complicada pero fascinante, y a menudo francamente divertida, salpicada de anécdotas poco convencionales y chistes obscenos. El carisma del hombre, difícil de detectar en sus fotos en Internet vestido con tontos disfraces de Halloween, era obvio para todos los presentes. Tenía una cierta presencia magnética y cada vez era más fácil comprender cómo había podido llegar tan lejos en el ámbito del futbol, un deporte que en su país despertaba muy poco interés.

Desde el principio, Blazer confesó que había aceptado dinero a cambio de su voto para que Sudáfrica fuera sede de la Copa Mundial de 2010 y que otros países también trataron de sobornarlo al mismo tiempo. También dijo que ayudó a coordinar un soborno para que Warner votara por Marruecos para ser sede del Mundial de 1998, aunque personalmente no recibió dinero porque no era miembro del ExCo de la FIFA en ese momento.

Este tipo de actividad no era raro, dijo Blazer: era la regla, y todos en el ExCo de la FIFA sabían que estaba sucediendo. Pero si los agentes federales querían saber dónde estaba la verdadera inmundicia en el futbol, el dinero verdaderamente grande y la corrupción generalizada, entonces tenían que mirar más allá de las votaciones periódicas en Zúrich, más allá de la elección de las sedes para la Copa Mundial o de los presidentes de la FIFA y por encima de todos los eventos que ocupaban los titulares.

El corazón financiero del deporte, explicó Blazer, estaba en el mercado de los derechos comerciales, los contratos que permitían a las emisoras trasmitir los partidos de futbol y a los anunciantes adosar sus logotipos en uniformes, estadios y espectáculos de medio tiempo. Eran esos acuerdos, los miles de ellos en todo el mundo, los que representaban casi la totalidad de los miles de millones de dólares en ingresos de la FIFA.

Y no se trataba tan sólo de la FIFA. Cada una de las seis confederaciones regionales tenía su propio conjunto de derechos de venta y, a su vez, cada una de las más de doscientas asociaciones nacionales de todo el mundo también tenía una variedad de derechos para ofrecer. Había grandes torneos, como la ultrapopular Champions League anual, con los principales clubes profesionales de Europa, dirigida por la UEFA, la confederación Europea, o la Copa América de la Conmebol, que se celebra cada cuatro años y exhibía a superestrellas como el argentino Lionel Messi; había partidos de clasificación para la Copa Mundial disputados en cada región, y había oportunidades de patrocinio para cada equipo nacional. Nadie vestía un uniforme de Nike o Adidas de forma gratuita, después de todo.

La contraparte de casi todos esos acuerdos sobre los derechos, explicó Blazer, era una empresa de mercadotecnia deportiva, los intermediarios del mundo deportivo internacional. Era una industria vasta y robusta, aunque poco conocida, dedicada a recoger los derechos de patrocinio y televisión para eventos deportivos al por mayor, para luego cambiarlos y revenderlos a la carta a cadenas, marcas y anunciantes. Operaba bajo el principio de que organizaciones como la FIFA, la Confederación de Futbol de Oceanía o la Federación Panameña de Futbol no cuentan con el personal o la experiencia para vender sus derechos directamente; las compañías de mercadotecnia deportiva ofrecen un precio fijo por adelantado para quitarles los derechos de las manos a los funcionarios del futbol.

Como en cualquier negocio, las ganancias dependían de pagar lo menos posible por los productos que cambiaban y revendían, y la mejor manera de garantizar que el costo de los derechos del futbol se mantuviera por debajo del valor de mercado era excluir a la competencia. Allí era, enfatizó Blazer, donde entraba la corrupción: las compañías de mercadotecnia deportiva sobornaban sistemáticamente a los funcionarios de futbol para mantener los precios bajos y no vender sus derechos a nadie más.

Los sobornos se presentaban cada vez que se negociaba o extendía un contrato, y, ocasionalmente, incluso antes de una negociación, sólo para garantizar que las cosas funcionaran como se esperaba. A veces los funcionarios exigían los pagos; otras veces las empresas de mercadotecnia deportiva los ofrecían. De cualquier manera, el acuerdo era el mismo: les pagamos debajo de la mesa y, a cambio, nos dan un trato exclusivo por los derechos. Mientras la prensa deportiva agonizaba en torno a cada desarrollo de políticas que surgía de la sede de la FIFA en Zúrich, cientos, si no miles de funcionarios de futbol de todo el mundo recibían sobornos y «mordidas» por derechos de televisión y comercialización con poco o ningún escrutinio.

Sin duda, había contratos legales por derechos y funcionarios de futbol que estaban demasiado limpios o demasiado supervisados como para aceptar sobornos. Pero era una apuesta segura decir que la gran mayoría de los acuerdos de mercadotecnia de futbol, desde los torneos internacionales más importantes hasta los amistosos regionales sin relevancia, involucraban contratos sin licitación que socavaban el valor real de los derechos. Eso, por definición, privaba al deporte de dinero que podría gastarse en desarrollo, literalmente dando balones y tacos a los niños pobres, mientras los funcionarios que manejan el futbol se embolsaban en secreto grandes sumas de dinero y los ejecutivos de mercadotecnia deportiva se enriquecían enormemente en el proceso.

Las sumas de dinero eran enormes. La FIFA, por ejemplo, reservó $2,400 millones de dólares por la venta de los derechos de televisión de la Copa Mundial de 2010 y otros $1,100 millones de dólares en patrocinio y otros derechos de publicidad. También había más dinero en Estados Unidos de lo que parecía. Gracias a que el país cuenta con aproximadamente cincuenta millones de hispanos, es, de hecho, uno de los mercados más valiosos del mundo.

En 2005, por ejemplo, Blazer ayudó a negociar un acuerdo por los derechos televisivos de Estados Unidos para las Copas Mundiales 2010 y 2014, un paquete que también incluía dos Copas Mundiales Femeninas y dos Copas Confederaciones, un torneo más pequeño jugado en países sede de la Copa Mundial un año antes del gran evento.

La ABC y ESPN habían pagado respetables $100 millones de dólares por los derechos del idioma inglés de ese paquete. Pero Univisión, que se ubica perennemente detrás de los pesos pesados de la transmisión tradicional, pagó más de tres veces eso: la friolera de $325 millones de dólares, para transmitir la misma lista de partidos a la audiencia hispanohablante del país.

En comparación, TV Globo de Brasil pagó $340 millones de dólares por los mismos derechos en la nación que más enloquece por el futbol sobre la tierra.

El valor del deporte que crecía a toda marcha ayudaba a destacar la escala de la corrupción. Desde 2003, la CONCACAF había vendido los derechos de la Copa Oro directamente a las cadenas y patrocinadores, utilizando su propio equipo interno de ventas para evitar a los intermediarios. Como resultado, en 2011 la CONCACAF recibió $31.1 millones de dólares en ingresos tan sólo de televisión, la gran mayoría por la Copa Oro.

Por el contrario, la Copa América, un torneo mucho más popular y competitivo protagonizado por algunas de las estrellas más importantes del futbol mundial, sorprendentemente dejó muy poco para la Conmebol. El acuerdo que la confederación sudamericana había firmado años antes con Traffic por el torneo dejó míseros $18 millones de dólares por el paquete completo de derechos de televisión y patrocinio para la edición de 2011.

Claramente, la Copa América debería haber valido mucho más que la Copa Oro. Pero, al acordar vender el torneo por un valor muy inferior al de mercado a cambio de sobornos de José Hawilla, los hombres que controlaban la Conmebol habían limitado enormemente el monto que la confederación podría ganar para su activo más valioso.

No había sido una coincidencia, continuó Blazer, que Traffic también le hubiera pagado sobornos a él y a Warner por los derechos a la Copa Oro durante años y que Hawilla hubiera abierto sus oficinas en Miami años antes sólo para atender los derechos relacionados con la CONCACAF.

El futbol, dejó en claro Blazer, estaba poblado por dos tipos de personas: aquellos que aceptaban sobornos y aquellos que los pagaban. Si el Departamento de Justicia realmente quería limpiar el deporte, necesitaba echar una mirada profunda a hombres como Hawilla, que se sentaban, como gorda araña, al centro de la vasta red de corrupción.

Nadie en la sala había oído hablar nunca de Traffic o de Hawilla. Incluso Berryman, a pesar de todas sus horas nocturnas de lectura sobre el futbol, se quedó en blanco cuando Blazer mencionó su nombre.

◆◆◆

Blazer tardó mucho en explicar el complicado mundo de la mercadotecnia deportiva, la estructura igualmente compleja de la FIFA y sus numerosas entidades satélites.

Mientras Blazer hablaba, en la mente de Norris comenzaba lentamente a formarse una idea y sintió una emoción creciente. A mitad de la tercera sesión, el 18 de enero de 2012, pidió un descanso y salió de la sala de juntas al pasillo para reunirse con el resto del equipo.

Norris parecía inusualmente animado y sus ojos se iluminaron mientras formaba un triángulo con sus manos, juntando sus dedos frente a su rostro. El futbol internacional, la FIFA, la CONCACAF, la Conmebol y la Asociación de Futbol de Trinidad y Tobago formaban parte de un todo único. Claramente se ajustaba a la definición de negocio piramidal, el clásico «esquema triangular» del crimen organizado.

Había un jefe: Sepp Blatter. Había subjefes: el Comité Ejecutivo de la FIFA y los ejecutivos de las seis confederaciones regionales. Y había soldados: los funcionarios de cada federación nacional. Incluso había *consiglieri* (consejeros), los asesores y abogados que ayudaban a los jefes a dirigir el espectáculo.

Un soborno de $10 millones de dólares para Warner y Blazer por sus votos en la Copa Mundial 2010, un sobre repleto con $40,000 dólares en efectivo para el presidente de una oscura federación de futbol del Caribe, un soborno por los derechos de trasmisión de un puñado de eliminatorias en Centroamérica para la Copa Mundial... no eran eventos aislados. No eran estafas discretas e independientes. *Todo* estaba conectado, dijo Norris con los ojos brillantes.

La FIFA sancionaba a las confederaciones; las confederaciones sancionaban a las asociaciones nacionales. Y las empresas de mercadotecnia deportiva aceitaban las manos de todos. Hombres como Blazer o Blatter o Nicolás Leoz en Sudamérica o Mohamed bin Hammam en la cima de la confederación asiática podrían no tener injerencia en cada trato deshonesto, pero todos eran parte de la misma empresa cohesiva. Se habían apoderado del futbol y lo habían corrompido, y ahora así era como funcionaba el deporte todo el tiempo.

Norris, Hector y los agentes del FBI tenían antecedentes respecto del crimen organizado. Reconocían este tipo de estructuras y tal vez estaban demasiado preparados para verlos dondequiera que miraran. Pero habían intentado entrar en las reuniones con Blazer con la mente abierta, no muy seguros de lo que estaban enfrentando en un caso que seguía en desarrollo. Ahora era abrumadoramente claro: el futbol mundial era una especie de crimen organizado. De hecho, cada vez sentían más que se parecía a la mafia.

Fue un salto intelectual decisivo para el caso. Significaba que todo era juego limpio y que todos, al menos en teoría, podían ser procesados juntos conforme a una sola ley que les permitiría a los agentes federales saltar por los océanos y atravesar décadas de corrupción para construir un argumento unificado y de amplio alcance.

Berryman tenía razón. Esto se parecía a un caso RICO.

14
EL REY HA MUERTO, VIVA EL REY

Enrique Sanz, vicepresidente de Traffic en Miami, pasó los primeros meses de 2012 tratando de averiguar quién sería el próximo presidente de la CONCACAF.

Sanz, un joven y serio colombiano, había sido el hombre de la empresa brasileña de mercadotecnia deportiva en el Caribe por más de una década, y tenía contactos en la región. Comprendía muy bien que la mayoría de tres a uno en el Caribe de la confederación garantizaba que el candidato ganador vendría de una de las islas.

Full Play, el rival cada vez más acérrimo de Traffic, no había captado ese hecho bastante crítico y los $450,000 dólares en sobornos que había pagado al final del año anterior para asegurar los derechos por la Copa Ora habían sido en vano.

El escándalo de sobornos en Puerto España aún reverberaba y numerosos funcionarios del Caribe estaban siendo investigados por la FIFA o habían sido suspendidos, lo que dificultaba predecir cuál de los funcionarios del Caribe obtendría el puesto. En lo que respecta a Traffic, sin embargo, era fundamental que Sanz respondiera la pregunta candente lo antes posible.

Habiendo perdido la Copa América, Traffic simplemente no podía ceder más terreno en los derechos del futbol. La empresa todavía controlaba todas las eliminatorias para la Copa Mundial 2014 de la UCF y de la mayoría de Centroamérica, pero Media World, un rival en Miami, les estaba haciendo una férrea competencia. Dado que lo más jugoso tratándose de reventa de derechos de los patrocinadores y emisoras era agruparlos por región, a principios de 2012 Traffic finalmente eligió unir fuerzas con Media World. Las dos empresas firmaron un acuerdo para dividir todos los costos e ingresos, incluidos los sobornos.

La cuestión de exactamente a quién sobornar se volvió mucho más clara hacia fines de febrero, cuando Sanz, al consultar a sus contactos en el Caribe, supo que el próximo presidente de la confederación sería definitivamente Jeffrey Webb.

Un afable hombre de 47 años de las Islas Caimán, Webb no era una figura conocida en el futbol mundial. Nunca había jugado, pero parecía disfrutarlo cuando ayudaba a dirigir un club de aficionados en George Town, el Strikers FC, cuando aún estaba en la universidad. En 1991, fue elegido presidente de la Asociación de Futbol de las Islas Caimán, conocida como CIFA, y finalmente se abrió paso en el Comité de Auditoría Interna de la FIFA, así como en su Comité de Transparencia y Cumplimiento.

También tenía la clara ventaja, a diferencia de muchos de sus colegas caribeños, de no haberse manchado por el escándalo de Puerto España. Aunque Webb había estado en Trinidad para la reunión, no había sido acusado de tomar dinero y, de hecho, había ayudado a Blazer y Collins con su investigación inicial en los días posteriores a la conferencia.

Guapo, bien vestido, casi elegante, parecía la antítesis de Jack Warner: era amable en tanto que el trinitense era amenazador; comprometido donde Warner era rígido; limpio y respetable donde el antiguo presidente de la UCF irradiaba gansterismo y egoísmo. Pero, a pesar de su bajo perfil, Webb había construido una influyente red de amigos en el Caribe gracias, en gran parte, a su trabajo diario.

Desde 1990, Webb trabajaba en Fidelity Bank Cayman Limited, donde subió hasta convertirse en gerente de desarrollo comercial y director del banco. En ese cargo, supervisaba una variedad de divisiones de servicios financieros, incluida la banca de inversión, finanzas corporativas, gestión de riesgos y, especialmente, operaciones de transferencia de dinero en las sucursales de Western Union que Fidelity operaba en las Islas Caimán.

A lo largo de los años, Webb ayudó a numerosos funcionarios de futbol del Caribe a establecer sociedades anónimas en paraísos fiscales y cuentas bancarias en las que podían recibir pagos sin llamar la atención. En 1995, por ejemplo, constituyó una de esas compañías, J & D International, que Jack Warner utilizó para recibir ingresos de la venta de derechos de televisión que le habían otorgado, a veces por cantidades tan ridículas como $1 dólar por acuerdos ventajosos de patrocinio de la FIFA.

Enrique Sanz conocía bien a Webb y había conversado con él en cientos de eventos diferentes de la CONCACAF a lo largo de los años. Pero como Warner siempre negociaba exclusivamente acuerdos de derechos para toda la UCF, guardándose los sobornos, Sanz nunca tuvo oportunidad de hablar con Webb sobre el verdadero funcionamiento de la empresa. Ahora no le quedaba otra opción.

Trabajando rápido, Sanz se acercó a Webb incluso antes de que el hombre anunciara oficialmente sus intenciones políticas, y ofreció todo el apoyo financiero de Traffic para su campaña. Sanz también dejó delicadamente en claro que, si Webb resultaba electo, podría recibir «pagos adicionales» a cambio de otorgarle a Traffic los derechos de los partidos clasificatorios de la UCF para los ciclos de la Copa Mundial 2018 y 2022.

Webb, como resultó ser, no requería mucha explicación. De hecho, el banquero comprendió de inmediato lo que Sanz estaba insinuando, parecía estar esperando la oferta y era claramente de la opinión de que tales pagos eran un beneficio normal del trabajo, uno que había estado esperando recibir. Pero también hizo una petición especial: Sanz nunca debería negociar sobornos directamente con Webb, sino con un amigo cercano, una grecochipriota de origen británico llamada Costas Takkas, que había fungido brevemente como secretario general de la CIFA una década antes.

Takkas controlaba varias sociedades controladoras en las Islas Caimán y las Islas Vírgenes Británicas que tenían cuentas bancarias en el banco de Webb, Fidelity. Poco después de hablar con Webb, Sanz transfirió $50,000 dólares a una de las compañías de Takkas, CPL Ltd., etiquetando la trasferencia como «candidatura».

No surgieron candidatos rivales y, para fines de marzo, Webb había ganado el apoyo no sólo de la mayoría del Caribe, sino también de varios funcionarios centroamericanos. El 26 de marzo, Webb aceptó la nominación formal para ser el próximo presidente de la CONCACAF, renunciando a su puesto en Fidelity Bank.

—Me siento honrado por la tremenda muestra de apoyo y aliento recibido de muchos de los países miembro —dijo Webb—. Si me eligen, es mi intención aprovechar esa unidad a través de la colaboración, la transparencia, la integridad, el compromiso y la responsabilidad.

◆◆◆

El hotel Boscolo New York Palace en Budapest no es, en modo alguno, discreto. Construido a fines del siglo XIX para albergar las oficinas locales de la empresa de seguros New York Life, combina los estilos griego, romano, renacentista, rococó y barroco en un caleidoscopio de adornos y florituras que los actuales propietarios del edificio describen como «ecléctico».

En otras palabras, era precisamente el tipo de escenario que resultaba irresistible para los funcionarios internacionales del futbol. Con su abundante hoja de oro, imponentes frescos y mármoles generosamente distribuidos, el Boscolo era la sede perfecta para una coronación deportiva.

En la mañana del 23 de mayo de 2012, los delegados de la CONCACAF, junto con Sepp Blatter, numerosos funcionarios de futbol y un montón de asesores, abogados y ejecutivos de mercadotecnia deportiva, se apretujaron en la sala de conferencias Roma, brillantemente iluminada. La confederación había organizado la reunión de un día antes del congreso anual de la FIFA, programado para comenzar al día siguiente en el edificio del Congreso y World Trade Center en Budapest.

Pero antes de que Jeffrey Webb, impecablemente vestido con traje azul marino y corbata color vino, celebrara el comienzo de su nuevo mandato de tres años, el abogado estadounidense John Collins se dirigió a la sala para anunciar los resultados de una auditoría preliminar de las finanzas de la confederación. Estaban, por decirlo en palabras suaves, preocupados.

La revisión había revelado numerosas irregularidades, entre ellas los contratos de 10 por ciento de Blazer, que le habían costado a la confederación decenas de millones de dólares a lo largo de los años. También habían descubierto que el Centro de Excelencia Dr. João Havelange, con valor de $22.5 millones de dólares, un centro de entrenamiento deportivo en Trinidad, supuestamente propiedad de la CONCACAF y financiado en gran parte con subvenciones de la FIFA, era de hecho propiedad exclusiva de Jack Warner. El expresidente incluso había sacado una hipoteca de $1.7 millones de dólates sobre la propiedad para su propio beneficio sin el conocimiento del Comité Ejecutivo de la confederación.

Finalmente, señaló Collins, parecía que Blazer no había presentado declaraciones fiscales en nombre de la CONCACAF durante años, que como organización sin fines de lucro registrada en Estados Unidos estaba obligada por ley a hacerlo. Como resultado, la confederación había perdido, dos años antes, su condición de exención de impuestos y estaba en grave peligro de deber grandes sumas al Servicio de Recaudación de Impuestos.

—Es difícil predecir cuál será la exposición de la CONCACAF —declaró sombríamente Collins.

Los delegados de la confederación, incluidos los que formaban parte de su Comité Ejecutivo y habían firmado despreocupadamente sus estados financieros durante tantos años, ahora respondieron con horror e indignación, denunciando las «obscenas irregularidades» de estos «ladrones de cuello blanco».

El presidente electo Webb, por su parte, dijo que se sintió «conmocionado, disgustado, molesto» por las noticias, y agregó que «debemos mover las nubes y permitir que entre el sol» antes de dar el martillazo y dar por concluida la agenda del día. De hecho, tenía planeadas muchas actividades, incluida una espléndida cena privada en su honor en un restaurante aun más decorado, el Karpatia, en una zona cercana de Budapest.

Esa noche, en medio de un banquete con platos húngaros tradicionales de goulash y strudel, Webb deambuló por el salón, que se desbordó con la crema y nata de la escena deportiva en lo que a Norteamérica, Centroamérica y el Caribe respectaba. Sunil Gulati, presidente de la Federación de Futbol de Estados Unidos, estaba allí y presentó a Webb con Samir Gandhi, abogado de la oficina de Nueva York de la firma de abogados Sidley Austin.

Gandhi, un litigante mercantil y aficionado al futbol que creció jugando en algunos de los mismos campos del condado de Westchester donde alguna vez el propio Blazer jugara, sugirió que Webb contratara a Sidley para realizar una investigación completa de las finanzas de la CONCACAF en la administración anterior. Teniendo en cuenta los impuestos no pagados y los préstamos no autorizados, Gandhi pensó que la confederación podría estar enfrentando un posible cargo penal.

Como Webb había hecho de la transparencia y la reforma su plataforma de campaña, el abogado también propuso crear un grupo de trabajo para subrayar que su nueva administración estaba haciendo una clara ruptura con el pasado. Gandhi sugirió llamarlo «Comité de Integridad».

Todo esto le pareció una gran idea a Webb, quien, en efecto, terminó por contratar a Sidley, pero, por el momento, el nuevo presidente tenía prioridades más urgentes y pronto pasó a otras conversaciones, cuidando saludar a sus amigos de Traffic, especialmente Enrique Sanz.

Antes de viajar a Hungría, Sanz había estado en contacto con Costas Takkas, trabajando en los detalles sobre el primer contrato por derechos que Traffic esperaba negociar con el nuevo presidente de la CONCACAF.

Traffic había controlado los derechos comerciales de los partidos de clasificación de la Copa del Mundo de todas las asociaciones miembro de la Unión Caribeña de Futbol durante una década y Jack Warner había exigido pagos adicionales por cada contrato. Pero con la partida de Warner, los derechos para las rondas de clasificatorias 2018 y 2022 aún no habían sido negociados. Sanz se preguntaba qué le costaría que Webb cediera esos derechos a Traffic.

El precio, respondió Takkas, sería de $23 millones de dólares para la UCF y $3 millones para Webb. Tómalo o déjalo.

Un soborno de $3 millones era una petición considerable por un paquete de derechos relativamente menor. Incluida la parte de Warner, los derechos por las eliminatorias del 2006 le habían costado a Traffic un total de sólo $1.7 millones. Pero

Traffic no estaba en posición de regatear con el flamante presidente de la CONCACAF. Sanz aceptó; luego se comunicó con Media World para informarles a sus ejecutivos que su mitad del soborno a Webb sería de $1.5 millones.

Ahora, en medio del alboroto en el restaurante Karpatia, observando al nuevo presidente del futbol deambular por el salón, era difícil para un hombre como Sanz no detectar la ironía, casi palpable, en el aire. Blazer se había ido. Warner se había ido. Nada ha cambiado.

Sanz también percibió algo más: oportunidad.

◆◆◆

El 14 de julio, Jeff Webb anunció que había nombrado a Enrique Sanz como nuevo secretario general de la CONCACAF.

Si alguien se preguntó por qué un ejecutivo de mercadotecnia deportiva de 38 años sin historial de liderazgo político en el futbol, pero con un conflicto de intereses potencialmente gigantesco era una buena opción para el trabajo, no había rastro de ello. Según un comunicado de prensa de la CONCACAF, Sanz fue «aprobado por unanimidad» por el Comité Ejecutivo.

—Estoy seguro —dijo Webb— de que hemos encontrado un profesional con competencia e integridad para implementar nuestra hoja de ruta hacia la reforma.

Sanz, un jugador de squash digno de un campeonato y proveniente de una adinerada familia colombiana, dijo que el nombramiento era un honor y que esperaba trasladar la sede de la confederación a Miami, donde vivían él y todos sus queridos amigos de Traffic.

Sanz nunca había mostrado interés en involucrarse personalmente en la gobernanza del futbol. Siempre había estado en el otro lado del negocio y, aunque no era la primera vez que un ejecutivo de mercadotecnia deportiva saltara al otro lado de la ecuación, sí era cada vez más raro. ¿Quién podía darse el lujo de un recorte salarial?

Sin embargo, de alguna manera, los colegas de Sanz en Traffic no parecían sorprendidos por su repentino movimiento. Aaron Davidson, el presidente de Traffic Sports USA y el amigo más cercano de Sanz en el trabajo, parecía francamente jubiloso de hecho. La empresa había estado en pánico durante dos años mientras observaba cómo su imperio se desmoronaba lentamente. Ahora, Traffic había conseguido colocar a uno de sus hombres en el segundo puesto de una de las confederaciones más valiosas de la FIFA.

—Podrían haber llevado a cabo una búsqueda en todo el mundo y no encontrarían un tipo mejor calificado para el trabajo —dijo Davidson a un columnista deportivo de *The Miami Herald*—. Va a ser divertido ver su impacto. Él sabe sobre ventas de derechos de tele, radio e internet. Sabe cómo conseguir patrocinadores. Es un tipo muy profesional con nuevas ideas, que es lo que la CONCACAF necesita.

Una idea que rondaba en la mente de Sanz desde que regresó de Budapest era cómo pagar la parte de Traffic del soborno de $3 millones a Webb. Él y Hawilla habían pasado muchas horas descifrando la mecánica para hacerlo sin que nadie lo descubriera.

Finalmente, fijaron un plan: una vez que Webb firmara el contrato por derechos, Traffic usaría su cuenta en Delta National Bank & Trust Co. en Miami para transferir dinero a una compañía llamada Time Winner Investments, con una cuenta en una sucursal de HSBC en Hong Kong. De ahí, el pago se volvería a transferir a una cuenta a nombre de Kosson Ventures, una compañía propiedad de Takkas, en Fidelity Bank en las Islas Caimán. A partir de ahí, el dinero podría transferirse a las cuentas que Webb deseara.

Webb había sido banquero por más de veinte años y tenía una amplia experiencia en transferencias internacionales de dinero, así que, aunque quizás a otros se les podía perdonar el hecho de pasar por alto que cada una de esas transferencias pasaría por bancos corresponsales fácilmente rastreables dentro de Estados Unidos antes de llegar a su destino final, al recién electo presidente de la CONCACAF, que había hecho campaña con la promesa de un nuevo futuro libre de corrupción para el futbol, no se le podía condonar.

15
MÁS RÁPIDO, MÁS ALTO, MÁS FUERTE

Una noche de primavera de 2012, Chuck Blazer guiaba su monopatín hacia el CUT, un elegante restaurante de carnes en el Beverly Wilshire Hotel en Beverly Hills. Se iba a encontrar con Alan Rothenberg, un abogado con nexos políticos que a lo largo de su carrera había sido presidente de la Federación de Futbol de Estados Unidos, había ayudado a crear la Major League Soccer y había sido director ejecutivo de la Copa del Mundo 1994.

Los dos hombres se conocían desde hacía décadas. Entre cortes de carne y vino intercambiaban chismes sobre futbol. Blazer compartía con Rothenberg historias de sus hazañas, algunas de ellas sexuales. Blazer le había llamado para proponer la comida, pero Rothenberg no le había dado mayor importancia, ya que a menudo se juntaban cuando estaba en la ciudad.

Sin embargo, a diferencia de los encuentros anteriores, esta vez Blazer no venía solo.

Sentados al otro lado del concurrido restaurante estaban Steve Berryman y Jared Randall, haciendo todo lo posible para pasar desapercibidos mientras observaban la conversación a distancia, un trabajo complicado por la aparición de numerosas celebridades en el restaurante.

El objetivo de la reunión, que los agentes habían ensayado con Blazer de antemano, era hablar sobre la candidatura fallida de Marruecos para la Copa Mundial de 2010. Rothenberg había sido consultor para el equipo de candidatura del país del Norte de África, que, según Blazer, había intentado sobornarlo a él y a Warner a cambio de sus votos.

Pero cuando Randall y Berryman revisaron la grabación que su cooperador había hecho secretamente durante la cena, se decepcionaron. Rothenberg no había dicho nada de particular interés.

Blazer comenzó a hacer grabaciones secretas poco después de aceptar cooperar. Tenía una relación cercana con un número asombroso de funcionarios de futbol y, de acuerdo con el trato ofrecido en Brooklyn, había conspirado con muchos de ellos para cometer actos ilegales. El truco consistía en lograr que la confesión de esas personas quedara grabada y, gracias al poderoso puesto que Blazer aún tenía en el ExCo de la FIFA, había poca gente en el mundo del futbol que se rehusaría a reunirse con él o que le negaría una llamada telefónica, sin saber que cada una de sus palabras estaba siendo grabada.

Gracias a la moderna tecnología, los días de las estorbosas y aparatosas grabadoras de cinta atadas al pecho habían desaparecido tiempo atrás. Blazer podía ir a reuniones con dispositivos más pequeños que un centavo, que podía ocultar discretamente en una solapa, en la correa de una bolsa, dentro de un teléfono celular o llavero, o incluso en una botella de agua desechable sin preocuparse por ser descubierto y sin tener que sudar nerviosamente por temor a perder la mitad del vello de su pecho cuando se lo quitaran.

El aparato no era el problema. El problema era que la mayoría de las personas de interés para el caso no estaban en Estados Unidos.

En sus llamadas telefónicas semanales, Norris, Berryman y Randall diseñaban estrategias sobre a quién debería encontrar Blazer, con qué pretexto y qué podría decir para convencerlos de que se incriminaran.

Pero debido a que estaban tan aterrorizados con las filtraciones, los agentes se resistieron de enviar a Blazer en operaciones encubiertas en el extranjero. No había asistido al congreso de la FIFA en Budapest por esa misma razón; sus nuevos capataces federales no confiaban en que la policía húngara, con la que tendrían que trabajar, mantuviera la boca cerrada, así que en su lugar inventaron una historia sobre la salud de Blazer que explicara su ausencia.

Pero los Juegos Olímpicos de verano de 2012 en Londres se acercaban y eran demasiado tentadores para los agentes. No sólo estaría todo el ExCo de la FIFA y todos sus seguidores, sino que todo el universo de miembros del comité de candidatura, intermediarios, ejecutivos de mercadotecnia deportiva, consultores y funcionarios del COI llegarían a la ciudad. Las oportunidades de interacción en las que se podrían realizar grabaciones potencialmente incriminatorias eran tremendas. La FIFA tenía un gran contingente en los juegos y nadie se sorprendería al ver a Blazer allí; además, el cargo del funcionario de futbol en el ExCo no duraría para siempre y llegado el momento, su valor para las operaciones encubiertas disminuiría drásticamente.

Sin embargo, no confiaban en la Policía Metropolitana, no después de las filtraciones a *The Telegraph*. Tampoco podían operar en Londres sin las autoridades locales, por lo que Randall y su supervisor, Mike Gaeta, se pusieron creativos.

Contactando a los agentes del FBI adscritos a la embajada de Estados Unidos en Londres, idearon un plan inteligente. El Servicio de Policía Metropolitana, conocido como Scotland Yard, es gigantesco. Con 32,000 oficiales jurados, se ubica entre las fuerzas policiales más grandes del mundo, sólo un poco más pequeña que el Departamento de Policía de Nueva York. Pero escondida dentro de la metrópolis creciente, hay una agencia del orden mucho más pequeña y poco conocida: la Policía de la Ciudad de Londres. Oficialmente, esa unidad patrulla un área de cerca de 2.5 kilómetros cuadrados en el centro de Londres y sólo cuenta con unos 700 oficiales. Sin embargo, debido a que la Ciudad de Londres contiene el centro financiero de toda Gran Bretaña, el pequeño departamento de policía desarrolló una Dirección de Delitos Económicos de gran prestigio, la cual incluye una unidad especializada anticorrupción en el extranjero.

Cuenta con un pequeño número de investigadores de élite que dijeron que estarían encantados de ayudar en una investigación estadounidense. Con la garantía de Gaeta y Randall de que no habría filtraciones, el equipo podría seguir adelante con la organización de reuniones para Blazer en Londres.

Una vez que el colaborador secreto comenzó a recibir respuestas a los primeros correos electrónicos tentativos que envió, estaba claro que los investigadores tendrían muchas oportunidades para hacer cintas, como ellos le llaman.

◆◆◆

A menos de dos semanas de los Juegos Olímpicos, Berryman estaba tumbado de espaldas en la cama de su habitación de hotel en Londres, intentando escuchar los latidos de su corazón.

Parecía gracioso. Esforzándose, seguía el ritmo, que se escuchaba como si se saltara un latido. Berryman nunca lo había sentido así y, de repente, se sintió muy asustado.

—¿Habré tomado la decisión correcta? —se preguntó.

Desde su llegada a Londres, Berryman se había involucrado en lo que le pareció el trabajo más emocionante de su carrera.

El entusiasmo de Londres por los Juegos Olímpicos había alcanzado niveles febriles y la ciudad estaba repleta de estrellas de cine, magnates y políticos deseosos de estar en el centro del mundo por unos días.

Al igual que la Copa del Mundo, los Juegos Olímpicos son una oportunidad para que la élite del mundo que gobierna el deporte se mezcle con los barones y multimillonarios que gobiernan las actividades no deportivas del planeta. Los responsables de la FIFA, incluido Sepp Blatter, acamparon en el hotel de cinco estrellas May Fair en el corazón de la acción.

Durante días enteros, Berryman y Randall, acompañados por un policía de la Ciudad de Londres, se habían ocultado en el interior de una camioneta sin distintivos estacionada discretamente en las calles del centro de Londres, donde estaban alojados todos los altos funcionarios de la FIFA, como Blazer, dando vueltas en su monopatín, conversando con algunos de los hombres más poderosos del deporte.

Por ejemplo, había grabado en secreto a un puñado de rusos, incluido Vitaly Mutko, que había sido miembro del ExCo de la FIFA desde 2009, era el ministro de deportes de Rusia y había sido presidente de la Unión de Futbol de Rusia, y a Alexey Sorokin, el exjefe de la candidatura rusa a la Copa del Mundo, apuesto y con mucha labia, que desde entonces había sido nombrado director ejecutivo del comité organizador local para el torneo de 2018.

Yendo aún más allá, Blazer cruzó Mayfair hasta el segundo piso, a las oficinas de Peter Hargitay, un hombre húngaro de relaciones públicas que recibió aproximadamente $1.3 millones de dólares de la candidatura australiana en 2009 por proporcionar «cabildeo dirigido dentro del cuerpo del Comité Ejecutivo de la FIFA».

Hargitay, un fumador empedernido con pelo largo y fibroso y un fino bigote, también tenía oficinas en Zúrich y parecía ser amigo de todos los poderosos del futbol o haber trabajado para ellos. Durante muchos años había sido consultor de Sepp Blatter y también había vivido en Jamaica durante una década, por lo que conocía bien a Jack Warner y a muchos otros funcionarios del futbol caribeño. Antes de unirse a la candidatura australiana, trabajó para la Copa Mundial de Inglaterra y también como asesor de Mohamed bin Hammam.

Sin embargo, cuando Blazer subió las escaleras resoplando hasta llegar a su oficina a principios de agosto, el único tema sustancial sobre el que hablaron fue el rumor de que las computadoras de Hargitay habían sido hackeadas durante el proceso de candidatura de la Copa Mundial. La reunión terminó en escasos veinte minutos.

Entonces, tal y como hacía después de cada reunión, Blazer se acercó a la camioneta sin distintivos y entregó sus dispositivos de grabación, uno de los cuales estaba escondido dentro de un llavero que Randall le había dado. Dentro de la furgoneta, Berryman y Randall conectarían los dispositivos a una computadora portátil para asegurarse de que la grabación hubiera quedado bien y escuchaban algunos fragmentos para revisar a detalle la conversación más tarde, desde sus habitaciones de hotel.

A Berryman le encantaba Londres, su ciudad favorita, y estar allí mientras grababa las cintas de los criminales que habían pervertido el deporte que amaba hacía que la experiencia fuera inolvidable.

Pero ahora, tendido sobre su cama en el hotel, Berryman se cuestionó sus ganas de siquiera ir.

En preparación para el viaje, visitó a su médico por una infección nasal que le estaba molestando. Era algo rutinario, pero cuando el médico escuchó el corazón del agente especial, hizo una mueca. Pronto, Berryman estaba pasando por una batería de pruebas y consultas con cardiólogos y cirujanos de aspecto preocupado. La aurícula izquierda de su corazón estaba agrandada, dijeron, probablemente como resultado de un problema menor de válvula que había tenido durante toda su vida adulta y ahora había desarrollado una peligrosa arritmia.

Necesitaba cirugía pronto y el momento no podía ser peor.

Berryman no iba a perderse Londres. Él y los otros habían estado planeando este viaje por meses. No podía decirles a los médicos por qué estaba tan desesperado por viajar, así que simplemente les rogó: tenían que dejarlo ir.

El cirujano cardiovascular de Berryman le dijo que no se preocupara y que podía viajar sin problemas. Pero cuando Berryman regresara tendría que someterse a una cirugía y, si ocurría algo mientras estuviera fuera, dejaría todo para volver a casa.

Mientras luchaba por estabilizar el corazón que estaba trabajando a marchas forzadas, Berryman pensó en la última docena de días. Había tenido una oscura premonición una tarde, mientras se cenaba un sándwich en la banca de un parque en el centro de Londres. Un adivino se había acercado, le hizo una serie de preguntas y luego lo miró fijamente.

—Te están haciendo algo que cambiará tu vida para siempre —dijo el anciano antes de perderse en la noche sin decir una palabra más.

En otra ocasión, mientras estaba sentado solo en la camioneta de vigilancia en St. James's Street, Berryman había visto a Blazer acercándose en su motoneta por el espejo lateral y tuvo la clara impresión de que lo seguían. Blazer, que acababa de terminar una grabación, se detuvo a mirar un aparador y detrás de él un hombre extraño se detuvo también.

Presa del pánico, Berryman llamó a Randall y cuando Blazer se acercó, le hizo un gesto para que se alejara. ¿Los estaban vigilando? ¿Habían sido descubiertos?

La presión que Berryman se imponía a sí mismo a medida que se desarrollaba el caso era inmensa y se incrementaba cada vez más. Tenía 49 años y había sido agente del IRS durante más de un cuarto de siglo. Debido a que comenzó en la agencia al salir de la universidad, podía optar por la jubilación al final del año, pero Berryman se había puesto a trabajar en este caso.

Podría haber estado en su casa, trabajando en su jardín y pasando tiempo con su esposa, o trabajando en una novela policíaca que estaba escribiendo sobre un agente del IRS que se unía a un agente del FBI para resolver una serie de crímenes de odio antimigrantes. En cambio, Berryman apenas podía pensar en algo que no fuera el caso. Normalmente evitaba las operaciones de vigilancia, dejando al FBI la tarea técnica, lenta y, francamente, aburrida de supervisar las grabaciones. Prefería dedicarse a las citaciones bancarias. Pero ahora quería estar al tanto de todo, atravesar el país para asistir a casi todas las reuniones con Blazer, participar en cada sesión de estrategia, planificar cada paso con meticuloso detalle.

Berryman había desechado casi por completo la idea de la jubilación. Se tomaba en serio cada caso, pero este en específico era especial y sabía que no importaba cómo terminara, sería su último.

Y luego, de repente, estaba en un avión de regreso a California, donde el 15 de agosto de 2012 un cirujano cardiovascular le abrió el pecho y salvó la vida de Berryman.

◆◆◆

La grabación final de Blazer en Londres fue con José Hawilla.

Había enviado un correo electrónico al secretario personal del ejecutivo antes de las Olimpiadas para proponer una reunión y los hombres finalmente se encontraron para desayunar en los últimos días de los Juegos.

Como Blazer les había contado a los agentes sobre Hawilla, el brasileño se había convertido en un tema de gran interés y la esperanza era atraparlo admitiendo que había pagado un soborno. El plan era centrarse en un pago peculiar que Hawilla había hecho al exsecretario general en 2003.

La historia detrás del pago, según Blazer, era que estaba corto de dinero y que había llamado a Hawilla para que le prestara $600,000 dólares.

Naturalmente, no se trataba de un préstamo y ambos sabían que Blazer nunca había tenido la intención de pagar un solo centavo. Hawilla, usando un intermediario de confianza, arregló el envío de dinero a la cuenta de Blazer de Sportvertising en el FirstCaribbean International Bank en las Islas Caimán. Pero el cuantioso pago despertó sospechas en el departamento de cumplimiento del FirstCaribbean, que envió un escrito preguntando por «la fuente de estos fondos, junto con la prueba documental de respaldo».

Blazer, por supuesto, no tenía tal cosa y envió un correo electrónico al secretario de Hawilla. «Tendremos que crear un contrato con respecto a esta y otras transferencias», escribió.

Para justificar el pago, los dos hombres conspiraron para crear un contrato de servicios de consultoría falso entre Sportvertising y Valente, una compañía panameña propiedad del agente de ventas de más confianza de Hawilla, quien hizo el pago. El documento de cuatro páginas preparado a toda prisa estaba plagado de errores; por ejemplo, decía que Sportvertising «prestaría servicios de consultoría al CLIENTE en relación con los eventos deportivos, cuyo objetivo es ayudar al CLIENTE en el desarrollo de negocios de patrocinio y publicidad».

Estos servicios vagamente definidos supuestamente le costarían a Valente un total de $1.3 millones de dólares, divididos en un primer pago de $600,000 y un segundo de $700,000 pagaderos ese mismo año. El contrato se hizo deliberadamente con fecha del 1.º de octubre de 2002, a fin de convencer a los banqueros de FirstCaribbean de que el documento era legítimo para que pudieran liberar los fondos a Blazer.

Desde la perspectiva de un agente, el contrato falso, junto con la correspondencia del banco y los correos electrónicos de Blazer a Traffic, trazaron cuidadosamente el arco narrativo completo de un acto delictivo, todo envuelto y con un hermoso moño plateado. La clave era lograr que Hawilla hablara de ello en la cinta.

Pero sacar a relucir el tema de un pago secreto de hacía nueve años en una comida en Londres no era tan fácil. Los funcionarios de futbol no volvían a hablar sobre de ese tipo de cosas después de ocurridas y ciertamente no en público. Entonces Norris y los demás escribieron una historia ficticia basada en las noticias recientes de la FIFA. Michael Garcia, un exfiscal general de Estados Unidos proveniente de Nueva York, había sido nombrado por la FIFA semanas antes como nuevo investigador principal de su Comité de Ética. Se le asignó la revisión del incidente de Puerto España y, por extensión, de la CONCACAF en general. Así se decidió que Blazer le diría a Hawilla que Garcia lo estaba presionando para revisar contratos viejos de la confederación.

Por supuesto, Garcia apenas y había cruzado palabra con Blazer, pero parecía un pretexto lo suficientemente creíble. Blazer, con los dispositivos de grabación ocultos, sacó la historia ficticia cuando se encontró con Hawilla en Londres.

Después de los saludos habituales, Blazer, hablando en español, le preguntó a Hawilla sobre el pago de $600,000, asegurándose de indicar para la cinta que había obtenido el dinero en dos transferencias, una de un banco en Uruguay y la otra de una compañía en Panamá. ¿Se acordaba Hawilla de eso? ¿Tenía de casualidad documentos? Blazer le dijo que le daba pena preguntárselo, pero estaba siendo investigado por un agente de la FIFA, Garcia, y necesitaba mostrarle esos documentos para quitárselo de encima.

Hawilla y Blazer se conocían desde hacía años y se llevaban bien. Incluso después de que Blazer sacó a Traffic de los acuerdos de derechos de la CONCACAF, se mantuvieron en contacto, y Hawilla había invitado a Blazer a la boda de su hijo mayor en Brasil varios años atrás. Pero al sudamericano algo le pareció extraño y negó haber hecho el pago, e insistió en que ellos dos no tenían nada que hacer juntos. Pero Blazer era insistente, por lo que Hawilla, ansioso por terminar la conversación, finalmente dijo que lo vería cuando regresara a Brasil.

Era la grabación final de Blazer en los Juegos Olímpicos, la única que Berryman no había podido ayudar a coordinar. Hawilla, quien había pagado sobornos a funcionarios de futbol durante casi un cuarto de siglo, había evitado implicarse.

16

A MI MANERA

Cuando Jeffrey Webb se hizo cargo de la CONCACAF, intensificó su mensaje de hacer una reforma, sin perder la ocasión de condenar a sus predecesores, Warner y Blazer, y prometer una era nueva y limpia en el gobierno del futbol. Para empezar, el nuevo presidente hizo una demostración pública de no aceptar un salario, a pesar de las advertencias de los asesores de que hacer eso en realidad podría verse mal, especialmente porque Webb había renunciado a su trabajo bancario y no tenía medios obvios de apoyo financiero.

Luego, el 14 de septiembre de 2012, Webb convocó a la primera reunión del Comité de Integridad, donde incluyó a un antiguo socio de PricewaterhouseCoopers, al expresidente de la Suprema Corte de Justicia de Barbados y a un juez federal de Estados Unidos jubilado para que presidieran al grupo de tres personas encargado de «garantizar la rendición de cuentas, la transparencia y el buen gobierno» en la CONCACAF y, en particular de supervisar «todas las investigaciones relacionadas con prácticas pasadas de la administración anterior».

Las investigaciones en sí mismas serían llevadas a cabo por

abogados de Sidley Austin, dirigidos por un exagente federal amable y detallista en Nueva York llamado Tim Treanor.

Su encomienda era desentrañar 20 años de fechorías financieras y no era una tarea fácil. Durante meses, Treanor y sus colegas se sentaron con los empleados de la CONCACAF en sesiones maratónicas de entrevistas, haciéndoles preguntas sobre las finanzas, las operaciones y los muchos y complicados arreglos ideados por Blazer y Warner en la confederación. Se pidió a personal que entregara documentos, revisara interminables hojas de cálculo y regresara varias veces para las entrevistas. Los que se quejaban de que las sesiones parecían más bien interrogatorios tenían una opción simple: cooperar o ser despedidos.

No todos estaban dispuestos a ayudar, por supuesto. Sanz, el nuevo secretario general, les dijo a los abogados de Sidley que, durante una visita en septiembre a las antiguas oficinas de Warner en Trinidad, había visto que estaban triturando documentos, y el mismo Warner se negó a acudir a las entrevistas.

Además, cuando el Comité de Integridad le escribió a Blazer para pedirle documentos, no llegó a ninguna parte. «Nos negamos a atender su solicitud de documentos, entrevistas u otra información», escribió el abogado de Blazer, Stuart Friedman. Durante los cuatro meses que siguieron a la separación de su cargo, el exsecretario general siguió visitando las oficinas de la confederación ubicadas en el piso 17, y para cuando Sidley apareció para recoger documentos y copiar discos duros, todos los registros de Blazer habían desaparecido.

Incluso sin los documentos, Treanor y sus colegas comenzaron a sospechar que, de hecho, había indicios criminales, en particular debido a que Blazer no presentó declaración de los impuestos federales de la CONCACAF durante tantos años. Y a cambio de su trabajo diligente, el despacho cobraba montos generosos a la confederación con factura mensual de aproximadamente $1 millón de dólares.

Sin embargo, había un área donde Treanor y sus colegas no hurgaban: todo lo que que había ocurrido después del 31 de diciembre de 2011, cuando Blazer y Warner ya no estaban en la confederación. La instrucción de Sidley era estrictamente revolver el pasado y aunque los abogados elogiaban «los esfuerzos de reforma iniciados por Webb», así como las «medidas adicionales destinadas a salvaguardar la integridad del deporte» de Sanz, ponían poca o ninguna atención a lo que esos dos hombres estaban haciendo ahora que controlaban el dinero de la confederación.

◆◆◆

—Fuera Frank Sinatra —anunció Webb ante los sorprendidos empleados de la CONCACAF en Nueva York con motivo de su primera visita tras su elección—. ¡Arriba Jay-Z!

El nuevo presidente declaró inmediatamente que las oficinas de Chuck Blazer y Jack Warner en la Trump Tower necesitaban una remodelación, por lo que llevó a Roberta, la esposa brasileña de Sanz, para redecorarla. En poco tiempo modificó todo el espacio, desmontando lozas de pesado mármol para sustituirlas por líneas limpias y muebles de alto diseño; luego entregó una factura enorme por una cantidad de seis cifras.

Igual de rápido, Webb abandonó el lugar, alegando que prefería trabajar en su casa en Caimán, mientras que Sanz, que no podía soportar el gélido invierno neoyorquino, se instaló en Miami. Webb fue a un sastre y se mandó a confeccionar trajes nuevos que se adecuaban a su nuevo puesto, con cargo a la CONCACAF. Contrató a un especialista en relaciones públicas que le enseñara a verse bien frente a las cámaras para que con un poco de suerte lograra alcanzar una posición más alta dentro de la FIFA.

Webb adoraba los flashes y los brillos. Le encantaban los relojes ostentosos y los autos llamativos y ruidosos, hoteles caros, jets privados y alojamientos de lujo. Padre divorciado de dos hijos, en el momento de su elección ya estaba comprometido para casarse por segunda vez, pero eso no le impidió salir noche tras noche y pagar todas las cuentas con la tarjeta corporativa de la CONCACAF, por supuesto.

En Sanz, Webb había encontrado un secretario general perfecto, dispuesto a aprobar sus gastos extravagantes si él hacía lo mismo a cambio. Webb contrató al primo de su prometida, un abogado de Miami, para que fuera su asesor interno, mientras que Sanz llevó a la esposa de su mejor amigo para dirigir el área de recursos humanos, a pesar de su total falta de experiencia en el campo. Los dos funcionarios viajaban a donde querían, contrataban a quienes querían y hacían lo que querían. Una confederación de futbol, en verdad, era un juguete maravilloso.

A mediados de julio, Webb invitó al Comité Ejecutivo de la CONCACAF, a expensas de la confederación, a un retiro de varios días en el lujoso Ritz-Carlton en Gran Caimán, donde se celebró una cena de gala en su honor. Ante un auditorio de 250 personas, Webb fue colmado de elogios antes de recibir la Medalla de Honor del Jubileo de Diamante de la Reina de manos de McKeeva Bush, el funcionario de más alto nivel de la nación isleña.

Luego viajó a Londres para los Juegos Olímpicos y Sanz le presentó a José Hawilla. Los dos hombres no se conocían y, aunque el brasileño hablaba excelente español además de su portugués nativo, su inglés era bastante pobre. Como resultado, hablaron por sólo unos minutos; poco más que un apretón de manos y algunas sonrisas por pura formalidad. Pero Webb despachó a Sanz inmediatamente para que llevara un importante mensaje a su antiguo jefe.

Webb quería que Traffic «se convirtiera en la compañía oficial de la CONCACAF», Sanz le dijo a Hawilla, sentado en el bar del vestíbulo del May Fair. Webb acordaría vender todos los derechos de televisión y patrocinio de la confederación exclusivamente a la empresa. Pero, agregó Sanz, Webb también pedía sobornos con un valor de 25 por ciento por encima de cada trato, una cifra dejó boquiabierto a Hawilla.

Después de más de dos décadas de negociar «mordidas» con funcionarios de futbol, Hawilla pensaba que lo había visto todo. Leoz, el presidente de la confederación sudamericana, una vez se llevó el contrato por derechos sin firmar a su habitación de hotel y se negó a firmarlo hasta que Hawilla le prometiera $1 millón de dólares ahí mismo. Los jefes de las asociaciones nacionales exigían rutinariamente uniformes, balones y otros equipos gratuitos además de dinero, sin mencionar pasajes aéreos gratuitos, alojamiento y entradas VIP para eventos. Algunos funcionarios ni siquiera enviaban a los mejores jugadores de sus selecciones nacionales a los torneos si no recibían primero un poco de dinero adicional.

Estos hombres no eran ciegos; veían lo rentable que era Traffic y cuán rico se había vuelto Hawilla con la compra de los derechos del futbol. Si había tanto dinero que sacar del juego, los funcionarios pensaban que les tocaba su tajada.

Pero las expectativas de Webb eran realmente astronómicas. Ya había sacado $3 millones de dólares por la firma del insignificante contrato de la UCF para las eliminatorias de la Copa del Mundo, que ascendía a casi 15 por ciento del valor nominal del acuerdo. Ese trato se había hecho en conjunto con Media World, como parte del acuerdo de Traffic de dividir los contratos de las eliminatorias de la CONCACAF entre las dos empresas. Como resultado, la parte del soborno de Hawilla había sido tan sólo de $1.5 millones, pero de todas formas era ya mucho dinero.

Al principio, Hawilla descartó rotundamente la idea de pagar sobornos más cuantiosos a Webb. Teniendo en cuenta lo rápido que había ido escalando el valor de los contratos por derechos, pronto podría estar enganchado con decenas de millones de dólares si no se ponía firme.

—No deberías de involucrarte en este tipo de cosas —le dijo Hawilla a Sanz en Londres—. Apenas estás empezando tu carrera.

—No soy yo —protestó Sanz—, es Jeff.

—Tú eres tan sólo un intermediario, Enrique —respondió Hawilla—. Esto no va a suceder.

Pero Sanz siguió insistiendo a medida que pasaban las semanas y los meses; dijo que, si Traffic quería conservar el control de la región y mantener alejados a competidores como Full Play, tenía que hacer feliz a Webb. Además, le suplicó, eso lo ayudaría a demostrarle a Webb que él, como secretario general, podía cumplir.

Hawilla conocía a Sanz desde hacía una docena de años, había asistido a su boda y se sentía con el deber de protegerlo. Por un lado, le preocupaba que su protegido se involucrara tanto en el lado sucio del negocio, la parte que más odiaba personalmente. Pero, por otro lado, Hawilla deseaba desesperadamente que Sanz tuviera éxito, por el bien de ambos.

El 13 de noviembre, Traffic transfirió la cantidad de $1 millón de dólares del soborno que le debía a Webb por las eliminatorias de la UCF. Usó la complicada serie de transferencias que Sanz y Hawilla habían realizado meses antes e incluyó una tarifa de $200,000 dólares para pagar a los intermediarios que ayudaron a tapar el pago. Dos semanas después, la CONCACAF anunció oficialmente su último acuerdo por derechos, cediendo exclusivamente a Traffic los derechos de patrocinio, mercadotecnia, publicidad y hospitalidad para la Copa Oro 2013, las próximas dos ediciones de la Champions League de la CONCACAF y varios torneos más pequeños.

Hawilla no había quedado especialmente satisfecho con el nuevo trato. Era cierto que le había dado a Traffic el primer torneo de la confederación en más de una década. Pero la Copa Oro de 2013 estaba a escasos seis meses de distancia, sin dar tiempo para comercializar adecuadamente el evento o incorporar a nuevos patrocinadores. Al final, todo lo que Traffic pudo hacer fue renovar con Miller Lite como la cerveza exclusiva del torneo. Visto desde esa perspectiva, el precio de $15.5 millones pagado por el paquete no parecía un gran negocio.

Pero Sanz de alguna manera había logrado convencer a Webb con un simple soborno de $1.1 millones para firmar el nuevo contrato. Comparado con las demandas del presidente de la CONCACAF del verano anterior, eso de repente pareció una verdadera ganga.

17

EL PACTO

Con más de 100 millones de fieles, Brasil es el país católico más grande del mundo. Mientras todavía era una colonia portuguesa, todos los brasileños se veían obligados a pagar impuestos a la Iglesia, y hasta bien entrado el siglo XIX los sacerdotes recibían un salario del gobierno. El divorcio no fue legal en Brasil sino hasta 1977, cuando casi 90 por ciento de la población todavía se describía como católica.

El 6 de agosto de 1978, el papa Pablo VI sufrió un ataque cardiaco fulminante justo después de la comunión, mientras se alojaba en la residencia papal de verano en Castel Gandolfo, y murió tres horas después. Pero la muerte del papa también cayó el mismo día que las semifinales del campeonato de futbol profesional de Brasil. Sucedió que la noticia llegó a Porto Alegre en la mitad de un partido crucial entre el Internacional y Palmeiros, con José Hawilla de TV Globo transmitiendo la acción desde la cabina de transmisión en el estadio Beira-Rio.

Hawilla, uno de los principales comentaristas del país, hizo una pausa para escuchar el informe de uno de sus hombres en la línea de banda.

—Los fanáticos del Internacional están devastados tras escuchar en el sonido local la noticia de la muerte del papa —dijo el reportero.

Pero el micrófono del hombre lo traicionó. En lugar de llanto y desesperación, el público de la televisión escuchó los estruendosos cánticos de más de cincuenta mil fanáticos eufóricos que abarrotaban las gradas, urgiendo desesperadamente al Internacional a la victoria y haciendo caso omiso de la noticia.

Hawilla también era católico, pero no pronunció una sola palabra al respecto. Sin mencionar al papa, simplemente volvió a sus comentarios de la partida dejando que esta llegara a su fin: un empate 1-1 que le daba a Palmeiros el pase a la final.

En Brasil, la única religión verdadera es el futbol y el deporte había sido en el centro de la vida de Hawilla por más de cincuenta años. Le había mostrado el mundo, lo había ayudado a hacerse amigo de leyendas como Pelé y le había dado a su familia un estilo de vida que como hijo de un granjero lechero nunca habría podido imaginar.

Desde muy joven se había enamorado del deporte y lo había consumido con pasión y emoción. Pero ahora quería salirse.

Hawilla estaba orgulloso de lo que había construido, pero a la edad de 69 años la diversión había desaparecido hacía tiempo. La competencia se había vuelto mucho más feroz, los márgenes se habían reducido y cada año los funcionarios de futbol se volvían más descarados con sus interminables demandas de sobornos.

Además de perder los derechos de la mayoría de las eliminatorias sudamericanas de la Copa del Mundo y de verse obligado a firmar un acuerdo de costos e ingresos compartidos con el pequeño y advenedizo Media World para mantenerse en la fase clasificatoria de la CONCACAF en la Copa Mundial, Traffic también había perdido terreno en casa. En agosto de 2012, Hawilla se vio obligado a firmar otro acuerdo de colaboración, esta vez con un antiguo socio de Traffic y rápidamente le arrebató los derechos de la Copa do Brasil, la liga profesional de alto nivel del país, al ofrecer millones de dólares en sobornos a tres de los principales funcionarios de futbol del país.

Traffic había controlado esos derechos desde 1990 y Hawilla no tuvo más remedio que unirse a su antiguo amigo. Apretando los dientes, aceptó ayudar a pagar los sobornos durante la próxima década a cambio de la mitad de las ganancias del trato.

Los dolores de cabeza no terminaban allí. La inversión de Traffic en una liga estadounidense de futbol profesional de segundo nivel, la NASL, estaba causando más pérdidas cada año debido a que las franquicias tenían poca asistencia y estaban al borde de la insolvencia. Los clubes propiedad de Hawilla en Portugal y Brasil tampoco ganaban dinero; un gran campo de entrenamiento enorme que él había construido a dos horas de São Paulo no funcionaba, y una academia de futbol juvenil que supuestamente sería semillero de estrellas que Traffic podría representar estaba mal administrada y perdía dinero.

Luego estaban los periódicos. Haciendo honor a su pasado periodístico, Hawilla compró el periódico de su localidad, *Folha de Rio Preto*, por apenas $2.5 millones de dólares en 2005 y cuatro años más tarde compró el diario metropolitano *Diário de S. Paulo*, por 100 millones de reales, o alrededor de $50 millones de dólares. A fines de 2012, era dueño de seis diarios brasileños y, al igual que los periódicos tradicionales de todo el mundo en la era de Internet, estaban en una espiral hacia la muerte. Hawilla había reducido los costos, había consolidado las oficinas y, en un penoso último recurso, había despedido a los periodistas, pero todo fue en vano. Hasta donde podía comprender ahora los periódicos tenían un valor de aproximadamente nada.

Su única salvación eran las estaciones de TV. Hawilla tenía cuatro, más un estudio de producción, y eran muy rentables: calculaba que valían más de $160 millones de dólares, convirtiéndolas de algún modo en su activo más rentable. En cuanto al resto, todo lo de Traffic lo vendería alegremente y se alejaría del *futebol* de una vez por todas.

Ya antes había intentado salirse. En 1999, Hawilla traspasó 49 por ciento de Traffic a Hicks, Muse, el fondo de inversiones de Dallas, pero pocos años después recuperó la propiedad plena a cambio de la mitad de una empresa conjunta que controlaba los derechos del la Copa Libertadores, el popular torneo anual de futbol profesional sudamericano. Luego, en 2008, el conglomerado de medios francés Lagardère le había llamado para ofrecerle $280 millones por Traffic y el estudio de producción, pero se retractó cuando golpeó la crisis financiera mundial.

Ahora Hawilla estaba ansioso por terminar con eso, alejarse y disfrutar de sus nietos. Oficialmente, les dijo a los compradores potenciales que el precio era de $200 millones, pero en verdad aceptaría $100 millones con tal de acabar con el tema.

Pero no sólo eso. Aunque ya era muy rico, todavía quería exprimir tanto como pudiera de Traffic. El problema era que el valor de la compañía dependía de los contratos por derechos que estaban en su cartera en ese momento. Cada transacción que perdía le restaba valor a la empresa, lo que en gran parte explicaba su disposición a unir fuerzas con consorcios de mercadotecnia deportiva rivales como Media World.

Pero, incluso con los clasificatorios centroamericanos y la Copa do Brasil de nuevo bajo su control, Hawilla todavía tenía poco que decir a los potenciales compradores sobre cómo Traffic había perdido su activo más valioso.

Desde 1987, la Copa América había sido el gran premio de la empresa: había obtenido ganancias netas de casi $30 millones de dólares sólo en la edición 2007. Había pasado casi un año desde que Hawilla demandara a Full Play y a la Conmebol en Miami por el flagrante robo de sus derechos y la disputa no daba signos de concluir pronto. En todo caso, se estaba calentando más. Los abogados de Hawilla en Nueva York contrataron investigadores privados para inspeccionar los asuntos financieros de los funcionarios de futbol sudamericanos, llevando sus relaciones con la confederación a un nuevo mínimo.

Justo dos años antes, se había celebrado una gran fiesta por el trigésimo aniversario de Traffic en el elegante Hotel Unique de São Paulo, donde nada más y nada menos que Pelé había encabezado un brindis por Hawilla.

«El hombre más poderoso en el futbol brasileño», lo había llamado el *O Globo* de Río de Janeiro en aquella ocasión.

Pero ahora Hawilla se sentía atrapado, como rehén de a quienes él llamaba en privado «una pandilla de ladrones». Si quería preservar el valor de Traffic para poder venderla, no tenía más remedio que seguir pagando sobornos a los corruptos funcionarios del futbol. Todo el futbol le parecía podrido y había empezado a sentirse claramente como una víctima de la misma industria en la que había sido pionero.

◆◆◆

A mediados de octubre, Hawilla voló a Punta del Este para repasar algunos detalles de la boda de su hijo menor.

Rafael Hawilla y su llamativa prometida, la hija de un prominente abogado de São Paulo, se casarían el 17 de noviembre y querían que su gran día fuera memorable. La fiesta se realizaría a lo largo de varios días, incluidas comidas gourmet en restaurantes locales, una cena de ensayo en el mejor restaurante de Uruguay, una ceremonia en la playa para 700 invitados bajo un toldo hecho a medida, un torneo de póker al día siguiente y bolsas de regalo personalizadas que incluían pañuelos de seda coloridos con los apodos de los novios.

Había una tonelada de detalles para coordinar y los costos eran acordes con un evento que aspiraba a ser la boda del año.

Las facturas finales no estaban todavía listas, pero cuando todo estuviera listo, el costo sería de más de $1 millón de dólares.

A diferencia de Stefano, el hijo mayor de Hawilla, Rafael se había mantenido alejado del negocio del futbol. Preocuparse por la felicidad de Rafael hacía que Hawilla dejara de pensar enTraffic y el deplorable estado de sus negocios. Viajar a Uruguay y resolver problemas matrimoniales era como escapar momentáneamente de una especie de trampa que inconscientemente se había impuesto durante todos esos años al comprar una pequeña compañía publicitaria de paradas de autobús llamada Traffic.

Y luego, cuando Hawilla estaba en Punta del Este, sonó su teléfono.

En la línea estaba Hugo Jinkis, propietario de Full Play. Había escuchado que Hawilla estaba en la ciudad y, casualmente, él también. Deberían reunirse, propuso Jinkis, para hablar sobre la Copa América.

El mundo del futbol no es tan grande. Sólo hay muchos torneos, congresos y campeonatos, pero tarde o temprano todos acaban conociéndose entre sí en mayor o menor medida. Jinkis y Hawilla no eran para nada amigos cercanos, pero tenían amigos en común y uno de ellos los había reunido recientemente en Río de Janeiro para tratar de resolver la disputa.

En esa reunión, Jinkis se había quejado de que la demanda de Hawilla se estaba convirtiendo en un dolor de cabeza cada vez más grande. Los costos legales de un litigio ante los tribunales de Estados Unidos eran exorbitantes y, en cualquier caso, dificultaban enormemente que Jinkis comenzara a vender derechos comerciales para la Copa América 2015. Los patrocinadores no querrían involucrarse si existía el riesgo de que una orden judicial pudiera echar a perder todo el torneo. Jinkis temía que, si la pelea ante el tribunal duraba mucho más tiempo, se pudiera en efecto perjudicar el valor del torneo.

Propuso entonces formar una sociedad para compartir el torneo, como Hawilla había hecho con Media World y su antiguo socio en Brasil. Si Hawilla aceptaba retirar la demanda, Jinkis le daría su parte del torneo hasta 2023. Pero Jinkis agregó un inesperado componente: se haría una división de tres partes. El tercer participante, dijo, sería Torneos y Competencias, una empresa argentina de mercadotecnia deportiva que, años antes, había sido socia de Hawilla en la Copa Libertadores y todavía administraba los derechos de ese torneo.

Hawilla no podía entender por qué Jinkis quería meter a otra compañía y se negó rotundamente. Desde su punto de vista, la Copa América le había sido robada injustamente y ya era lo suficientemente humillante como para tener que negociar con alguien que él consideraba en lo personal como un ladrón. ¿Por qué tendría que compartirlo con otro rival? Pero, a medida que pasaba el tiempo y la demanda se prolongaba, resultaba cada vez más evidente que sin la Copa América en la cartera de Traffic no había mucho que pudiera interesar a posibles compradores.

Entonces, cuando Hugo Jinkis le llamó en Uruguay, Hawilla aceptó reunirse nuevamente. La propuesta argentina seguía en pie. Él aún quería incluir a Torneos y Competencias y le preguntó si consideraría una tercera reunión, esta vez con el presidente ejecutivo de esa empresa, Alejandro Burzaco, quien también estaba en Uruguay. Hawilla aceptó renuente.

Burzaco había hecho una fortuna en la banca y el capital privado antes de dejarlo para entrar en el negocio del futbol. Era extremadamente carismático. Él y Jinkis, conscientes de la reticencia de Hawilla, le ofrecieron un tentador caramelo cuando se reunieron.

Habían estado hablando con funcionarios del futbol sudamericano sobre una idea potencialmente lucrativa, dijeron, una idea que durante años se había barajado, pero que nunca había fraguado: una edición especial de la Copa América para celebrar el centenario del torneo, a celebrarse en Estados Unidos en 2016.

Chuck Blazer siempre había frenado la idea con la preocupación de que canibalizara a la Copa Oro. Pero ahora que Enrique Sanz estaba tan bien instalado en la CONCACAF como infiltrado de Traffic, finalmente habría la oportunidad de hacer que ese torneo se celebrara.

La llamarían la Copa América Centenario, dijeron Jinkis y Buzaco, y señalaron que ya tenían el respaldo de los principales funcionarios sudamericanos. Basta imaginar: las estrellas más grandes de Sudamérica, incluido Leo Messi de Argentina, Luis Suárez de Uruguay y Neymar de Brasil, jugando en Chicago, Miami, Nueva York. Los patrocinadores y los presentadores estarían pendientes de cada instante de acción. Las ganancias podrían ser enormes. ¿Estaba interesado?

Sí, Hawilla aceptó; estaba mucho más que interesado.

18
«LOS WARNER BROTHERS»

Cuando los oficiales de policía se interesan en las personas como blancos de su investigación, hay varias formas de vigilarlas.

La más conocida es la vigilancia electrónica, comúnmente conocida como intercepción telefónica. Con una orden judicial otorgada conforme al Título III de la Ley Ómnibus para el Control de la Delincuencia y Calles Seguras de 1968, los agentes pueden intervenir el teléfono fijo o celular de una persona, leer sus faxes y mensajes de texto, escuchar su correo de voz, leer cada uno de sus correos electrónicos y desplazarse por sus chats de Facebook y mensajes directos de Instagram, sin que el sospechoso se dé cuenta.

Por desgracia para los agentes federales, las autorizaciones de Título III no son fáciles de obtener. Los jueces hacen que los agentes hagan mil malabares antes de emitir una de ellas. Deben demostrar que existe una causa probable por la cual se ha cometido un delito y describir qué leyes creen que se violaron. Deben identificar hacia quién apuntan y, lo más engorroso de todo, comprobar con lujo de detalle que ya intentaron infructuosamente con todos los demás medios posibles para reunir pruebas.

Las intercepciones telefónicas son un último recurso, e incluso cuando se otorgan, pueden resultar complicadas. Entre otras cosas, requieren enormes cantidades de personal, es decir agentes, que pasan todo el día en una sala oscura y sin ventilación escuchando cada llamada en tiempo real.

Pero hay otras herramientas disponibles que, si bien son menos invasivas que una intervención, son mucho más fáciles de conseguir.

El 11 de septiembre de 2012, un tercer agente federal en el caso de futbol, Darren LaVerne, presentó una solicitud sellada para colocar un «dispositivo de registro y rastreo de llamadas» en tres teléfonos móviles del sur de Florida pertenecientes a Daryan y Daryll Warner.

Los aparatos para registrar llamadas, o *pen register*, proporcionan una lista continua de todas las llamadas entrantes y salientes vinculadas a un número de teléfono particular, y también se pueden usar con el correo electrónico. Aunque no capturan el contenido real de las comunicaciones, pueden ayudar a los investigadores a obtener una mejor idea de a quién llaman los sospechosos y con qué frecuencia, algo particularmente útil cuando se trata de comprender organizaciones delictivas elaboradas. Este tipo de dispositivos también son fáciles de conseguir, ya que los jueces federales generalmente los autorizan sin una revisión sustancial.

En el caso de los Warner, la solicitud por el aparato no mencionó el futbol ni los temas principales de la investigación, sólo que el Distrito Este estaba «llevando a cabo una investigación criminal en curso sobre posibles violaciones de las leyes penales federales». Un juez en Brooklyn otorgó la autorización por sesenta días sin comentario.

Con las grabadoras en su lugar, los investigadores recibirían actualizaciones constantes sobre cada llamada que hicieran los hermanos Warner, lo que, con un poco de suerte, les ayudaría a centrarse en el objetivo real: su padre.

Involucrar a Chuck Blazer había sido un golpe tremendo. Pero, aparte del propio Sepp Blatter, Jack Warner parecía ser la persona más importante que los federales podrían implicar. Había sido presidente de la CONCACAF durante 21 años, miembro del ExCo de la FIFA durante casi 29 años, y funcionario de la Unión Caribeña de Futbol por más tiempo. Casi no había nadie en el futbol mundial que no se hubiera cruzado con Warner, y dada su aparente propensión a los sobornos, a las «mordidas» y al robo, sin duda habría suficiente lodo en su mente como para lograr una enérgica acusación RICO en poco tiempo.

Blazer había obsequiado a los agentes federales amplios detalles sobre los actos de corrupción de Warner, incluidos los sobornos que aceptó a cambio de sus votos en la Copa Mundial, y también había proporcionado pruebas documentales. Pero llegar a Warner no resultaría tan fácil como simplemente demostrar que había cometido un crimen.

Cinco meses antes, Warner había sido nombrado Ministro de Seguridad Nacional de Trinidad y Tobago, un puesto extremadamente poderoso en el gabinete que lo ponía a cargo del servicio de policía y bomberos, ejército, fuerza aérea, guardacostas, prisiones y departamento de migración de la nación. Incluso si los agentes querían solicitar a Trinidad información sobre Warner o pedir formalmente su arresto a petición del gobierno de Estados Unidos, tal solicitud tendría que pasar primero, incómodamente, por el escritorio del propio Warner.

Los registros de viaje mostraron que Warner viajaba de cuando en cuando a Estados Unidos, pero era un funcionario de alto nivel de un gobierno extranjero y viajaba con un pasaporte diplomático que le otorgaba inmunidad. No podía ser arrestado, detenido, citado, buscado o procesado.

En otras palabras, Jack Warner era intocable. Pero sus hijos no.

◆◆◆

Para cuando el primer hijo de Warner, Daryan, nació en 1968, Jack Warner ya se había comprometido su vida al futbol.

Cinco años antes, había sido elegido secretario general de la Asociación Central de Futbol, una organización regional de futbol en la compleja red de ligas de aficionados de Trinidad, y era delegado de la federación nacional del país. Daryll, su segundo hijo, nació en 1974, cuando Warner montaba una exitosa campaña para la secretaría de la federación, cargo que ocuparía durante 16 años hasta tomar el control de la CONCACAF.

A medida que su carrera futbolística florecía, Warner viajaba incesantemente, veía poco sus hijos y dejaba el trabajo de criarlos a su esposa, Maureen. Ella cubría sus ausencias y mantuvo a la familia unida, mientras que su esposo casi no desempeñó ningún papel en la educación de Daryan y Daryll. Los niños, por su parte, rara vez se quejaban.

Daryan era el inteligente. Obtuvo una licenciatura en negocios en la Universidad de las Indias Occidentales en Trinidad, una maestría en la Universidad Howard en Washington, D. C., e hizo un trabajo de posgrado en Australia y Corea del Sur. Hablaba coreano y un poco de español, estaba metido en una serie de empresas y poseía acciones en el mercado bursátil. Su hermano menor se parecía más a su padre, con los mismos ojos grandes, una sonrisa amplia y un espacio entre sus dos dientes frontales. Pero Daryll era algo así como un hijito de mamá, menos hábil académicamente, y en apariencia carente del espíritu empresarial que impulsaba a Daryan.

A pesar de sus diferencias, una cosa los unía: las licitaciones de papá. Daryan era dueño de un club de futbol profesional que su padre había fundado en Trinidad, y gerente de la agencia de viajes que su padre dirigía. Daryll, durante varios años, había sido oficial de desarrollo de la FIFA en el Caribe. Y ambos hijos fueron incluidos como directores de numerosas empresas iniciadas por su padre.

Fue Daryan quien en 2006 vendió por un precio excesivo entradas para la Copa del Mundo adquiridas por su padre a través de la FIFA y, cuando la FIFA contrató al auditor Ernst & Young para investigar el asunto, se le encomendó ocultar las pruebas, achacarse la culpa y asegurarse de que su padre no resultara implicado. Cuatro años más tarde, Daryll se inmiscuyó para ayudar a su padre a conseguir más entradas para la Copa del Mundo para que Daryan las revendiera, ignorando las advertencias de la FIFA de que esa práctica estaba prohibida.

Ese era el trato en el clan Warner. El futbol era el negocio familiar y se esperaba que todos participaran. Papá era el jefe, él ponía el cerebro y la influencia política, mientras que Daryan y Daryll eran los soldados, hacían trabajos ocasionales y, cuando surgían problemas, se paraban frente a las balas para que su padre permaneciera ileso.

◆◆◆

Poco después de haberse unido formalmente al caso, Steve Berryman verificó si había informes de actividad anormal sobre cualquiera de los sospechosos.

Conocidos en la aplicación de la ley como SAR, dichos informes son presentados por empleados de bancos y otros proveedores de servicios financieros para alertar a los reguladores sobre comportamientos que pudieran indicar cualquiera de una serie de delitos económicos, particularmente el lavado de dinero.

Era una rutina, algo que Berryman hacía en todos los casos, y que, a menudo, resultaba ser una mina de oro. Esta vez no fue la excepción. En julio de 2011, un cajero de una sucursal de JPMorgan Chase en el centro de Manhattan presentó un SAR después de procesar un depósito en efectivo de Daryan Warner.

Llegó a la ventanilla con 7,500 euros en efectivo, con la intención de depositarlos en su cuenta en el banco. Pero después de enterarse de que, según el tipo de cambio de ese día, el depósito equivalía a $10,636.50 dólares Warner hizo algo extraño. Pidió que le devolvieran 500 euros, con lo que el total del depósito era de $9,336.60.

Para un cajero entrenado, eso parecía extremadamente sospechoso. Conforme a la ley federal, los bancos deben presentar a los reguladores un informe de transacciones monetarias de los depósitos en efectivo de más de $10,000 dólares. Las personas que desean evitar tal escrutinio gubernamental a menudo realizan depósitos justo por debajo de esa cantidad, y dividen grandes sumas de dinero en docenas de pequeñas transacciones. La práctica se conoce como estructuración o con el colorido término de *pitufeo*, término supuestamente inspirado en la imagen de un ejército de pequeños duendecitos azules que hacen cientos de pequeños depósitos a la vez. Es ilegal, y al reducir deliberadamente su depósito para que quedara justo por debajo del umbral, Warner le había dado al cajero, sin darse cuenta, la impresión de que quería esconder un pitufeo. El SAR donde se detallaban las inquietudes del cajero fue un hallazgo muy emocionante para Berryman.

Pronto, el agente del IRS había identificado muchas de las cuentas bancarias en Estados Unidos que pertenecían a Daryan Warner y otros miembros de su familia, y había comenzado a extender los citatorios por la información de la cuenta. Descubrió también que los Warner volaban casi exclusivamente en American Airlines y que tenía varios vuelos diarios sin escalas entre Miami y Puerto España, por lo que también sacó los registros de vuelos de la aerolínea.

Con todos esos documentos ante él, Berryman podía comenzar a ver una narración clara como el cristal y altamente ilegal. Identificar los casos de pitufeo era la especialidad de los agentes del IRS, algo tan fácil y rutinario como otorgar una multa por exceso de velocidad para un patrullero. Berryman tenía una buena idea de lo que los Warner habían estado haciendo; ahora sólo era cuestión de probarlo hasta el último detalle.

Por lo tanto, durante gran parte de 2012, Berryman emprendió la laboriosa tarea de recopilar pruebas, buscar fichas de depósito y videos de cámaras de vigilancia bancarias, entrevistar cajeros y obtener análisis grafológicos para verificar que las firmas que encontró de verdad pertenecían a Daryan y Daryll Warner.

Era un trabajo meticuloso, extremadamente lento, y a Berryman le encantaba. Era exactamente el tipo de cosa que le gustaba por su exhaustividad, por su elegancia, por el hecho de que no dependía de nada más que pruebas documentales sólidas como una roca. Determinó el minuto exacto en que se hicieron los depósitos; tenía fotos de los Warner haciéndolos, cortesía de las cámaras de los cajeros automáticos; y, gracias a una entrevista con el cajero en la sucursal de Chase en Nueva York, tenía pruebas que demostraban su intención: al reducir intencionalmente el tamaño de su depósito a menos de $10,000 dólares, Warner mostraba un claro conocimiento de la ley que estaba tratando de eludir.

Era claro que los Warner habían estado dividiendo las transacciones durante años, pero Berryman decidió concentrarse en un periodo de cinco meses que empezaba poco después de que Warner renunció a todos sus cargos en el futbol mundial.

En ese tramo de tiempo, Berryman descubrió que Daryan y Daryll viajaron a Nueva York, Frankfurt, Aruba, Las Vegas, Colombia, Jamaica, Londres, Praga, San Petersburgo, Guadalajara y Dallas. A veces viajaban juntos; a veces sólos; en casi todos los casos se quedaban por unos días en Miami antes de regresar a Puerto España.

Casi todas las veces que pisaban suelo estadounidense, los hermanos Warner se dirigían a una sucursal bancaria o cajero automático para depositar efectivo. Principalmente se trataba de dólares, pero también euros, rublos y libras. Berryman identificó 112 depósitos independientes hechos en efectivo por menos de $10,000 dólares en diez cuentas diferentes en bancos estadounidenses, en el transcurso de todos esos viajes, lo que representaba un total de $619,563.70 dólares.

El 29 de agosto de 2011, por ejemplo, los dos Warner llegaron en un vuelo de American Airlines desde Aruba a Miami y, en unas pocas horas, depositaron $8,954.82 y $8,210.77 dólares en cuentas de Daryll en Bank of America y Citibank. Daryll regresó a Trinidad al día siguiente, mientras que su hermano mayor voló unos días después a Las Vegas, donde hizo tres depósitos separados por $9,900 dólares cada uno en cuentas del Chase y del Citibank, antes de regresar a Miami, depositando $9,950 en una cuenta del Chase, $9,900 en otra del Bank of America, y $9,800 y $9,900 en una cuenta del Wells Fargo. Finalmente, el 7 de septiembre, depositó $9,950 en Chase, $9,800 en Citibank, $9,920 en Bank of America y $9,960 en Wells Fargo, todos en Miami y Coral Gables.

En un lapso de de diez días, los hermanos habían depositado un poco más de $126,000 dólares en efectivo en siete cuentas diferentes en cuatro bancos estadounidenses distintos.

Al mirar todos los registros de depósitos que había conseguido, Berryman se recordó a sí mismo que los días de futbol de Warner ya habían terminado cuando todo esto estaba sucediendo. Era un ministro del gobierno que ganaba el salario de un empleado público en Trinidad. Era difícil no preguntarse de dónde venía todo ese efectivo.

◆◆◆

El paseo marítimo de Miami está bordeado por elevados rascacielos residenciales, relucientes monumentos genéricos a la riqueza internacional recién adquirida que sobresalen del nivel del mar. En los últimos quince años, habían ingresado miles de millones de dólares a estos edificios, que parecían crecer como la hierba cuando los inversionistas extranjeros usaban el mercado inmobiliario para convertir divisas en dólares y estacionarlas de manera segura en Estados Unidos.

El Skyline Condominium, en el vecindario Brickell ubicado a dos kilómetros y medio al sur del centro de Miami, es un buen ejemplo de lo que se puede llamar la escuela de arquitectura para extranjeros del sur de Florida, que privilegia la velocidad de construcción por encima de cualquier pretensión de expresión artística. La torre blanca y azul, terminada en 2004, tiene 35 pisos de altura y ofrece vistas panorámicas de la Bahía de Biscayne. Tiene portero, marina privada, piscina, cancha de voleibol de playa, gimnasio y estacionamiento con valet parking, características que hacen que el edificio sea indistinguible de las torres a cada lado.

A fines de 2005, Daryll Warner compró un penthouse de tres habitaciones en el Skyline por $990,000 dólares; financió la compra con una hipoteca que solicitó utilizando información falsa sobre su empleo, residencia, ingresos y bienes. Le aseguró al prestamista que pagaría el enganche de $300,000 dólares de sus propias cuentas, estableciendo así que él era el único comprador, pero de hecho dos tercios del dinero provenían de un cheque de caja emitido por la cuenta de una compañía perteneciente a su hermano mayor, y los $100,000 restantes de una cuenta en nombre del «Centro de Excelencia de la CONCACAF».

Tarde en la noche del martes 20 de noviembre de 2012, Steve Berryman se sentó en un automóvil estacionado afuera del Skyline, mirando fijamente hacia el departamento de Warner hasta ver que todas las luces se apagaron.

◆◆◆

Varias semanas antes, Jared Randall recibió una alerta automatizada de una base de datos de Aduanas y Protección Fronteriza que rastrea la entrada de todas las personas que ingresan al país por aire o por mar. Los oficiales pueden enviar los nombres de los que deben estar atentos, y tan pronto como una de esas personas reserva un boleto de avión, alerta al sistema, lo que desencadena un correo electrónico automático.

Conforme el equipo ampliaba el alcance de su investigación, su lista de vigilancia fronteriza crecía y las alertas llegaban con mayor frecuencia a medida que los funcionarios mundiales de futbol entraban y salían del país. Las llegadas pendientes representaban posibles oportunidades que provocaban largas discusiones entre Norris y Berryman sobre los beneficios de girar citatorios en el aeropuerto, por ejemplo, o intentar acorralar a alguien más para que se cambiara de bando. Pero debido a sus preocupaciones sobre la preservación del secreto del caso, la mayoría de las alertas aparecían y desaparecían sin que se tomara medida alguna.

Esta vez era diferente. Jack Warner estaba volando a Miami con motivo de la celebración de Acción de Gracias, y su esposa y sus dos hijos iban a estar allí también. Era la oportunidad que los investigadores habían estado esperando.

La cirugía de corazón había dejado a Berryman fuera de servicio durante casi tres semanas. Desde que regresó al trabajo, su corazón había sufrido fibrilación auricular varias veces, episodios terribles que le hicieron pensar que podría tener un ataque en cualquier momento. Cuando voló a Nueva York desde California a principios de esa semana, todavía estaba tan débil que no podía sacar su maleta del carrusel de equipaje sin pedirle ayuda a un extraño.

Pero temprano el 20 de noviembre, Berryman se puso traje y corbata y compareció ante un juez magistrado de Estados Unidos en el tribunal federal de Brooklyn para jurar una demanda penal sellada contra Daryan y Daryll Warner, luego tomó un vuelo a Miami para vigilar el condominio hasta que estuvo seguro de que todos se habían ido a dormir, algo que los agentes llaman "mandar al blanco a dormir".

Aproximadamente una hora antes del amanecer de la mañana siguiente, Berryman se encontró con Randall, dos agentes locales del FBI y dos agentes del IRS radicados en Miami en el estacionamiento de una iglesia. Mike Gaeta, como supervisor del escuadrón C-24, había estado ausente del trabajo diario del caso, ocupado en la supervisión de numerosas investigaciones diferentes en las que sus diversos agentes trabajaban simultáneamente, pero también viajó al sur. Esto era importante. Todos los agentes usaban chalecos antibalas y cazadoras de nailon, con los logotipos del FBI o IRS-CID POLICE impresos en letras grandes en la parte posterior.

Condujeron juntos hacia el edificio de los Warner, aparcaron en el estacionamiento subterráneo y subieron en el ascensor hasta el vestíbulo, donde un guardia de seguridad los acompañó hasta un segundo ascensor de alta velocidad, girando una llave en el panel de control para evitar paradas innecesarias.

Los siete agentes federales se detuvieron en la puerta negra del penthouse para desenfundar sus armas, dejando que colgaran sobre el costado. Entonces Gaeta, con las órdenes de arresto en la mano, tocó la puerta. Apenas eran las seis de la mañana del día de Acción de Gracias y el edificio estaba en completo silencio. Mientras esperaban, los agentes se quedaron de pie en el pasillo alfombrado, envueltos en el silencio, con los ojos muy abiertos.

Finalmente, Daryan, bajito como su padre, pero más musculoso, con bíceps abultados, una cara juvenil y pintando algunas canas, abrió la puerta, atontado por el sueño.

—FBI —ladró Gaeta—. Queda arrestado.

Daryan dejó entrar a los agentes y se dispersaron por el departamento, yendo de habitación en habitación para asegurarse de que no hubiera armas, antes de regresar y de guardar sus pistolas en sus fundas. Para entonces, toda la familia Warner estaba en la sala, con miradas atónitas en sus caras. Los hermanos tenían que vestirse y buscar sus pasaportes, dijo Gaeta, y mientras lo hacían, tal vez papá querría conversar un poco.

Mientras los otros agentes acompañaban a Daryan y a Daryll a sus habitaciones, Randall, Berryman y Gaeta se sentaron a la mesa del comedor junto con Jack Warner.

Si no podían arrestar al hombre, entonces quizás podrían reventar a sus hijos frente a él, impresionándolo tanto que cooperaría. Ese era el gran plan, y era la razón por la cual Gaeta hizo el viaje hasta Miami. Él era el que hablaba, el que había hecho una carrera al convertir a los endurecidos sabuesos genoveses en palomas mensajeras. Él comenzó este caso dos años antes y ahora, con un poco de suerte, iba a dar un gran paso para cerrarlo.

—Nos gustaría hablar con usted sobre la posibilidad de que coopere —comenzó Gaeta con su acento neoyorquino que invadía la tensa atmósfera—. Esta es su oportunidad de salir limpio y de arreglar las cosas.

Quería saberlo todo, dijo. Sobre los sobornos. Acerca de las Copas del Mundo para Rusia y Qatar. Acerca de los boletos, las compañías en paraísos fiscales y sobre Sepp Blatter.

—Usted prometió un tsunami —dijo Gaeta, refiriéndose a las declaraciones citadas a menudo por Warner antes de su renuncia de la FIFA—. Queremos saber todo sobre ese tsunami.

—¿A dónde llevan a mis hijos? —quiso saber Warner.

Era como si los dos hombres estuvieran hablando, haciendo contacto visual, pero sin escucharse realmente. A medida que Gaeta se animaba más y marcando con más fuerza su acento neoyorquino, Warner parecía ponerse rígido, y su agudo acento trinitense se tornaba más pronunciado. Su nerviosismo inicial se desvaneció, y sus rasgos se endurecieron progresivamente. Warner era mucho más duro de lo que cualquiera podía pensar.

—Esta es tu oportunidad —repitió Gaeta— para salir limpio.

Para entonces, Warner tenía su teléfono celular en la mano y parecía cada vez más ansioso por usarlo.

—Lo pensaré —dijo Warner, con la mirada fija ahora y llenándose de una fría furia—. Conseguiré un abogado.

Todo había terminado. La conversación duró menos de diez minutos. Warner no estaba mordiendo el anzuelo.

Para entonces, Daryan y Daryll estaban listos para partir. Los agentes se pusieron de pie, con miradas decepcionadas. Les leyeron a los hermanos sus derechos Miranda, les colocaron esposas en las muñecas, luego los escoltaron para salir de su penthouse, bajaron al estacionamiento y condujeron hasta la oficina de dos pisos del FBI en North Miami Beach.

Para cuando llegaron, Jack Warner había contratado abogados para sus hijos. Horas después, Daryan y Daryll volaban con destino a Nueva York, acompañados de Randall y otros agentes, mientras que Berryman se quedó en Miami para entrevistar a unos cuantos cajeros más sobre los depósitos que habían hecho los Warner.

El caso que él había construido contra ellos era fuerte. Por dividir depósitos por más de $100,000 dólares en menos de un año, cada hermano enfrentaba cargos por hasta diez años de prisión además de multas significativas. Tenían pocas opciones además de cooperar, y antes de que terminara el mes, al igual que a Blazer, les estarían ofreciendo acuerdos para colaborar con los agentes de Brooklyn para rebajar sus sentencias.

Norris y los demás habían visto a Warner como la clave de todo el caso, y habían pasado meses formulando estrategias sobre la mejor forma de jalarlo antes de que se les ocurriera lo que parecía ser el plan ganador. Pero el astuto trinitense había mirado directamente a sus antagonistas a los ojos, y ni siquiera había parpadeado.

El día después de que arrestaron a sus devotos hijos frente a él, Warner regresó volando a los confines seguros de su Trinidad natal, lejos de todos.

19
«UNA TRISTE Y LAMENTABLE HISTORIA»

A principios de 2008, un gran jurado federal en Brooklyn dictó una acusación conjunta contra 72 miembros de las familias criminales Gambino, Genovese y Bonanno, y en una serie de redadas en Nueva York, Nueva Jersey y Sicilia, agentes federales hicieron docenas de arrestos. Los Gambino eran particularmente uno de los blancos, con 54 miembros de la familia arrestados y, finalmente, una generación entera de líderes de los Gambino fue a prisión.

La operación fue un éxito rotundo, llenando las primeras planas de la prensa, mismas que los fiscales recortaron, enmarcaron y colgaron con orgullo en las paredes de sus oficinas. Pero las detenciones y las subsecuentes acusaciones no desmantelaron por completo el negocio de la familia Gambino. Al contrario, con los viejos jefes fuera de servicio, rápidamente emergieron nuevos líderes para hacerse cargo, formando un panel de tres personas que supervisaban secretamente las actividades delictivas del sindicato.

En enero de 2011, los agentes realizaron una redada aún mayor en la que arrestaron a unas 125 personas con base en dieciséis acusaciones diferentes. Los tres miembros del nuevo panel gobernante de la familia del crimen Gambino fueron arrestados y, en marzo de 2013, Norris abandonó temporalmente el caso del futbol para enjuiciar a uno de ellos, un mafioso de larga data llamado Bartolomeo Vernace, pasando el mando a Amanda Hector y Darren LaVerne.

El 17 de abril, después de un agotador juicio de cinco semanas, Norris ganó condenas por cargos de la Ley RICO, narcóticos, apuestas, usura, robo, armas de fuego y asesinato, y finalmente Vernace fue sentenciado a cadena perpetua sin derecho a libertad condicional. Pero una vez más, los arrestos y las acusaciones no desmantelaron por completo el negocio familiar. Mucho antes del caso de Vernace, otro tipo listo, Domenico Céfalu, se había convertido en el nuevo jefe de los Gambino.

Así era cómo funcionaba la lucha contra el crimen organizado. Apenas atrapabas a una generación de delincuentes ya tenías que perseguir a los que venían detrás de ellos.

◆◆◆

El 19 de abril de 2013, Sir David Simmons, expresidente de la Suprema Corte de Justicia de Barbados, se dirigió al congreso de la CONCACAF en el Westin Playa Bonita en Panamá para anunciar los resultados de la larga investigación interna de la administración de Jack Warner y Chuck Blazer.

Trabajando para el Comité de Integridad de la confederación, los abogados de Sidley Austin y un equipo de contadores habían entrevistado a 38 testigos, revisado cuatro terabytes de datos y estudiado minuciosamente montones de registros bancarios, correos electrónicos y correspondencia. Su conclusión, dijo Simmons, era que el liderazgo anterior de la CONCACAF había «malversado fondos» y «cometido fraude». Warner y

Blazer habían dirigido la confederación completamente a su conveniencia, para obtener ganancias ilícitas, y debían ser condenados.

El informe final de 144 páginas, que aun no se hacía público, presentaba una narración impresionante de intereses, revelaciones incompletas y robos descarados. Entre su contrato del 10 por ciento, otros honorarios y el uso a discreción de las cuentas de gastos de la confederación para costear su elevado estilo de vida, incluido el alquiler, Blazer había robado la asombrosa cantidad de $20.6 millones de dólares a la confederación entre 1996 y 2011, según arrojó la investigación. Había puesto en riesgo la organización del futbol al no presentar sus declaraciones de impuestos, y había hecho que esta comprara numerosas propiedades que eran sólo para beneficio de él.

Warner, mientras tanto, había abusado de su presidencia en secreto para hacerse dueño del Centro de Excelencia, apropiándose de aproximadamente $26 millones de dólares en fondos que pertenecían a la CONCACAF, incluidos $462.200 dólares enviados por la federación de futbol de Australia en relación con su oferta para la Copa Mundial de 2022. Warner incluso tenía cuentas bancarias secretas que sólo él controlaba, en nombre del Centro de Excelencia de la CONCACAF, donde recibía depósitos directamente de la FIFA de los que únicamente él podía beneficiarse.

«Relaté una historia triste y lamentable de la vida de la CONCACAF», dijo Simmons. Una historia de abuso de autoridad y poder por parte de personas que ayudaron a que la organización se volviera rentable, pero se enriquecieron a expensas de sus propias organizaciones».

Después de la presentación, Jeffrey Webb, flanqueado por Sepp Blatter y Enrique Sanz, convocó a los periodistas para pronunciar su desaprobación. «Los miembros están obviamente muy decepcionados, algunos de ellos profundamente decepcionados, y tienen derecho a estarlo», dijo Webb. «Con justa razón».

◆◆◆

Con tan sólo diez meses como presidente de la confederación, Webb ya era toda una estrella en el mundo del futbol.

A fines de febrero, Webb había sido nombrado la «Persona del Año» de las Islas Caimán, y a principios de marzo, Sepp Blatter lo nombró presidente del nuevo equipo de trabajo contra el racismo y la discriminación de la FIFA.

Con 48 años todavía, Webb era uno de los siete vicepresidentes de la FIFA y un orador público y embajador del deporte cada vez más solicitado; comenzaron a difundirse rumores de que algún día podría reemplazar a Blatter como presidente de toda la organización.

Había hablado de forma reiterada con los líderes de la confederación sudamericana sobre su idea de un Centenario de la Copa América, y había pasado varios días antes del congreso de Panamá acompañando a Blatter y al secretario general de la FIFA, Jerôme Valcke, en una gira por República Dominicana, Haití y finalmente Cuba, donde tuvieron una reunión cara a cara con el propio Raúl Castro. A donde fueran, pregonaban, las reformas que estaba haciendo

De hecho, Webb había hecho cambios, y considerables, pero en lugar de limpiar el deporte, parecían dirigidos a rodearse de personas que le eran leales sólo a él y que protegerían su creciente colección de actividades ilícitas.

De inmediato, Webb incorporó a Sanz, su vínculo con Traffic y los ricos sobornos que prometía la relación. Fue una elección notablemente descarada, una que puso los intereses personales de Webb por delante de los de la confederación, y una clara señal de cómo veía el papel del presidente: una oportunidad de obtener tanto oro como pudiera.

El oportuno nombramiento de Sanz fue mutuamente benéfico, por supuesto; le daba a Traffic una enorme ventaja sobre sus competidores ya que Sanz, al trabajar con Webb, podía excluir a todas las demás empresas de mercadotecnia deportiva. El arreglo era un eco sospechoso del que se había forjado más de 35 años antes, en los albores de la mercadotecnia deportiva moderno, cuando Coca-Cola y Adidas colocaron al joven Sepp Blatter dentro de la FIFA como oficial de desarrollo, asegurando su monopolio del futbol en los años venideros

A continuación, Webb creó el Comité de Integridad para ventilar la podredumbre de la administración anterior y envió $2 millones de dólares del dinero de la confederación a Sidley Austin para que produjera su informe condenatorio, un gasto que se sumaba a las generosas facturaciones mensuales del despacho legal. En octubre, formó un Comité de Auditoría y Cumplimiento, supuestamente encargado de la tarea crítica de revisar los libros contables de la confederación para asegurarse de que no ocurrieran más abusos financieros, pero se aseguró de que los nacidos caribeños superaran en número a todos los demás en el panel, entre ellos un amigo cercano de las Islas Caimán.

En diciembre, Webb formó un comité financiero de nueve hombres, presidido por un traficante de influencias jamaiquino, acérrimo defensor de Webb. Ese panel también tenía una mayoría caribeña, incluido otro de sus amigos de casa.

Webb también creó una oficina de integridad, encargada de monitorear la corrupción y particularmente de erradicar los partidos que se rumoraba que estaban arreglados dentro de la CONCACAF, particularmente en los países centroamericanos de la confederación, que habían sido blanco de sindicatos de apuestas. Sin embargo, el director de la oficina pronto descubrió que Webb no tenía intención de implementar ninguna de sus reformas para finalmente dejar de hablar siquiera de ellas.

En enero de 2012, Webb expulsó a un funcionario panameño del Comité Ejecutivo de la confederación y lo reemplazó con Eduardo Li, un costarricense que había encabezado la federación de futbol de su país desde 2007. A diferencia del panameño, Li era leal a Traffic y tenía una relación estrecha con Enrique Sanz. En 2009, rechazó una oferta de Media World para comprar los derechos de Costa Rica en las eliminatorias de la Copa Mundial, y en su lugar, aceptó la de Traffic; durante las negociaciones, Sanz, todavía con la empresa de mercadotecnia deportiva en ese momento, acordó pagarle un soborno de seis cifras.

Hacía mucho tiempo que Chuck Blazer había anunciado que no buscaría otro mandato en el ExCo de la FIFA después de que expirara su periodo, y Webb había dejado en claro que quería que Sunil Gulati, el presidente de la Federación de Futbol de Estados Unidos, ganara ese codiciado puesto. Gulati había sido uno de los partidarios más entusiastas de Webb y lo puso en contacto con los abogados de Sidley Austin.

Sin embargo, había una considerable oposición dentro de la membresía ante la candidatura de Gulati, ya que muchos la veían contaminada por su conocida y larga amistad con Blazer. Tales actitudes eran «injustas», decía Webb a los delegados de la confederación. «Esperaría y creería que nuestra membresía es mucho más madura y está más allá de eso».

Gracias a un voto decisivo de la pequeña nación caribeña de Anguila, Gulati ganó la elección por un estrecho margen. Y en último punto de la agenda del congreso, Webb convenció a la membresía para que permitiera que cinco nuevos miembros entraran a la confederación: Guayana Francesa, Guadalupe, Martinica, Saint Martin y Sint Maarten. Pero más miembros del Caribe sólo consolidarían aún más el poder de Webb en la CONCACAF.

Webb aún no recibía ningún salario, e hizo una demostración pública de ello como una especie de testimonio de su pureza. Pero su estilo de vida era cada vez más extravagante, gracias, en gran parte, a los sobornos y «mordidas» que seguían llegando.

El 14 de diciembre, por ejemplo, el último medio millón de dólares que Traffic acordó pagar en secreto a Webb por el trato de la UCF aterrizó en la cuenta bancaria de Costas Takkas en Caimán. Takkas a su vez envió parte del soborno a una de sus cuentas en Miami. Parte de ese dinero fue transferido a la cuenta de un contratista local para que construyera una alberca en una mansión de ocho habitaciones que Webb compró a las afueras de Atlanta, y cuando un funcionario del banco preguntó por el propósito de la operación, Takkas dijo que era un regalo de bodas para Webb. Otra porción del dinero fue transferida a una cuenta en el SunTrust Bank en Georgia, dinero que Webb utilizó para expandir sus propiedades inmobiliarias en el área.

El 13 de enero, Webb cerró un trato de una propiedad de tres dormitorios y cerca de 500 metros cuadrados en Conyers, Georgia, por la cantidad de $64,000 dólares. Luego, el 15 de febrero, compró otra propiedad en Georgia, pagando $140,000 dólares por un inmueble de ladrillo con cuatro dormitorios que estaba en remate hipotecario en la ciudad de Stone Mountain.

Chuck Blazer todavía estaba hablando con los agentes, y Daryan y Daryll Warner también estaban inmiscuidos en sus reuniones de colaboración. Pero como colaboradores sólo podían contar historias del pasado. No sabían nada de lo que había sucedido después.

La CONCACAF era ahora la organización de Webb, y estaba tan torcida como siempre, si no es que más. Los paralelismos crecientes con los casos de la *Cosa Nostra* que Norris y los otros agentes de su equipo estaban acostumbrados a manejar habrían resultado sorprendentes para quien se tomara la molestia de echarles un vistazo.

◆◆◆

Jack Warner estaba cómodamente resguardado en Trinidad desde que arrestaron a sus hijos. En los cinco meses que habían transcurrido desde el incidente, no había hablado una sola palabra con nadie e irradiaba confianza cuando estaba en público, se burlaba de la idea de que él hubiera hechos cosas mínimamente sucias. Pero la verdad era que se le estaba viniendo el mundo encima.

El 20 de abril, el día después de que la CONCACAF publicara su informe de integridad que detallaba las décadas de corrupción de Warner, la primera ministra de Trinidad y Tobago, Kamla Persad-Bissessar, interrumpió una visita a Washington. Volvió de prisa a su residencia privada a las afueras de Puerto España y convocó a una reunión de emergencia del gabinete para la tarde del sábado.

Warner llegó vistiendo una guayabera rosa y blanca, y esperó en la puerta principal mientras platicaba con otros ministros. Poco después de las cuatro, fue recibido por Persad-Bissessar. Los dos se reunieron en privado durante una hora, luego Warner se alejó sin contestar las preguntas de los periodistas que esperaban afuera.

El flujo aparentemente interminable de escándalos que perseguían a Warner lo habían convertido en una figura muy controversial desde su primer nombramiento en el gabinete tres años antes. Pero era presidente del Congreso Nacional Unido, el partido político más poderoso del país, el que controlaba la coalición gobernante que había llevado a Persad-Bissessar al poder. También era miembro del Consejo Nacional de Seguridad del país, que administra las operaciones de inteligencia nacionales e internacionales de Trinidad. Aunque Warner era despreciado por unos, era enormemente popular entre su base y era temido por otros políticos, a quienes preocupaba su gran capacidad de chantaje y venganza.

Como resultado, Warner pudo manejar airosamente la protesta mundial por el escándalo de sobornos en Puerto España, además de su posterior renuncia a la FIFA, la CONCACAF y la UCF. De hecho, el poder de Warner en casa parecía ir al alza.

A partir de febrero de 2013, empezaron a correr rumores de que los hijos de Warner, a quienes no se les había visto en Trinidad por meses, estaban bajo arresto domiciliario en Miami. Warner, siempre un político elusivo, se negó a confirmar o negar cualquier cosa, diciendo que «no diría nada hasta que alguien fuera lo suficientemente valiente como para publicar algo o decir algo al respecto».

Entonces, el 27 de marzo, el periodista de Reuters Mark Hosenball hizo precisamente eso y publicó un artículo en el que afirmaba que Daryan Warner se había convertido en testigo colaborador en «una investigación del FBI sobre supuesta corrupción en el futbol internacional». El artículo, que citaba a un funcionario anónimo del gobierno diciendo que «se perfila como un caso importante», curiosamente no mencionó a Daryll Warner, pero dejaba en claro que Jack Warner era un punto central de la investigación.

Había pasado más de un año desde que se mencionara algo sobre el caso en la prensa mundial. Originada claramente desde el interior de las fuerzas del orden, la nueva filtración era exactamente el tipo de indiscreción que Norris como agente en jefe había intentado evitar por todos los medios posibles.

La reacción del público en Trinidad fue inmediata y feroz, y los clamores por la renuncia de Warner surgieron de los partidos políticos rivales y los sindicatos. Pero la primera ministra dijo en un comunicado que ella se reservaba el juicio, y que esperaba la corroboración de la información de la que hablaba el artículo por parte de las autoridades estadounidenses «antes de tomar cualquier determinación o pronunciamiento».

El toque de tambor se volvió más fuerte cuando el *Trinidad Express* comenzó a publicar, el 14 de abril, una enorme investigación de varias partes sobre los asuntos financieros de Warner que revelaba décadas de dinero faltante y posiblemente robado, desvío de salarios de los jugadores de futbol, entradas de la Copa Mundial revendidas y fraude público. Sin embargo, el 18 de abril, el portavoz de la primer ministro insistió en que Warner «goza del total apoyo de todos y cada uno de los miembros del gabinete» y señaló que él «es uno de los ministros más trabajadores de nuestro Gabinete y deseamos que más personas tengan esa ética de trabajo».

El informe de la CONCACAF, con toda su especificidad y detalle, puso finalmente la última estocada. Warner se había convertido en una vergüenza pública y una distracción para la administración, y dominaba las conversaciones en la isla. Por su parte, Warner dijo que el asunto «no me preocupa y, hasta donde yo sé, es infundado y malicioso».

El sol ya se había puesto hacía rato en aquel sábado de primavera cuando la primera ministra finalmente salió de su residencia y se colocó bajo el brillo de los reflectores de la televisión. Con aspecto fatigado y un vestido rojo elegante, saludó a la prensa con una sonrisa tensa.

«Acepté la renuncia de Jack Warner como Ministro de Seguridad Nacional», dijo Persad-Bissessar.

Tres meses después, Warner recibía una llamada telefónica del jefe de inmigración de Trinidad, Keith Sampson, requiriéndole que devolviera los pasaportes diplomáticos que él y su esposa tenían. Al parecer, el Ministerio de Relaciones Exteriores de la isla había esperado que Warner devolviera los documentos de viaje, junto con el teléfono celular, las llaves y la computadora emitidos por el gobierno tras su renuncia. Pero no lo había hecho y, de acuerdo con informes locales, la presión del gobierno de Estados Unidos había provocado una petición oficial más urgente.

En el teléfono, Warner pidió una semana más para poder transferir sus visas estadounidenses, emitidas el diciembre anterior, a un pasaporte regular. Pasaron siete días y Warner aún no había entregado los documentos. Lo que sí hizo fue una publicación en un periódico político que él financiaba, una virulenta declaración contra el gobierno por haberse atrevido a pedir los documentos en primer lugar.

Finalmente, el 26 de julio, el departamento de inmigración de Trinidad canceló los dos pasaportes. La inmunidad diplomática de Warner fue desmantelada, y ahora podría ser acusado de un crimen en Estados Unidos.

Warner, desafiante, dijo a los periodistas que no le importaba el pasaporte. No tenía intenciones de viajar al extranjero en el corto plazo.

◆◆◆

El 29 de abril de 2013, apenas diez días después de que la CONCACAF ventilara sus trapos sucios, el Comité de Ética de la FIFA publicó los tan esperados resultados de su revisión interna del asunto de la International Sport and Leisure (ISL). Al igual que los agentes suizos que les precedieron, los investigadores de ética de la FIFA descubrieron que la empresa de mercadotecnia deportiva había sobornado a funcionarios desde principios de la década de 1990 a cambio de derechos en el futbol, incluida la Copa Mundial. ISL siguió pagando sobornos hasta el momento de su bancarrota en 2001.

Aparte de los funcionarios de ISL que pagaron los sobornos, no quedaba claro si alguien sabía cuántos funcionarios de la FIFA habían estado bajo el subsidio de la compañía. Pero al final había sido la corrupción lo que la había matado: la empresa aceitó tantas manos que no pudo solventar sus pagos a la FIFA y otras organizaciones deportivas. ISL, que durante años había sido una de las empresas de mercadotecnia deportiva más poderosas del mundo, llevó los sobornos hasta tal punto que cayó en la insolvencia.

Una semana antes de que la FIFA publicara sus hallazgos, Havelange, de 96 años, a quien Blatter había nombrado presidente honorario de la FIFA de por vida cuando renunció en 1998, dimitió silenciosamente. Teixeira, por su parte, renunció a todas sus posiciones futbolísticas a principios de 2012. Los agentes suizos descubrieron que los dos hombres habían recibido al menos $15 millones de dólares de ISL a lo largo de los años, pero los dejaron ir después de que devolvieran escasamente un tercio de ello. La FIFA dijo que Leoz, mientras tanto, aceptó $130,000 de ISL en 2000, y puede que hubiera recibido $600,000 adicionales a lo largo de los años. El 24 de abril, tan sólo cinco días antes de que la FIFA publicara sus hallazgos, Leoz también renunció.

Con los tres hombres formalmente fuera del juego, la FIFA cerró su investigación, basándose en que «cualquier otro paso o sugerencia es superfluo».

20

«NO NOS INVOLUCRES»

A principios del siglo XX, el río Miami fue dragado, se extrajeron enormes cantidades de fango, arena y piedra caliza de su lecho que se vertieron en la Bahía de Biscayne, creando dos desagradables islas de desechos cerca de la costa, apestosas y repletas de ratas.

Las islas finalmente se consolidaron en una masa terrestre llamándose Brickell Key. A partir de finales de la década de 1970, los desarrolladores construyeron un puente que las conectaba con tierra firme, y comenzaron a construir una serie de altísimas torres de condominios que en su mayoría se vendían a compradores adinerados de América Latina. La mayoría no vivía allí a tiempo completo, lo que creaba un tranquilo enclave al otro lado del estrecho canal de uno de los distritos más concurridos de Miami.

Brickell Key está resguardado tras portones y patrullado por guardias de seguridad. Uno de sus únicos espacios públicos es el lujoso hotel de cinco estrellas con 295 habitaciones, el Mandarin Oriental, que se encuentra entre los mejores de todo Miami.

Temprano en la mañana del 3 de mayo de 2013, Jared Randall, acompañado por otro agente del FBI y un traductor, se acercó a la recepción del Mandarin Oriental. Se identificó, mostró su placa y le pidió al empleado que llamara a la habitación de José Hawilla y le pidiera que bajara.

Hawilla, calvo, con una suave barbilla, gafas de montura metálica y grandes ojos oscuros, dormía profundamente con su esposa; no eran siquiera las 6:30 de la mañana. Pero se vistió rápidamente y bajó al lobby para ver de qué se trataba. Era natural sentirse nervioso, especialmente como extranjero, cuando el FBI aparece sin avisar.

Escogiendo cuidadosamente sus palabras, Randall le dijo al sorprendido brasileño que el gobierno estaba investigando la corrupción en el futbol. Enseguida, Randall reprendió formalmente a Hawilla: le dijo deliberadamente que, sin ir más lejos, tenía que entender que cualquier mentira o tergiversación podría considerarse un delito.

Hawilla, hablando en portugués, se identificó y reconoció que era dueño de Traffic, que tenía sus oficinas en Miami en el cuarto piso de un edificio en Brickell Key, a escasos cien metros del hotel.

Entonces Randall fue directo al grano. ¿En algún momento Hawilla había sobornado a Ricardo Teixeira, Nicolás Leoz o Julio Grondona, el presidente de la Asociación Argentina de Futbol?

No, respondió Hawilla, Traffic era una empresa limpia que hacía las cosas bien. No se involucraba en ese tipo de conducta, enfatizó, y nunca lo había hecho.

«¿Qué hay de Chuck Blazer?», preguntó Randall. ¿Alguna vez Traffic o sus intermediarios sobornaron a Chuck Blazer o se lo ofrecieron?

«No», replicó Hawilla.

¿Sabía sobre alguna compañía que hubiera sido utilizada para enviar dinero a Blazer?

No, repitió Hawilla.

¿Podría recordar si alguna vez se había enviado dinero a Blazer en nombre de Traffic a través de una empresa en Panamá?

No.

¿O a una empresa en Uruguay?

No, insistió Hawilla, no recordaba nada de eso.

Tranquilamente, Randall repitió las preguntas varias veces mientras acompañaba a Hawilla al restaurante del hotel, donde el brasileño pidió café y un desayuno. Los agentes no lo compartieron.

Y luego, después de no más de quince minutos, concluyó la breve entrevista. Randall le agradeció a Hawilla por su tiempo y se fue, dejando al ejecutivo suramericano perplejo y sobresaltado.

◆◆◆

Habían sido unos meses estresantes.

A principios de 2013, Hawilla finalmente puso a la venta la mayoría de sus periódicos. Sus muchos intentos de cambiar los pequeños diarios no habían contribuido a frenar el precipitado declive en la circulación, e incluso después de despedir a 80 empleados, la pérdida no se detuvo. Finalmente admitió la derrota, preparándose para considerarlos como una pérdida casi total.

Luego Hawilla voló a Buenos Aires para reafirmar sus planes del acuerdo para la Copa América con sus antiguos rivales. Se habían reunido el 13 de marzo en las oficinas de Full Play en el decimotercer piso de una brillante torre de oficinas a pocas cuadras del Estadio Monumental, el estadio más grande y con más historia de Argentina, donde el equipo nacional venció a Holanda para ganar su primer título de Copa Mundial 35 años antes.

Alrededor de quince personas asistieron a la reunión, y los ejecutivos y sus abogados revisaron el convenio de accionistas de tres vías, así como los aspectos técnicos de la asociación, asignando responsabilidades para cada compañía. Torneos estaría a cargo de la producción de la Copa América, Traffic vendería patrocinios, y Full Play vendería los derechos de transmisión y también administraría la nueva compañía de tres cabezas que estaban formando, la cual nombraron *Datisa*.

Los Jinkis de Full Play y Alejandro Burzaco de Torneos dijeron que habían negociado para pagar a la Conmebol $80 millones de dólares por cada edición del torneo, incluida la edición de Centenario en 2016. Era una prima sustancial sobre el precio anterior, pero considerando cuánto se habían valorado los derechos de futbol en los últimos años, y cuántas ediciones de la Copa América cubría el contrato, todos coincidieron en que era una ganga.

La reunión sucedió el mismo día en que Jorge Bergoglio, el arzobispo de Buenos Aires, fue elegido como primer pontífice sudamericano, y el anuncio del Vaticano interrumpió la reunión. Los jubilosos argentinos salieron a la calle para celebrar al papa Francisco, y Hawilla y Burzaco aprovecharon la oportunidad para dar un paseo juntos. Los dos hombres se conocían desde hacía un tiempo y se llevaban bien.

Mientras paseaban, Burzaco confió a Hawilla que los tres miembros sudamericanos del ExCo de la FIFA habían solicitado sobornos a cambio de sus votos para definir la sede de la Copa del Mundo de 2022, y habían acordado dividir $5 millones de dólares por su respaldo a Qatar. Pero luego salió a la luz, le dijo Burzaco, que Ricardo Teixeira, de Brasil, en realidad había negociado un soborno de $50 millones de dólares por los votos y se había reservado casi todo para él, lo que enfureció a los otros dos funcionarios, Julio Grondona y Nicolás Leoz, cuando se enteraron de la verdad.

Fue una terrible revelación, pensó Hawilla, una corrupción profunda en el evento más importante del deporte. Pero de alguna manera sentía que era abismalmente predecible. Recordó que una vez Teixeira le mostró un reloj muy caro que había recibido como regalo de Mohamed bin Hammam, y todo comenzó a tener sentido. No era el único que no había podido sustraerse de los sobornos; era imposible participar en el negocio del futbol sin ellos.

Cuando ambos hombres regresaron a las oficinas de Full Play, Mariano Jinkis dijo que quería reunirse con ellos en privado. Hawilla supo de inmediato cuál sería el tema. Efectivamente, Jinkis y Burzaco le dijeron que habían pagado grandes sobornos a una docena de funcionarios sudamericanos, incluido todo el Grupo de los Seis, para hacerse con la Copa América, y se habían comprometido a seguir pagándolos por cada edición sucesiva del torneo. Hasta ahora, la cuenta era de $40 millones de dólares, dijo Jinkis, y como socio igualitario en Datisa, Traffic debía cooperar con una tercera parte. Jinkis le recordó que también esperaban que retirara la demanda que había presentado en contra de Full Play y Conmebol lo antes posible.

Hawilla se sintió asqueado. Tontamente había esperado que este trato fuera diferente. Pero no opuso resistencia; tomó un vuelo de regreso a Brasil una hora más tarde, y se sintió desesperado por escapar de la conversación. Mariano Jinkis lo siguió al salir, explicándole que Hawilla jamás tendría que pagar los sobornos directamente. Insistió en que prefería manejarlos él mismo.

—Puedes estar tranquilo —dijo Jinkis, sonriendo ampliamente—. Porque ya me encargué yo de todo.

◆◆◆

Hawilla había venido a Miami a principios de mayo para una breve visita, principalmente para cerrar el trato de una propiedad que estaba comprando en Fisher Island. Tachonado de condominios de lujo dispuestos alrededor de uno de los campos de golf de mayor rango en Estados Unidos, Fisher Island era la zona postal más rica de todo el país.

Por $6.5 millones de dólares, la mitad pagada en efectivo, Hawilla estaba comprando una unidad de casi 400 metros cuadrados con tres habitaciones en el lado de la isla que daba al Atlántico, justo encima de una playa artificial de fina arena blanca importada de las Bahamas. La inesperada irrupción del FBI había ocurrido un viernes, y Hawilla tenía previsto reunirse con su abogado para el cierre formal del condominio el martes siguiente. Estaría de vuelta en Brasil en menos de una semana.

Durante el fin de semana, sin embargo, fue difícil para él no detenerse a pensar en lo que había sucedido. ¿Cuánto sabía el FBI? ¿De dónde estaba este joven agente sacando tanta información sobre viejos asuntos de negocios? Era desconcertante. Y luego, el lunes, sonó el teléfono de Hawilla. Era nada menos que Chuck Blazer.

Hablando en español, Blazer sorprendió a Hawilla al decirle que agentes del FBI habían ido a su departamento esa misma mañana con preguntas sobre su cuenta bancaria en las Islas Caimán y sobre «dos compañías, una de Uruguay y otra de Panamá». ¿Acaso Hawilla tenía alguna idea?, se preguntaba, ¿qué estaba pasando y cuánto sabía el FBI?

—Por favor, te pido como amigos…que…que…no nos involucres por la investigación —respondió Hawilla, molesto—. También vinieron a verme —continuó—. Vinieron a verme dos agentes del FBI.

—¿A ti? —preguntó Blazer, fingiendo una nota de sorpresa en su tono ronco.

Hawilla le explicó que los agentes habían preguntado repetidamente sobre las transferencias de dinero a Blazer desde cuentas en Uruguay y Panamá, y que él había respondido que no sabía nada.

—Me preguntaron si había pagos fuera del contrato —continuó el brasileño—. No lo sé. La verdad es que no lo sé. Sólo te pido que no nos menciones porque de lo contrario nos involucrará en un... un...un... un problema muy grave, ¿sabes?

◆◆◆

Blazer había comenzado a grabar en secreto sus llamadas telefónicas con Hawilla casi un año antes.

Después de decirle a Norris y al resto del equipo sobre las décadas de sobornos de Traffic, había revisado sus viejos archivos en busca de pruebas documentales.

Recordó recibir pagos de seis dígitos relacionados por los contratos de la Copa Oro que había firmado con las compañías de Hawilla, y finalmente encontró un puñado de documentos de entre 1999 y 2000 que mostraban transferencias a su cuenta bancaria en las Islas Caimán. Las transferencias, por $200,000, $100,000 y $99,985 dólares, provenían de cuentas de compañías con sedes en Uruguay y Panamá.

Las firmas, Tansy S. A. y Metrobank S. A., no tenían ninguna conexión obvia con Traffic, pero Blazer aclaró que eso se debía a que Hawilla era cuidadoso y casi siempre usaba intermediarios para hacer giros bancarios en su nombre, de modo que los pagos a funcionarios no quedaran registrados en su contabilidad. De hecho, había una gran cantidad de compañías ficticias que los hombres de confianza de Hawilla usaban para hacer los pagos.

Buscando más, Blazer también encontró el contrato falso que él y Hawilla habían creado para explicar la trasferencia de

$600,000 que había recibido en 2003, así como los correos electrónicos que le había enviado en aquel entonces al brasileño sobre el dinero.

Los agentes estaban cada vez más convencidos de que, si lograban convencerlo, Hawilla resultaría increíblemente valioso para el caso. Atrapar a alguien que durante décadas había sido quien pagaba los sobornos podía abrir el caso de par en par. Un hombre como Hawilla podía resultar igual de valioso, si no es que más, que el propio Jack Warner.

Hawilla era quien pagaba los sobornos. Eso significaba que podía guiarlos a quién sabe cuántos funcionarios corruptos y proporcionar el papeleo para probarlo.

Blazer, confiando en su memoria y en los documentos que había desenterrado, les había proporcionado una pista fuerte, pero no era suficiente. Necesitaban probar que Hawilla tenía conocimiento de los pagos a pesar de que sus huellas dactilares no estaban directamente sobre ellos. Las transferencias de Traffic a Tansy o a Metrobank, que ocurrían casi al mismo tiempo en que esas empresas fantasma mandaban dinero a Blazer y por la misma cantidad, por ejemplo, definitivamente ayudarían a cerrar el círculo.

La solución fácil, sugirió Berryman, era citar al Delta National Bank & Trust Co. en Miami, que él había identificado como uno de los dos principales bancos estadounidenses de Traffic mediante las transferencias bancarias entre bancos corresponsables y que parecía ser la institución que usaba para los sobornos. Si algún soborno se había originado en Delta, razonaba el agente del IRS, aparecería de inmediato.

Pero Norris se negó. Delta no era un gigante como Wells Fargo o Chase; era un pequeño banco privado con sólo tres sucursales en todo el mundo. Había estado haciendo negocios con Traffic durante tanto tiempo que era posible, si no probable, que sus banqueros avisaran a Hawilla o a algún otro empleado de Traffic sobre el citatorio. El riesgo era demasiado grande.

En lugar de ello, decidieron hacer que Blazer contestara el teléfono. A diferencia de muchos colaboradores, parecía no tener ningún remordimiento por hacer grabaciones encubiertas. De hecho, a veces Blazer parecía disfrutarlo. Si podía engañar a Hawilla para que admitiera que él había hecho los pagos, eso podría bastar.

Blazer llamó por primera vez el mes de junio anterior, tratando de convencer a Hawilla de que le enviara documentos que demostraran que había hecho los sobornos. Pero Hawilla no recordaba exactamente el pago preciso, y negaba tener cualquiera de los documentos, por lo que Blazer trató de orillarlo a discutir los más antiguos, hechos desde Panamá y Uruguay. Hawilla se resistió, explicando que «no estamos involucrados directamente porque hacemos esto con otras compañías, ¿entiendes?».

Blazer llamó nuevamente a fines de junio de 2012, y esta vez consiguió que Hawilla y su hijo mayor, Stefano, que hablaba inglés, se pusieran en la línea. Se las arregló para que Stefano admitiera saber acerca de Tansy, la compañía uruguaya utilizada para canalizar sobornos, pero seguía siendo poca cosa, por lo que a los fiscales se les ocurrió la idea de grabar a Hawilla en los Juegos Olímpicos de Londres. Eso también había salido limpio.

Además de las pruebas de intención, Hawilla presentaba otro obstáculo importante. Brasil no extradita a sus ciudadanos. Incluso si los agentes federales construyeran un caso perfecto, no podrían tocar a Hawilla mientras estuviera en casa.

Entonces idearon un nuevo plan. Sabían que Hawilla venía a Miami de vez en cuando para supervisar la oficina local de Traffic. Si se quedaban sentados y esperaban, tal vez podrían hacer un acercamiento la próxima vez que vinieran al país y lo sorprendieran mintiendo, o diciéndoles a los demás que mintieran, luego lo pescarían y lo presionarían para que cooperara.

Mentirle a un agente federal es un crimen en sí mismo, y tratar de lograr que otros mientan o intencionalmente no cooperen es una clara obstrucción a la justicia. El truco consiste en que un agente parezca inocente y simplemente haga que la persona hable; muy pronto cavan su propia tumba. Es una de las estrategias sacadas directamente del libro de jugadas del FBI. Acérquese a alguien que sabe que tiene algo turbio y trate de atraparlo en una mentira.

Cuando por fin surgió la oportunidad a principios de mayo, los agentes enviaron a Randall con el papel del agente joven e ingenioso en una expedición de pesca. Confiaban en el hecho de que Hawilla no fuera estadounidense y probablemente estaría aún menos preparado que la mayoría para lidiar con un agente del FBI haciendo preguntas. La opción inteligente en esa situación era quedarse callado y llamar a un abogado. Para fortuna de los investigadores, Hawilla no hizo eso.

◆◆◆

Randall, acompañado esta vez por Berryman, regresó al Mandarin Oriental temprano el 9 de mayo, y le pidió al recepcionista que llamara a la habitación de Hawilla para decirle que bajara al vestíbulo. El agente del FBI había obtenido una denuncia penal por obstrucción a la justicia el día anterior en Brooklyn, y luego regresó a Miami para hacer el arresto.

El vuelo de Hawilla a São Paulo estaba programado para más tarde ese mismo día, y él y su esposa ya habían empacado sus maletas la noche anterior. Ahora, en lugar de estar en el aeropuerto, los dos agentes llevaron al hombre de 69 años de vuelta a su habitación de hotel, le ordenaron que se vistiera y luego lo escoltaron la oficina local del FBI.

Esposado a la pared en una sombría sala de entrevistas, se le propuso una opción dura. Podía, como era su derecho legal, insistir en una comparecencia ante el tribunal para hacer un alegato inicial. Ya era bastante tarde el jueves, por lo que probablemente no comparecería ante un juez hasta el día siguiente, en cuyo caso Hawilla tendría que cambiar sus ropas de calle por un overol anaranjado y pasar la noche con rudos criminales duros en el Centro de Detención Federal de Miami.

Luego lo trasladarían a Brooklyn, donde se había presentado la denuncia, y volaría en «Con Air», el sistema de transporte de prisioneros del gobierno, para llegar a su destino, lo que significaba un itinerario de locura por todo el país en una serie de aviones viejos y desvencijados, llenos de aterradores presos, en lugar de tomar un vuelo directo. Una vez en Nueva York, lo más probable es que pasaría más tiempo en la cárcel antes de que surgiera la posibilidad de una salir bajo fianza. Para colmo, todo sería público y enfrentaría la humillación de que la gente descubriera que lo habían arrestado. Incluso podría ser noticia en Brasil.

Alternativamente, Hawilla podría renunciar a su derecho a comparecer y aceptar cooperar con la investigación en curso sobre la corrupción internacional en el futbol. En ese caso, los agentes le explicaron, volaría en un vuelo comercial hasta Nueva York ese mismo día, se alojaría en un lindo hotel y no tendría que pasar ni un segundo en la cárcel. Todo se mantendría secreto, en estricto secreto, y nadie lo sabría.

Hawilla había sido un hombre rico durante mucho tiempo. Volaba en primera clase cuando no usaba un avión privado, comía en restaurantes con estrellas Michelin y se hospedaba en hoteles de $1,000 dólares la noche. Socializaba con atletas famosos y hombres de negocios poderosos. Hablaba poco inglés y era casi completamente ajeno al sistema de justicia de Estados Unidos, pero había visto suficientes películas como para tener opiniones claras sobre las cárceles estadounidenses, desbordadas de viciosos miembros de pandillas que se aprovechaban de los débiles.

Defenderse de los cargos ciertamente significaría algún tiempo tras las rejas, al menos hasta que pagara su fianza, y Hawilla no quería saber nada de eso, ni siquiera por un minuto. Si cooperar significaba librarse de las esposas y evitar la cárcel, entonces realmente no parecía tener otra opción. Hawilla firmó la renuncia y aceptó ayudar. Más tarde descubriría las verdaderas ramificaciones de esa decisión.

◆◆◆

Después de que los federales se llevaron a su marido y le advirtieron que no le contara a nadie sobre lo que había sucedido, la primera persona a quien Eliani Hawilla pensó llamar fue a Aaron Davidson. Tan lejos de casa, Eliani no tenía idea de a quién más llamar. Davidson, el presidente de Traffic Sports USA, era la elección obvia. Él era estadounidense, hablaba portugués y vivía en un apartamento justo al otro lado de Brickell Key, a cinco minutos a pie del hotel. Lo más importante: estaba segura de que sería discreto, asegurándose de que el asunto no terminara en las páginas de chismes sensacionalistas. Por teléfono le dijo a Davidson, casi histérica, que acababan de arrestar a su jefe y necesitaba ayuda.

Davidson, un abogado de 42 años originario de Dallas, había estado en Traffic durante una década. Conoció a Hawilla por primera vez cuando trabajaba como abogado para Hicks, Muse, una sociedad de inversión de capital privado con sede en Texas que participó brevemente en la empresa brasileña a fines de los años noventa. En 2003, cuando Davidson promocionaba una gira regional de golf en México, Hawilla lo contrató para venir a Miami y trabajar para Traffic.

Con el tiempo, Hawilla llegó a confiar en Davidson para ser sus ojos y oídos en Estados Unidos. Davidson, mientras tanto, se volvió profundamente leal a su jefe; lo admiraba, lo consideraba un genio visionario de la mercadotecnia y figura paterna, cálida y alentadora a la vez.

Davidson corrió al lado de Eliani. Se quedó con ella hasta que, unas horas después, los agentes finalmente permitieron que Hawilla llamara a su esposa y le explicara lo que estaba pasando. Luego, Davidson condujo hasta el aeropuerto de Miami con una bolsa llena de los medicamentos de Hawilla, entregándola a Randall y Berryman en la acera.

Esa noche, Davidson salió a cenar con Eliani y Enrique Sanz. Durante la cena, fue difícil hablar de otra cosa que no fuera el arresto. La noticia había sido impactante para todos. Eliani estaba petrificada, angustiada por su esposo con quien llevaba casada 36 años, y no quería estar sola. Davidson y Sanz, mientras tanto, no podían evitar estar preocupados. Habían estado envueltos en las sucias actividades de Traffic durante años.

Ninguno de ellos sabía por qué Hawilla había sido arrestado, y los agentes federales ciertamente no estuvieron dispuestos a compartir ninguna información sobre el caso.

¿Qué estaban investigando exactamente los federales?

21
NO SOY TU AMIGO

Hawilla comenzó a cooperar la mañana siguiente después de su detención. Inicialmente se hospedó en el Plaza Athénée, un lujoso hotel en el Upper East Side de Nueva York. Pero cuando se hizo evidente que el caso se prolongaría durante un tiempo, se mudó a un departamento que un amigo le prestó en un edificio en la calle 64 y Park, directamente arriba de Daniel, un exquisito restaurante de tres estrellas Michelin donde el brasileño solía asistir con frecuencia.

A pesar de las comodidades considerables de su estilo de vida, a Hawilla se le recordaba constantemente su nuevo estado como presunto delincuente. Para empezar, odiaba Nueva York, donde según sus estándares, muy poca gente hablaba español o portugués. Estaba sujeto a un toque de queda nocturno y monitoreo de su ubicación, lo obligaron a usar un grillete electrónico con un monitor de ubicación con GPS incorporado. Cada vez que quería ir a cualquier lugar fuera del rango cuidadosamente circunscrito, tenía que llamar a Jared Randall para obtener permiso.

Desde el principio, Norris interrogó exhaustivamente a Hawilla acerca de sus activos, y finalmente estableció una fianza de $20 millones, garantizada por $5 millones en efectivo, la escritura de su nuevo condominio en Fisher Island, y el título de todos los activos de Hawilla en los Estados Unidos, incluido Traffic Sports USA, sus contratos para las eliminatorias de la Copa Oro y la Copa Mundial, su participación en la Liga Norteamericana de Futbol y todas sus cuentas bancarias en Estados Unidos. Por supuesto, Hawilla también tuvo que entregar su pasaporte.

Debido a su trabajo en el futbol, Hawilla había viajado con frecuencia durante décadas, pero también era muy hogareño. Aparte de los dos años que pasó en Boca Ratón a comienzos de la década de 1990, nunca había vivido fuera de Brasil, y rara vez salía de su hogar por más de una semana o dos. Su familia estaba en Brasil, al igual que sus amigos. La nostalgia comenzó a definir su vida rápidamente.

El asunto tomó un rumbo incómodo cuando Hawilla mencionó el cumpleaños de su esposa.

Eliani cumpliría 60 años el 3 de junio de 2013, y Hawilla había planeado una elaborada fiesta para ella en São Paulo. Entre amigos, familiares y colegas, la pareja esperaba que se presentaran hasta 150 personas. Luego, el 11 de junio, Hawilla cumplía 70 años, y estaba seguro de que sus tres hijos planeaban una fiesta sorpresa en su honor.

Perderse esos eventos, les dijo a los agentes, «*termine minha vida*», *acaba con mi vida*. Pero no era eso, dijo, sino que levantaría sospechas en casa. Él era una figura pública. La gente notaría su ausencia; incluso podrían escribir sobre eso en las páginas de deportes o chismes. Y eso, suplicó, podría ser malo para el caso.

Norris fue tajante. La respuesta era no. Brasil no extraditaba a sus ciudadanos, y el riesgo de que Hawilla nunca regresara era demasiado grande. Pero Norris no dijo eso. En lugar de ello, insinuó cautelosamente que un regreso a Brasil podría ser una recompensa por ser útil y veraz en la investigación.

Por el momento, sugirió el agente, Hawilla podía organizar la fiesta de Eliani en Miami e invitar a la gente a que viniera. O, en su defecto, podría enviar a su esposa a Brasil para la fiesta junto con sus disculpas, o simplemente cancelar todo. Pero por ahora, no había forma de que se fuera a casa.

Empero, Hawilla tenía razón sobre una cosa: su prolongada ausencia sí planteaba algunos problemas. Lo que necesitaba era una buena historia de pantalla. Los agentes sugirieron que podía decirle a la gente que estaba en Estados Unidos por negocios, tratando de vender Traffic; el proceso de la auditoría de compra-venta le daría una excusa plausible para solicitar tanto papeleo. Otra idea era que Hawilla le dijera a la gente que se estaba reuniendo con arquitectos y supervisando una gran remodelación de su nuevo condominio en Fisher Island.

Una tercera opción, sugirió Hector, era culpar a algún tipo de dolencia física. Hawilla consideró culpar al cáncer de próstata, pero São Paulo estaba repleto de doctores de alto nivel, por lo que la historia parecía endeble. Podría culpar a los problemas del oído, tal vez, o a problemas cardiacos. Finalmente, los agentes acordaron que Hawilla le diría a la gente que estaba sufriendo ataques de pánico que le impedían volar y estaba buscando tratamiento, y que por el momento no podía viajar. Era una excusa débil y a algunas personas en Brasil les resultaba sospechosa, pero tendría que bastar.

Toda la desagradable situación constituía una fuente de continua frustración para Hawilla. Era un hombre acostumbrado a enormes comodidades y aún mayores libertades, una figura pública admirada y poderosa, y ahora todo lo relacionado con su existencia diaria le recordaba que le habían arrebatado todo eso.

Atrapado en Nueva York, Hawilla tenía poca vida social, aparte de cenar en restaurantes caros con su esposa. Todas sus llamadas telefónicas, sus interacciones con los empleados de Traffic en Brasil y Miami, estaban envueltas en mentiras y engaños. Cuando comenzó a realizar operaciones encubiertas para la fiscalía, usando un micrófono, comenzó a pasar cada vez más tiempo con Jared Randall. Como el único hablante de español en el caso del futbol, Randall estaba encantado de poder usar sus habilidades lingüísticas mientras cuidaba a Hawilla.

El cuidado y la alimentación de las fuentes es, sin duda, lo que mejor hace el FBI. Los agentes tienen la tarea de trabajar directamente con los colaboradores, hacer un seguimiento de ellos, planificar los detalles de sus operaciones encubiertas y, cuando nada en particular está sucediendo en un caso, simplemente estar ahí para ellos. Asisten a las reuniones de colaboración y toman notas, los vigilan cuando están en el campo y, cuando llega el día de testificar en el juicio, los ayudan a prepararse. Un buen agente debe ser un psiquiatra, niñera, y *coach* de vida, trabajando incansablemente para mantener motivados a los colaboradores.

En cierto sentido, Randall había estado al lado de Hawilla todo el tiempo, escoltándolo desde el Mandarin Oriental hasta la oficina del FBI en Miami, sentándose a su lado en la última fila del vuelo de American Airlines a Nueva York, y luego protegiéndolo durante los días tensos antes de que se le otorgara una fianza y tuvieran que estar vigilado todo el día. Entre este nuevo círculo de personas que controlaban la vida de Hawilla, que le hacían preguntas interminables, le exigían ciertas grabaciones y lo presionaban para que confesara cada indiscreción, Randall se destacaba como alguien con quien podía hablar sin sentirse presionado; alguien en quien confiaba.

Pero como agente del FBI, también era obligación de Randall recordar a Hawilla la verdadera naturaleza de su relación.

—José —dijo Randall—, no soy tu amigo.

«*I'm not your friend*».

◆◆◆

«Sería un error», le había dicho Norris a Hawilla en una sala de conferencias de la procuraduría de Estados Unidos en Brooklyn, «tratar de adivinar de qué se trata esta investigación».

Era la advertencia estándar que se daba a todos los colaboradores, recordándoles que el único camino era la honestidad total. Norris era bueno guardando secretos, y no compartía casi nada sobre el caso con los colaboradores, ni con quién hablara. Se esforzaba por mantenerlos a oscuras sobre cómo se desarrollaba el caso y hacia dónde se dirigía; a veces incluso les permitía creer cosas sobre la investigación que no eran ciertas si consideraba que podían hacer avanzar el trabajo. Sin embargo, al mismo tiempo, Norris esperaba una franqueza completa de los colaboradores.

Hawilla estaba ansioso por ganarse su acuerdo de cooperación. Si Norris y los otros agentes querían que él los ayudara a reunir pruebas sobre más personas, a expandir el caso, a ofrecer su codiciada «asistencia sustancial», entonces él estaba feliz de darles lo que parecían estar pidiendo. La corrupción en el futbol era desenfrenada, dijo Hawilla, y la gente del negocio estaba muy manchada. Ya era hora, dijo, en un estribillo que les comenzaba a sonar terriblemente familiar a Norris y a los demás, de que alguien limpiara todo.

Hawilla dijo que había comenzado a pagar sobornos a fines de la década de 1980 y comenzó a mencionar nombres de personas que recibieron dinero. Eran las mismas personas de las que Berryman y Norris habían estado hablando en sus conversaciones nocturnas, los pesos pesados de Sudamérica: Julio Grondana, el director de la asociación argentina de futbol; Nicolás Leoz, el antiguo presidente de la Conmebol; y Ricardo Teixeira, el antiguo presidente de la *Confederação Brasileira de*

Futebol, o CBF. Chuck Blazer, también había tomado dinero, al igual que Jack Warner.

Era como una larga y apasionante conferencia de historia, contada no por algún acartonado académico, sino por uno de los actores reales del drama, un general que había estado en primera línea con las tropas.

Hawilla les contó a los agentes sobre sus primeros días en Traffic, sobre la negociación de los acuerdos de patrocinio con la asociación brasileña de futbol cuando Teixeira se hizo cargo de la misma y no tenía dinero, primero trayendo a Pepsi, luego a Coca-Cola y a Nike. Les explicó que muchos de esos acuerdos de alto perfil habían implicado sobornos multimillonarios a Teixeira. El contrato de Nike, por $160 millones de dólares durante diez años, por sí solo valía más de $2 millones en comisiones anuales por mercadotecnia de la marca deportiva estadounidense para Traffic, y Hawilla transfería en secreto la mitad de las mismas a Teixeira. Hawilla les contó también a los agentes sobre sus acuerdos aún más rentables por derechos, y cómo había aprendido a pagar sobornos a funcionarios del futbol para deshacerse de la competencia y mantener bajos los precios.

Y, en particular, Hawilla habló sobre la Copa América. Les contó sus orígenes, cómo se acercó a Nicolás Leoz con sus ideas para convertir el torneo olvidado en una máquina de dinero, y cómo Leoz, y más tarde Teixeira y Grondona, también comenzaron a exigir sobornos con cada nuevo contrato. El torneo había sido una gran fuente de ingresos, dijo Hawilla, hasta que la empresa argentina Full Play se lo arrebató después de la edición de 2011.

Sin la Copa América, y con su negocio en general desarmado, ahora estaba completamente fuera del negocio de pago de sobornos, dijo Hawilla, y quería vender Traffic y terminar con todo. No había hecho ningún pago corrupto en dos años, insistió; sin embargo, encaminó pacientemente a los agentes a través de las muchas formas complicadas que había ideado para enviar sobornos en el pasado. Dijo que su método preferido era utilizar intermediarios con empresas en paraísos fiscales que le proporcionaban contratos falsos que utilizaba para justificar los pagos; luego esos pagos se enviaban a los destinatarios de los sobornos previstos en una transacción realizada en condiciones de mercado, originada en un lugar neutral como Panamá. Uno de sus hombres de confianza le cobraba $150,000 al año por el servicio, sin incluir las comisiones por cada transferencia.

Lo que los investigadores escuchaban sonaba convincente. Berryman ya se había metido a fondo en todos estos grandes nombres a través de los citatorios para CHIPS y Fedwire, encontrando cuentas bancarias a las que citó también, hasta que construyó un grueso expediente sobre cada posible sospechoso, descubriendo una red de compañías y pagos interconectados que se podían explicar como sobornos. Pero escuchar todo ello confirmado por el hombre que estaba al otro lado de esos sobornos resultaba cuando menos emocionante. Había una sensación electrizante palpable de que estaban muy cerca de algo grande.

El flujo de información no se detuvo allí. Hawilla les proporcionó nuevos nombres para extender citatorios, y en menos de dos semanas después de su arresto, los agentes llevaron a Hawilla a Miami para comenzar a hacer grabaciones. Hawilla, a diferencia de Blazer, encontró desagradable y deshonesta la idea de usar un micrófono oculto. Ofendido, se echó atrás, pero los agentes fueron claros: no tenía otra opción.

A petición suya, contactó a Ricardo Teixeira. Los dos hombres no habían hablado en años, pero Teixeira había estado viviendo en una espectacular mansión de Miami frente al mar desde principios de 2012, y la oportunidad parecía oportuna. Según Hawilla, el exfuncionario de futbol había tomado decenas de millones de dólares en sobornos; había dejado Brasil porque la policía lo estaba investigando allí por su participación en un gigantesco fraude relacionado con un partido amistoso. Teixeira parecía feliz de saber de su antiguo colega, pero negó estar involucrado en algo indebido, y las grabaciones iniciales, al menos, no resultaron demasiado fructíferas.

Hawilla también invitó a almorzar con Enrique Sanz usando un micrófono. El principal objetivo de esa reunión era ver si Sanz confesaría haber hecho pagos de sobornos a Jack Warner a fines de la década de 1990 y principios de la de 2000, cuando todavía estaba en Traffic. Pero Sanz parecía vacilar alrededor del tema, cambiando de tema sin decir nada.

Los agentes también querían que Hawilla intentara averiguar si Sanz sospechaba algo acerca de la investigación, dado el riesgo de que se hubiera filtrado la noticia de su arresto. Según Hawilla, Sanz no tenía ni idea, y Hawilla le contó una historia sobre los federales enfocados en Blazer y Warner, y sus posibles problemas fiscales que parecía haber convencido a Sanz de que su exjefe no estaba involucrado.

Para Norris y los otros, esas grabaciones iniciales no produjeron ninguna bomba o una admisión de culpabilidad, sin embargo marcaron un punto de partida auspicioso. Hawilla estaba prometiendo proporcionarles detallados desgloses de cada una de las muchas conspiraciones corruptas en las que se había visto involucrado a lo largo de los años, que se remontaban a finales de los años ochenta y principios de los noventa, y se comprometió a proporcionar copias de todos los documentos pertinentes.

Todos los investigadores estaban de acuerdo en que estaba funcionando de maravilla; el viejo y rico brasileño podría ser un poco estirado y sensible, pero estaba demostrando ser un fantástico colaborador.

Ninguno de ellos sospechaba que Hawilla podría estar contándoles sólo una parte de la historia.

◆◆◆

Poco después de la reunión en Buenos Aires en marzo para hablar sobre la Copa América, Alejandro Burzaco de Torneos viajó a Zúrich, donde el ExCo de la FIFA estaba celebrando sus reuniones trimestrales. Burzaco aprovechó la oportunidad para sentarse a almorzar con Enrique Sanz, Aaron Davidson de Traffic y Mariano Jinkis de Full Play, y negociar el último componente que faltaba del trato: la participación de la CONCACAF en la edición Centenario del torneo.

La oferta de la nueva sociedad, Datisa, había sido de $40 millones de dólares para la confederación por los derechos de transmisión y comerciales, y $7 millones para sobornar a Jeffrey Webb por la firma del contrato. Pero Sanz dijo que Webb quería más. El presidente de la CONCACAF había escuchado rumores acerca de un pozo total de pagos mucho mayor para los funcionarios sudamericanos y, enfurecido por lo que percibía como una oferta insultantemente baja, exigía unos increíbles $15 millones sólo para él. Finalmente, Burzaco pudo negociar para bajar el soborno a $10 millones, que seguía siendo un pago gigantesco desde cualquier punto de vista, con la parte pública de la confederación en $35 millones.

Con ese último obstáculo despejado, podría completarse el contrato, y a fines de mayo, casi al mismo tiempo que Hawilla estaba haciendo sus primeras grabaciones clandestinas para el Departamento de Justicia, Burzaco se dedicó a reunir las firmas necesarias de los funcionarios clave del futbol. Como una especie de bono por firmar, los jefes de nueve asociaciones nacionales sudamericanas recibirían sobornos, al igual que el nuevo presidente de la Conmebol, Eugenio Figueredo, y su secretario general. Cuando se celebrara la Copa América de 2023, la suma de los sobornos pagados por el torneo habría superado los $100 millones; era la conspiración más grande en la que cualquiera de los participantes hubiera estado involucrado.

Todo estaba en su lugar y ahora era el turno de Hawilla de obtener su parte de las primeras rondas de sobornos.

El 3 de junio, menos de un mes después de que lo arrestaran, Hawilla personalmente autorizó una transferencia por $5 millones de la cuenta de Traffic en el Delta National Bank en Miami a una cuenta en Suiza controlada por Burzaco. Tres días más tarde, firmó una segunda instrucción de transferencia, enviando otros $5 millones a una cuenta suiza diferente, controlada por Hugo y Mariano Jinkis. El saldo de los dos pagos era de $1.67 millones adeudados a cada uno de sus socios, lo que elevaba la contribución total de Hawilla a $13.33 millones, que se enviarían tres meses después.

Ambas transferencias, como es de esperar en los casos de transacciones internacionales que se originan en Estados Unidos, pasaron por los bancos corresponsales estadounidenses y se podían rastrear fácilmente. Pero sólo si alguien las estaba buscando.

22
UNO DE PLATA, EL OTRO DE ORO

Steve Berryman subió lentamente los cuatro tramos de escaleras hasta la oficina de Zorana Danis el martes 24 de septiembre de 2013, preguntándose si estaría en el lugar correcto. Había estado investigando meticulosamente a Danis durante meses, desde que Hawilla mencionó su nombre en relación con la corrupción en el futbol sudamericano.

El agente del IRS, aun luchando por ponerse en forma un año después de su cirugía de corazón, se dirigía al último piso de un viejo almacén de ladrillos al otro lado de la calle de una tienda de artículos industriales y de un terreno baldío lleno de maleza en una zona lamentable cerca del centro de Jersey City. Algunos destellos de gentrificación habían comenzado a surgir en el vecindario, pero en su mayor parte parecía un lugar burdo, casi el último lugar donde Berryman esperaría encontrar a una famosa figura en el futbol mundial.

Sin embargo, allí estaba, la sede de International Soccer Marketing, la empresa que Danis poseía y operaba.

Berryman se encargó de buscar registros financieros de cada sospechoso del caso, pero Danis se había destacado, y no sólo porque era la extraña mujer involucrada en una industria tan dominada por los hombres. No era ciudadana estadounidense, pero tenía su base en Estados Unidos y, como descubrió pronto, tenía una cuenta en Citibank, lo que significaba que podía requerir sus cuentas sin temor a que descubriera de lo que se trataba.

Lo que encontró resultó alentador. Había docenas de pagos, grandes, jugosos, de seis cifras, a cuentas bancarias en Suiza, Paraguay y Uruguay, a lo largo de muchos años. Por ejemplo, en un periodo de 30 meses, Berryman rastreó un poco más de $2 millones de dólares en pagos que su instinto le dijo se trataban de algún tipo de soborno. Muchas de las cuentas de los beneficiarios parecían estar relacionadas con Nicolás Leoz, el expresidente de la Conmebol, quien según Hawilla era cercano a Danis.

También había revisado el tema de sus impuestos y, al examinarlos, descubrió que unos años atrás había hecho una sospechosa deducción que se parecía mucho a tratar de borrar el rastro de un soborno haciéndolo pasar como un gasto comercial legítimo.

Aún más intrigante era el pasado de Danis. Berryman, que pasaba la mayor parte de su tiempo leyendo sobre la historia del futbol cuando no estaba trabajando en sus voluminosos citatorios, descubrió que Danis llevaba el futbol en la sangre.

Su padre había sido un portero que jugó ocho partidos en la selección nacional yugoslava a fines de la década de 1950, ganando una medalla de oro en los Juegos Olímpicos de 1960. Un extravagante y carismático macedonio, Blagoje Vidinić era un fumador empedernido conocido por cantar ópera durante los partidos para mantener a sus compañeros de equipo en alerta y, durante un breve periodo, fue considerado uno de los porteros jóvenes más prometedores de Europa.

Sus proyectos nunca se cumplieron cabalmente, y después de ir de aquí para allá entre varios clubes de Europa, terminó su carrera jugando para una serie de equipos de poca monta en Los Ángeles, San Diego y St. Louis durante los primeros días del futbol profesional estadounidense. Vidinić pasó a ser entrenador internacional, llevó al equipo nacional de Marruecos al Mundial de 1970, y el de Zaire al torneo de 1974. En el camino, ella se sumó a Horst Dassler, el jefe de Adidas al que se le atribuye haber inventado la mercadotecnia deportiva moderna, quien después fundaría la empresa de enorme éxito y profunda corrupción, ISL.

Dassler había vestido a los equipos de Vidinić con uniformes Adidas gratuitos, y Vidinić le devolvió el favor en vísperas de las históricas elecciones presidenciales de la FIFA de junio de 1974. Mientras disfrutaban de unos tragos en el bar del vestíbulo de un hotel de Frankfurt la víspera de la votación, Vidinić informó a Dassler que había estado respaldando al candidato equivocado. Sir Stanley Rous, el representante inglés, iba a perder, le informó Vidinić, porque su rival brasileño, João Havelange, había ganado el gran bloque de votantes de África. Dassler entonces se apresuró a la habitación de Havelange para ofrecerle su apoyo al futuro presidente de la FIFA, iniciando así lo que se convirtió en una de las relaciones más influyentes en la historia del deporte. El incidente también consolidó una amistad perdurable entre Dassler y Vidinić, quien trabajaría para Adidas durante muchos años.

Danis nació mientras su padre jugaba en un club en Belgrado, y lo siguió por todo el mundo en sus aventuras futbolísticas. Cuando ella era una adolescente, su padre fue entrenador del equipo nacional de Colombia, donde ella aprendió el español. En 1989, poco después de graduarse de Georgetown, ella y su padre fundaron International Soccer Marketing para comprar y vender derechos de patrocinio del futbol.

A fines de la década de 1990, consiguió lo que sería su «gallina de los huevos de oro»: la Copa Libertadores, el campeonato internacional anual de clubes de Sudamérica. Aunque la Conmebol manejaba los derechos televisivos del torneo por separado, Danis estaba a cargo del patrocinio y vendió los derechos a empresas como Toyota, Santander y Bridgestone. Berryman decidió que los millones de dólares en pagos sospechosos que salían de sus cuentas se parecían mucho a los sobornos a favor de Leoz y de otros funcionarios para asegurarse de que ella continuaría recibiendo esos derechos. Era exactamente el tipo de cosa que había visto en el caso de Traffic.

A mediados de julio, Norris le puso un dispositivo de registro de llamadas a Danis para tratar de hacerse una idea de con quién hablaba. Mientras tanto, el equipo formuló una estrategia sobre la mejor manera de afrontar el caso. Con un esposo y dos hijos en Estados Unidos, no era plausible que Danis fuera a ir a ninguna parte, por lo que un arresto parecía un poco extremista. Pero teniendo en cuenta lo que Berryman había reunido, sin duda podrían ponerle un buen susto.

Berryman optó por un enfoque más suave. Pensó que Danis asumiría que las fuerzas del orden estadounidenses, particularmente un agente del IRS especializado en números, no sabría nada sobre futbol. Así que se haría el tonto para ver si ella soltaba algo. Como había hecho en sus entrevistas anteriores, Berryman escribió un bosquejo detallado de cómo quería que salieran las cosas, de la misma manera que algunos atletas visualizan marcar un gol o ganar una carrera.

—Tengo mi base en California —dijo Berryman, sentado en su oficina—. Estoy investigando algo y encontré algunos pagos al exterior por parte de su empresa relacionados con algo llamado…¿FIFA?

Deliberadamente mutiló esa última palabra, pronunciándola «Fai-Fa» y dejándola en el aire mientras ponía una expresión en blanco en su rostro. Estaba allí con un agente novato del IRS del condado de Orange llamado J. J. Kacic, que recientemente había sido asignado para ayudar a Berryman. Con su cara de niño, Kacic parecía muy joven y, a diferencia del agente más viejo, realmente no sabía nada sobre futbol, por lo que su presencia sólo hizo que el acto fuera más creíble.

—No es la gran cosa —añadió Berryman apresuradamente— sólo un aburrido caso fiscal. Había sacado algunos registros bancarios y había visto algo de dinero destinado al extranjero, y se estaba preguntando de qué se trataba, eso era todo. Luego le leyó una lista de transferencias provenientes de su cuenta que había seleccionado cuidadosamente de antemano. Eran las que él creía con certeza que no eran sobornos, sino pagos legítimos a los proveedores. De esa manera, pensaba Berryman, ella asumiría que él no tenía ni la más mínima idea de cómo eran sus negocios en realidad.

Nuevamente, repitió, no es la gran cosa, pero, ¿le importaría sacar algunos de sus registros para ver para qué eran esos pagos? Danis, alta y esbelta, parecía perpleja, pero también aliviada. Ella accedió, y Berryman, manteniéndose en el papel del inspector Clouseau, recogió sus papeles, le dio las gracias y se fue. Kacic lo siguió.

◆◆◆

El 18 de octubre, Norris y los otros agentes le entregaron a Daryan Warner el acuerdo de cooperación que tanto deseaba desde su arresto, permitiéndole declararse culpable de sólo tres cargos penales ante un tribunal federal en Brooklyn.

Aunque había sido acusado de pitufeo, los agentes determinaron, durante meses de interrogatorio, que el hijo mayor de Jack Warner había participado en una serie de otras conspiraciones corruptas, muchas de ellas relacionadas con el futbol.

Para empezar, había movido mucho más efectivo, por mucho más tiempo, de lo que Berryman había detallado en su denuncia. Además, con una serie de socios, Warner había estado revendiendo entradas para la Copa Mundial durante casi dos décadas, por lo menos desde la Copa Mundial de 1994 en Estados Unidos. Lo más importante, había ayudado a su padre a recibir el soborno de $10 millones del comité de candidatura para la Copa Mundial de 2010, el mismo pago que había terminado por exacerbar las tensiones entre Blazer y Warner en los meses previos a que se quisieran aniquilar mutuamente.

Había pocas dudas de que Daryan, y hasta cierto punto su hermano menor, Daryll, estaban hasta el cuello. Pero también había límites en cuanto a lo que se podría pedir que hicieran contra su propio padre.

Cuando se hizo evidente que Daryll Warner tenía conocimiento limitado de otras conspiraciones, los agentes siguieron adelante, ofreciéndole un acuerdo de cooperación y permitiéndole que se declarara culpable de dos cargos no relacionados con el futbol a mediados de julio. Fue la primera condena del caso, pero el hermano más joven de los Warner había demostrado ser un colaborador decepcionante.

Su hermano mayor parecía más prometedor, dado su espíritu emprendedor cuando se trataba del negocio familiar del futbol. Había estado dispuesto a proporcionar pruebas contra otros y a realizar grabaciones consensuadas y a usar un micrófono si era necesario. Pero la gente sobre la que podía dar informes resultó ser menos interesante de lo esperado. Al final, Daryan Warner simplemente no pudo cumplir, especialmente en comparación con Hawilla, quien parecía haber sobornado a todos los grandes nombres del hemisferio.

Al permitir que se declarara culpable, Norris le estaba dando a Daryan Warner lo que todos los colaboradores quieren: una promesa de que la fiscalía le pediría al juez clemencia a la hora de dictar sentencia. Una vez que el alegato fuera oficial, las sesiones formales de cooperación terminarían. Los movimientos de Warner todavía estaban restringidos, todavía tenía una fianza de $5 millones, garantizada por $600,000 dólares en efectivo y ocho propiedades, y todavía estaba sujeto al monitoreo de su ubicación mediante el GPS con restricciones de viaje. Pero principalmente, lo único que tenía que hacer era esperar sentencia.

Warner se declaró culpable de dos cargos de conspiración criminal relacionados con la reventa, así como del cargo primario por pitufeo por el que originalmente fue arrestado. Mover dinero, o incluso esconderlo, no es un crimen en sí mismo. Sólo se considera lavado de dinero si los fondos están de alguna manera «sucios», es decir, si son producto de un delito separado, como fraude o malversación, y alguien trata de «lavarlos». Como resultado, el cargo por lavado de dinero viene siempre con al menos un delito previo o «precedente».

En el caso de Daryan Warner, el precedente era el fraude de las transferencias electrónicas: había conspirado con otros para mentirle a la FIFA sobre sus planes para los boletos que había asignado, diciéndole a la organización que no los revendería, y había usado el correo electrónico, un tipo de comunicación electrónica, para ayudar a cometer el fraude. El lavado de dinero se produjo después de que él revendiera los boletos y luego usara transferencias bancarias internacionales para distribuir, y así ocultar, las ganancias de la conspiración.

Por ley, esos crímenes conllevaban una sentencia de prisión combinada de hasta de 40 años, pero nadie esperaba que Warner cumpliera con nada cercano a eso dado su historial previo, que era impecable, y su voluntad de cooperar. De alguna forma, resultaba mucho más doloroso el pago de $1,177,843.95 dólares que había acordado entregar al gobierno de Estados Unidos y que representaban «una porción del dinero que el acusado había recibido por la reventa de entradas de la Copa Mundial 2006 de la FIFA».

Era considerablemente mucho más de lo que los propios auditores de la FIFA determinaron como ganancias en primer lugar, pero era sólo una gota en comparación con lo que la investigación estadounidense comenzaría pronto a aportar.

◆◆◆

La segunda vez que Berryman fue a ver a Danis, se dirigió a Manhattan en compañía de John Penza del FBI. Penza era un expolicía de Nueva Jersey que había dado el salto a la Oficina y durante años había trabajado al lado de Mike Gaeta en casos de la mafia italiana.

Gaeta adoraba a Penza, y cuando surgió la oportunidad, lo convenció de que se fuera al C-24, el Escuadrón contra el Crimen Organizado Euroasiático, como su segundo al mando. Luego llegó la noticia de que Gaeta había ganado una codiciada asignación para trabajar tiempo completo como asesor jurídico agregado en la embajada de Estados Unidos en Roma. Fue una excelente promoción, generalmente reservada para hombres al final de sus carreras, e imposible de rechazar. Gaeta se iría de Nueva York a principios de 2014 por al menos dos años, si no es que más, lo que significaba que Penza se haría cargo del escuadrón.

El caso de futbol se había convertido en uno de los más grandes del C-24, y valía la pena aprender más acerca de él, así que Penza, que tenía un tupido copete de cabello negro brillante salpicado por un mechón gris y era aficionado a los trajes llamativos y caros, estaba ansioso de asistir a la reunión con Danis. En el camino, Berryman lo felicitó por su ascenso.

Danis había encontrado los documentos que Berryman había solicitado, pero eran sólo una pista falsa y no le importaba en realidad lo que decían. Él sólo necesitaba un pretexto para verla de nuevo en persona, lo cual hizo en la segunda semana de noviembre.

—Este es el agente especial Penza —le dijo Berryman a Danis, evitando intencionalmente mencionar que era del FBI, porque quería mantener la ilusión de que este era sólo un caso fiscal aburrido. Había regresado a Nueva Jersey, continuó, para hablar sobre las transferencias electrónicas con más detalle.

Pero Berryman pronto comenzó a describir un conjunto de transferencias diferente al que mencionó antes, las que estaba seguro que se trataban de sobornos. Preguntó a Danis sobre ellas inocentemente, sin dejar que se notara que él sabía de qué se trataba.

—Esta transferencia de $250,000 —preguntó con una expresión perpleja en su rostro—, hecha el 21 de octubre de 2008, desde su cuenta de Citibank a una cuenta de Banco do Brasil en Paraguay… ¿para qué fue? ¿Y qué tal esta transferencia por el mismo monto y a la misma cuenta, el 15 de diciembre? ¿Y qué hay de los $800,000 transferidos en seis operaciones en un lapso de dos años a una cuenta de Merrill Lynch en Uruguay? ¿A qué se debió todo eso?

Mientras recorría la larga serie de transferencias, Berryman observaba cuidadosamente la cara de Danis. Comenzó a detectar un cambio lento pero palpable. Sin decir nunca a dónde iba, estaba exponiendo casi todo su caso contra ella.

Luego, después de casi una hora, Berryman cambió de repente su tono.

—Zorana —dijo, apartando los papeles que tenía amontonados en su regazo y mirándola fijamente a la cara—. ¿Deberíamos interrumpir esto y hablar sobre el motivo real por el que estoy aquí?

Hubo una pausa larga e incómoda. Debieron de ser cinco segundos.

—Sé por qué estás aquí —dijo Danis en voz baja—. Por los pagos.

—¿Qué pagos? —preguntó Berryman, entrecerrando sus oscuros ojos—. ¿Te refieres a los sobornos?

—Sí, los pagos —respondió con una nota de resignación en su voz—. En Sudamérica.

Al igual que su padre, Danis era fumadora, y de repente sintió la necesidad urgente de fumar.

—¿Te importa si salgo a fumar un cigarrillo? —agregó.

—Claro —respondió Berryman—. Pero no llames a nadie.

Danis dejó a los hombres sentados en su oficina mientras se escabullía momentáneamente, agarrando un paquete de Marlboro rojos. Mientras esperaban, Penza, que había estado tomando notas en silencio, levantó la vista, con una pequeña sonrisa en la cara.

Cuando Danis regresó unos minutos después, parecía más tranquila y decidida a contar su historia. No sonreía, pero parecía aliviada, casi agradecida, de que la verdad finalmente saliera a la luz, y se sentó en su escritorio dispuesta a hablar.

Los dos agentes terminaron quedándose todo el día.

◆◆◆

La salud de Chuck Blazer iba en constante declive.

Con un peso de poco más de 200 kilos, a Blazer le resultaba cada vez más difícil caminar distancias que no fueran cortas. No hacía ejercicio, lo que agravó sus otras afecciones, que incluían diabetes tipo 2 y una enfermedad coronaria, y se mantenía en un estricto régimen de pastillas para mantener los síntomas bajo control. El trabajo encubierto que había hecho en las Olimpiadas había sido agotador, y en noviembre de 2012 Blazer finalmente colapsó, terminó en el hospital con un ataque de neumonía aguda. Cuando al fin volvió a casa, lo hizo con un tanque de oxígeno amarrado a su monopatín de movilidad.

Luego, en la primavera de 2013, se le diagnosticó cáncer rectal y requirió veinte semanas de quimioterapia, seguidas de radioterapia. Dependiendo de qué tan efectivo fuera el resultado, probablemente se tendría que someter a una cirugía que lo dejaría, al menos temporalmente, con una bolsa de colostomía.

A medida que la salud de Blazer se deterioraba, también lo hizo su utilidad como colaborador. Ya no tenía ningún puesto oficial dentro del futbol en ningún nivel, y después de que la CONCACAF publicara el informe sobre él y Warner en abril, se había convertido en un paria en el deporte. Había pocas posibilidades de que alguien lo contratara para algo serio, así que presionar a Blazer a hacer más grabaciones no sólo parecía casi cruel, considerando su condición de salud, sino inútil.

A las 10:10 de la mañana del 25 de noviembre de 2013, Blazer ingresó a la sala de audiencias del juez Raymond J. Dearie en Cadman Plaza, flanqueado por sus abogados, listo para confesar lo que representaba una escasa muestra de sus décadas de actividad delictiva en el futbol.

No enfrentaría sanción por haber ayudado a Warner a obtener un soborno del comité de candidatura para la Copa Mundial de Marruecos en 1992, ni por la reventa de boletos durante las Copas Mundiales de 1994, 1998 y 2002, que había admitido, ni por los cientos de miles de dólares en sobornos que había recibido de Hawilla a cambio de los derechos de la Copa Oro. No habría cargos por no presentar voluntariamente las declaraciones de impuestos de la CONCACAF, ni por las muchas otras indiscreciones fiduciarias que había perpetuado como secretario general de la confederación.

En lugar de todo ello, a Blazer le permitieron defenderse de los cargos de tipo fiscal que Berryman había encontrado, así como de un solo cargo por transferencias fraudulentas y un cargo relacionado por conspiración de lavado de dinero, y por su responsabilidad por aceptar sobornos para votar por Sudáfrica para que fuera la sede del Mundial 2010. Tendría que pagar una multa de casi $2 millones de dólares al gobierno.

Había un delito adicional, increíblemente significativo, por el que también sería juzgado.

Blazer había sido un colaborador inestimable, que había ayudado a que los agentes abrieran los ojos y vieran la putrefacción generalizada que corría aparentemente en todos los niveles del futbol y en las compañías de mercadotecnia deportiva que aceitaban el sistema mediante sobornos. Les había entregado a Hawilla y una marea de pruebas de docenas de otros sospechosos, especialmente sobre Jack Warner. Pero quizás lo más importante es que Blazer ayudó a los agentes a comprender la premisa de que la FIFA y todas las confederaciones y asociaciones que se desprendían de ella operaban como una sola empresa cohesiva y corrupta.

Por lo tanto, era apropiado que Blazer fuera el primer acusado en el caso de violación a la Ley RICO.

«El objetivo principal de la empresa», leía la imputación de cargos de Blazer, «era regular y promover el deporte del futbol en todo el mundo». Sin embargo, él y otros funcionarios del futbol «habían corrompido a la institución al participar en diversas actividades delictivas, incluido fraude, soborno y lavado de dinero, en busca de ganancias personales» y al «abusar de puestos de confianza, participar en tratos secretos, malversar fondos y violar sus deberes fiduciarios».

Mirando a Blazer, un hombre enfermo y quebrado, el juez Dearie, conocido entre los abogados por su toque a menudo humorístico desde el estrado, adquirió un tono sombrío cuando preguntó cómo se declaraba Blazer.

—Culpable —respondió—.

Casi dos años después del día en que fue confrontado en el vestíbulo de cristal adyacente a la Trump Tower, por fin había llegado el momento de dejar descansar a Chuck Blazer.

23
CONFIANZA Y TRAICIÓN

Durante los primeros doce años de su carrera, Enrique Sanz participó en el lado más activo del negocio del futbol, atendiendo las necesidades de los engreídos presidentes, vicepresidentes y tesoreros, incluso los de las asociaciones de futbol más nimias que estaban dispersas, repartidas por todo el Caribe y América Central, para que firmaran los contratos por derechos que Traffic necesitaba.

Todo eso cambió cuando Sanz se convirtió en el secretario general de la CONCACAF a mediados de 2012. De repente, él era a quien le hacían todas las ofertas, aquel con quien todos llegaban con regalos. Había asistido a conferencias de futbol y otros eventos durante años y se unió a la multitud de gente hambrienta en la mercadotecnia deportiva, quienes desde la parte de atrás de la sala, suplicaban por una oportunidad para seducir a algún funcionario tras escucharlo dar un discurso agotador. Ahora Sanz era quien subía al podio en los congresos, y cuando miraba hacia el otro lado de la sala, podía ver a los ansiosos jóvenes vendedores que salivaban.

Resultaba difícil no disfrutar de la nueva aura de importancia que conllevaba el trabajo: la prensa deportiva a veces incluso se refería a él como un «dignatario», particularmente cuando aparecía junto al presidente de la FIFA, Sepp Blatter. El dinero no estaba mal tampoco. El salario de Sanz como secretario general era de $800,000 dólares al año, un salto enorme de lo que ganaba en Traffic, y entre los muchos beneficios del trabajo contaba con una cuenta de gastos aparentemente ilimitada y un nuevo y lustroso auto deportivo BMW X5, que resultó útil para sus viajes frecuentes entre las oficinas de la CONCACAF y las de Traffic cuando negociaba nuevos acuerdos de derechos.

El 15 de noviembre de 2013, por ejemplo, Sanz se sentó con su íntimo amigo Aaron Davidson, presidente de Traffic Sports USA, para dar los toques finales a la renovación de un contrato para la Copa Oro que les otorgaría los derechos de mercadotecnia deportiva del torneo hasta 2021.

Durante años, ambos coetáneos habían trabajado en equipo, con Sanz adquiriendo los derechos de los funcionarios de futbol y Davidson revendiendo los a estaciones de televisión y a patrocinadores. Cuando Sanz dejó Traffic, al principio se sentía raro al estar sentado al otro lado de la mesa de su entrañable amigo, pero ambos hombres entendieron lo que estaba sucediendo y su relación cercana y objetivos en común facilitaron las negociaciones. Sin debatir mucho, llegaron a un precio de $60 millones por los derechos de la Copa Oro y los juegos de la *Champions League* de la CONCACAF hasta el 2022. En cuanto a la cuota para el presidente, Jeffrey Webb, $2 millones de dólares parecía una cifra bastante buena.

La vida era buena. A principios de noviembre, Sanz se había recompensado a sí mismo por su buena suerte con una casa de ensueño de $1.4 millones de dólares en un rincón atractivo de Coconut Grove en Miami. Velada tras muros protectores, un follaje espeso y palmeras altas, la propiedad contaba con un exuberante jardín tropical, alberca y casa de huéspedes.

En la pared colgó una pintura que Costas Takkas había comprado en una galería de Nueva York a petición de Sanz, la cual pagó con un cheque girado con fondos de la primera ronda de sobornos pagados a Webb. Del mismo paquete de dinero, Takkas también pagó la remodelación de la nueva cocina de Sanz.

Entonces, un día a principios de enero de 2014, el agente especial del FBI John Penza caminó por el acceso hasta la puerta de entrada de Sanz y tocó el timbre.

Como principal agente del caso, normalmente Jared Randall habría hecho el viaje a Miami, pero estaba fuera del país en una misión temporal en la embajada de Estados Unidos en Colombia. Mike Gaeta también estaba fuera de escena, ya que acababa de mudarse a uno de los codiciados trabajos en el extranjero, en Roma, por lo que la tarea recayó en Penza.

El supervisor, vistosamente vestido, aún era nuevo en el caso que, con su enorme cantidad de registros bancarios y múltiples idiomas, se había vuelto increíblemente complejo y desafiante. Si los agentes querían que alguien se acercara a un tipo en Miami llamado Enrique Sanz, entonces eso era lo que Penza haría, pero no iba a intentar atraparlo de inmediato.

No se molestó en hacer ningún tipo de vigilancia ni en nada estrambótico. Penza simplemente voló ese mismo día, condujo hasta la casa, y cuando la esposa de Sanz abrió la puerta, le pidió que llamara a su marido, quien ya estaba en el trabajo, y le dijera que volviera a casa. Así lo hizo y cuando Sanz llegó, Penza le pidió hablar a solas. Le dio su tarjeta, dijo que había una investigación en curso a cargo de un gran jurado en el juzgado de Brooklyn en curso sobre la corrupción en el futbol, que los agentes lo tenían en la mira y que lo más probable sería que tuviera que conseguir un abogado.

Antes de irse, Penza le dijo a Sanz una cosa más: no debía contárselo a nadie.

◆◆◆

En agosto de 2013, Brasil aprobó la primera ley que otorgaba beneficios a los acusados que ayudan en una investigación penal en curso. A cambio de identificar delincuentes implicados en el crimen organizado, prevenir nuevos actos ilegales o localizar víctimas, los colaboradores podrían reducir sus condenas hasta en dos tercios o, en algunos casos, incluso hasta la cancelación de la acusación. Desde entonces, la controvertida ley se ha utilizado para impulsar varias investigaciones importantes sobre la desenfrenada corrupción del país, y ha resultado en demandas por cargos delictivos contra dos presidentes.

Sin embargo, anteriormente Brasil no tenía un sistema formal de colaboración, y los acusados tenían pocos beneficios en ayudar a la aplicación de la ley. Por el contrario, se consideraba que el sistema judicial del país era irremediablemente corrupto, donde la ley sólo se aplicaba a los pobres y desafortunados. En cambio, brasileños ricos como José Hawilla acostumbraban a borrar sus problemas legales con la ayuda de abogados caros y consideraban que la justicia era sólo una cosa más que podía comprarse y venderse.

A pesar de la gravedad de la situación legal de Hawilla, éste nunca pareció entender completamente el concepto de colaboración o, en su caso, que realmente había hecho algo malo. Los sobornos que había pagado a lo largo de los años eran ciertamente una parte desagradable del negocio, pero, en lo que a él respectaba, eran lo que los brasileños llamaban propinas y parte del costo diario de hacer negocios.

Norris y otros agentes habían intentado abrirle los ojos a su situación. Estaban seguros de que forzarlo a ceder todos sus bienes, a vivir en Nueva York durante su largo y frío invierno, a usar un grillete electrónico y a estar constantemente en contacto con el FBI, lo convencerían de la gravedad de su situación.

Pero apenas quitaron las esposas, Hawilla se dedicó a proteger Traffic, para que pudiera venderse al precio más alto posible. Para él, era crucial que los agentes no se enteraran nunca de que su empresa no sólo había seguido pagando sobornos, sino que en ese momento estaba en medio de una corrupción colosal que implicaba decenas de millones de dólares en sobornos a funcionarios de dos confederaciones simultáneamente. Si salía a la luz esa información, los agentes podrían encontrar la manera de cancelar el trato de la Copa América, y Hawilla perdería mucho dinero.

Más de una vez, Hawilla había considerado abandonar las charlas de cooperación, detener su colaboración y defenderse de los cargos en su contra, sólo para no tener que seguir hablando con los agentes. Pero ésta habría sido una jugada sumamente riesgosa y probablemente lo habría enviado a prisión, por lo que Hawilla se esforzó en decirles a los investigadores lo que él creía que querían escuchar, mientras mantenía asiduamente el resto de la historia en silencio.

Así que Hawilla representó el papel del pecador arrepentido al decirle a Norris y a los demás que estaba avergonzado de sus corrupciones pasadas, disculparse por lo que él llamaba «errores» de su pasado e insistir en que había dejado ese tipo de cosas.

Hawilla respaldaba sus historias con montones de contratos viejos, instrucciones de pagos bancarios y correspondencia. Ayudó a conectar los puntos en algunos de los pagos increíblemente complicados que Berryman había rastreado con sus búsquedas exhaustivas.

Se reunía con sospechosos mientras usaba un micrófono oculto y aparecía en las oficinas de Traffic en Miami una vez a la semana para guardar las apariencias, aprovechando esas visitas para recoger los documentos que Norris le había pedido que recuperara. El viejo brasileño podría ser difícil, sin duda, pero todos en el caso estaban de acuerdo en que era mucho mejor colaborador de lo que podrían haber esperado.

Y luego, sin el conocimiento de Hawilla, Enrique Sanz comenzó a cooperar también.

Después de la visita del FBI, el secretario general de la CONCACAF contrató un abogado y, luego de considerar sus opciones, decidió ayudar en la investigación. Voló hasta Nueva York para asistir al *Super Bowl* el 2 de febrero y al día siguiente fue a Brooklyn para tener su primera reunión de colaboración.

Los investigadores lo habían identificado en gran parte debido a los años que había pasado en Traffic y su compañía predecesora en Miami negociando pagos de sobornos para Jack Warner, y al principio ese fue el tema principal de su conversación con el joven funcionario de futbol. Pero conforme Sanz continuaba hablando, comenzó a surgir una historia de corrupción claramente distinta y que continuaba aún. A diferencia de su antiguo jefe, él les contó todo.

Casualmente, Norris y los otros agentes se habían reunido por separado con Hawilla al mismo tiempo, interrogándolo en una sesión sobre acuerdos de patrocinio de hacía décadas que Hawilla había negociado entre Coca-Cola y la confederación de futbol brasileña, entre otros temas relativamente viejos. Parecía simplemente otra sesión de colaboración, y Hawilla se comportaba como siempre. Entonces, cuando uno o dos días después Sanz dejó en claro a los agentes que el jefe de Traffic les había estado mintiendo durante meses, se pusieron más que furiosos.

Un colaborador que mentía era totalmente inútil para el caso. Menos que inútil. Si un abogado de la defensa descubría a Hawilla mintiendo en el banquillo de los acusados, podría hacer imposible garantizar una condena y arruinar todo el caso. Toda la investigación estaba en riesgo.

Norris convocó a Hawilla a Brooklyn el siguiente lunes, 3 de marzo, y fue tan claro como pudo. Hawilla podría ser arrestado por segunda vez. Justo en ese instante. Podrían imponerle nuevos cargos de obstrucción y ponerlo tras las rejas. No tenía idea de lo miserable que podían hacer su vida.

—Estamos aquí porque creo que tiene algunas cosas que contarnos —dijo Norris, enmascarando la furia que lo consumía con un tono bajo y frío. Sin mencionar a Sanz, ni siquiera insinuando lo que sabía o de dónde había obtenido la información, Norris le dijo a Hawilla que necesitaba entender que lo estaban vigilando, espiando, escuchando todas sus llamadas. No había nada que ellos no supieran y todo lo que él les dijera ahora y desde este momento sería una prueba de su honestidad. Esta era su última oportunidad, y su séquito de abogados de $1,000 la hora, avergonzados por el comportamiento de su cliente, no podrían protegerlo.

El mensaje finalmente hizo eco.

Hawilla confesó a los agentes federales que, aunque sabía que no debía hacerlo, les había contado a Davidson y Sanz en privado sobre la investigación criminal. Había advertido a Sanz que él en específico podría ser objeto de grabaciones. Hawilla había hecho eso, dijo, con la esperanza de que tuvieran cuidado y evitaran decir cualquier cosa que pudiera implicar aun más a Traffic o revelar su gran secreto. Esa, dejó en claro, era la razón por la que Sanz se había comportado evasivo cuando Hawilla lo grabó.

Pero eso no era todo. Ni se aproximaba a serlo.

Dijo que se habían celebrado varias reuniones con ejecutivos de Full Play y Torneos para resolver la demanda de la Copa América y unir fuerzas. Había un acuerdo secreto con Media World para dividirse las eliminatorias para la Copa del Caribe.

Y había muchos, muchos sobornos, para los sudamericanos, claro, pero particularmente para Jeffrey Webb. Había $3 millones de dólares que le prometieron por el acuerdo de las eliminatorias de la UCF para la Copa del Mundo, y otro $1 millón para la Copa Oro 2013, además de un acuerdo para pagar $2 millones más por las próximas ediciones de la Copa Oro, y probablemente habría más, ya que era difícil darle seguimiento a tantos pagos.

Sólo unas semanas antes, añadió Hawilla, habló de todo esto con Davidson mientras almorzaban en Miami. El joven le había informado sobre las últimas noticias del Centenario de la Copa América. Los contratos estaban casi listos para ser firmados, dijo Davidson, y la tajada de Webb sería enorme: $10 millones de dólares, si lograban encontrar una manera discreta de enviarle todo ese dinero.

Era impresionante. Sanz había dado a los agentes un importante indicio de que algo andaba mal, pero lo que Hawilla les estaba diciendo era mucho peor de lo que habían imaginado jamás, además de muy vergonzoso. Traffic había continuado repartiendo sobornos en todas partes; el hombre que habían llevado para hacer una limpia en la CONCACAF, Jeffrey Webb, era incluso más sucio que sus predecesores; ni siquiera tenían idea de que se estaba negociando que Estados Unidos albergara un Copa América en 2016; y todo estaba pasando justo debajo de sus narices.

Cuando Hawilla por fin terminó, Norris le dijo que se fuera a casa y decidiera si estaba 100% comprometido con la colaboración. Si quería mantenerse fuera de la cárcel, sería mejor que así fuera.

◆◆◆

A última hora de la mañana del 16 de marzo, Aaron Davidson bajó de un vuelo en el aeropuerto de LaGuardia y tomó un servicio de transporte a un hotel cercano, donde Hawilla lo estaba esperando en el bar.

Davidson había estado en Los Ángeles la semana anterior para asistir a un partido en el torneo anual de clubes de la CONCACAF, y, poco después de regresar de Miami, su jefe llamó para preguntar si podían verse. Era bastante urgente, dijo Hawilla, y la conversación tenía que ser en persona. ¿Podía volar de vuelta a Nueva York al día siguiente?

El abogado sabía que su jefe había sido arrestado, pero no estaba preocupado de que él personalmente estuviese implicado. Hawilla había asegurado en repetidas ocasiones a Davidson que se trataba estrictamente de un asunto de impuestos y que nadie del gobierno lo tenía en la mira.

Durante casi un año, esa última parte había sido cierta. Como presidente de Traffic USA, Davidson dirigía la oficina de Miami, se ocupaba de la NASL, la poco exitosa liga de futbol *soccer* de Traffic, y vendía algunos patrocinios. Se había mantenido alejado del lado oscuro del futbol, y durante mucho tiempo Norris y los otros agentes le habían dicho a Hawilla que ni siquiera se molestara en grabarlo. Pero ahora había quedado claro que una vez que Sanz había dejado Traffic, Davidson se había metido directamente en la misma porquería.

Un restaurante bar en un hotel Courtyard by Marriott enclavado en Queens le pareció a Davidson un lugar extraño para reunirse, particularmente dada la predilección de Hawilla por las comidas *gourmet* y los hoteles de cinco estrellas. Pero él era un empleado leal; si Hawilla le pedía que hiciera algo, lo hacía.

Ambos ordenaron de almorzar y después de unos minutos de conversación en portugués y español, Hawilla se subió la pernera del pantalón, revelando el monitor de GPS que llevaba en el tobillo.

—¿Ves esto? —le preguntó a Davidson—. Llevo este brazalete aquí para no ir a la cárcel.

Los federales, dijo, estaban sobre él, y planeaban encontrarse con él al día siguiente. «Con el fin de proteger a la empresa, protegerme a mí mismo, protegerte a ti y a Enrique». Hawilla dijo que necesitaba proporcionar a los agentes información sobre los diversos sobornos en los que Traffic había participado, especialmente para Jeffrey Webb.

—No crees que él es… —respondió Davidson en voz baja.

—No, no, no —dijo Hawilla— no hay tal riesgo.

El joven abogado miró al escuálido brasileño, considerándolo como un pionero que había aprovechado el potencial financiero del futbol, lo sacó de la oscuridad y le dió una gran carrera. Confiaba en su jefe implícitamente.

Webb no estaba siendo investigado, le aseguró Hawilla. Pero era fundamental que Davidson lo actualizara sobre el estado de sus acuerdos de derechos, incluidos los sobornos, para que pudiera informar a los federales inmediatamente al día siguiente. Si era descubierto mintiéndole al gobierno, estaría en problemas graves.

Así que durante la siguiente hora y media, Davidson respondió todas las preguntas de su mentor.

Describió cómo Webb había pedido originalmente $15 millones de dólares como pago por el Centenario de la Copa América, y cómo Sanz y Burzaco lo habían bajado a $10 millones, más los $2 millones por un contrato a largo plazo de la Copa Oro. Le dijo a Hawilla que Mariano Jinkis de Full Play lo había llamado la semana anterior para pedirle sugerencias sobre la mejor manera de pagar a Webb ese soborno de $10 millones, pero que Davidson le había dicho que lo discutirían frente a frente.

Media World, socio de Traffic para las eliminatorias del Mundial de la Copa Mundial de la CONCACAF, también tenía problemas para pagar a Webb, agregó Davidson. Aún le debía al presidente de la confederación $1.5 millones de dólares, su mitad del pago de los $3 millones que Sanz había negociado dos años atrás.

A medida que avanzaba la conversación, Hawilla siguió dándole vueltas, pidiéndole a Davidson que le repitiera la información sobre los pagos, para confirmar y aclarar lo que ya había dicho. Y también quería que Davidson, como abogado y estadounidense, le aclarara algo: ¿Hacer todos estos pagos, estrictamente hablando, era ilegal?

—¿Que si es ilegal? —respondió Davidson, algo incrédulo—. Es ilegal. Dentro del panorama general, una empresa que ha trabajado en esta industria durante treinta años, ¿está en problemas? Está en problemas.

Cuando la reunión terminó, Davidson regresó al aeropuerto y voló a Miami, contemplando todo lo que tenía que hacerse en las próximas semanas. En tanto Hawilla, salió del hotel y se encontró con Jared Randall, que había estado esperando cerca. Le entregó hoscamente al agente los dispositivos ocultos que cargó durante el almuerzo.

Hawilla ahora estaba 100 por ciento comprometido.

◆◆◆

Un día a mediados de marzo, Joe DeMaria, un abogado defensor de Miami que hablaba rápidamente y estaba cargado de energía, llamó a Amanda Hector con malas noticias.

Su cliente, Enrique Sanz, tenía leucemia. Tan sólo tenía 39 años, por lo que el pronóstico no era terrible, pero era una enfermedad muy grave y necesitaba tratamiento inmediato. Sanz no podía seguir colaborando o haciendo un trabajo encubierto, al menos por el momento, y para finales de mes anunciaría un permiso de ausencia de la CONCACAF.

DeMaria había establecido rápidamente una buena relación con Hector, quien ahora dirigía el asunto de la colaboración de Sanz. Este había conversado con ella sobre el caso y le había dicho que pensaba que la teoría de la Ley RICO que estaban usando para el caso era demasiado agresiva: que tenía un alcance mayor que cualquier otra cosa que hubiera visto. DeMaria era escéptico de qué tantos crímenes en tantos lugares se pudieran vincular con un argumento central, y se lo dijo. Hector escuchó sin hacer comentarios. Después de todo, ella sabía mucho más que él.

—Gracias —le dijo Hector a DeMaria cuando él le contó sobre el cáncer de Sanz—. Manténganos informados.

El diagnóstico presentó un dilema. En muy poco tiempo, Sanz se había convertido en una pieza vital de la investigación.

Había estado en el ajo, durante casi todos los tratos que Traffic había firmado en Centroamérica y el Caribe desde finales de la década de 1990, lo que significaba que podía guiar personalmente a los investigadores a través de vastas avenidas nuevas de corrupción que nunca habían considerado. También podría continuar sirviendo como una especie de respaldo de Hawilla al ayudar a corroborar la información que el reacio brasileño proporcionaba.

Tal vez lo más prometedor era que, como secretario general de la CONCACAF, Sanz estaba bien situado para ayudar a mantener el caso en movimiento. Era como si Chuck Blazer hubiera estado usando un micrófono para ellos en 2010, cuando todo estaba sucediendo, y no después de haber sido desacreditado y expulsado del deporte.

Ya Sanz había mostrado destellos de grandeza como cooperador. Entendía lo que tenía que hacer y, a diferencia de Hawilla, mantenía su colaboración en secreto; ni siquiera le había dicho a su esposa. Y sólo unas pocas semanas después, su trabajo encubierto ya estaba dando frutos.

El 25 de febrero de 2014, por ejemplo, Sanz había llevado un micrófono a una reunión en Miami con Julio Rocha, expresidente de la asociación de futbol de Nicaragua. Sanz les dijo a los fiscales que tres años antes él había negociado un contrato para que Traffic comprara los derechos de las eliminatorias para la Copa Mundial 2018 de Nicaragua, y para cerrar el trato había enviado un soborno de $150,000 dólates que, según Rocha, dividiría con un colega.

Rocha ya no manejaba el futbol en Nicaragua, pero se preguntaba si Sanz podría recomendarlo en Traffic, ya que pronto negociaría los derechos de las eliminatorias de la Copa Mundial 2022. Rocha se preguntaba en voz alta ante la grabadora si Sanz creía que podría hacerse algún trato.

Claramente fue sólo el comienzo. Pero ahora que Sanz estaba enfermo, la pregunta era qué hacer con él. Había estado involucrado en actos ilegales extensos durante años y, por definición, era un delincuente; dejarlo completamente suelto estaba fuera de discusión.

Pero al mismo tiempo parecía un poco sádico, y tal vez incluso poco ético, continuar procesando a Sanz, obligándolo a seguir cooperando. Con la quimioterapia, se le caería el pelo, sufriría terribles náuseas y diarrea, y estaría increíblemente débil y susceptible a las infecciones, lo que significaba que debía evitar el contacto con otras personas.

Hector era una agente seria. Ella y su hermana gemela se habían graduado en leyes de Yale y se habían convertido en asistentes de fiscales de Estados Unidos, una en Brooklyn y la otra al otro lado del río en Manhattan. Amanda era competitiva y conocida por su actitud determinada que a veces se precibía como dura. Pero Hector abogó por misericordia. Sanz, dijo, era el padre de un niño pequeño y podía morir; sin duda, eso era más importante que cualquier caso de soborno.

Berryman tomó una posición más estridente; él había revisado los registros bancarios y rastreado todos los sobornos; quería asegurarse de que Sanz no saliera impune de sus delitos.

Pero al final era decisión de Norris, quien se puso de parte de Hector. Por ahora, dijo Norris, iban a darle un descanso a Sanz.

Hector llamó a DeMaria para decirle que, aunque se reservaban el derecho de acusarlo más adelante, por el momento debería centrarse en recibir su tratamiento. Aun así, agregó, Sanz no quedaba fuera del asunto.

Cuando le llamaran, sería mejor que respondiera.

24

«NOS VAMOS TODOS A LA CÁRCEL»

En la mañana del 1.° de mayo de 2014, la mayor parte de los directivos del futbol del hemisferio occidental llegaron al lujoso St. Regis Bal Harbour Resort justo al norte de Miami para ver a Jeffrey Webb, junto con el presidente de la Conmebol, Eugenio Figueredo, anunciar formalmente el Centenario de la Copa América.

Después de una presentación típicamente efervescente por parte de los dos funcionarios, los medios tuvieron la oportunidad de hacer preguntas. Los reporteros, en su mayoría de los medios de habla hispana, que asistieron se preguntaron si el torneo, metido con calzador en un calendario de verano 2016 de por sí lleno, no sería un desastre.

Estaba programado casi al mismo tiempo que el ultrapopular Campeonato Europeo, y justo antes de los Juegos Olímpicos en Río de Janeiro, que también incluía un torneo de futbol. No sólo eso, sino que este evento fabricado aún no estaban en el calendario oficial de la FIFA, lo que significaba que era posible que los clubes profesionales no enviaran grandes estrellas para jugar en el torneo.

Figueredo, un hombre delgado de poco más de ochenta años eclipsado por Webb, mucho más joven y robusto, restó importancia a las preocupaciones, soltó algunos chistes y se tomó un momento para mencionar a su «muy buen amigo», Enrique Sanz. «Estamos orando por su recuperación», dijo. Webb, por su parte, calificó el torneo, que aún estaba a más de dos años de distancia, como una «celebración única en la vida».

Para los investigadores que trabajaban en el caso del futbol, los eventos del día no fueron menos importantes.

Se habían enterado de la existencia del torneo Centenario menos de dos meses antes, pero de inmediato se dieron cuenta de que les presentaba una oportunidad de oro para grabar a todos los implicados. Una conferencia de prensa conjunta CONCACAF/Conmebol atraería a varios de los objetivos de su investigación, y, a diferencia de los Juegos Olímpicos de Londres donde Blazer había hecho sus grabaciones, este evento estaba teniendo lugar dentro de los amistosos límites de Estados Unidos.

Entonces, yendo contra el reloj, los agentes federales y especiales se pusieron a trabajar para preparar a su colaborador clave, José Hawilla, para la acción. Con instrucciones de ellos, él agendó una serie de reuniones para los días en torno al evento.

No fue algo difícil de hacer. Debido a que Hawilla no había salido del país en casi un año, había gente de toda América Latina ansiosa por verlo, especialmente sus nuevos compañeros en Full Play y Torneos y Competencias.

La Copa América estaba demostrando ser un éxito rotundo. Jinkis habían logrado vender los derechos en español de Estados Unidos para la edición Centenario a la cadena de televisión Univisión por $71 millones de dólares, más del doble del valor de los derechos equivalentes del torneo de 2015 que se realizaría en Chile.

Pensaban que podrían obtener otros $30 millones por parte de Fox por los derechos del idioma inglés en Estados Unidos. Eso significaba que todas las demás ventas de derechos, incluida la transmisión para el resto del mundo, más patrocinios, serían pura ganancia. Según sus cálculos, la empresa conjunta, Datisa, obtendría entre $80 y $100 millones de dólares en ganancias netas por cada edición de la Copa América.

Pero también había motivos de preocupación. Los socios de Hawilla se habían enterado de que Jeffrey Webb aún no había recibido su soborno de $10 millones de dólares, y querían saber dónde estaría el desfalco. También sabían que Hawilla había intentado vender su empresa, y les preocupaba que un nuevo propietario de Traffic no entendiera cómo funcionaba realmente su negocio.

—Mi temor —dijo Mariano Jinkis durante una reunión privada con su padre y Hawilla en su hotel frente a la playa la noche anterior a la conferencia de prensa— es tener un socio que diga «no puedo hacer los "pagos"». Aquí no hacemos "pagos".

Hawilla se negó a las súplicas de vender su parte de Datisa a sus socios, dijo que sentía que «debilitaría mucho a Traffic». Al mismo tiempo, expresó su molestia por la agresividad con la que los propietarios de Full Play repartieron los sobornos, casi como si lo disfrutaran. Mientras hablaban, Hugo Jinkis parecía que disfrutaba explicando la complicada cadena de compañías fantasma que había utilizado para pagarlos, enviando transferencias de un país a otro, para evadir el escrutinio.

—Esto no cambiará —agregó Mariano Jinkis—. Siempre habrá sobornos. Habrá sobornos para siempre.

Aunque Hawilla originalmente se había resistido a usar un micrófono oculto y nunca se sintió cómodo grabando a sus amigos y socios, se había vuelto más hábil en dirigir conversaciones hacia donde Randall u otros agentes del caso le indicaban.

Inmediatamente después de la conferencia de prensa la mañana siguiente, Hawilla, acompañado de Davidson, se acercó a Webb. Los tres posaron para una foto junto a un imponente trofeo de la Copa América, y luego Hawilla, con Davidson como intérprete, intentó insistentemente lograr que el presidente de la CONCACAF hablara del soborno de $10 millones de dólares. Cuando vio que eso no funcionaba, Hawilla se retrajo al bar del vestíbulo del St. Regis donde se encontró con Burzaco y Hugo y Mariano Jinkis.

La reunión resultó mucho más provechosa. Mientras comían algunos bocadillos, Hawilla logró hacer que los socios argentinos describieran, repetidas veces y a detalle, la mecánica de los sobornos de la Copa América, quién los recibía y qué pasos se seguían para cubrir los rastros y que todo pareciera legal. Con la satisfacción de haber cubierto ese pendiente, Hawilla abrió otra línea de preguntas que le habían dicho que hiciera, similares a las preguntas que le había hecho a Davidson semanas antes.

—Piensa en esto —sugirió Hawilla—. ¿Quién podría salir lastimado?

—¿Te refieres a este contrato, este asunto? —Burzaco respondió con una sonrisa—. Todos nosotros.

Un posible comprador de Traffic examinaría los acuerdos de Datisa y los falsos contratos que habían organizado para justificar el pago de sobornos y se daría cuenta de inmediato. Sería mucho peor, dijo el ejecutivo de Torneos y Competencias, si se involucrara la policía.

—Mañana la agencia de lavado de dinero de Buenos Aires podría venir a investigar, por ejemplo. O desde Brasil. O la DEA, o cualquiera. Y dirán, «¿qué son todos estos pagos?» —explicó Burzaco.

—Nos vamos todos a la cárcel —concluyó—. Todos y cada uno de nosotros.

Hawilla había realizado una serie de grabaciones en los días previos, sentado con numerosas personas, incluido el presidente de la federación brasileña de futbol, que estaba involucrado en al menos tres estrategias de soborno diferentes a la vez. A pesar de su conducta incómoda y comportamiento reacio, el colaborador había convencido a la gente de admitir todo tipo de complicidades.

Pero esta última cinta fue la cereza del pastel.

Al revisar la transcripción traducida de la reunión, los agentes de Brooklyn no podían sentirse más felices. Era exactamente el tipo de prueba que estaban esperando. El cerco se estaba cerrando.

◆◆◆

Como hacía todas las mañanas, Berryman tomó su teléfono y revisó su bandeja de entrada antes de levantarse de la cama. En medio del correo no deseado, los mensajes personales y una serie de alertas de Google, había un correo de Evan Norris, que el agente del IRS abrió de inmediato.

Norris mantenía comunicaciones escritas breves y directas. Julio Grondona, escribió, estaba muerto.

Bien despierto ahora, Berryman miró algunas de las alertas. Había docenas de historias con la misma noticia. Grondona, vicepresidente de la FIFA y presidente de su poderoso Comité de Finanzas, que había sido presidente de la asociación argentina de futbol desde 1979 y era uno de los hombres más poderosos en todo el futbol, había muerto repentinamente por la ruptura de aneurisma aórtico abdominal a sus 82 años. Falleció en Buenos Aires el día anterior, el 30 de julio de 2014.

Berryman suspiró. Había hecho una cantidad inmensa de esfuerzo con Grondona.

Conocido como Don Julio, Grondona era el equivalente más cercano en el mundo del futbol a un mafioso del cine. Alto y esbelto, con el pelo peinado hacia atrás, la papada caída y crueles ojos alicaídos, hablaba en español gruñendo y se negaba rotundamente a aprender cualquier otro idioma. Atacaba a los críticos, ridiculizaba a sus rivales y era conocido por sus comentarios despectivos sobre los judíos y en particular sobre los ingleses.

Grondona admitía con orgullo haber votado por Rusia y Qatar como sedes de la Copa del Mundo, decía que «un voto por Estados Unidos era como dárselo a Inglaterra» y, a lo largo de su carrera, logró escapar de numerosas investigaciones criminales dentro de Argentina.

Conocido por su anillo de oro en el dedo meñique que decía *Todo Pasa*, Grondona proyectaba una imagen humilde, celebrando en la ferretería de la que era dueño en un vecindario de la periferia de Buenos Aires, o en la atestada oficina de una gasolinera apartada. Pero en verdad, décadas de sobornos lo habían hecho inmensamente rico, con propiedades diseminadas por la capital argentina, incluida su residencia en un condominio de lujo en el moderno barrio de Puerto Madero en Buenos Aires.

Al principio, Berryman se había visto frustrado en sus intentos por rastrear los sobornos argentinos. Grondona se comportaba inusualmente cuidadoso, nunca usaba sus propias cuentas para enviar o recibir dinero, y parecía evitar asiduamente las transacciones dentro de Estados Unidos.

Pero el decidido agente del IRS finalmente descubrió una forma de averiguarlo: Alejandro Burzaco. En las reuniones de colaboración Hawilla lo había descrito como «la misma persona» que Grondona y, de hecho, era difícil decir dónde terminaban los negocios financieros de uno y dónde comenzaban los del otro. Además de los hijos de Grondona, Burzaco era la única persona que había estado al lado de la cama de don Julio en el hospital de Buenos Aires cuando murió.

Durante los últimos meses, Berryman había centrado su atención en Burzaco, y su compañía, Torneos, usó los citatorios a Fedwire y CHIPS como tirabuzón inicial y pronto descubrió cuentas bancarias radicadas en Suiza que parecían particularmente sospechosas. Berryman no estaba todavía seguro, pero parecía que Burzaco mantenía cuentas especiales a las que Grondona podía acceder sin tener que poner su nombre en ellas. Además de que parecía hacer varios negocios en efectivo.

Desenmarañar todo esto era un proyecto complicado, y justo cuando estaba llegando al fondo, Berryman recibió la noticia de que le habían ofrecido una tarea temporal en la embajada de Londres. Berryman amaba Inglaterra y durante años había querido vivir allí de nuevo; no ocultaba el hecho de que aspiraba a un cargo permanente allí para terminar su carrera.

Al mismo tiempo, Berryman no quería perder ni un paso en el caso de futbol, y luego de consultar con Norris, decidió que podría ir a Londres por unos meses y simplemente trabajar más horas para alcanzar a hacer todo.

También había encontrado ayuda. J. J. Kacic, el agente del IRS en el condado de Orange, quien lo había acompañado en su primer acercamiento a Zorana Davis, ahora estaba en el caso de tiempo completo. Para liberarse y concentrarse en Burzaco y Grondona, Berryman delegó al joven agente el rastreo del dinero de Full Play. Todas las mañanas, Berryman se presentaba para trabajar en la embajada de Estados Unidos en Londres donde ayudaba a coordinar las investigaciones de impuestos y lavado de dinero entre las fuerzas del orden público estadounidenses y británicas. Luego, todas las noches, aprovechaba la diferencia de horario de ocho horas con California para hablar por teléfono con Kacic y revisar hojas de cálculo, línea por línea, y sugerir nuevos citatorios.

El caso del futbol llevaba abierto casi cuatro años, y Berryman había estado trabajando en él de tiempo completo durante tres de ellos. Habían hecho tremendos progresos, pero no podían esperar por siempre. Los hombres que dirigían el futbol no se estaban haciendo más jóvenes y tampoco Steve Berryman. Unos meses antes se había enterado de que el jefe del futbol brasileño, Ricardo Teixeira, había regresado a Brasil, donde estaba a salvo de la extradición, y era frustrante pensar en todo el trabajo arduo que le había dedicado al expresidente de la CBF y que ahora podía haber sido en vano.

Debido a la diferencia horaria de cinco horas, el agente del IRS se vio obligado a esperar durante horas antes de poder llamar a Norris para hablar de la noticia. Norris era más de una docena de años más joven que Berryman, y algunas veces se refería en broma a él como «papá». Pero ahora era Berryman quien veía al agente como una guía paternal; sólo Norris podía calmar los sentimientos y las frustraciones que surgían inevitablemente en un caso que significaba tanto para él.

Perder a Grondona y a Teixeira era sin duda frustrante, pero no había nada que pudieran hacer. Tenían que concentrarse. Se moverían cuando estuvieran listos para moverse, insistió el agente, y ni un momento antes.

—Bueno —agregó Norris—. Sigamos adelante.

◆◆◆

En los últimos días de agosto, oficiales del Servicio de Policía de las Islas Caimán detuvieron a un hombre llamado Canover Watson por sospecha de cometer una estafa masiva y multimillonaria para defraudar el sistema de salud del territorio británico.

Berryman tenía a Watson en su radar, aunque a distancia. Este último era tesorero de la Asociación de Futbol de las Islas Caimán, uno de los ocho miembros del Comité de Auditoría y

Cumplimiento de la FIFA, y uno de los mejores amigos y confidentes más cercanos de Jeffrey Webb. Incluso era dueño de la mansión justo al lado de la de Webb en las afueras de Atlanta.

Cualesquiera que fueran los asuntos en los que Watson estuviera metido en casa, no tenían nada que ver con el futbol, aunque el arresto hizo que la FIFA lo suspendiera temporalmente. A Berryman le pareció que quizá otro blanco potencial se estaba escapando de su alcance, pero el arresto no fue ninguna sorpresa.

Unos tres meses antes, los investigadores que trabajaban con la Unidad Anticorrupción de las fuerzas policiacas de las Islas Caimán se habían puesto en contacto tanto con el FBI como con el IRS mediante agregados que tenían de planta en el Caribe. Estaban buscando información sobre Watson, y también sobre Webb, y debido a eso, sus peticiones no tardaron en llegar hasta Jared Randall y Berryman. Los oficiales del Servicio Policial Real de las Islas Caimán (RCIPS, por sus siglas en inglés) estaban preguntando sobre las propiedades que habían comprado ambos sujetos en Georgia y esperaban poder obtener información de los bancos involucrados en dichas transacciones.

El primer instinto de Norris y los otros agentes fue ignorar las preguntas. No iban a arriesgar la integridad de toda la investigación para ayudar a un caso menor de corrupción en un pequeño complejo turístico con 60 mil residentes.

Pero Webb se había convertido en uno de los blancos y era difícil no preguntarse qué podrían estar buscando estos policías isleños. El arresto de Watson trajo el tema, casi olvidado, de vuelta a la mesa. Después de un debate considerable, el equipo decidió invitar a los oficiales de la RCIPS a Nueva York para escucharlos.

Conforme pasaba el tiempo, era cada vez más frustrante no poder pedir ayuda a otros países. Gracias al seguimiento del dinero por parte de Berryman, el equipo pudo descubrir una cantidad considerable de sospechosos, pero había grandes depósitos de información financiera escondidos en el extranjero que simplemente no podían tocar, especialmente en Suiza, con sus fuertes protecciones a la privacidad bancaria. El país alpino tenía la política de notificar a los titulares de las cuentas cuando proporcionaba registros financieros a los gobiernos extranjeros, lo cual hacía que esas pesquisas resultaran inútiles en las investigaciones clandestinas.

Pero este caso era diferente, los caimaneses habían recurrido a Estados Unidos en busca de información, y no al revés, y reunirse con los oficiales parecía una buena oportunidad para enterarse de un par de cosas sin tener que revelar nada acerca de su propio caso.

Coordinar la visita implicó algunos esfuerzos y hacía un frío que mordía cuando los caimaneses llegaron a Nueva York. Después de algunas quejas sobre el clima, explicaron el fraude de Canover Watson. Él era una estrella en ascenso en la comunidad empresarial, ganador del Premio al Liderazgo de los Jóvenes Caimaneses, y en 2009 fue nombrado presidente de una junta gubernamental que supervisa su sistema nacional de salud. Un año después, la junta otorgó un contrato multimillonario para un nuevo sistema de pago de atención médica llamado CarePay.

Pero el sistema no había funcionado bien y nunca se implementó por completo, así que las autoridades locales empezaron a hurgar. Descubrieron que Watson y un socio controlaban secretamente la empresa a la que se contrató para el sistema, lo que resultaba en un claro conflicto de intereses, y no lo habían divulgado. El socio de Watson era su viejo amigo Jeffrey Webb.

Unos meses después de que se otorgara el contrato de CarePay, continuaron explicando, comenzaron a surgir una serie de transacciones sospechosas. Webb compró una casa de poco más de 900 metros cuadrados en Loganville, Georgia, el 24 de junio de 2011, y, exactamente siete días después, Watson cerró la compraventa de una casa de 700 metros cuadrados justo al lado.

Por la misma época, el Fidelity Bank, donde Webb todavía trabajaba en ese momento, aprobó un préstamo por $240,000 para J & D International, una empresa controlada por Jack Warner. Las ganancias del préstamo se transfirieron a la cuenta utilizada para recibir los fondos de CarePay, y de allí a una cuenta de Wells Fargo en Georgia. Unos meses más tarde, cuando llegó el primer dinero de CarePay, el préstamo de J & D International se saldó en su totalidad. Entre otras cosas, los investigadores extranjeros esperaban saber qué había sucedido con el dinero en la cuenta de Wells Fargo.

Norris y Berryman se miraron el uno al otro. Webb estaba claramente involucrado en mucho más que los torcidos contratos de la Copa Oro. Considerando su importancia para la investigación, sin mencionar sus conexiones con Warner, era tentador pensar en acceder a los registros bancarios de las Islas Caimán.

Pero parecía demasiado arriesgado. Habían aprendido que no se puede confiar en la policía extranjera. Los estadounidenses no pensaban que pudieran ser de ninguna ayuda, lamentaban decir los agentes, pero estarían felices de invitar a sus visitantes a cenar esa noche y felicitarlos por su buen trabajo.

Como territorio británico, por ley, el comisionado de la RCIPS debe ser del Reino Unido. Una gran parte de la fuerza policial de 360 miembros es también británica, atraídos por la posibilidad de vivir unos años en un paraíso tropical con una de las tasas de criminalidad más bajas de todo el Caribe.

Daba la casualidad de que los detectives que investigaban a Canover Watson eran todos británicos expatriados, y Berryman, apasionado de los británicos, entabló una buena relación con ellos.

—Puedo adivinar de qué parte de Inglaterra eres —dijo Berryman. Empezó a hablar de su infancia en Inglaterra, así como del periodo que había pasado recientemente en la embajada en Londres, escuchó sus acentos mientras se extendía una mueca en su cara—. Eres del norte de Londres —dijo—. Y eres de Leeds, o Manchester.

—Y tú —dijo mirando al tercer policía— apoyas al equipo de Sunderland o al de Newcastle.

Algunas horas socializando convencieron a Berryman de que podía confiar en estos hombres, y aunque tomó un poco de persuasión, Norris y los otros agentes terminaron por estar de acuerdo. Después de todo, ayudarían a la investigación caimanesa y, a cambio, obtendrían un valor invaluable de información sobre las actividades financieras de Webb que podrían ayudar a atar los cabos en el caso que estaban construyendo contra él.

La investigación futbolística de Estados Unidos, que se perfilaba como una de las mayores investigaciones internacionales sobre corrupción en la historia al tocar a docenas de países repartidos en varios continentes, finalmente tenía un socio extranjero.

La ironía de que el suceso ocurriera en uno de los paraísos fiscales más notorios del mundo para la evasión de impuestos y el lavado de dinero fue evidente para todos.

25
LA DEVOLUCIÓN

«Podredumbre» anunciaba el titular del diario neoyorquino Daily News el domingo 2 de noviembre de 2014. «La vida secreta del Gran Señor del Futbol».

La portada mostraba a Chuck Blazer de pie junto a Sepp Blatter, con el trofeo de la Copa del Mundo superpuesto a la imagen. En el interior, un artículo de cuatro páginas cubría la noticia de que Blazer había sido arrestado por no presentar declaraciones de impuestos, se había hecho colaborador del FBI y portó un micrófono oculto durante los Juegos Olímpicos de Londres.

La historia, en el estilo clásico de un tabloide neoyorquino, no se guardaba nada, llamaba a Blazer «corrupto y corpulento» e hizo un recuento, sin ambages, de su estilo de vida exagerado, sus deslices personales y cómo había usado un llavero que contenía un dispositivo que le permitía grabar secretamente sus conversaciones. Un «tipo como Falsftaff»*, Blazer «llegó a habitar un mundo de jets privados, amigos famosos, escapadas

* N. de la T. Sir John Falstaff, personaje de Shakespeare, alegre, gordo y libertino.

a islas secretas, cuentas bancarias en el extranjero, y tanta comida y bebida fina que terminó por necesitar una flotilla de motonetas para pasar de un festín al otro».

En efecto, era escabroso, pero los autores del artículo también revelaban una gran primicia al denunciar por primera vez que Blazer había estado ayudando secretamente a una investigación criminal. La historia subrayaba que tanto el IRS como el FBI estaban involucrados, que los agentes estaban en Brooklyn, y que la pesquisa estaba investigando fraude y lavado de dinero.

Leer la nota un domingo por la mañana primero resultó incómodo y luego inquietante para Norris. Había poco misterio sobre la fuente: la exnovia de Blazer, Mary Lynn Blanks, la antigua actriz de telenovelas que había estado viviendo con él en el momento en que cambió de bando. Ella no estuvo presente cuando Berryman y Randall se acercaron a Blazer, ni tampoco había asistido a ninguna de las reuniones o de las operaciones encubiertas, pero era obvio que el exoficial de futbol le había contado lo que estaba pasando.

Después de todo, vivían juntos y habían sido pareja durante años. Sin embargo, poco después de las Olimpiadas, se separaron acremente. Blanks y sus hijos se mudaron, dejando a Blazer solo en su apartamento cavernoso en la Trump Tower.

El hecho de que la fuente de la filtración fuera Blanks y no alguien desde el interior de la investigación, mitigó un poco la consternación de Norris. También se sintió aliviado al ver que el Daily News no mencionaba la declaración de culpabilidad de Blazer, ni a ninguno de los otros colaboradores, ni que la investigación se desarrollaba en torno a un caso de la Ley RICO, con acusados de todo el mundo.

Blazer quedó quemado como colaborador, pero para ser honestos, estaba gravemente enfermo y ya era de poca utilidad para la investigación. Si acaso, la historia del Daily News le recordó a Norris que un caso tan grande no podía permanecer en secreto para siempre. Si esperaban demasiado, la próxima filtración podría ser realmente dañina.

La gran cantidad de pruebas que los investigadores habían reunido hasta ese momento, incluidos innumerables citatorios bancarios y comerciales, miles de documentos entregados por colaboradores y cientos de horas de grabaciones en múltiples idiomas, rayaban en lo abrumador.

Había evidencia incriminatoria, en mayor o menor grado, sobre funcionarios del futbol actuales o anteriores en casi todos los países del hemisferio occidental. Después de luchar con un caso que inicialmente parecía no ir a ninguna parte, el mayor problema de Norris ahora no era encontrar objetivos, sino decidir cuándo parar la investigación para que pudieran proceder con los cargos.

Durante algún tiempo, Norris y el creciente equipo de agentes, que ahora sumaba cuatro, habían estado pensando cuándo y dónde sacar finalmente el caso a la luz. El objetivo, como en los casos de la mafia, era dar un gran golpe, atrapando a la mayor cantidad de acusados posible a la vez.

Evidentemente, la mejor oportunidad para actuar sería hacerlo durante algún evento de la FIFA. Las reuniones y los torneos de la organización no sólo atraían a los altos funcionarios, sino también a los ejecutivos de mercadotecnia deportiva que mantenían funcionando a toda la empresa.

El evento más grande de todos de la FIFA era, por supuesto, la Copa del Mundo. Pero la edición 2014, en Brasil, había concluido meses antes y, dada la prohibición constitucional del país de extraditar a sus ciudadanos, no se había considerado seriamente una redada en Copacabana.

El año siguiente, 2015, tuvo varios torneos y congresos regionales, como la Copa América en Chile y el congreso de la CONCACAF en Bahamas, pero no era seguro que ninguno de esos eventos atrajera suficientes objetivos de otras regiones como para que valiera la pena el esfuerzo. La alternativa más obvia era una gran reunión de la FIFA en Zúrich. Durante la tercera semana de marzo, el Comité Ejecutivo de la FIFA se reuniría, y luego, a finales de mayo, la FIFA celebraría su congreso anual, concluyendo con las elecciones presidenciales, en las que Sepp Blatter competiría por su quinto mandato consecutivo.

Cada una de estas posibilidades tenía sus ventajas y sus desventajas. Las elecciones sin duda tenían un perfil más alto, pero algunos miembros del equipo temían que un golpe así enviara un mensaje equivocado sobre lo que Estados Unidos estaba intentando hacer; temían que pudiera interpretarse como un ataque frontal al futbol. La reunión de marzo, por otro lado, era muy próxima y, dado que no era de tan alto perfil, corrían el riesgo de que hubiera menos sospechosos. De cualquier manera, parecía claro que el gran evento iba a suceder en Zúrich, lo que significaba coordinarse con las quisquillosas agencias del orden de Suiza.

Durante la última década, los agentes estadounidenses habían perseguido férreamente a los bancos suizos por instigar a la evasión fiscal, sustrajeron $780 millones de la firma UBS en 2009 y $2.6 millones de Credit Suisse a principios de 2014, mientras obligaban a otras instituciones financieras a pagar pequeñas multas y a cambiar sus prácticas para evitar su enjuiciamiento. Entre otras cosas, el famoso muro de silencio de la nación había sido parcialmente violado: por primera vez, los bancos suizos se habían visto obligados a proporcionar información de cuentas de contribuyentes estadounidenses ante las autoridades estadounidenses.

La campaña del Departamento de Justicia había sido duramente criticada tanto por la prensa como por el público suizos, por considerarla imperialismo estadounidense, una especie de intimidación legal que había doblegado las rodillas de las instituciones más veneradas del país, obligándolas a alterar su arraigada cultura del secreto que era una cuestión de orgullo nacional. Convencer a los suizos para llevar a cabo un enorme y muy público golpe contra otra de las organizaciones más destacadas del país, la FIFA, requeriría de delicadas negociaciones.

Luego, menos de una semana después de que se publicara la historia en el Daily News, el presidente Obama anunció que nominaría a Loretta Lynch para suceder a Eric Holder como procuradora general.

Lynch era la procuradora para el Distrito Este de Nueva York y, como tal, la investigación del futbol era de su competencia. A pesar de que jerárquicamente estaba muy por encima de Norris y de los otros agentes, había estado al tanto de la investigación desde sus primeras etapas, y Norris le había informado regularmente sobre su progreso. A cargo de la supervisión de una gran oficina, tenía muchos otros casos de los que preocuparse, y era conocida por confiar en sus agentes; había dejado que Norris siguiera sus instintos en la mayor parte del caso.

Sin embargo, como procuradora general era potencialmente invaluable. Como conocía bien el caso, casi con certeza podrían contar con que ayudaría a allanar el camino ante los altos funcionarios de la oficina del procurador general suizo para lograr su cooperación.

Uno de los argumentos que resultaría crucial era que este caso no estaba, de hecho, dirigido contra el futbol. En el fondo, se trataba de un caso internacional de lavado de dinero; el vehículo usado para el soborno y el fraude, generando todo ese dinero sucio, resultó ser el futbol. Más que un ataque a la FIFA, los agentes argumentarían que en realidad se trataba de un intento por eliminar del deporte a los funcionarios que lo habían corrompido. Estados Unidos, según el discurso promocional, estaba velando por el bienestar del deporte.

Además, al público suizo no le gustaba mucho la FIFA. Después de años de prensa negativa y de interminables acusaciones de corrupción, se había convertido en una especie de vergüenza nacional, una institución cada vez más definida por su incapacidad para controlarse a sí misma.

La investigación del comité de ética de Michael Garcia era una muy buena prueba de ello.

Después de más de un año y medio de entrevistas en todo el mundo, revisiones de cientos de miles de páginas de documentos y facturas que alcanzaban los $10 millones de dólares, el exprocurador federal finalmente presentó su tan esperado informe sobre el proceso de licitación para las Copas del Mundo 2018 y 2022 ante la FIFA a principios de septiembre.

Un mes después, sin embargo, la FIFA anunció que no publicaría el documento de 434 páginas porque tenía que «respetar los derechos personales de los individuos mencionados en el informe» y en su lugar publicaría sólo un resumen. Luego, cuando se publicó la sinopsis de 42 páginas el 13 de noviembre de 2014, Garcia hizo una condena pública, diciendo que contenía «numerosas declaraciones materialmente incompletas y erróneas sobre los hechos». Y cuando la FIFA rechazó la apelación de Garcia para que publicara el informe completo, el estadounidense renunció en señal de protesta, lo que desató otro caso de vergüenza pública para la organización.

Sin capacidad para emitir citatorios, Garcia había podido obtener información nueva e interesante. Ninguna de las personas en las que estaban interesados los federales (Ricardo Teixeira, Mohamed bin Hammam, Nicolás Leoz o Jack Warner) había accedido a entrevistarse con Garcia. El antiguo agente no había podido siquiera llevar a cabo la parte de la investigación dedicada a Rusia porque se le había agregado, irónicamente, a una lista de estadounidenses a los que se les prohibía poner un pie en el país como castigo por las sanciones de la Ley Magnitsky impuestas por Estados Unidos. En cualquier caso, los rusos evitaron casi por completo el escrutinio al afirmar que las computadoras que usaron para la licitación eran rentadas y que su propietario las había destruido.

Así, el informe de Garcia parecía decepcionante, en el mejor de los casos, como documento de investigación. En todo caso, para los agentes de Brooklyn, se destacaba como un símbolo de la impunidad cancerígena que plagaba a la FIFA. Si el informe contenía alguna prueba importante de corrupción, la FIFA claramente no iba a hacer nada con eso. En lo que respectaba al pequeño equipo de investigadores que trabajaban en el caso de futbol, no había en todo el planeta nadie que estuviera haciendo algún tipo de intento serio por limpiar el deporte además de ellos.

Conforme se acercaba el invierno y los días se hacían más cortos, comenzaron a hablar más concretamente sobre el momento en que finalmente harían su gran movida y todo el mundo descubriría lo que habían estado haciendo.

Iba a ser un día grandioso e importante. Para celebrar los años de arduo trabajo, Norris prometió llevar a Randall y a Berryman a cenar al Peter Luger, un famoso restaurante especializado en carnes de Brooklyn, donde los malhumorados y ancianos camareros sirven platos de humeante carne por $80 dólares. Parecía un tributo apropiado porque el Luger era el restaurante favorito de Chuck Blazer.

Blazer había sido un excelente colaborador. No habrían podido armar el caso sin él. Cuando apareció el artículo en el Daily News, Randall arrancó la primera página y la fijó a la pared de su cubículo en el piso 23 del número 26 de Federal Plaza, junto al recibo del primer almuerzo que había tenido con Blazer más de tres años antes.

Como una broma, alguien había escrito en el recorte.

«No llevo llaveros», se leía en un globo de diálogo que salía de la boca de Blazer.

«Ahora sí» decía en una segunda burbuja. «Trabajas para mí».

◆◆◆

Desde el momento en que contaron con la cooperación de Hawilla, 18 meses atrás, los agentes se mostraron sumamente interesados en averiguar exactamente qué era lo que poseía y cuánto valía.

Era muy rico, por supuesto, pero los agentes del gobierno querían que catalogara, en detalle, todos sus activos y que también proporcionara una idea de para qué podrían venderse. Así que, incluso mientras contaba los detalles de los sobornos que pagaba, los intermediarios que usaba y los contratos falsos que había inventado, el brasileño se vio obligado, muchas veces, a revelar el interior de su cartera.

Los agentes escucharon con total atención cómo Hawilla les contaba sobre Traffic y sus diversas divisiones, sobre la North American Soccer League, sobre sus cadenas de televisión, las múltiples granjas que poseía en el estado rural de São Paulo, sus cuatro casas en Brasil y el condominio en Fisher Island, sus muchos automóviles, sus diversas cuentas bancarias e incluso su colección de arte brasileño, que incluía una pintura que valía, según el cálculo de Hawilla, $200,000 dólares.

También siguieron con atención sus esfuerzos por vender Traffic. A pesar de que algunos compradores europeos mostraron interés en ella, la empresa frustrantemente seguía a la venta. Mientras tanto, Hawilla se había deshecho de sus periódicos, incluido el *Diário de S. Paulo*, en septiembre de 2013, por tan sólo 30 millones de reales, unos $13 millones de dólares, una gran pérdida por la que resultó ser una inversión terrible. Más recientemente, Hawilla había convencido a los inversionistas chinos para que compraran las canchas de entrenamiento de futbol que había construido en Porto Feliz, junto con el Desportivo Brasil, el equipo local de su propiedad, por un total de 38 millones de reales, aproximadamente $17 millones de dólares.

La gran deshonestidad que Hawilla mostró durante los primeros nueve meses de cooperación, se debió en gran medida a un intento de proteger el valor de las empresas que había construido de la nada. Pero su exasperante comportamiento reveló una grave interpretación errónea de las reglas inherentes a la cooperación con una investigación federal, a la naturaleza humana, y lo más importante, a la Ley Federal contra la Extorsión Criminal y Organizaciones Corruptas.

Cuando se aprobó la Ley RICO en octubre de 1970, el evento marcó la primera vez en 180 años que el gobierno federal estaba autorizado para confiscar los bienes de personas como consecuencia directa de sus crímenes. Hasta entonces, el gobierno sólo podía incautar los activos utilizados en la *comisión* de delitos, por ejemplo, la embarcación que usa un narcotraficante para pasar cocaína de contrabando, pero no podía confiscar las propiedades de los delincuentes simplemente porque habían cometido un delito.

La ley RICO codificó los esfuerzos por ligar a los delincuentes a las empresas que habían corrompido y los beneficios obtenidos por sus crímenes de corrupción. Los trasgresores enfrentaban multas y hasta 20 años de prisión, pero tal vez la sanción más innovadora y poderosa era el decomiso de activos. Quienes resultaban condenados conforme al supuesto RICO podrían verse obligados a perder cualquier activo vinculado directa o indirectamente a la empresa criminal en la que estuvieran involucrados. El decomiso funcionaba a la vez como sanción y como elemento disuasivo, diseñado para enviar un mensaje poderoso a otros posibles delincuentes: el gobierno puede quedarse hasta con el último centavo.

El 12 de diciembre de 2014, José Hawilla finalmente pudo firmar su acuerdo de colaboración con los agentes del Distrito Este de Nueva York.

El acuerdo establecía que el brasileño aceptaría declararse culpable de conspiración RICO, conspiración de fraude electrónico, conspiración de lavado de dinero y obstrucción de la justicia, un cargo que se había ampliado para incluir no sólo las interacciones con Blazer que llevaron a su arresto, sino los meses en los que había mentido a los agentes mientras cooperaba. El engaño prolongado de Hawilla había retrasado la investigación, pero lo más importante era que la había puesto en un riesgo terrible. En total, los delitos conllevaban una sentencia máxima de 80 años, y aunque los agentes pueden hacer recomendaciones, el juez tiene la última palabra sobre cuánto tiempo de prisión se dispensa.

Pero en un caso conforme a la Ley RICO, son los agentes los que deciden cuánto dinero se confisca respecto al delito. Según los términos acordados con su colaboración, los cuales Norris negoció y firmó, Hawilla aceptó que Estados Unidos de América le confiscara un total de $151,713,807.43 dólares.

Una suma impactante, más de 75 veces más grande que el decomiso a Chuck Blazer y el triple del producto interno bruto de Montserrat, uno de los miembros de la UCF, cuyos derechos de clasificación para la Copa Mundial los había adquirido Hawilla mediante un soborno de $3 millones para Jeffrey Webb. Para pagar la confiscación, a Hawilla no le quedaría más remedio que liquidar gran parte de lo que poseía a cualquier precio que pudiera obtener, incluido, y especialmente, Traffic.

La primera entrega, de $25 millones de dólares, se tenía que hacer ese mismo día, cuando Hawilla, un hombre de 71 años humillado, se enfrentó al juez Raymond Dearie poco después de las 10:15 de la mañana en la sala del tribunal en Cadman Plaza.

Hawilla había llegado a Estados Unidos en mayo de 2013 por una semana y nunca salió.

Durante los últimos diecinueve meses, había estado atrapado en un país que no era el suyo, separado de sus amigos y familiares, y sujeto a los caprichos de un puñado de abogados del gobierno que no hablaban su idioma y que no sabían prácticamente nada sobre el deporte al que había dedicado su vida. Hawilla había visto a sus empresas atacadas por agresivos competidores y el declive de su imperio empresarial, y cuando quedó arrinconado, se vio obligado a divulgar confidencias y traicionar a personas que había conocido y amado durante décadas.

Con una acusación aún lejos en el horizonte, y un juicio en el que podrían llamarlo a testificar mucho tiempo después —sin siquiera mencionar un posible tiempo en prisión— podrían pasar años antes de que se le permitiera volver a casa. Aparte de todas las historias inventadas sobre falsas dolencias que habían llenado los titulares, a Hawilla le habían diagnosticado cáncer en la boca mientras colaboraba y había pasado por una breve sesión de quimioterapia y radiación. Mientras tanto, una condición pulmonar prexistente se vio agudizada debido a todo el estrés.

Fue deprimente, aterrador y profundamente solitario. Debido a que la investigación aún era secreta, en la corte del juez Dearie se desalojó a los espectadores, y Hawilla se vio obligado a confesar solo sus crímenes, sin tener siquiera a su leal esposa, Eliani, a su lado.

26
EL DERRUMBE

Una persona con más restricciones fiscales tal vez habría organizado un congreso diferente de la CONCACAF que el que se realizó en el Atlantis Paradise Island Resort en Bahamas el 16 de abril de 2015.

Podría no haber sido estrictamente necesario colocar a docenas de empleados en lujosas habitaciones, llegar en un avión privado, y celebrar múltiples fiestas nocturnas con barras libres, o alquilar múltiples suites para uno mismo, los amigos y la familia, y cargar todo a costas de la confederación. El evento, que le costó aproximadamente $3 millones de dólares a la CONCACAF, posiblemente podría haberse llevado a cabo con un toque ligeramente más modesto.

Pero ese no era el estilo de Jeffrey Webb.

El presidente de la confederación había estado viajando sin parar, como era su costumbre, y acompañado por un creciente séquito de amigos y asesores. De hecho, llegó a Bahamas, justo después de regresar de un viaje a El Cairo, donde había asistido al congreso de la Confederación Africana de Futbol, junto con Enrique Sanz y sus respectivas esposas.

Ese evento había sido agradable, pero el de la CONCACAF iba a ser explosivo. Era una oportunidad para mostrarle al mundo y, en particular a Sepp Blatter, quien también asistiría, cuánto había progresado la confederación en tres años desde que Webb había reemplazado a Jack Warner. El Atlantis, un establecimiento renombrado y completamente deslumbrante, estaba invadido por personal uniformado de la confederación, y una gran pantalla que repetía videos sobre los logros de Webb adornaba el evento.

Blatter llegó al Atlantis el día 15, a bordo de un sedán Mercedes con chofer, vestía una chaqueta liviana y una camisa blanca, con el semblante un poco cansado. El hombre de 79 años de edad estaba en plena campaña y se había presentado a casi todos los eventos de la FIFA en el calendario de los meses anteriores, pero el Caribe era especial.

La región había sido su base política desde que Jack Warner apoyara su primera campaña presidencial en 1998, y en Webb, Blatter había encontrado un sucesor leal. De hecho, los dos hombres se habían estado cubriendo las espaldas durante más de una docena de años.

En 2002, cuando sólo tenía 37 años y era casi desconocido en los círculos sociales, Webb se había alzado para defender a Blatter para luego enfrentar acusaciones de corrupción por parte de su propio secretario general y de varios miembros del Comité Ejecutivo de la FIFA.

En el congreso de la FIFA en el Grand Hilton Seul, Blatter había rechazado las solicitudes de 15 miembros de las diferentes asociaciones para hablar, entre ellos Somalia, los Países Bajos e Inglaterra. Pero le cedieron el micrófono a Webb y él respondió diciendo que, como banquero, las finanzas del organismo de futbol estaban bien y que no sabía de qué se trataba todo ese alboroto.

«La FIFA es familia», dijo Webb, «y la familia debe permanecer unida».

Fue recompensado con su primer nombramiento en la FIFA, como subdirector del Comité de Auditoría Interna, y dos años después, la FIFA le prometió $2.2 millones de dólares para construir un «Centro de Excelencia» en las Islas Caimán. En 2009, Blatter, flanqueado por Warner, visitó a Webb en su casa para celebrar la inauguración de una pequeña oficina construida con algunos de los fondos, la mayoría de los cuales se habían enviado a la asociación local de futbol y nunca se contabilizaron en su totalidad. Webb, que llamaba a Blatter el «padre de nuestra familia del futbol», organizó una cena de gala en su honor.

En 2013, Blatter nombró a Webb presidente de un nuevo Grupo de Trabajo contra el Racismo y la Discriminación, y ese octubre proclamó que la FIFA podría tener un nuevo presidente «en un futuro cercano» y que esa persona «podría ser Jeffrey Webb», una sutil predicción que elevó el estatus del presidente de la confederación.

Ahora en Bahamas, era nuevamente el turno de Webb de ser útil. Cumplió con prohibir lo que denominó discursos «políticos» en el Congreso, impidiendo así el uso de la palabra a los rivales de Blatter para la presidencia (el príncipe Ali bin Al Hussein de Jordania, Michael van Praag de Holanda y el antiguo centrocampista estelar Luís Figo de Portugal, todos ellos presentes). Era el mismo truco que Warner había usado allá por 2002.

Webb, les dijo Blatter a los delegados, es «mi colega, mi amigo, mi hermano», y una vez más sugirió que veía en el caimanés un posible heredero de su trono. «Es un ganador», dijo Blatter, «entonces veamos a dónde va».

En lo que respectaba a Webb, sin embargo, el evento principal del día llegó cuando las asociaciones de miembros de la confederación lo eligieron para un segundo mandato como su presidente. Era una mera formalidad, ya que Webb nuevamente se presentó sin oposición, pero festejó la votación como si fuera una victoria gloriosa.

«La CONCACAF», dijo en un comunicado, «está más unida que nunca por una visión».

Esa visión, por supuesto, era la suya. De hecho, todo el congreso parecía cuidadosamente planeado para dotar a Webb de un aire de más importancia.

Los asistentes, incluido un gran contingente de prensa, fueron bombardeados con una serie de alegres informes sobre las actividades de la confederación, sus exitosas reformas y sus ambiciosos planes para el futuro. Enrique Sanz, que parecía pálido y exhausto, con sus gruesos mechones rapados después de todos los tratamientos contra el cáncer, anunció que la confederación reportaría un superávit presupuestario de $1.1 millones de dólares para el año fiscal ante una audiencia que le daba su aprobación al asentir con la cabeza.

Pero esa cifra, como gran parte de lo que realmente estaba sucediendo en la confederación, era una mentira.

Cuando el departamento de finanzas de la CONCACAF estudió los números unas semanas antes, proyectaron una pérdida de $6.5 millones de dólares para el año, debido en gran parte al aumento de los gastos de mercadotecnia y viajes, pero Webb rechazó esa información a favor de cifras más prometedoras. Después de rechazar públicamente un salario tras su elección inicial, Webb comenzó a tomar tranquilamente un sueldo de $2 millones, y gastaba hasta $100,000 en cada uno de sus viajes internacionales, recorriendo el mundo con sus amigos a bordo de jets privados, contratados por una agencia de viajes que le había ofrecido comisiones ilegales a cambio del directorio de clientes de la confederación.

El congreso en sí se había planeado originalmente para las Islas Caimán, pero se reubicó en las Bahamas, a un costo significativo y con pocas explicaciones. La razón que no se había mencionado era que Webb no había puesto el pie en su tierra natal desde el arresto de Canover Watson en agosto pasado, y no tenía intención de regresar.

Watson fue acusado formalmente de corrupción, lavado de dinero y fraude en noviembre de 2014, y estaba a la espera de juicio. En un momento dado, Webb envió a su esposa a George Town para encargarse de algunos asuntos, pero la policía local la había detenido para interrogarla. Desde entonces, Webb vivía con un constante temor de que la investigación de Watson, su mejor amigo, lo alcanzara. Le había advertido a Costas Takkas, su cobrador, que también evitara las islas Caimán.

Durante el congreso en Bahamas, a donde fuera Webb estaba siempre rodeado por tres enormes e intimidantes guardaespaldas que impedían que se le acercara nadie. Normalmente ansioso por la prensa, se negó a las solicitudes de entrevistas y evitó a los periodistas.

Aislado y paranoico, Webb se ocultaba detrás de una cara optimista, proyectándose como un futuro presidente de la FIFA. Pero cada vez más se trataba de jugar al escondite.

Hizo tratos por debajo de la mesa con más de una docena de vendedores que lo beneficiaban a expensas de la confederación y, como resultado, las reservas de efectivo de la confederación estaban disminuyendo. El Centenario de la Copa América representaba un gran ingreso, sin duda, pero se trataba de un evento único en el que se habrían ganado al menos $5 millones más de dólares si no hubiera sido por la codicia de Webb. El personal contable de la oficina de finanzas había empezado a advertir sombríamente que la confederación pronto sería insolvente.

Sin embargo, nada de eso impidió que Webb organizara una fiesta más en su honor. Después de que concluyó el congreso en el Atlantis, los juerguistas permanecieron despiertos toda la noche, un DJ puso música y abundó el alcohol. Sólo la fiesta, cuchicheaban los miembros de la confederación, había costado $70,000 dólares.

◆◆◆

Entre cientos de funcionarios de futbol, ejecutivos de mercadotecnia deportiva, empleados, empresas de servicio de comidas, proveedores, atletas, esposas, novias y otras criaturas del futbol que se habían reunido en el Atlantis, uno de los asistentes se destacaba en particular: el agente del FBI Jared Randall.

El congreso de la CONCACAF era la última oportunidad para hacer grabaciones clandestinas de un gran número de funcionarios de futbol antes de la redada de Zúrich, que ahora estaba a poco más de un mes de distancia. Una vez que todo mundo supiera lo que los federales habían estado haciendo, iba a ser mucho más difícil lograr que la gente hablara abiertamente sobre actos de corrupción.

Con eso en mente, Randall había organizado una operación en Bahamas. A diferencia de redadas anteriores, como la visita a Londres en 2012, esta vez el cronograma era menos estructurado y más abierto a la improvisación. También a diferencia de viajes anteriores, Randall fue solo.

Una vez que se registró en el Atlantis, se reunió con Enrique Sanz, le instaló los micrófonos y puso al colaborador a trabajar. El joven secretario general estaba tan bien situado dentro de la CONCACAF, y como una estrella en ascenso en el mundo del futbol, que sin duda podría entrar en una habitación con cualquiera; incluso, tal vez, con el propio Sepp Blatter. A pesar de sus problemas graves de salud, Sanz había demostrado ser un colaborador muy discreto y hábil.

Con un poco de suerte, obtendrían alguna nueva prueba condenatoria. Y, en cualquier caso, era una gran oportunidad para que Randall disfrutara personalmente del tipo de eventos suntuosos relacionados con la FIFA de los que había estado escuchando durante casi cinco años.

Ese era el plan. Entrar, observar a algunos funcionarios de futbol e irse a casa. Pero Randall no se imaginó que la gente lo estaría mirando también.

Además de los fornidos guardias de seguridad, Jeffrey Webb había traído un pequeño grupo de detectives privados de Miami a Bahamas. Paranoico sobre el caso criminal en las Islas Caimán y petrificado con la idea de que hubiera filtraciones, el presidente de la CONCACAF se había convencido de que había un topo dentro de la confederación y apenas podía pensar en algo más.

Uno de esos detectives privados puso sus ojos sobre Randall a las pocas horas de su llegada, sentado en pantalones cortos en un sofá en un área pública, jugando con su teléfono celular y con una mochila. Algo en él simplemente no se veía bien. No estaba hablando con nadie, no participaba en ninguno de los eventos de la CONCACAF y, curiosamente, seguía cargando la mochila por todos lados.

Por un presentimiento, el investigador lo siguió mientras Randall caminaba por el hotel y luego salía por una puerta de vidrio para lo que resultó ser una reunión cara a cara con Enrique Sanz. Tomó una foto del encuentro con su teléfono celular, y se la envió a su jefe.

¿Por qué diablos el secretario general de la CONCACAF se reunía secretamente con este desconocido?

La sensación de inquietud se hizo aún más fuerte esa noche, cuando Randall fue visto acechando desde afuera a los invitados de la CONCACAF reunidos para una carne asada, todavía en pantalones cortos, siendo que todos los demás estaban vestidos para la noche, y aún con la mochila.

Después de consultar, los agentes privados decidieron

entrar en acción. Confrontaron a Randall y le preguntaron quién era y qué estaba haciendo allí.

El agente del FBI se encontraba en una posición imposible. Si decía la verdad, arriesgaba toda la investigación. La noticia de una investigación de corrupción en el futbol estadounidense se dispersaría por el hotel como un virus y la redada de Zúrich podría quedar completamente al descubierto. Pero, por otro lado, si lo descubrían mintiendo, las cosas podrían ponerse muy feas para Randall en un santiamén.

Como no respondió, los agentes privados dijeron que iban a llamar a la policía. Pálido, el agente regresó a su habitación, hizo las maletas, se dirigió directamente al aeropuerto y voló a casa.

La operación de Randall había terminado.

◆◆◆

Una mañana a principios de mayo, Roberta Sanz regresó a su hogar luego de dejar a su hijo en la escuela y encontró a su esposo Enrique desmayado en el piso.

Su casa en Coral Gables estaba justo al otro lado de la calle del Mercy Miami Hospital y Sanz fue llevado de inmediato a la sala de urgencias. No respondía, como si estuviera en coma y nadie sabía con certeza qué le había pasado. Era fundamental averiguarlo, dijeron los médicos.

Desde que se le había diagnosticado una forma particularmente agresiva de leucemia, el secretario general de la CONCACAF había pasado un tiempo considerable en tratamiento para combatir la enfermedad. Había vuelto oficialmente a trabajar el 1.º de enero, pero las recaídas eran comunes con su condición, y había expresado una creciente exasperación por las opciones de tratamiento. Los trasplantes de células madre, su mejor alternativa, a menudo tenían efectos secundarios incluso peores que la quimioterapia.

Sanz, frustrado y cansado, había estado probando terapias alternativas, incluido el veneno del escorpión azul, una supuesta cura milagrosa contra el cáncer que se había originado en Cuba y no había sido aprobada por la FDA. ¿Acaso Sanz había tomado demasiado y se había envenenado a sí mismo o había tenido algún tipo de reacción alérgica?

Desesperada, Roberta Sanz tomó el teléfono celular de su marido de su cuarto de hospital. Tal vez contuviera alguna pista sobre lo que había estado haciendo que pudiera ayudar a los médicos que lo atendían. El teléfono era de la CONCACAF, y suponiendo que alguien en la confederación podría desbloquearlo, se lo llevó a Webb, quien se había sentido profundamente afectado por la noticia sobre el colapso Sanz. Él, a su vez, se lo entregó a Eladio Páez, un investigador privado, que había contratado para cuidarle las espaldas.

Páez, un exdetective de la policía de Miami, había trabajado para Webb por más de dos años. En ese tiempo, había realizado innumerables trabajos extraños, investigando los antecedentes de los funcionarios centroamericanos de futbol, por ejemplo, u organizando los detalles de seguridad para un viaje a El Salvador.

Calvo y corpulento, con gafas y con una barba moteada, Páez había establecido una relación cercana con Webb, quien pasaba cada vez más tiempo reflexionando sobre la investigación criminal en curso de Canover Watson. En febrero, el asistente personal de Watson había sido acusado en la investigación; a principios de abril, los agentes federales de Caimán dijeron que habían localizado nuevas pruebas, incluidos correos electrónicos que sugerían que más personas podrían estar implicadas en el caso, y que un «tercero» no identificado estaba ayudando a financiar la defensa de Watson.

Páez había advertido repetidamente a Webb de que podría haber investigaciones criminales adicionales en otras jurisdicciones, incluida y especialmente la de Estados Unidos. Señaló los informes de que Chuck Blazer había usado un micrófono oculto, y la colaboración de Daryan Warner, pero Webb hizo caso omiso de esos asuntos considerándolos como un legado de la administración anterior, y no se preocupó por el asunto.

El agente privado desbloqueó el teléfono y copió su contenido. Luego comenzó a revisar metódicamente sus archivos. Entre las primeras cosas que verificó estaban los mensajes del dispositivo, donde descubrió un hilo de mensajes del agente del FBI Jared Randall, que estaba guardado como «J-Rod» en la libreta de direcciones del teléfono. Los mensajes, que databan de hacía meses, mencionaban a los agentes, una investigación y una grabación secreta. A Páez le quedaron pocas dudas sobre lo que estaba sucediendo.

Webb tenía razón. Había un soplón en la CONCACAF.

◆◆◆

En los últimos años, Jeffrey Webb había amasado una impresionante variedad de artículos de lujo, incluidos cinco Rolex y más de media docena de otros relojes de marca, así como una caja de joyas rebosante de diamantes y perlas que le había dado a su segunda esposa. Poseía cinco casas en Estados Unidos, incluida la mansión remodelada de tres pisos en las afueras de Atlanta, donde vivía, y la pareja tenía un Mercedes-Benz y una Range Rover. Y luego Webb se compró un Ferrari 458 Spider de $263,553 dólares.

El Ferrari convertible era un moderno carruaje que proclamaba sin duda que un hombre era exitoso y que no tenía miedo de ser visto como alguien muy importante; de hecho, eso es lo que quería.

Webb no había crecido rico; su padre era un inmigrante de Jamaica y la familia había tenido problemas económicos cuando él era pequeño. Se había involucrado en el futbol cuando era joven, y aunque la Asociación de Futbol de las Islas Caimán nunca había logrado nada cercano a un equipo nacional respetable, él había conseguido darle un poco de reputación y considerablemente más dinero en efectivo a lo largo de los años.

Desde la perspectiva de Webb, la CONCACAF era sólo un trampolín; lo estaban preparando para la grandeza. Algún día, tal vez en tan sólo cuatro años, estaría sentado en la cima del mundo del futbol, el primer hombre de color en dirigir la organización deportiva más poderosa del mundo. El superautomóvil italiano hablaba claramente de esa ambición.

El 1.º de mayo de 2015, Webb registró su flamante Ferrari nuevo en el Departamento de Ingresos de Georgia. El funcionario de futbol puso la factura a nombre de su esposa, pero no había dudas sobre para quién era el vehículo. Pagó un poco más por unas placas personalizadas con sus iniciales: «JW».

Tres semanas después, Webb abordó un vuelo con destino a Zúrich para asistir al congreso anual de la FIFA.

Nunca volvería a conducir su nuevo automóvil.

27
EL OPERATIVO

Steve Berryman tomó una cena ligera en un restaurante del centro de Manhattan la noche del martes 26 de mayo de 2015, luego regresó a su hotel para tomar una siesta. Era difícil frenar sus rápidos pensamientos como para quedarse dormido, pero de alguna manera el agente del IRS logró descansar una hora y media antes de levantarse, vestirse y salir a la fresca noche de primavera.

Llegó a la entrada del número 26 de Federal Plaza poco después de las once, donde se encontró con Richard Weber, el jefe de la división de Investigación Criminal del IRS, junto con su pequeño séquito de asesores y un oficial de información pública. Subieron en el ascensor hasta la oficina de campo del FBI, charlando nerviosamente, y entraron en una larga y amplia aula a la que todos llamaban sala de guerra.

Dentro había hileras de mesas, pizarrones blancos y, al fondo de la habitación, varios televisores sintonizados en las estaciones de noticias por cable con el volumen apagado. Evan Norris y los otros cuatro fiscales auxiliares (AUSA, por sus siglas en inglés) ya estaban allí, al igual que John Penza, el jefe del

Escuadrón del Crimen Organizado Euroasiático del FBI, y varios otros agentes del FBI que habían ayudado. Alguien llevó una caja de donas.

La mayoría de las oficinas de campo grandes tienen una sala de guerra. Normalmente empleadas por el personal que supervisa las diferentes actividades de la oficina, también se utilizan con frecuencia para operaciones importantes. Lo que iba a suceder durante los cuarenta y cinco minutos siguientes ciertamente calificaba como importante. Hubo una anticipación casi vertiginosa en la sala cuando todos se saludaron, estrechándose la mano e intercambiando sonrisas. Este momento estaba precedido por una gran cantidad de trabajo y finalmente había llegado la hora del espectáculo.

Norris había comenzado a escribir la acusación al comienzo del año, pero en realidad la había estado elaborando cuidadosamente y refinando por mucho más tiempo, incluso desde que Chuck Blazer se declaró culpable.

Había hecho viajes frecuentes a Washington para consultar con los fiscales de la Sección de Delincuencia Organizada y Pandillas del Departamento de Justicia, afinando sus borradores para asegurarse de que su argumento principal —que la Ley RICO se aplicaba porque el futbol en sí se había convertido en una empresa criminal corrupta— tendría éxito.

Después de muchas noches y fines de semana de trabajo, Norris había terminado un borrador de la acusación formal a principios de marzo, anticipándose a las reuniones trimestrales del ExCo de la FIFA que estaban programadas para más adelante ese mes. Los suizos, después de múltiples visitas por parte de Norris y de otros funcionarios estadounidenses, habían acordado ayudar con el caso, pero en el último minuto pospusieron la maniobra de marzo aduciendo que no había tiempo suficiente para preparar todo.

Para entonces, sin embargo, los agentes ya habían presentado a Suiza su primera solicitud del Acuerdo de Asistencia Legal Mutua (MLAT, por sus siglas en inglés). El MLAT era el equivalente a un citatorio internacional, explicaba la naturaleza de la investigación e identificaba casi dos docenas de objetivos posibles. Solicitaba formalmente información sobre 55 cuentas bancarias diferentes, una copia del informe de Garcia presentado a la FIFA el otoño anterior, y archivos de la investigación de ISL que se había concluido hacía tiempo.

El MLAT de casi 60 páginas, traducido al alemán, se presentó el 17 de marzo, y un segundo, en el que se requería información sobre cuentas bancarias adicionales, se presentó el 21 de abril ante la Oficina Federal de Justicia de Suiza.

Berryman llegó a Nueva York a principios de mayo, trabajaba día y noche con un joven agente llamado Keith Edelman, que había sido agregado al caso para ayudar a finalizarlo. Los dos prepararon meticulosamente los MLAT adicionales que enviarían a otros países una vez que la acusación fuera pública.

Cuando se completaron los MLAT, tuvieron que redactar borradores de las órdenes de captura. Berryman tenía una lista de todas las cuentas bancarias, diseminadas por todo el mundo, que había identificado como pertenecientes a cada acusado. Una parte clave de la estrategia era apretar a los acusados financieramente: incluso cuando la policía suiza arrastrara a la gente a la cárcel, sus cuentas se congelarían, haciéndolos más vulnerables y, se esperaba, más interesados en llegar a un acuerdo con la fiscalía.

Por último, había que preparar al gran jurado. Berryman y Randall habían pasado horas con los agentes repasando el testimonio que daban, ensayando cuidadosamente lo que iban a decir para ayudar a convencer al menos a doce ciudadanos de que deberían presentar la acusación como cargos procedentes, lo que daría a los investigadores la luz verde.

La clave fue la acusación final de Norris. Nadie en el caso había visto algo así.

Era lo que se conoce como «acusación verbal», lo que significaba que en lugar de simplemente recitar los 47 crímenes diferentes que se les imputaban, el documento relataba en detalle la narrativa detrás de las acusaciones. En 161 páginas, se leía como en una obra de no ficción cuidadosamente investigada, la narración de la complicada historia de las varias generaciones de funcionarios de futbol y ejecutivos de mercadotecnia deportiva que aceptaron y recibieron sobornos «para sus fines corruptos».

El argumento parecía tomado casi literalmente de uno de los casos de mafia de Norris. La FIFA y su miríada de confederaciones regionales y asociaciones nacionales, decía el texto, eran de hecho parte de una única empresa que en los últimos 25 años había sido corrompida por sus propios funcionarios, quienes «participaban en diversas actividades delictivas, incluido el fraude, el soborno y el lavado de dinero, en busca de ganancias personales y comerciales».

Un elemento crítico en el caso era el concepto de fraude de servicios honestos, que se usa con mayor frecuencia contra los funcionarios públicos corruptos. Según los códigos de ética de la FIFA y de las confederaciones regionales, los funcionarios de futbol no deben aceptar sobornos ni componendas. Al aceptar sobornos y componendas, estos funcionarios habían privado a las organizaciones de futbol para las que trabajaban de sus «derechos a sus servicios honestos y leales». Dado que los funcionarios usaban correo electrónico, teléfonos, mensajes de texto y transferencias bancarias para negociar y aceptar los sobornos, se les acusó de fraude electrónico y conspiración de fraude electrónico.

Como los funcionarios también habían intentado «ocultar la ubicación y la propiedad de las ganancias de estas actividades» a través de una elaborada red de empresas ficticias, cuentas bancarias en el extranjero y contratos falsos, se les estaba acusando de lavado de dinero y conspiración para el lavado de dinero.

Y finalmente, dado que los funcionarios habían planeado secretamente y en conjunto la corrupción de los organismos de futbol para su propio beneficio, y habían estafado a las «organizaciones en las que fueron elegidos para servir», se les estaba acusando de conspiración conforme a la Ley RICO.

Para contrarrestar las posibles críticas de que el caso involucraba el alcance judicial y era un ejemplo de que Estados Unidos aplicaba sus leyes a otros países, la acusación se elaboró cuidadosamente para incriminar por delitos que, en algún momento, tuvieron lugar en suelo estadounidense: el dinero pasó a través de bancos corresponsales nacionales, por ejemplo, o las conspiraciones de soborno se habían tramado en llamadas telefónicas realizadas a Florida.

La acusación también esquivó otra posible andanada: que el soborno comercial no era ilegal en algunos de los países de los acusados. Eso era irrelevante; los funcionarios estaban siendo acusados de utilizar transferencias estadounidenses para defraudar a sus organizaciones de futbol de sus servicios honestos y no de romper las leyes contra soborno.

Era inmensamente complicado, pero en esencia, la teoría de Norris se reducía a esto: si Traffic le pagaba a escondidas a Jeffrey Webb $1 millón de dólares por firmar un contrato de derechos de la Copa Oro, la CONCACAF no sólo había sido engañada por el valor del soborno, que era dinero que podría haber sido pagado directamente a la confederación, sino que también se le privaba de un precio más alto que podría haber recibido por los derechos si se hubiera permitido un proceso competitivo de licitación.

Y debido a que todas estas organizaciones de futbol fueron creadas para «desarrollar y promover el futbol mundial», escribió Norris, las víctimas finales de la corrupción desenfrenada eran los cientos de millones de interesados en el deporte. En otras palabras, imaginemos al niño pobre y amante del futbol en un país en desarrollo, sin un campo para jugar, sin tacos y sin balón para patear.

Ese niño hipotético, con lágrimas corriendo por su carita sucia, era quien finalmente sufría la gran avaricia de Chuck Blazer, José Hawilla, Jeffrey Webb y todos los otros funcionarios de futbol podridos en el mundo.

El miércoles 20 de mayo, los agentes, así como Berryman y Jared Randall, ingresaron a la sala del gran jurado en el tribunal federal de Brooklyn y pidieron permiso para procesar a Jeffrey Webb, Jack Warner, Nicolás Leoz, Aaron Davidson y Alejandro Burzaco, Hugo y Mariano Jinkis, Costas Takkas y otros seis funcionarios de futbol.

El gran jurado devolvió la acusación y fue sellada. Al día siguiente, 21 de mayo, se transmitieron las solicitudes formales de arresto a las autoridades suizas junto con un tercer MLAT que solicitaba aún más registros bancarios.

Todo estaba listo.

Dado que las confederaciones regionales de futbol celebraban sus reuniones en Zúrich el día 26, y el congreso de la FIFA comenzaba el 28, el plan era dar el golpe el 27 de mayo.

Para evitar llamar la atención, los suizos habían pedido que no hubiera agentes estadounidenses cerca. Los oficiales suizos vestidos de civil comenzarían en el hotel Baur au Lac, donde se alojaban los miembros del ExCo. No habría pistolas, rompevientos azul oscuro, chalecos antibalas ni esposas. La policía se iría antes de que alguien más en el hotel se hubiera levantado de la cama. Si todo salía según lo planeado, nadie se enteraría de lo sucedido hasta que la acusación fuera revelada en una conferencia de prensa en Brooklyn horas después.

Diez minutos antes de la medianoche, el equipo de la oficina de campo de Nueva York contactó a un agente del FBI en

Suiza por una línea internacional. Estaba esperando cerca del Baur au Lac y les pasaría la información conforme llegara.

La sala de guerra estaba muy callada. Era hora.

Exactamente a las seis de la mañana del 27 de mayo de 2015, un hermoso y despejado día de primavera en Zúrich, aproximadamente media docena de policías, vestidos con jeans, tenis y chaquetas ligeras, entraron por las puertas giratorias del Baur au Lac y se aproximaron a la recepción. El pequeño vestíbulo, sorprendentemente austero para un hotel que cobraba más de $600 dólares la noche por su habitación más barata, estaba casi vacío.

La policía explicó tranquilamente por qué estaban allí, pidiendo números de habitaciones y llaves, que el empleado les dio antes de llamar a las habitaciones para alertar a los invitados sobre lo que se les venía.

Luego, sólo unos minutos después, sucedió algo inesperado.

El cintillo en la parte inferior de un noticiero de la CNN en una de las televisiones en la sala de guerra del FBI, donde se había estado mostrado los resultados de las Finales de la Asociación Nacional de Baloncesto y la noticia de una ola de calor en India, de repente mostró un nuevo mensaje: «Estados Unidos presenta cargos de corrupción contra altos funcionarios de la FIFA, el organismo rector del futbol mundial, revelan funcionarios».

El golpe había sido tratado con el mayor secreto. Algunas personas en el equipo no se lo habían contado ni siquiera a sus parejas. La paranoia era tan alta que el comisionado del IRS, John Koskinen, había sido informado de la investigación apenas ese día porque había sido presidente de la U. S. Soccer Foundation y había la preocupación de que, inadvertidamente, pudiera revelar el caso a algún amigo involucrado en el deporte

Sin embargo, de alguna manera, a pesar de los mejores esfuerzos de los agentes, alguien lo había filtrado.

Más de una hora antes de que la policía suiza llegara al Baur au Lac, ya habían llegado dos reporteros del *New York Times* y un fotógrafo al hotel. A las 5:52 a. m. hora de Zúrich, el periódico publicó una historia cuidadosamente editada en su sitio web bajo el titular «Estados Unidos presenta cargos de corrupción contra funcionarios de la FIFA».

La historia citaba a un oficial anónimo: «Nos sorprende saber durante cuánto tiempo ha estado sucediendo esto y cómo toca casi todas las áreas de la FIFA».

Los periodistas, un periodista penal que había llegado desde Estados Unidos y un corresponsal de deportes europeo, se sentaron silenciosamente en el vestíbulo, tomando fotos discretamente con sus teléfonos móviles, mientras llegaba la policía. Veintiséis minutos después de publicar la primera historia, el periódico la actualizó para confirmar que se estaban haciendo arrestos en Zúrich.

«Las autoridades suizas comenzaron temprano esta mañana de miércoles una operación extraordinaria para arrestar a varios altos funcionarios del futbol y extraditarlos a Estados Unidos por cargos federales de corrupción», decía el artículo, y señalaba que el caso provenía del Distrito Este de Nueva York y que la acusación aún sellada alegaba fraude electrónico, lavado de dinero y crimen organizado. Esta vez, la cita del oficial anónimo, que claramente conocía bien el caso, había sido eliminada.

Los reporteros del *New York Times* habían comenzado a twittear fotos de la redada, casi en tiempo real, y su historia fue recogida rápidamente por otros medios, incluido CNN, dispersándola alrededor del mundo, demasiado rápido como para seguirla.

Norris volteó a ver a Berryman que estaba parado junto a él en el gran cuarto. Se inclinó hacia él para que no pudieran ser oídos. El agente normalmente estoico estaba al borde de la apoplejía, furioso como nunca.

—Esos hijos de puta —dijo—. Esos hijos de puta.

◆◆◆

Jeffrey Webb había llegado a Zúrich a tiempo para asistir a la reunión del ExCo de la FIFA, la cual estaba programada para el lunes por la tarde y el martes por la mañana. Sería una estancia relativamente larga, ya que una segunda reunión extraordinaria del ExCo estaba programada para el sábado, un día después de las elecciones presidenciales. Desde allí, volaría directamente a Nueva Zelanda para la Copa Mundial Sub-20.

El martes 26 de mayo fue un día ocupado. Webb y su esposa se alojaban en el Baur au Lac. Pero la mayoría de los delegados de la CONCACAF, así como los de la Conmebol, se hospedaban en el Renaissance Zúrich Tower, un hotel de negocios ligeramente menos lujoso, a quince minutos de distancia.

La agenda de Webb para lo que había sido un gris y nublado martes incluía una ceremonia con Juan Ángel Napout, el último presidente de la Conmebol, para anunciar la firma de una «alianza estratégica» entre las dos confederaciones. Después de eso, los delegados de la CONCACAF se reunirían para escuchar los argumentos finales de campaña de Sepp Blatter y el príncipe Ali de Jordania, el único candidato rival que seguía en la competencia por la presidencia de la FIFA. Todos los demás habían desertado. Esa noche, Webb presidiría un cóctel para los delegados de su confederación en el Sheraton.

Era tarde cuando Webb finalmente atravesó las puertas *de Baur au Lac* y rodeó con el brazo el hombro de su esposa. Subieron a acostarse y todavía estaban profundamente dormidos cuando la policía suiza tocó la puerta, educadamente le dijeron a Webb que se vistiera y empacaran una bolsa, luego lo acompañaron a un automóvil sin identificación.

Para cuando los funcionarios habían escoltado a su colega Eduardo Li, un miembro costarricense del ExCo, escaleras abajo, hordas de reporteros ya estaban bajándose en el Baur au Lac. Los empleados apanicados del Baur au Lac, desesperados por proteger la privacidad de sus huéspedes, se adelantaron rápidamente y condujeron a Li a una entrada lateral. Un empleado particularmente diligente colocó una sábana entre la puerta del hotel y el *hatchback* Opel que esperaba a Li junto a la acera, impidiendo que un fotógrafo le tomara una foto. En cuestión de minutos, esa imagen icónica, de la sábana limpia ocultando la identidad de un funcionario de futbol arrestado por sucio, se extendería por todo el mundo.

Arriba, en una de las suites del hotel, Neusa Marin, la esposa del expresidente de la confederación brasileña de futbol José María Marín, marcó desesperadamente a la habitación de Marco Polo Del Nero, que había sucedido a su esposo en la dirección de la CBF en marzo. La policía había llamado a la puerta unos minutos antes, y mientras su esposo empacaba una bolsa de ropa para llevarla a la cárcel, ella le suplicaba a Del Nero que les ayudara. Él le dijo que mantuviera la calma y que estaría allí en breve.

—Ya viene —le aseguró Neusa a su esposo de 83 años.

Pero Del Nero nunca llegó. En su lugar, bajó las escaleras, desayunó, asistió a una reunión de emergencia para funcionarios de futbol brasileños en otro hotel, y luego se fue al aeropuerto de Zúrich y voló de regreso a Brasil.

Entre los que también desayunaban en el restaurante del hotel esa mañana estaba Alejandro Burzaco. Había llegado a Zúrich el día anterior, pero se hospedaba a unas pocas cuadras en el Park Hyatt.

El jefe de Torneos y Competencias ya había planeado reunirse con el nuevo presidente de la Conmebol en el Baur au Lac a las nueve para hablar de los pagos de sobornos para la Copa Libertadores, y había salido de su hotel media hora antes.

Al acercarse, Burzaco recibió dos mensajes de texto en los

que le decían que mirara el *New York Times*. Había una investigación penal estadounidense sobre corrupción en el futbol, y hubo arrestos y de alguna manera él estaba involucrado. Alarmado, pero también curioso, continuó hacia el hotel, para ver de qué se trataba.

Cuando llegó, el hotel Baur au Lac estaba rodeado por una multitud de reporteros, y los guardias de seguridad habían cerrado la entrada principal, pero a Burzaco le permitieron entrar al restaurante por una puerta lateral. Dentro del salón de desayunos se encontró una escena caótica. Algunas mujeres, cuyos esposos habían sido arrestados, lloraban. Frenéticos funcionarios de futbol que intentaban contratar abogados penales para sus colegas arrestados. La redada había sucedido horas antes, la policía ya no estaba, y nadie sabía exactamente qué estaba pasando.

Burzaco pidió su desayuno y se quedó casi una hora y media mientras discutía seriamente la situación con amigos y colegas. La gente se preguntaba quién había sido arrestado y si la investigación afectaría las elecciones presidenciales de la FIFA el viernes.

Después del desayuno, el argentino subió a visitar a otro oficial del futbol en su habitación, luego dejó el hotel y se dirigió a un café cercano, donde se encontró con un abogado para hablar de su situación. En el café, llamó al yerno de su difunto amigo Julio Grondona, quien también estaba en Zúrich, y le preguntó si podía llevarlo a Italia de inmediato. En pocas horas, Burzaco estaba en Milán, lejos de la policía suiza.

Las autoridades lograron rastrear a Rafael Esquivel, que había sido presidente de la federación de futbol de Venezuela durante 28 años y quien había sido acusado de aceptar sobornos de Hawilla, Burzaco y los Jinkis para la Copa América y la Copa Libertadores. Se hospedaba en el Renaissance, y estaba desayunando con Luis Segura, quien se había hecho cargo de la asociación argentina de futbol después de la muerte de Grondona.

Mientras comían, los dos hombres hablaron emocionados de los arrestos, preguntándose si podrían estar implicados de alguna manera.

—Oye, mira —soltó de repente Segura mientras revisaba su teléfono—, tu nombre está en la lista.

Esquivel fue escoltado fuera del hotel por la policía suiza unos minutos más tarde, arrastrando una maleta con ruedas detrás de él.

Presionados por las llamadas de los reporteros, las autoridades suizas pronto reconocieron los arrestos, rompiendo con el plan cuidadosamente escrito del día. Las leyes suizas de privacidad prohíben la publicación del nombre o la imagen del acusado hasta que la persona sea condenada. Pero el 27 de mayo se volvió una total anarquía.

—Teníamos órdenes de llevar a cabo los arrestos en secreto, evitando las fotografía —confesó uno de los oficiales que arrestó a Esquivel a un reportero que presenció la escena de primera mano.

El agente del FBI en Zúrich, en contacto constante con las autoridades suizas, transmitió las noticias de cada arresto sucesivo a sus colegas en Nueva York. Los nombres de los acusados habían sido escritos en un pizarrón blanco, y los agentes los iban tachando uno por uno mientras se confirmaban las detenciones de Webb, Li, Julio Rocha, Costas Takkas, Eugenio Figueredo, Marin y, finalmente, Esquivel. Eso era todo. La redada, dijo, había terminado.

Esa era sólo la mitad de su lista. Los agentes sabían que Warner estaba en Trinidad, y una solicitud de arresto provisional ya estaba en camino hacia Puerto España, junto con otra que se dirigía a Paraguay para Nicolás Leoz. Pero había esperado atrapar a Burzaco, así como a Hugo y Mariano Jinkis, en las redadas de Zúrich. ¿Era posible que la prensa los hubiera alertado y hubieran escapado?

Berryman finalmente dejó la oficina de campo de Nueva York alrededor de las 2:30 de la mañana. Todavía tenía un largo día por delante, pero por el momento no había mucho que hacer, excepto intentar dormir unas horas.

Mientras caminaba, Berryman notó cuán vacías estaban las calles de Manhattan a esa hora. Acababa de participar en el trabajo de aplicación de la ley más difícil y más emocionante de toda su vida. Las noticias de las redadas lanzarían a Europa a una confusión caótica, opacando lo demás. Sin embargo, aquí en la capital financiera del mundo, donde había fluido gran parte del dinero de los sobornos a través de los años y donde se había hecho el caso penal, parecía como si nada hubiera sucedido en absoluto.

«Mierda», pensó Berryman mientras caminaba. «Mierda».

◆◆◆

Tocaron a la puerta de Aaron Davidson antes del amanecer.

Había comprado el condominio de tres dormitorios, en el piso doce de una torre en Brickell Key, a fines de 2012, justo cuando Sanz compró su casa en Coconut Grove. La oficina de Traffic estaba a una corta distancia en la isla, y el apartamento de Davidson, que había costado $1.2 millones de dólares, tenía un amplio balcón con vista a Biscayne Bay y un agradable gimnasio.

Se había acostado el martes por la noche antes de que se dieran a conocer las noticias y no sabía del tumulto que azotaba al mundo del futbol cuando Jared Randall y varios agentes federales llegaron con una orden de arresto. Davidson estaba sorprendido, pero por supuesto que sabía lo que estaba pasando. Muchas de las cosas extrañas que habían sucedido en los últimos años de repente comenzaron a cobrar sentido ahora, y sintió cómo crecía lentamente el dolor y el enojo hacia Hawilla.

Ahora se daba cuenta de que había sido el propio Hawilla quien lo había traicionado, urgiéndole a hacer ese viaje repentino y peculiar al hotel cerca de LaGuardia el año anterior; había sido Hawilla quien le asegurara interminablemente que la investigación no tenía nada que ver con él, que estaba a salvo, que no lo estaban investigando. Todo había sido una mentira. ¿Cómo había podido ser tan estúpido?

Davidson quedó impresionado por lo amable que fue Randall, y no opuso resistencia. Al igual que Hawilla, Daryan y Daryll Warner, Davidson acompañó a los agentes a la oficina de campo del FBI, contrató a un abogado, renunció a su derecho a una primera presentación en Miami y voló a Nueva York bajo custodia. Él fue la octava persona arrestada ese día.

Randall había volado a Miami el día anterior, insistiendo en estar allí, en lugar de en la sala de guerra con los otros miembros principales del equipo. Tras arrestar a Davidson, Randall corrió a South Beach para reunirse con un grupo de agentes del FBI y el IRS que estaban entregando una orden de allanamiento en la sede de la CONCACAF.

Esos agentes habían llegado antes de las seis de la mañana en una camioneta sin distintivos con docenas de cajas de cartón y mostraron la orden al equipo de seguridad del edificio. Como todo lo demás en el operativo cuidadosamente orquestado, se suponía que el ataque se realizaría en secreto, para que se pudiera anunciar cuando la acusación se hiciera pública ese mismo día. Pero de alguna manera, un equipo de cámaras de televisión ya los estaba esperando cuando llegaron y grabó toda la operación.

◆◆◆

A las 10:30 de la mañana Norris, con un conservador traje gris, camisa blanca y corbata azul, se mantuvo atento con las manos entrelazadas frente a una sala abarrotada de reporteros y camarógrafos en Brooklyn en la oficina de la procuradora general, escuchando a otras personas describir su caso al mundo.

Las armas estaban fuera. Loretta Lynch, que había comenzado a fungir como procuradora general sólo un mes antes, después de uno de los casos de confirmación más prolongados de la historia, habló primero. Luego fue su suplente en Brooklyn, la procuradora federal en funciones Kelly Currie, seguida por el director del FBI, James Comey, quien con una altura de más de dos metros flanqueaba a la diminuta nueva fiscal general. Richard Weber, el deslumbrante jefe de Investigaciones Criminales del IRS, fue el siguiente en presentar con orgullo un espectáculo que había ensayado antes de la conferencia de prensa.

—Esta es realmente la Copa Mundial del fraude —dijo—, y hoy estamos sacándole la tarjeta roja a la FIFA.

Norris ayudó a redactar todos los puntos de discusión, preparó gráficos que explicaban cómo funcionaban las conspiraciones de soborno y entregó a los periodistas comunicados de prensa y paquetes de información. Se había ganado la admiración de sus compañeros en el Departamento de Justicia por cuánto tiempo había mantenido las cosas en silencio, e incluso otros agentes en Brooklyn se maravillaron por lo hermético que había sido sobre el caso que había dominado su vida durante casi cinco años.

Después de casi cuarenta minutos, un periodista hizo una pregunta detallada sobre la Copa América, y Currie, que no había estado involucrada para nada en el caso hasta que se unió al Distrito Este de Nueva York a finales del año anterior, hizo una seña a Norris para que se acercara al micrófono.

Finalmente, Norris tuvo la oportunidad de reclamar el mérito de todo su arduo trabajo. Su momento bajo los reflectores, sin embargo, no duró más de treinta segundos.

—La acusación es muy detallada y hay una tabla de contenidos en la segunda página —dijo, luciendo aún más serio que de costumbre—. Simplemente lo referiría a la conspiración de la Copa América. —Eso fue todo lo que dijo Norris.

Se suponía que la conferencia de prensa sería la primera vez que el mundo escucharía sobre el operativo, sobre la acusación formal, y sobre las declaraciones de culpabilidad de Blazer, Hawilla y los hermanos Warner, todo los cual sería revelado al mismo tiempo.

Poco después, el procurador general suizo anunciaría su propia investigación penal, centrada en la licitación de las Copas Mundiales de 2018 y 2022, e informaría al público que, además de los arrestos, había realizado una redada en la sede de la FIFA esa mañana.

Pero las cosas no salieron de esa manera.

Las autoridades suizas estaban furiosas porque la filtración había comprometido la privacidad de los acusados, y había atraído a periodistas hasta la sede de la FIFA para presenciar lo que se suponía que sería una incursión clandestina por parte de la policía. Aún más vergonzoso, la presencia de reporteros del *New York Times* en el hotel le había dado al público la impresión de que la fuerza policial suiza había actuado bajo las órdenes de la ley estadounidense. Fue, para decirlo suavemente, una situación incómoda.

Aun así, si el objetivo era atraer publicidad, funcionó.

Era una gran noticia en Estados Unidos, pero en otras latitudes era como si se hubiera detonado una bomba nuclear. No había otro tema de conversación. Estados Unidos había enfrentado la corrupción en el futbol, algo que nadie creía que pudiera suceder en cualquier lugar, y Loretta Lynch se había coronado con la gloria en su primer caso importante como procuradora general.

En medio del frenesí, la FIFA ya había tenido su propia conferencia de prensa improvisada. Un portavoz, Walter De

Gregorio, extrañamente se adjudicó el crédito por la investigación y aseguró a la prensa en múltiples ocasiones que las elecciones presidenciales aún tendrían lugar dentro de dos días. Sepp Blatter, dijo un irritable De Gregorio, «está bastante relajado porque sabe y lo sabía antes, y ha confirmado una vez más hoy que no está involucrado».

Mohamed bin Hammam y Vitaly Mutko, el ministro de deportes de Rusia, comentaron las noticias horas antes de que se revelara la acusación formal. Incluso Jack Warner, instalado en Trinidad, logró hablar antes de que las personas que realmente armaron el caso criminal más importante en la historia del futbol tuvieran la oportunidad de hablar.

«Si el Departamento de Justicia de Estados Unidos me quiere, saben dónde encontrarme», le dijo Warner a un periodista. «Duermo muy bien por las noches».

Menos de tres horas después, Warner se rindió a la policía en Puerto España. Aunque un magistrado aceptó una fianza de $2.5 millones de dólares trinitenses, o aproximadamente $400,000 dólares, Warner no pudo presentar la documentación adecuada a tiempo y se vio obligado a pasar la noche en la cárcel.

También se envió una orden provisional de arresto a Paraguay, pero antes de que pudiera ser entregada, Nicolás Leoz se internó en un hospital, alegando que había sufrido una crisis coronaria. Fuentes cercanas a sus abogados señalaron tímidamente que el código penal de Paraguay prohíbe el encarcelamiento de cualquier persona que padezca una enfermedad grave.

Argentina también había recibido órdenes provisionales, pero hasta ahora nadie había sido arrestado, lo que significaba que había al menos tres acusados faltantes: Burzaco y los dos Jinkis. Randall, apenas terminó de entregar la orden en Miami, voló a Nueva York y comenzó a preparar los llamados avisos rojos para enviar a la Interpol, que alertarían a todos los países del mundo para detener a los acusados restantes si intentaban cruzar sus fronteras.

Luego vinieron las solicitudes de extradición. Había siete hombres en la cárcel en Zúrich, además de Warner en Trinidad y Leoz en Paraguay, y Estados Unidos tuvo que solicitar formalmente la extradición de cada uno.

Había, en otras palabras, una gran cantidad de trabajo por hacer. A medida que se acercaba la noche, la gente que estaba en el caso comenzó a salir una por una de la Procuraduría de Estados Unidos en Brooklyn y se dirigía a casa. Algunos pocos habían logrado dormir un poco en las horas entre el operativo de la medianoche y la conferencia de prensa, pero todos estaban exhaustos.

Norris, todavía furioso por la filtración, finalmente se fue también. No dijo una palabra acerca de Peter Luger, el restaurante de carnes donde había estado planeando llevar a Randall y Berryman para celebrar.

28

«UN GRAN DÍA PARA EL FUTBOL»

Trece horas antes del operativo, Zorana Danis entró a un tribunal federal en Brooklyn, flanqueada por sus abogados. Con tantas cosas sucediendo ese día, la fiscalía de Estados Unidos sólo podía destinar un abogado asistente, Sam Nitze, quien se había unido al caso un año antes, para presenciar el momento de la verdad de Danis.

Encantadora y agradable, la propietaria de International Soccer Marketing se había hecho popular entre los investigadores desde que se decidió a cooperar a finales de 2013. Ella les ayudó a entender algunas de las complejidades del futbol sudamericano, y fue fundamental para construir el caso contra Nicolás Leoz.

A Danis se le permitió declararse culpable sólo de dos cargos, ninguno de los cuales involucraba el crimen organizado. Uno fue la conspiración de fraude electrónico, por algunos de los sobornos que pagó a cambio de los derechos de patrocinio de la Copa Libertadores, y el otro por hacer una declaración falsa en sus declaraciones de impuestos, porque había tratado de pasar un soborno de $1.25 millones como un gasto deducible.

«Sabía que mi conducta al pagar estos sobornos era incorrecta», dijo Danis, quien también aceptó una multa de $2 millones, ante el juez. «Esto no debería haber sucedido».

A la mañana siguiente, cuando se destapó la gran acusación en Brooklyn, se hizo lo mismo con los documentos de acusación contra Blazer, Hawilla y los dos hermanos Warner. Pero el de Danis no.

De hecho, los agentes se habían asegurado absolutamente de que no se pronunciara una sola palabra sobre ella a nadie en absoluto.

◆◆◆

En los casos de la Ley RICO, los agentes rara vez consideran que la investigación termina cuando se dicta la acusación. De hecho, a menudo eso es sólo el comienzo. Mucho antes de presentarse ante el gran jurado, los agentes planean un segundo documento de acusación, llamado formulación ampliada de la imputación, que amplía el número de acusados. La primera acusación en sí misma puede ser una herramienta crítica para llegar allí.

Al preparar ese documento, Norris se aseguró de describir cada conspiración criminal a detalle, identificando el papel desempeñado por cada uno de los acusados, aderezándolo libremente con pistas sobre cuentas bancarias, empresas ficticias y otras pruebas potenciales. También completó la acusación con menciones de co-conspiradores anónimos, 25 en total, plasmando sólidos indicios sobre quién era cada uno de ellos.

El co-conspirador #10, por ejemplo, fue descrito como «un alto funcionario de la FIFA, la Conmebol y la Asociación del Futbol Argentina», lo que lo identificaba como Julio Grondona. El co-conspirador #7 era claramente Mohamed bin Hammam, mencionado como «un funcionario de alto rango en la

FIFA y la AFC, la confederación regional que representa a gran parte de Asia» quien se postuló para la presidencia de la FIFA en 2011.

El co-conspirador #5 era «la principal operadora» de una empresa de Jersey City que controlaba «el patrocinio y los derechos asociados con la Copa Libertadores» y que pagaba «sobornos al acusado Nicolás Leoz» y otros para mantener esos derechos. La única persona que podría encajar en esa descripción era Zorana Danis.

Cuando la acusación fue revelada, Norris sabía que se propagaría como un incendio entre los funcionarios de futbol corruptos de todo el mundo. Examinarían cada línea, tratando de descifrar cómo se había desarrollado el caso, hacia dónde se dirigía y si también podrían estar bajo investigación.

La descripción del co-conspirador #5 identificaría a Zorana Danis para todos aquellos que la conocieran. Norris lo había hecho deliberadamente. Y al mantener su declaración de culpabilidad en secreto, la fiscalía estaba señalando que ella también podía ser un objetivo.

Seguramente alguien llamaría a Danis para hablar de sobornos, preguntarle qué sabía o para decirle que se callara, sin sospechar que estaba cooperando con los federales y grabarían todas sus llamadas.

Esa era la belleza de una acusación sumamente detallada: tan pronto como se da a conocer, los teléfonos comienzan a sonar.

◆◆◆

La mañana después de los arrestos, la CONCACAF convocó a una reunión de emergencia en Zúrich para instalar un nuevo presidente. Alfredo Hawit de Honduras era el vicepresidente más antiguo de la confederación y, por lo tanto, conforme a los estatutos asumió automáticamente el cargo, tal y como Lisle Austin, irónicamente, había intentado sin éxito hacer exactamente cuatro años antes.

Samir Gandhi, el abogado de Sidley Austin, había volado a la ciudad desde Nueva York durante la noche, y la escena que presenció en el hotel Renaissance se asemejaba a un funeral. Los delegados del Caribe, en particular, quedaron atónitos. Algunos lloraban abiertamente, mientras que otros protestaban furiosos diciendo que se trataba de una gran conspiración. Nadie podía creer que Jeffrey Webb, el gran reformador, la esperanza caribeña, era en realidad un estafador.

En medio del crujir de dientes, Gandhi presentó un plan de acción. La confederación necesitaba iniciar inmediatamente una investigación interna, tanto para averiguar cuánto había robado Webb, como para determinar qué tan grande era su exposición criminal. «¿Nos contratarán?, preguntó a los delegados. Por segunda vez en tres años, la CONCACAF estaba siendo investigada por temas de corrupción.

Al día siguiente, 29 de mayo, Sepp Blatter se postuló para la reelección, ignorando las crecientes legiones de manifestantes enojados que se congregaron fuera del Hallenstadion de Zúrich, donde se realizaría la votación. Tomando el podio ante los 209 miembros de la asociación, descartó burlonamente los argumentos de que diecisiete años al frente de la FIFA eran, finalmente, suficientes.

«¿Qué es esta noción del tiempo? El tiempo es infinito y lo partimos. Creo que el tiempo que he pasado en la FIFA ha sido muy breve y seguirá siendo breve», dijo desafiante Blatter. «Simplemente me gustaría seguir con ustedes».

El sentimiento parecía mutuo. Sólo dos días después de que el mundo supiera que había una gran investigación criminal en curso que comparaba descaradamente la organización que él presidía con la mafia, Blatter fue elegido para un quinto periodo. Superó con facilidad al Príncipe Ali, 133 votos contra 73, en la primera ronda de votación, obligando a su rival a retirarse.

Al día siguiente, Blatter le dijo a un periodista de la radio que los arrestos habían sido cuidadosamente planeados para socavar su mandato. «Con todo el respeto que merece el sistema judicial de Estados Unidos», dijo, «si tienen un caso de delito financiero que concierne a los ciudadanos estadounidenses, entonces deben arrestar a esas personas allí y no en Zúrich cuando estamos en nuestro congreso».

El domingo, Jack Warner, saliendo de la cárcel bajo fianza, publicó dos entrevistas grabadas en video que él realizó, vestido con los colores verde limón de su partido político. También acusó a Estados Unidos de conspirar en contra del futbol, alegando que «nadie les da el derecho de hacer lo que están haciendo».

Como prueba del complot, Warner mostró una copia impresa de un artículo de una publicación estadounidense: «La FIFA anuncia frenéticamente la Copa Mundial de Verano 2015 en Estados Unidos», decía el titular.

«Si la FIFA es tan mala, ¿por qué Estados Unidos quiere quedarse con la Copa del Mundo?», preguntó Warner, con una expresión incrédula en su rostro. «Asume tus pérdidas como un hombre, y vete». Pero las acusaciones de Warner pronto lo convirtieron en blanco de burlas cuando se reveló que el artículo que había citado se tomó de *The Onion*, una publicación de sátira.

Luego, el lunes, se produjo otra filtración. El *New York Times*, una vez más citando fuentes anónimas cercanas a la investigación criminal estadounidense, informaba que Jérôme Valcke, secretario general de Blatter, había aprobado personalmente una transferencia de $10 millones de dólares pagados a Jack Warner por parte de Sudáfrica en su plan para obtener la Copa del Mundo 2010.

Al día siguiente, 2 de junio, la FIFA convocó a los reporteros a su sede central para una conferencia de prensa no programada. Dado el corto aviso, sólo unas pocas docenas de periodistas llegaron a tiempo para ver a Blatter, con un traje azul y corbata a rayas, subir al podio.

«La FIFA necesita una revisión profunda», dijo Blatter, hablando en francés. «Si bien tengo un mandato de la membresía de la FIFA, no siento que tenga un mandato de todo el mundo del futbol: los aficionados, los jugadores, los clubes, las personas que viven, respiran y aman el futbol tanto como nosotros en la FIFA. Por lo tanto, he decidido dejar mi mandato en un Congreso electivo extraordinario. Continuaré ejerciendo mis funciones como presidente de la FIFA hasta esa elección».

Fue totalmente extraordinario; algo que los aficionados al futbol no podrían haber imaginado sólo una semana antes. Sepp Blatter, recién reelecto como señor supremo del futbol mundial tres días antes, iba a renunciar. «Un gran día para el futbol» anunciaba el titular del tabloide británico *The Daily Mirror*. El *Daily Express* decía «*Blatt's All Folks!*»*.

◆◆◆

Por una extraña coincidencia, *United Passions* (*Pasiones unidas*), una película con un costo de $27 millones de dólares ordenada por Blatter y pagada casi en su totalidad por la FIFA, se estrenó en Estados Unidos sólo tres días después de que el jefe suizo del *soccer* anunciara su renuncia.

Sólo dos personas se presentaron en el teatro Laemmle en el vecindario de North Hollywood de Los Angeles para la premiere la tarde del 5 de junio. Uno, un viejo inmigrante mexi-

* N. de la T. Juego de palabras intraducible: «Eso es todo, amigos» era la famosa frase con la que terminaba un exitoso programa de caricaturas en los años 70 y 80.

cano, dijo que estaba allí porque le gustaba la Copa del Mundo. El otro, después de ver la película, dijo que había sido «muy extraña» y que le había parecido menos que honesta en su descripción de la historia.

La cinta, protagonizada por Tim Roth como Blatter, se presentó como una película en donde la FIFA era la protagonista. Pero en realidad, era una historia sobre cómo aparentemente todos en la FIFA, durante más de un siglo, habían sido irremediablemente sucios, intolerantes, corruptos o incompetentes, a excepción de Blatter, quien emerge como una especie de santo trabajador y serio, dedicado sólo al deporte, y a los millones de niños empobrecidos que juegan en todo el mundo.

João Havelange, su predecesor, era descrito como un intrigante comprador de votos sanguinario que sorprende a Blatter diciéndole que lleve un libro negro sobre sus rivales para utilizarlo en su contra, mientras que los ingleses, cuya prensa atormentó a Blatter a lo largo de su presidencia, eran retratados como bufones racistas, sexistas y egocéntricos. Es revelador que el único personaje en la película, aparte de Blatter, que escapa a un tratamiento tan rudo sea Horst Dassler, el padre intelectual de la industria del la mercadotecnia deportiva que ahora estaba en el corazón de la peor crisis de la FIFA.

Para el día en que se proyectó por última vez la película el 11 de junio, la recaudación en la taquilla estadounidense ascendía sólo a $918 dólares. *Pasiones unidas*, una película concebida para destacar a Sepp Blatter, se ganó la distinción de ser el lanzamiento comercial de menor recaudación en la historia de Estados Unidos.

◆◆◆

A última hora de la mañana del 9 de junio, Alejandro Burzaco, acompañado por un abogado, salió del lujoso Hotel Greif en la ciudad montañosa medieval de Bolzano, en el norte de Italia. Vestido con una camisa azul y jeans, cruzó la plaza del mercado de la ciudad, pasó su distintiva catedral románica de ochocientos años de antigüedad y finalmente se presentó en la estación de policía, donde se rindió.

Había estado manteniendo un perfil bajo desde que llegara a Milán el 27 de mayo, moviéndose por Italia en compañía de un abogado argentino, que era un amigo cercano y había acortado unas vacaciones para encontrarlo. Para evitar ser rastreados, los dos hombres compartieron habitaciones de hotel reservadas bajo el nombre del abogado, y pronto se transfirieron a un anodino condominio amueblado cerca de la playa en la costa oeste de Italia.

Burzaco contrató rápidamente a un abogado defensor de Nueva York, quien voló hasta Italia para hablar de la situación. Burzaco tenía doble ciudadanía ítalo-argentina y por lo tanto podía quedarse en Italia, tratar de no llamar la atención y correr el riesgo de que si lo arrestaban, no lo extraditaran. O podría tratar de regresar a Argentina, pero corría el riesgo de ser arrestado en el aeropuerto. O también podría llamar a los agentes en Brooklyn y ofrecer su cooperación con la esperanza de obtener un trato indulgente.

Burzaco era de una familia prominente en Argentina. Su hermano había sido congresista y jefe de la policía de Buenos Aires y estaba estrechamente vinculado con el candidato favorito para ser el próximo presidente del país. La mayoría de sus activos habían sido congelados a petición del gobierno de Estados Unidos en coordinación con las redadas, y ese mismo día, sus empleados en Buenos Aires destruyeron innumerables documentos sensibles de la compañía, así como un servidor secreto en Uruguay donde se contabilizaban concienzudamente años de sobornos.

Después de pensarlo un poco, Burzaco decidió renunciar a la extradición y probar suerte con el Departamento de Justicia. Eligió rendirse en Bolzano por ser un lugar apartado, esperando no llamar la atención. Pero la policía local, hambrienta de publicidad, decidió realizar una conferencia de prensa, y los periodistas pronto acudieron a la pequeña cárcel de la ciudad.

Dos días más tarde, Burzaco recibió una llamada de su hermano diciéndole que estaba en peligro. Aparentemente se había dictado una orden dentro de los rangos policiacos provinciales de Buenos Aires para impedirle que hablara con los agentes de Estados Unidos a cualquier costo, incluso si eso significaba matarlo.

Burzaco todavía estaba en Italia, ahora bajo arresto domiciliario en una pensión a las afueras de Bolzano mientras esperaba ansiosamente que concluyeran los trámites de extradición. Su familia y algunos amigos habían ido a visitarlo durante ese tiempo, y se convenció de que estaba tomando la decisión correcta.

Finalmente, el 29 de julio, Burzaco voló desde Italia hasta el aeropuerto Kennedy en Nueva York, donde Jared Randall lo recibió en la puerta del avión y lo arrestó. Al día siguiente comenzaría sus reuniones con los agentes, pero sucedió también que su equipo favorito, el River Plate, estaba jugando en el partido de ida de la final de la Copa Libertadores esa noche. Randall, quien tenía que vigilarlo hasta que pagara su fianza, le llevó una radio portátil para poder escuchar el partido.

Burzaco fue procesado dos días después, mientras su hermana, su madre, su hermano, su exesposa y varios amigos lo observaban desde la galería.

Según un estudio de 2009 de los tribunales penales de todo el país, la fianza promedio para todos los tipos de delitos era de $55,400 dólares y en el caso del homicidio, el delito más grave, la suma alcanzaba poco más de $1 millón de dólares. El director ejecutivo de Torneos y Competencias, de 51 años, no fue acusado de crímenes violentos, y mucho menos de asesinato.

Los cargos que enfrentó fueron por fraude electrónico, lavado de dinero y crimen organizado. Pero él no era un acusado típico, y este no era un caso típico.

La fianza de Burzaco sería de $20 millones de dólares, asegurada con $3.3 millones en efectivo, tres bienes inmuebles y su participación en Torneos, que según los fiscales valía al menos $15 millones. Sería puesto bajo arresto domiciliario en Nueva York, sin poder salir sin el permiso del FBI, y tendría que pagar por seguridad privada las 24 horas, así como por el monitoreo GPS.

La investigación había conseguido a otro colaborador, tan importante en algunos aspectos como Hawilla o Blazer. Burzaco dijo a los agentes federales que había pagado más de $150 millones de dólares en sobornos a docenas de funcionarios de futbol a lo largo de muchos años. Era muy inteligente, conocedor, amaba el futbol y hablaba un inglés impecable. Casi cuatro meses después, Burzaco también ganó su acuerdo de colaboración, consintió en declararse culpable de tres cargos por delitos graves y en renunciar a la suma de $21,694,408.49 dólares.

El 26 de julio, México derrotó hábilmente a Jamaica 3-1, ante 69,000 fanáticos en el Lincoln Financial Field en Filadelfia, para ganar por décima ocasión el título de la Copa Oro. Inmediatamente después, el nuevo presidente hondureño de la CONCACAF, Alfredo Hawit, se situó en el centro del campo y entregó el trofeo de gran tamaño al centrocampista mexicano Andrés Guardado, que había anotado el primer gol del partido con una espectacular volea.

Ese mismo día, Hawit se reunió en privado con Fabio Tordin, un consultor con sede en Miami, para analizar el intento fallido que había hecho la empresa de mercadotecnia deportiva Full Play, de más de tres años atrás, para ganar los derechos de la Copa Oro y otros torneos de la CONCACAF. Tordin había hecho de intermediario en el plan, primero al poner a Hugo y

Mariano Jinkis en contacto con Hawit y los otros dos centroamericanos, y luego al ayudar a coordinar los pagos del soborno.

Ahora que la investigación penal estadounidense era pública y los Jinkis habían sido acusados, Tordin le dijo a Hawit que le preocupaba que los sobornos salieran a la luz. Tan sólo Hawit había recibido $250,000 dólares, y Tordin estaba aterrorizado. El presidente de la confederación respondió con calma. No había motivos para preocuparse, dijo, ya que había encontrado una forma inteligente de cubrir sus huellas usando un contrato falso. Nadie se enteraría.

Desafortunadamente para Hawit, Tordin llevaba un micrófono. Poco después de que se iniciara la acusación formal, los fiscales de Brooklyn le habían enviado lo que se conoce como carta objetivo donde le informaban que estaba siendo investigado. Entonces Tordin contrató un abogado y, en poco tiempo, también estaba coperando.

El tiempo de Hawit como presidente de la CONCACAF resultaría extremadamente corto.

29
UN ABOGADO CELOSO

David Torres-Siegrist volvía a casa en su minivan después de cantar en el coro en una misa a mitad de semana en Arcadia, California, cuando su asistente de entrenador de futbol lo llamó al celular.

—Es mi tío —dijo el hombre—. Lo arrestaron y necesita ayuda. Su nombre es Eugenio Figueredo.

Torres-Siegrist tenía cinco hijos. Además de los compromisos de su iglesia, trabajaba como entrenador en jefe voluntario en el equipo de futbol juvenil, como supervisor *scoutmaster* para los Boy Scouts, y participaba en la junta de padres y maestros en la escuela de sus hijos. También era un abogado que había llevado una gran variedad de litigios civiles en los últimos doce años, en gran parte relativos a disputas contractuales en pequeños municipios tanto en la defensa como en la acusación.

El nombre de Figueredo no le resultaba familiar, pero Torres-Siegrist pensó que el asunto sería algo menor, tal vez un problema por manejar tomado, así que dijo que con gusto le ayudaría.

—Genial —respondió su amigo—, ¿qué tan pronto puedes irte a Zúrich?

Torres-Siegrist, que tenía el cabello castaño rizado, una barba corta, y modales informales, nació y se crió en el sur de California; era partidario de las bermudas y chanclas, y nunca antes había sentido la necesidad de tener un pasaporte. A la mañana siguiente condujo a una agencia de pasaportes del gobierno en el oeste de Los Ángeles y esperó en la fila durante horas para obtener uno de urgencia.

Se fue a Zúrich al día siguiente, 29 de mayo, aprovechando el vuelo de once horas para ponerse al día con el torrente de noticias de la FIFA que habían estallado desde que se supo de los arrestos dos días antes. No seguía el futbol internacional en absoluto, y hasta entonces no tenía idea de que el tío uruguayo de su amigo perteneciera a una de las élites mundiales del deporte, y mucho menos que hubiera sido uno de los funcionarios arrestados en el Baur au Lac.

Una vez en Suiza, fue directamente del aeropuerto a encontrarse con la esposa de Figueredo, Carmen Burgos, que se estaba quedando con un amigo. Las cuentas bancarias de Figueredo habían sido congeladas y Burgos, ya sobreexcitada, descubrió que no podía retirar un solo franco suizo del cajero automático.

La acusación provenía de Estados Unidos, así que supo que su esposo necesitaba un abogado estadounidense, pero los pocos con los que ella ya había hablado mencionaron tarifas gigantescas, y Burgos encontraba el proceso intimidante.

Torres-Siegrist era estadounidense, y hablaba español. Tal vez, sugirió Burgos, podría ayudar a negociar un mejor precio. Pero después de pasar unos días en Zúrich reuniéndose con abogados de varios despachos grandes, el abogado de California se sintió asqueado.

En lugar de discutir los hechos del caso, sólo querían hablar sobre sus honorarios. La tarifa por hora combinada de una empresa era de $1,400; otra de $1,800; y un tercer despacho incluso se negó a viajar a Zúrich a menos que Burgos diera una garantía de varios cientos de miles de dólares. Torres-Siegrist sugirió una alternativa más económica: contratarlo a él en su lugar. Era cierto que nunca había manejado un caso penal, mucho menos uno tan importante como este, pero algo en su interior le decía que podía manejarlo.

¿Qué tenían que perder? El abogado suizo que Figueredo ya había contratado les estaba instando a renunciar a la extradición y llegar a un acuerdo lo antes posible; un abogado uruguayo que había volado desde Montevideo les dio el mismo consejo. Les dijeron que Estados Unidos era demasiado poderoso. Figueredo perdería el proceso de extradición inicial, dijeron, e incluso con apelaciones que llegaran hasta la Suprema Corte de Suiza, terminaría arrastrado a Brooklyn en no más de seis o siete meses.

Torres-Siegrist pensó que podría hacerlo mejor. Cuando no estaba con Burgos, entrevistando a abogados o visitando a Figueredo en su pequeña e inmaculada celda suiza, estaba pensando incansablemente en el caso y en los intereses que implicaba.

No era un caso típico de la Ley RICO. Esto era algo mucho más grande. Se trataba de deportes, claro, pero también de política internacional, y de problemas enormes y complicados que involucraban la identidad nacional, sin mencionar los miles de millones de dólares gastados en televisión, patrocinio e infraestructura en torno a cada Copa del Mundo. La FIFA era poderosa y, a pesar del feroz júbilo de los fanáticos de todo el mundo tras los arrestos, era difícil creer que todos en la tierra estuvieran tan encantados con el estado de las cosas. Seguramente, pensó Torres-Siegrist, habría alguien por ahí que no estuviera tan contento con la investigación y tendría algunos consejos útiles para compartir.

Después de una semana en Zúrich, tuvo que volver a casa con su familia. El día antes de partir, sin embargo, tomó el tren a la capital suiza, Berna, y subió a un taxi. Era un día sombrío y caía una fuerte lluvia cuando Torres-Siegrist tocó el timbre en la puerta de la embajada rusa.

La inspiración, diría más tarde, le llegó en un instante. Rusia sería la sede de la próxima Copa del Mundo en 2018. Si había alguien que criticaría una investigación masiva de Estados Unidos en la que se cuestionaba la integridad de la FIFA y del futbol en general, y que también tenía los recursos para hacer algo al respecto, seguramente era Rusia.

Después de un rato, apareció un guardia. Era sábado, por lo que nadie del departamento legal de la embajada estaba allí, le explicó. Torres-Siegrist, empapado, entregó al guardia ruso su tarjeta de presentación y volvió a subir al taxi.

—Un abogado —se repetía a menudo Torres-Siegrist, citando de memoria las reglas de conducta profesional del Colegio de Abogados de Estados Unidos—, debe ser un celoso defensor en beneficio del cliente.

◆◆◆

Figueredo, bajo y delgado con ojos caídos, había empezado su vida en el futbol como extremo derecho en el Huracán Buceo, un club en Montevideo, y poco a poco fue ascendiendo en la jerarquía del deporte, hasta llegar a ser presidente de la Conmebol en 2013. Fuera del futbol, el único trabajo que Figueredo tuvo fue como vendedor de autos usados. Había trabajado brevemente, cuando era joven, en una concesionaria de Volkswagen, pero renunció para abrir su propio lote de autos usados. Cerró la concesionaria cuando tenía sesenta años, alegando que era su única fuente de ingresos. Pero se había vuelto muy rico a lo largo del camino gracias a las décadas de sobornos que había estado recibiendo de empresas de mercadotecnia deportiva en su calidad de funcionario de futbol, primero en Uruguay y particularmente en la Conmebol.

Había invertido la mayor parte del dinero en bienes inmuebles, principalmente en Uruguay, pero también en un lugar enclavado al noreste de Los Ángeles llamado Arcadia, donde vivía el sobrino favorito de su esposa. Entre sus propiedades se encontraba una lujosa casa de seis dormitorios con alberca, a sólo 3 kilómetros de la pista de carreras de Santa Anita, que Figueredo había comprado por $475,000 y ahora valía al menos tres veces más.

Había sido cuidadoso y usó un archipiélago de compañías ficticias, así como numerosas variaciones de los nombres de su esposa e hijos, para ocultar la verdadera titularidad de todas sus propiedades. También, en 2005, solicitó la ciudadanía estadounidense afirmando falsamente que sufría de «demencia grave» para salir del requisito de dominio del inglés.

Steve Berryman había rastreado ese pequeño detalle, así como una serie de declaraciones de impuestos fraudulentas, lo que permitía a los agentes meterle un golazo a Figueredo con una serie de cargos adicionales que podrían agregar 25 años a su sentencia máxima, lo que lo hacía mucho más proclive a que se ofreciera como voluntario para cooperar.

Figueredo había estado atrincherado en la Conmebol durante dos décadas, y estaba estrechamente vinculado a algunos de los hombres más poderosos del deporte. No había forma de saber qué pistas les entregaría una vez que las autoridades suizas sellaran su extradición y empezara a colaborar como el resto.

◆◆◆

Sentado al otro lado de Evan Norris en la mesa de la sala de conferencias en Brooklyn, Torres-Siegrist se encontró sumido en un humor pésimo.

Eran mediados de julio y su cliente, Figueredo, todavía estaba en una celda en Suiza. Los abogados suizos y uruguayos que también llevaban el caso seguían urgiendo a Figueredo a que hiciera un trato, argumentando que cuanto más rápido entrara, mejor lo tratarían los agentes.

Esa parecía haber sido la estrategia de Jeffrey Webb. Asesorado por su abogado estadounidense, socio de un gran despacho multinacional y que había sido procurador en Nueva York durante casi una década, Webb renunció a la extradición en cuanto Estados Unidos envió las solicitudes formales el 1° de julio.

El expresidente de la CONCACAF llegó al aeropuerto Kennedy el 15 de julio, y fue procesado y liberado tres días después de cubrir una fianza de $10 millones de dólares. Para garantizar su libertad, Webb tuvo que entregar las escrituras de diez propiedades personales, información de su esposa y de numerosos integrantes de su familia; la cuenta de retiro de su esposa; su participación en un consultorio médico; una docena de relojes de lujo; muchas de las joyas de su esposa; y tres automóviles, incluido su nuevo Ferrari.

Webb incluso tuvo que entregar el anillo de bodas de su esposa. Esa fue sugerencia de Berryman. Había rastreado un pago sospechoso de $36,000 dólares hecho a un mayorista de joyas y luego, después de pasar un tiempo mirando las fotos publicadas en línea de la boda de la pareja en 2013, se dio cuenta de a dónde había ido a parar ese dinero.

Torres-Siegrist estaba ansioso por hablar con los agentes sobre cómo sería la cooperación. Pero Norris sólo estaba interesado en discutir la fianza. Quería $15 millones, dijo, y que en su mayoría fueran pagados en efectivo, y no era negociable. Hablarían de la colaboración una vez que Figueredo estuviera en Brooklyn.

Torres-Siegrist había escuchado cómo los agentes le habían apretado las tuercas a Webb, quien había hecho de todo para complacerlos. También habló con los fiscales de algunos de los otros acusados, compartiendo información sobre el caso, y ellos también se quejaron de los enormes requisitos de fianza. Incluso Aaron Davidson, un pez pequeñito comparado con algunos de los funcionarios en el caso, tuvo que enviar $5 millones.

El abogado de California miró detenidamente la sala de juntas. Estaba un poco gastada por años de uso, era utilitaria y desde luego no era impresionante. Así, pensó para sí mismo, era como se veían las entrañas de la bestia.

Los dos abogados tenían más o menos la misma edad, pero no podían ser más diferentes. Norris había estudiado en la escuela de leyes de Harvard, y todo en él le escocía a Torres-Siegrist, particularmente su actitud fría y de superioridad. Torres-Siegrist, por su parte, había estudiado en Southwestern en Los Ángeles, conocido por sus programas de derecho de medio tiempo para personas que tenían que trabajar mientras estudiaban, y había pasado años trabajando en casos insignificantes en pequeños juzgados cerca del condado de Los Ángeles. Norris, pensaba, actuaba como un idiota elitista.

De camino a Brooklyn, Torres-Siegrist hizo una breve parada en Washington para ir a la embajada rusa a reunirse con un abogado que se había puesto en contacto con él poco después de que había dejado su tarjeta en Suiza. El abogado ruso dijo que se estaban realizando investigaciones sobre el caso; también le sugirió volver a la embajada en Suiza la próxima vez que estuviera allí.

Figueredo, de ochenta y tres años, había sido muy claro: no quería ser extraditado. Aceptar cada una de las demandas incomprensibles del agente no era precisamente defender celosamente a su cliente, parecía una rendición. Para Torres-Siegrist, esa no era una opción.

◆◆◆

El 24 de julio, Torres-Siegrist se sentó con el oficial de enlace político en la embajada rusa en Berna, quien le proporcionó una pila de casos en los que Estados Unidos habían perdido las peleas de extradición en Suiza. Una, de 2005, involucraba a un científico nuclear ruso a quien los suizos habían arrestado a instancias de agentes estadounidenses, acusado de robar $9 millones de dólares de fondos del Departamento de Energía. Sin embargo, antes de que pudiera ser extraditado, Rusia presentó su propia solicitud de extradición también alegando delitos financieros. Rusia ganó y Estados Unidos nunca pudo ponerle un dedo encima.

La clave para mantener a alguien fuera de Estados Unidos era que otro país, preferiblemente uno en el que fuera ciudadano, presentara una petición de extradición competente. El enlace insinuó que Torres-Siegrist debía intentar averiguar si en Uruguay podía formar su propio caso criminal contra Figueredo.

El enlace también le recomendó enfáticamente que fuera a San Petersburgo, donde la FIFA celebraría el sorteo preliminar para la Copa Mundial 2018 en el Palacio Konstantin al día siguiente. Como primer evento oficial previo al torneo, todos los altos funcionarios de la FIFA estarían presentes, y habría personalidades importantes que lo querrían encontrar allí.

En menos de tres horas, el enlace le consiguió una visa de siete días, y Torres-Siegrist reservó un vuelo mientras esperaba. Pasó la tarde del 25 de julio socializando con los funcionarios de futbol en el Palacio Konstantin, donde recibió tratamiento de alfombra roja y fue admitido en la zona VIP. Finalmente, entró una llamada para decir al abogado que se presentara en el aeropuerto de Levashovo a la mañana siguiente, y que alguien vendría a su hotel esa noche para recoger todos sus dispositivos electrónicos —teléfono celular y computadora portátil— antes de la reunión.

Levashovo resultó ser una base aérea militar, completamente diferente al aeropuerto comercial por donde Torres-Siegrist había llegado. A veces se usaba para la aviación privada, y mientras esperaba, un flujo constante de funcionarios de la FIFA en Bentleys con chofer llegaron para tomar aviones a casa, entre ellos Sepp Blatter.

Finalmente, Torrer-Siegrist fue llevado a una sala de reuniones, donde fue recibido calurosamente por Vitaly Mutko.

Mutko, un expresivo carirredondo de cabello oscuro y peinado hacia atrás, era presidente de la Federación Rusa de Futbol, miembro del Comité Ejecutivo de la FIFA y presidente del comité organizador local para la Copa Mundial 2018. Desde 2009, era también ministro de deportes de Rusia y asesor cercano de Vladimir Putin, a quien conoció por primera vez a principios de la década de 1990 cuando ambos trabajaban en el gobierno en la ciudad de San Petersburgo.

Hablando inglés con un acento marcado, Mutko le dijo a Torres-Siegrist que estaba familiarizado con el caso Figueredo y que estaba ansioso por ayudar.

—Como puede ver —dijo el ministro— gastamos miles de millones de dólares en infraestructura para la Copa del Mundo. Sería altamente indeseable —agregó— que Estados Unidos manchara a la FIFA y, por extensión, a la Copa del Mundo de Rusia.

La reunión duró veinte minutos, tiempo durante la cual Mutko habló en general sobre el caso, pero también mencionó estrategias específicas que podrían usarse para evadir la solicitud de extradición estadounidense. Algunas cosas, dijo, se le informarían a Torres-Siegrist y él participaría activamente en ellas; otras, por necesidad, se harían sin su conocimiento.

—Se destinarán todos los recursos disponibles —le aseguró Mutko antes de decir adiós.

Torres-Siegrist regresó a su hotel, recogió su teléfono celular y su computadora portátil, y voló de regreso a Suiza, con la cabeza dándole vueltas. No estaba del todo seguro de cómo su vida mundana como abogado que litigaba en controversias municipales había dado un giro tan dramático. Pero al menos tenía una idea bastante clara de hacia dónde se dirigía el caso de su cliente.

◆◆◆

El 14 de septiembre, Loretta Lynch celebró una conferencia de prensa conjunta en Zúrich con Michael Lauber, procurador general de Suiza. Ostensiblemente, ella había viajado ahí para asistir a la reunión anual de procuradores federales, pero normalmente el funcionario policial de más alto rango de Estados Unidos no asistía a tales eventos.

En verdad, su presencia era parte de un esfuerzo para suavizar las cosas con las autoridades suizas, todavía molestas por las filtraciones durante las redadas del 27 de mayo. El hecho de que la conferencia de procuradores se celebrara en Suiza ese año le proporcionó una excusa perfecta a Lynch para subir al escenario con Lauber, estrechar su mano ante las cámaras y alabar el trabajo de sus contrapartes.

«Quiero agradecer al gobierno suizo por su asistencia en el proceso de extradición», dijo Lynch, «no podríamos haber pedido un socio mejor que el Procurador General Lauber».

Tres días más tarde, la Oficina Federal de Justicia de Suiza falló a favor de la petición de llevar a Figueredo a Estados Unidos, convirtiéndolo en el primer funcionario de futbol arrestado en el caso que enfrentaba la extradición forzada. Por ley, Figueredo tenía un mes para apelar.

El 13 de octubre, pocos días antes de la fecha límite, el Tribunal para el Crimen Organizado de Uruguay presentó formalmente a Suiza una petición para la extradición de Eugenio Figueredo, acusándolo de fraude y lavado de dinero.

Los fiscales de Montevideo resucitaron una denuncia penal de casi dos años atrás que se había presentado contra Figueredo acusándolo de corrupción.

La recomendación, presentada por particulares, alegaba que él y otros funcionarios de la Conmebol, habían conspirado para rechazar ofertas competitivas por los derechos de los torneos de futbol ya que recibían sobornos. No ofrecía ninguna prueba concreta, sólo la sugerencia de que las autoridades «sigan el rastro del dinero para determinar quién se beneficia indebidamente». Los agentes uruguayos lo habían ignorado cuando se presentó, cuestionando, entre otras cosas, si debería haberse presentado en Paraguay, ya que ahí es donde la Conmebol tiene su sede, y había caído en una especie de limbo legal.

Pero de pronto y con una extraña sincronización, la recomendación infundada se convirtió en una investigación activa. En su petición de extradición, el tribunal decía que Figueredo había indicado que estaba dispuesto a «cooperar con el sistema judicial uruguayo», que buscaría una pena de prisión por un periodo de entre dos y quince años en su contra.

Pocos dieron a la petición de Uruguay muchas posibilidades de éxito. Después de todo, era un país pequeño, comparable en tamaño y población al estado de Oklahoma. Si bien, en comparación con otros países de América del Sur, era una democracia bastante estable, su reputación en la ley y orden no se acercaba a la de Estados Unidos.

La mayor diferencia, sin embargo, fue el tenor de las acusaciones. Los cargos formulados por Estados Unidos contra Figueredo estaban respaldados por una investigación exhaustiva y detallada que exponía inequívocamente el argumento de criminalidad de la fiscalía, basado en múltiples testigos y montones de documentos.

En comparación, el caso uruguayo parecía delgado como el papel. Se basaba en gran parte en las acusaciones no comprobadas de la recomendación de hacía dos años y la única prueba que proporcionaba eran registros de una docena de años de transacciones inmobiliarias entregadas por el mismo Figueredo que la corte sostenía que «no guardaban relación con su capacidad económica, ni los ingresos legítimos derivados del trabajo como un funcionario deportivo».

Además, la petición no ofrecía ningún argumento sustancial sobre la naturaleza de los fraudes que supuestamente generaron todo el dinero de Figueredo, diciendo vagamente que tanto dinero sólo podría ser «fruto de conspiraciones y complots artificiales» diseñados para perjudicar a varias instituciones de futbol.

A pesar del notable contraste entre las dos peticiones, la Oficina Federal de Justicia suiza falló el 9 de noviembre de forma escandalosa a favor de Uruguay. En una sentencia tersa, dijo que como Figueredo estaba dispuesto a renunciar al proceso de extradición a Uruguay, pero no a Estados Unidos, lo enviaría a casa, siempre y cuando Estados Unidos no objetara.

Pero Estados Unidos sí opuso objeción. Los agentes del Departamento de Justicia argumentaron que como Estados Unidos había solicitado en primer término el arresto del funcionario del futbol sudamericano en mayo, «mucho antes de que Uruguay hubiese acusado o solicitado la extradición del Sr. Figueredo», deberían tener derecho de prioridad.

Con la apelación de Estados Unidos pendiente, Torres-Siegrist hizo planes para volar a Nueva York a principios de diciembre para reunirse con Norris por segunda ocasión a fin de discutir la fianza de Figueredo. Todos esperaban que Uruguay perdiera; había llegado el momento, según habían dicho los agentes, de que se pusiera serio. Pero una intuición del abogado le dijo que no fuera a la reunión pactada, y la pospuso.

El 18 de diciembre, el tribunal suizo se pronunció una vez más a favor de Uruguay y declaró que los cargos penales descritos en su petición cubrían «todos los hechos contenidos en la solicitud de extradición de Estados Unidos» y señaló la edad y la salud de Figueredo como factores decisivos. «La mejor perspectiva de rehabilitación social parece estar en Uruguay», mencionaba el fallo, señalando que la decisión no impedía que Estados Unidos solicitara posteriormente a Uruguay la extradición de Figueredo por el cargo de fraude migratorio.

Torres-Siegrist estaba profundamente dormido cuando recibió la llamada con las buenas noticias. Eran las tres de la mañana en Arcadia, pero a él no le importaba. Había sido el caso más emocionante y difícil de su vida, y brincaba de gusto, gritando rebasado por la alegría.

Más tarde ese día, después de haber confirmado por triplicado que Figueredo sí se iba a Uruguay y la decisión era verdaderamente definitiva, Torres-Siegrist condujo a la oficina de correos de Arcadia y envió por correo postal una tarjeta navideña alegremente decorada a Norris.

«¡Feliz Navidad!», decía.

30

PLUS ÇA CHANGE...

Antes del amanecer, la policía suiza volvió a entrar al vestíbulo del Baur au Lac en ropa de civil a las seis en punto de la mañana del jueves 3 de diciembre de 2015.

Como lo habían hecho seis meses antes, los agentes llegaron sin estridencias y tan discretamente como les fue posible. Esta vez, sin embargo, estaban decididos a mantener la operación secreta bajo el mayor sigilo, e instruyeron al personal del hotel a despejar el vestíbulo. Luego subieron a las habitaciones del presidente de la CONCACAF, Alfredo Hawit, y Juan Ángel Napout, presidente paraguayo de la Conmebol.

Ambos eran vicepresidentes de la FIFA y estaban en la ciudad para asistir a dos días de reuniones del ExCo, que habían comenzado la tarde anterior. Los dos latinoamericanos habían asistido a una cena para altos funcionarios de futbol en el exclusivo restaurante Sonnenberg la noche anterior, y se esperaba que este día volvieran a la sala de juntas subterránea de la casa de la FIFA a las nueve de la mañana para la segunda reunión, donde el comité votaría una serie de reformas destinadas a mejorar la integridad de la FIFA.

Hawit, que había viajado a Zúrich con su esposa, abrió la puerta casi inmediatamente después de que la policía llamó, y uno de los agentes le leyó la orden de arresto, que fue traducida al alemán, inglés y español. Le dijo al funcionario que tenía derecho a ponerse en contacto con el consulado de Honduras.

A él y a Napout les dieron tiempo para vestirse y empacar una maleta, luego se les condujo fuera del hotel al frío aire invernal y se apresuraron a cruzar el puente hasta el estacionamiento donde esperaban varios vehículos sin distintivos. En poco más de media hora se habían ido, y los empleados de Baur au Lac terminaron apresuradamente los preparativos para el servicio de desayuno.

Los arrestos, que tan estrechamente reflejaban los del pasado mes de mayo, marcaron la culminación de la segunda fase de la investigación futbolística.

Ocho días antes, un gran jurado federal en Brooklyn emitió una formulación ampliada de la imputación, que de alguna manera logró que la primera versión del documento pareciera insignificante. Con 236 páginas, el nuevo documento de cargos era uno de los más largos y detallados en la historia de los tribunales federales de Estados Unidos.

La acusación fue redactada por Norris con la colaboración de otros ocho agentes asistentes de Estados Unidos que ahora participaban en el caso. El índice tenía sólo una página y media, y exponía 92 cargos criminales contra 27 acusados. Los dieciséis acusados eran nuevos, aunque muchos eran en realidad funcionarios a quienes Norris y los otros agentes federales habían estado apuntando durante años sin haber sido capaces de imputarlos la primera vez, como Ricardo Teixeira y Marco Polo del Nero de Brasil.

A esos hombres se les unieron otros funcionarios del futbol relacionados con varios esquemas de corrupción. Los fiscales habían podido ampliar el caso sustancialmente gracias en gran parte a la avalancha de cooperadores que se habían apresurado a Brooklyn con la esperanza de obtener indulgencia durante los últimos meses.

En efecto, no menos de siete personas se habían declarado culpables ese mes de noviembre, entre ellos Alejandro Burzaco, Jeffrey Webb y José Margulies, un cobrador brasileño-argentino que había ayudado a Hawilla, entre otros, a pagar innumerables sobornos durante varias décadas. Todos estaban ayudando secretamente a la investigación y, en conjunto, habían acordado renunciar a más de $41 millones de dólares a cambio de sus acuerdos de cooperación.

Toda esta ayuda adicional permitió a la fiscalía profundizar y solidificar significativamente las acusaciones reveladas por primera vez en mayo, fortaleciendo el caso existente contra hombres como Leoz, Warner y ambos Jinkis, quienes todavía combatían contra la extradición en sus países de origen.

Sin embargo, una lectura atenta de los nuevos cargos mostraba que el grueso de los casos apenas revelados en los últimos seis meses previos provenía de Centroamérica. Siete de los nuevos nombres de la acusación eran de la región, entre ellos Hawit.

Justo cuando Jeffrey Webb llegó a la presidencia de la CONCACAF a raíz del escándalo que derrocó al liderazgo anterior y se postuló inmediatamente como un reformador, también Hawitt había asumido el poder en medio del caos y había prometido un cambio positivo.

«La CONCACAF ha sido víctima de fraude», dijo Hawit un día después de los arrestos del 27 de mayo. «Estamos en un momento importante para el juego, un momento que no debemos desaprovechar. La CONCACAF está dispuesta a ayudar en el proceso de reconstrucción de la FIFA de una manera que fortalezca el juego en los años venideros».

Entre los primeros actos que encabezó como presidente fue la decisión de despedir formalmente a Webb, y unos días más tarde la CONCACAF también suspendió a Enrique Sanz, motivada por la divulgación del hecho de que había estado cooperando secretamente con el Departamento de Justicia. En agosto, Hawit despidió al secretario general afectado por el cáncer, pagándole una suma no revelada como liquidación.

Así como Webb había comenzado su mandato anunciando una investigación interna sobre el liderazgo anterior de la confederación conducida por Sidley Austin, también Hawitt lanzó una investigación interna conducida por Sidley Austin.

Y así como Webb, el primer nombre que encabezaba la acusación original, antes del amanecer había sido arrancado del lujoso abrazo del Baur au Lac y arrojado a la ignominia y la vergüenza pública, así también Hawit seis meses después.

Tres presidentes sucesivos de la CONCACAF —Warner, Webb y Hawit— y tres presidentes sucesivos de la Conmebol —Leoz, Figueredo, Napout— corrompidos, acusados y desacreditados. Como dicen, era un *déjà vu.*

«La corrupción de la empresa se hizo endémica», escribió Norris en la acusación. «Ciertos acusados y sus cómplices subieron al poder, amasaron ilícitamente fortunas personales significativas al defraudar a las organizaciones en las que fueron elegidos para servir, y quedaron expuestos y luego expulsados de esas organizaciones o bien obligados a renunciar. Otros acusados y sus cómplices llegaron al poder a raíz del escándalo, prometiendo una reforma. Sin embargo, en lugar de reparar el daño causado al deporte y sus instituciones, estos acusados y sus cómplices se involucraron rápidamente en las mismas prácticas ilegales que habían enriquecido a sus predecesores».

Hubo otra cosa en la segunda ronda de arrestos en el Baur au Lac que resultó ser bastante similar a la ocurrida en mayo.

Quince minutos antes de que la policía suiza entrara en el lujoso hotel en el corazón de Zúrich la mañana del 3 de diciembre, un periodista del *New York Times* empujó las puertas giratorias y se sentó en el vestíbulo del hotel. Cuando los policías llegaron a sus automóviles, un fotógrafo que esperaba fuera le envió un mensaje de texto al reportero, quien transmitió la información a los editores en Manhattan.

El periodista envió un *tweet* desde su teléfono y dio a conocer las detenciones a las 6:01 am, y veinte minutos más tarde el periódico publicaba un artículo en su sitio web, más de doce horas antes de que Loretta Lynch anunciara las acusaciones en una conferencia de prensa en Washington.

Una vez más, el Times les ganó a los agentes.

◆◆◆

Como todos los días, Sepp Blatter se despertó temprano el 26 de febrero de 2016 y comenzó a bailar. Esa era la forma como el hombre de 79 años de edad estiraba su cuerpo compacto y su forma principal de ejercicio. Con la radio sintonizada en una estación local de música pop, Blatter se movía recorriendo su grande y sobrio apartamento, ubicado en el distrito más rico de la ciudad, en lo alto de una colina que dominaba la orilla este del lago Zúrich.

Sin embargo, no resultó en absoluto una mañana típica porque en cuestión de horas, Blatter —y el mundo entero— sería testigo de la elección del primer nuevo presidente de la FIFA en casi 18 años.

La elección era el tema central de un congreso de la FIFA que comenzaba esa mañana en el Hallenstadion, la arena cavernosa al otro lado de la ciudad, hogar del formidable equipo de hockey de Zúrich, los ZSC Lions. Aunque miles de personas, incluidos delegados, periodistas y observadores, irrumpirían en el estadio para la elección, Blatter no estaría entre ellos. El Comité de Ética de la FIFA lo había vetado de todas las actividades futbolísticas, lo que significaba que se vería obligado a mirar las elecciones desde su casa, en *streaming*, desde su tableta.

El administrador suizo nunca imaginó que su vida en el futbol terminaría de esta manera. La FIFA había ocupado el centro de toda su vida durante las cuatro décadas anteriores; comía casi la mayoría de sus comidas y recibía a la mayoría de los visitantes en Sonnenberg, el restaurante contiguo a la antigua casa de la FIFA; su casa estaba ubicada entre los dos edificios sede y hasta los posavasos de su cocina llevaban el logotipo de la FIFA.

Su decisión de renunciar a raíz de las humillantes detenciones del pasado mes de mayo no fue fácil, pero al menos le proporcionaría una forma de salir airoso de la poderosa oficina mientras tenía un papel en la bendición de un sucesor elegido, tal como João Havelange lo había hecho cuando Blatter resultó electo en 1998. Después de todo, Blatter no había sido mencionado en la acusación estadounidense, y dado que la investigación se centraba en el América del Norte y del Sur, parecía poco probable que lo fueran a mencionar.

Su plan era estar en el Hallenstadion en ese día especial para poder personal y muy gentilmente entregar la corona al próximo líder de la FIFA, quien con suerte lo recompensaría con la misma presidencia honoraria de por vida que él le había otorgado a Havelange en 1998. Sería la culminación del legado de Blatter, que ahora le importaba más que cualquier otra cosa.

Pero no funcionó como estaba planeado. Durante las reuniones del ExCo a fines de septiembre, el procurador general suizo allanó la sede de la FIFA, inspeccionando la oficina de Blatter y confiscando numerosas cajas de documentos, así como su computadora. El procurador federal luego anunció que había abierto una investigación criminal contra Blatter.

La investigación giraba en torno a un pago de 2 millones de francos que Blatter había hecho a otro funcionario de futbol a principios de 2011, mientras estaba haciendo campaña para la reelección contra Mohamed bin Hammam. Habiendo sido tan próximo a la votación, resultaba preocupante, como si Blatter hubiera estado tratando de comprar apoyo político con el dinero de la FIFA. Los agentes querían saber entonces si el dinero era de hecho un «pago desleal» hecho «a expensas de la FIFA», lo que conforme a la ley suiza constituía un delito.

Dos semanas después, el Comité de Ética de la FIFA suspendió provisionalmente a Blatter por 90 días mientras se realizaba su propia investigación del pago. El estrés de la situación empezaba a afectar seriamente a Blatter. Apeló la suspensión, pero mientras esperaba el fallo, Blatter sufrió un colapso nervioso a principios de noviembre y fue ingresado en el hospital.

«Estaba realmente entre los ángeles que cantan y el diablo que enciende el fuego», dijo Blatter tras ser dado de alta del hospital.

Finalmente, la FIFA rechazó su apelación, y posteriormente expulsó a Blatter del deporte durante ocho años, pena que se redujo a seis años. Para Blatter, quien tendría 85 años cuando expirara la sanción, la suspensión de la FIFA resultó como una suspensión de por vida.

Durante los últimos nueve meses, Blatter había sido públicamente humillado, avergonzado, ridiculizado y regañado, blanco de los agentes federales en dos países y expulsado de la organización que había definido la mayor parte de su vida adulta. Y, sin embargo, cuando el congreso de febrero comenzó con un video que prometía «un nuevo camino a seguir», el otrora vivaz hombre de relaciones públicas parecía sorprendentemente con buen ánimo.

Vestido con jeans y chaqueta deportiva gris sobre una camiseta azul oscuro con sus iniciales bordadas en la manga, Blatter se sentó en un banquito en la barra de su cocina y vio el evento en su iPad, haciendo muecas ante los discursos largos y dejando caer comentarios sarcásticos sobre los cinco candidatos a la presidencia.

«¿Por qué te pones esta ridícula corbata verde, Jérôme?», preguntó, señalando la pantalla mientras el exdiplomático francés Jérôme Champagne, un viejo amigo de Blatter, comenzaba su discurso.

Champagne, como el Príncipe Ali de Jordania y el candidato sudafricano, Tokyo Sexwale, tenían una remota posibilidad. Quienes iban a la cabeza eran el Sheikh Salman bin Ibrahim Al Jalifa de Bahréin, el sucesor de Mohamed bin Hammam como presidente de la Confederación Asiática de Futbol, y Gianni Infantino, otro suizo que fue secretario general de la Confederación Europea de Futbol, la UEFA.

Las elecciones de la FIFA son eventos extremadamente largos, y esta vez no fue diferente, llegando a más de cinco horas y media. Mientras Blatter observaba, Corinne, su único hijo, entraba periódicamente a la cocina para ver cómo estaba. En otra habitación, dos de sus asesores conversaban en voz baja acerca de su estrategia de relaciones públicas.

El apartamento era típicamente suizo, inmaculado, sin adornos de forma, y que revelaba un grado extremo de atención a cada detalle. No había casi ninguno de los trofeos que uno podría esperar de un hombre que se había mantenido en la cima del futbol mundial durante 41 años. En la sala de estar, junto a un jarrón azul de flores secas, había un certificado del Real Madrid que nombraba a Blatter miembro honorario. En un estante encima había un recuerdo enmarcado del Papa Benedicto XVI, y al lado, un marco de plata vacío. Eso era todo.

El día de los arrestos de mayo en el Baur au Lac, Blatter llamó al ministro de defensa suizo, a quien conocía personalmente. Ese hombre le informó que el ministro de justicia no había advertido a nadie en el gobierno sobre lo que venía; que había sido un secreto absoluto y total. Eso, dijo Blatter, lo convenció de que toda la investigación criminal era una forma elaborada de venganza por parte de Estados Unidos, que él creía estaban resentidos por no haber sido seleccionados para albergar la Copa del Mundo de 2022. La investigación sobre corrupción en el futbol, en otras palabras, era un caso extremo de envidia.

—Si hubieran ganado —dijo Blatter con pesar—, no habrían empezado esto.

En el Hallenstadion, el penúltimo candidato para hablar, Gianni Infantino, había subido al podio. Con su calva y abultada cabeza, y sus espesas cejas negras, comenzó mostrando su destreza lingüística, hablando primero en inglés, luego en italiano, alemán, alemán de Suiza, francés, español y finalmente en portugués.

«Hace cinco meses, no pensaba en ser candidato», dijo Infantino, volviendo al inglés. «Pero han sucedido muchas cosas en los últimos meses».

«La FIFA está en crisis», continuó. «No tengo miedo de asumir la responsabilidad y seguir adelante y hacer lo correcto para el futbol y hacer lo correcto para la FIFA».

Infantino había hecho una intensa campaña en África y América Latina, pregonando transparencia y reforma. Pero la pieza central de su plataforma era el dinero. Se comprometió repetidamente a aumentar los fondos distribuidos a cada una de las 209 asociaciones miembro de la FIFA cada cuatro años a $5 millones de dólares, más de dos veces y media más de lo que se repartía entonces. Además, Infantino prometió $1 millón de dólares adicional para las federaciones nacionales más pobres para cubrir los costos de viaje, $40 millones a cada confederación que podrían ser destinados a proyectos de desarrollo dentro de los países miembro, y $4 millones para torneos juveniles. Finalmente, dijo, ampliaría la Copa del Mundo a 40 equipos de los actuales 32.

El Sheikh Salman criticaba el plan de Infantino, decía que significaría la «bancarrota» de la FIFA. Tras los arrestos, una serie de patrocinadores, incluidos Sony, Johnson & Johnson y Emirates Air, rompieron sus contratos con la FIFA. Mientras tanto, sus costas legales explotaron. La organización sin fines de lucro suiza anunciaría pronto una pérdida de $122 millones en 2015, un año en el que, como más tarde se revelaría, se le habían pagado a Blatter $3.76 millones de dólares.

Salman también había hecho promesas financieras, pero eran mucho más modestas y, según dijo, realistas. Pero era claro que el bahreiní había perdido de vista el punto.

La plataforma de Infantino no tenía adornos, era un clientelismo manifiesto. Independientemente del idioma en el que hablara, simplemente estaba ofreciendo comprar votos utilizando los increíbles poderes generadores de efectivo del deporte más popular del mundo para financiar los gastos, tal y como Blatter lo había hecho antes que él, y Havelage antes de este último. El lucro no requería traducción; a pesar de todo el escándalo y las promesas de reforma, el organismo rector del futbol todavía estaba organizado en torno al oportunismo financiero.

«El dinero de la FIFA es su dinero», refunfuñó Infantino, provocando una larga ronda de aplausos y ovaciones de aprobación entre la audiencia.

La votación real era un proceso increíblemente lento, ya que cada delegado se aproximaba a las cabinas de votación por turnos, cruzando la gran sala de la arena y deteniéndose para socializar y saludar alegremente. Al no haberse otorgado una mayoría absoluta en la primera ronda, el proceso se repitió. El ejercicio democrático completo demoró casi cuatro horas, y para entretenerse en ese tiempo, Blatter y su hija salieron, abordaron el sedán Mercedes S-Class que la FIFA todavía les facilitaba de forma gratuita y se dirigieron al Sonnenberg para almorzar.

Al final, Infantino y su promesa de cubetadas de dinero bajando de las montañas de Suiza, salieron ganadores, con 115 votos contra 88.

A los 45 años, Infantino era un hombre mucho más joven que su predecesor. Prometió inmediatamente cambios profundos y se dibujó a sí mismo como un nuevo tipo de líder, organizando un partido de exhibición con numerosas estrellas del futbol ya retiradas y donde él mismo jugó el lunes después de su elección, en un clima nevado y miserable. Pero era difícil pasar por alto las notables similitudes entre él y Blatter.

Ambos eran suizos multilingües que vivían para sus trabajos, microadministrando cada aspecto de las organizaciones que supervisaban. Ambos habían fungido como secretarios generales en su puesto anterior. Y ambos habían crecido en la remota región montañosa de Suiza conocida como el Valais, en las pequeñas ciudades de Visp y, en el caso de Infantino, Brig, a orillas de las cabeceras del río Ródano, a escasos 10 kilómetros de distancia el uno del otro.

Antes de irse a almorzar, Blatter miró de reojo la pantalla de su tableta y observó la lenta procesión de votación, y luego sacudió su cabeza calva.

—No puedo ser la conciencia de toda esta gente —dijo, haciendo una pausa por un momento—. Estoy feliz de que mi presidencia haya terminado.

◆◆◆

La primera vez que Steve Berryman se reunió con Evan Norris y Amanda Hector en septiembre de 2011, había preparado una larga lista de nombres de funcionarios de futbol que él creía que eran corruptos y debían comparecer ante la justicia. Desde entonces, los agentes federales habían capturado a varios de ellos e inculpado a muchos otros, pero muchos más seguían intactos.

Las consecuencias de las dos acusaciones y toda la publicidad que habían generado habían sido tremendas. Salía gente de los lugares más inesperados ofreciéndose a brindar información útil, como antiguos empleados de Torneos y Competencias y de Full Play que durante años habían mantenido listas secretas de sobornos a funcionarios de futbol y que ahora estaban ansiosos por hablar.

Otros, incluido el hijo de un funcionario de futbol sudamericano metido en lavado de dinero, a quien confrontaron dos de los colegas de Berryman del IRS cuando bajaba de un avión Los Ángeles e inmediatamente descubrieron mintiendo, necesitaban un poco de aliento.

Los nuevos cooperadores ayudaron a atar los cabos sueltos, dejando cada vez más en claro que la teoría del caso que Norris había desarrollado era cierta y, lo que era más importante, que se apegaba a proceso. Este caso no iba a ser como el nefasto caso de Salt Lake City.

Pero rastrear a cada posible testigo para garantizar las condenas de todos los acusados en el juicio o eliminar a los funcionarios del futbol centroamericano que se habían tomado unos cuantos dólares de un partido amistoso no era lo que motivaba a Berryman y lo mantenía en su puesto día tras día; se sentía un poco como hacer las tarea del hogar.

Más de cuatro años de indagaciones incesantes habían agregado una cantidad considerable de nombres nuevos a la lista de deseos original de Berryman, y el deseo de atraparlos a todos era lo que lo impulsaba a seguir adelante. Eran los hombres que habían depravado y degradado el hermoso juego para sus propios fines egoístas. Si las principales víctimas de toda la corrupción eran los propios fanáticos, entonces Berryman, como fanático, también se sentía como una víctima.

Por esa razón, había sugerido desde el principio que Norris incluyera texto en los acuerdos de confiscación penal que dejara en claro que el dinero estaba destinado a las víctimas de la corrupción en lugar de ir al Tesoro de Estados Unidos, como suele suceder. La idea era que las organizaciones de futbol, una vez que limpiaran su casa, solicitaran el dinero y lo reinvirtieran en el deporte, lo que respaldaba la idea de que eran las personas, no las instituciones, las corruptas.

A Norris le encantó la idea, sintió que ayudaría a enviar el mensaje de que el caso no era para generar ganancias para el Tío Sam. Comenzando por Hawilla, cada acuerdo de confiscación en el caso señalaba que los fondos quedarían «retenidos para su restitución» y que «cualquier persona o entidad que calificara como víctima» podría solicitarlos. En marzo de 2016, la FIFA, ahora dirigida por Infantino, hizo justamente eso, solicitó formalmente al Departamento de Justicia que le entregara una parte de los más de $200 millones de dólares que los acusados en el caso habían acordado entregar.

También Berryman había presionado a Norris cuando presentó su primer MLAT a Suiza para que incluyera una solicitud para ver los documentos relativos a la investigación del país de International Sport and Leisure.

La respuesta inicial de Suiza abarcaba solamente dos páginas, en virtud de las restrictivas leyes de privacidad del país, pero a finales de 2015, el principal agente en el caso, Thomas Hildbrand, acordó que Berryman revisara todo con la condición de que no tomara fotografías o notas. De modo que Berryman voló a Suiza y trabajó en una oficina de policía por una semana, leyendo documentos contenidos en 72 cajas, antes de volver a casa.

Era increíble, tan espléndidamente completo, e inspiró a Berryman a seguir, a demostrar que muchas de sus sospechas sobre los altos funcionarios de la FIFA estaban justificadas. La labor que los investigadores habían llevado a cabo en los últimos cinco años era revolucionaria, pero él estaba convencido de que todavía se podía hacer mucho más. Con dos condenas completadas, Berryman redobló esfuerzos.

A principios de 2016, Berryman voló a Brooklyn para dar otro discurso de ventas. Esta vez se presentó ante un grupo de agentes federales mucho más grande que el de 2011 y explicó un PowerPoint en un discurso de tres horas para convencer a Norris y los demás de que le permitieran enfocar su atención en una nueva región del mundo.

La Confederación Asiática de Futbol (AFC, por sus siglas en inglés) tiene 47 asociaciones miembro, que se extienden desde Palestina y Jordania en el Medio Oriente, hasta Japón y Corea del Sur en el este de Asia, así como Australia. Ningún país de la AFC ha ganado nunca la Copa del Mundo, pero la calidad del juego de la región, y en particular la influencia de sus miembros en el escenario mundial del futbol, ha ido progresando de manera constante.

Lo que más le interesaba a Berryman sobre la confederación era el hecho de que, hasta mediados de 2011, su presidente había sido Mohamed bin Hammam, el multimillonario qatarí cuyos sobres llenos de efectivo en Puerto España habían puesto todo en movimiento, y quien había sido acusado muchas veces de pagar sobornos para ayudar a su país a ganar el derecho de organizar la Copa del Mundo 2022.

Bin Hammam era uno de los nombres más en alto en la lista original de Berryman. Aunque en ambas acusaciones se mencionaba al qatarí como un co-conspirador sin nombre, los agentes federales nunca se habían convencido de tener pruebas suficientes para acusarlo.

Asia era un hueso duro de roer. Con enormes centros financieros en Hong Kong, Shanghai y Singapur, su sistema bancario no dependía tanto de los bancos corresponsales estadounidenses para las transferencias electrónicas como en occidente, lo que hacía más difícil para Berryman buscar pistas potenciales sin dejar huella. Aún así, él bien sabía que todo lo que se necesitaba era un colaborador bien ubicado y todo podría descubrirse.

Así que mientras el resto del equipo se concentraba en ordeñar a sus nuevos colaboradores sudamericanos para obtener pruebas, apoyándose en acusados reticentes a declararse culpables y revisando citatorios viejos para asegurarse de no dejar ninguna piedra sin mover, Berryman se ocupó de investigar él mismo a docenas de funcionarios de la AFC en busca de un eslabón débil. Y cuando finalmente encontró lo que estaba buscando, recibió la misma carga de emoción que sintió cuando examinó por primera vez el archivo de Chuck Blazer tantos años atrás.

Justo en el momento en que la FIFA eligió a Infantino como su nuevo presidente, Berryman envió a dos de sus colegas a través del Océano Pacífico para que visitaran a los funcionarios de una asociación nacional sospechosa en un país que apenas y se identificaba por la calidad de su futbol. Los agentes preguntaron si podían ver algunos de los documentos inocuos y dejaron la tarjeta de presentación de Berryman.

Cuando el presidente de la asociación se puso en contacto unos días después para saber de qué se trataba, Berryman le restó importancia al asunto. Ya había rastreado las cuentas del tipo y sabía que había estado recibiendo sobornos desde hacía años, incluido un pago altamente sospechoso por $100,000 dólares de parte del mismo Bin Hammam. Pero, al igual que con Zorana Danis, el agente del IRS se hizo el tonto y sugirió un encuentro cara a cara.

—Nada de qué preocuparse —le aseguró Berryman al funcionario de futbol— sólo es un aburrido caso de impuestos.

EPÍLOGO: EL JUICIO

Poco después de las siete de la noche del 14 de noviembre de 2017, Jorge Delhón, vestido de traje y llevando un maletín de cuero, encontró un pequeño agujero en medio de la malla de alambre de púas que delimitaba las vías del tren de la línea que atraviesa el barrio de Lanús en Buenos Aires y se coló por allí. El abogado de 52 años se detuvo al otro lado de la reja y esperó.

A las 7:26 p. m., el tren 3251 de la línea Roca golpeó a Delhón, matándolo instantáneamente. El ingeniero más tarde dijo que vio al hombre irrumpir en las vías y apretó el freno de emergencia, pero fue demasiado tarde para detener el tren. La policía que investigó la escena encontró varios papeles y documentos legales dentro del maletín de Delhón, así como una nota escrita apresuradamente, aparentemente para su esposa y sus cuatro hijos.

«Los amo», estaba escrito en el trozo de papel. «No puedo creerlo».

Varias horas antes, Delhón había sido sujeto de testimonio durante un juicio en un tribunal federal en Brooklyn. Alejandro Burzaco, exdirector ejecutivo de Torneos y Competencias, y, luego de declararse culpable, colaborador con el gobierno, le dijo al jurado que durante un periodo de tres años había pagado más de $4 millonesde dólares en sobornos a Delhón y a un asociado.

Los sobornos, explicó Burzaco, se dieron en un momento en que Delhón trabajaba como abogado de contratos para una iniciativa gubernamental llamada Futbol para Todos, que en 2009 había adquirido derechos de transmisión de las principales ligas profesionales de futbol de Argentina. Durante muchos años, Torneos había controlado esos derechos, y la pérdida del negocio había sido un golpe terrible.

Los pagos, que le habían permitido a Torneos meter mano en la liga argentina, representaban sólo una pequeña porción de todos los sobornos que Burzaco confesó haber pagado durante sus aproximadamente 15 años en el negocio de la mercadotecnia deportiva. Según sus propios cálculos, había pagado al menos $160 millones de dólares en sobornos a una treintena de personas durante los años antes de ser acusado en mayo de 2015.

La revelación era impactante y marcó la primera vez que la sórdida red de pagos secretos presentada en el caso del Departamento de Justicia se vinculaba directamente con funcionarios públicos. La espantosa muerte de Delhón se produjo menos de 90 minutos después de que la noticia del testimonio de Burzaco llegara a Argentina, donde los medios informativos seguían el caso con avidez. Las últimas llamadas telefónicas del abogado fueron para el otro presunto destinatario del soborno, quien más tarde dijo que Delhón parecía tan agitado que lo invitó a que lo fuera a ver. Delhón nunca llegó.

A la mañana siguiente, Burzaco, que parecía cansado y tenso, rompió a llorar en el estrado antes de que el jurado tomara asiento y tuvo que ser escoltado afuera para que recuperara la compostura. La galería del tribunal, llena de abogados y periodistas, zumbaba con especulaciones sobre lo que había sucedido. ¿Estaba consternado por el aparente suicidio? ¿Había sido demasiada presión?

Pero afuera de la sala del tribunal, Burzaco le dijo a un agente del FBI que uno de los acusados había hecho un gesto amenazante hacia él, moviendo su mano como si le estuviese cortando la garganta, y había hecho el mismo movimiento cortante en su cuello mientras lo miraba el día anterior.

El acusado, Manuel Burga, había sido presidente de la Federación Peruana de Futbol durante una docena de años hasta fines de 2014, y fue incriminado en la segunda acusación del caso de futbol un año después. Terminó siendo extraditado a Estados Unidos y ahora era indiciado bajo cargo de conspiración conforme a la Ley RICO, que conllevaba una sentencia máxima de veinte años. Los otros dos acusados, José Maria Marin, quien había sido presidente de la confederación de futbol de Brasil, y Juan Angel Napout, el expresidente paraguayo de la Conmebol, también fueron acusados de conspiración conforme a la Ley RICO, así como de una serie de cargos por fraude electrónico y lavado de dinero.

Después de una hora, Burzaco regresó a los tribunales y rápidamente volvió a estar en los titulares internacionales con su relato de cómo Torneos, junto con el gigante de medios mexicano Televisa y la cadena de televisión brasileña TV Globo, habían pagado $15 millones de dólares en sobornos a un alto funcionario de la FIFA a cambio de derechos de televisión para la Copa Mundial 2026 y 2030.

Burzaco expuso detalladamente al jurado los mecanismos de años de tratos torcidos de la Copa Libertadores y la Copa América, y explicó cómo empleó contratos falsos y compañías ficticias en el extranjero a las que llamó «vehículos» para pagar sobornos haciéndolos parecer legítimos.

Burzaco fue un testigo fantástico. Preparado exhaustivamente por su abogado, un exfiscal federal llamado Sean Casey que estuvo con él en Italia cuando decidió entregarse, el carismático argentino era impresionantemente serio a veces e hilarante otras. Mientras contaba la historia de su decisión de ayudar a la fiscalía, Burzaco se mostró sombrío y comprensivo y, una vez más, rompío en llanto y salió de la sala en completo silencio.

Cuando terminó el día y el jurado salió del tribunal, la jueza Pamela Chen volvió al gesto de Manuel Burga de esa mañana. La jueza, una exagente, dijo que había revisado una cinta de seguridad de uno de los incidentes, y que pensaba que había «causa probable para creer» que Burga había intentado manipular a un testigo, un grave delito federal.

Contra la vehemente protesta del abogado de Burga, quien dijo que podría pedir la anulación de la audiencia, la jueza Chen decretó contra el acusado lo que ella llamó «arresto domiciliario extremo», limitando extremadamente a quien podía llamar y cortando su acceso a Internet y correo electrónico por lo que restaba del caso.

Si alguien pensaba que el tan esperado juicio en la investigación futbolística de Estados Unidos pudiera ser aburrido y tedioso, llevando a los miembros del jurado por tecnicismos sumamente pesados, estaba equivocado. En dos ocasiones, un colaborador del gobierno lloró en el estrado de los testigos; aparentemente, uno de los acusados hizo amenazas de muerte en la sala de audiencias; y un abogado a más de ocho mil kilómetros de distancia se quitó la vida después de que su nombre fuera mencionado en el tribunal.

Y apenas iban tres días.

◆◆◆

Evan Norris entró a la sala 4F Norte del juzgado federal de Brooklyn a la mañana siguiente con un abrigo azul oscuro. Se sentó en la galería entre reporteros, familias de los acusados y otros espectadores, con una expresión ligeramente melancólica en su rostro.

Tras cinco años al frente del caso, desde el primer indicio hasta llegar a dos acusaciones masivas, a principios de 2017 se retiró y en agosto abandonó el Departamento de Justicia por completo. Como sucede con la mayoría de los agentes federales en Nueva York, las presiones financieras en una ciudad tan cara y con un salario gubernamental finalmente alcanzaron a Norris.

Se unió al grupo de investigaciones internacionales de la empresa Cravath, Swaine & Moore, para trabajar estrechamente con uno de sus antiguos supervisores del Distrito Este. En junio, ganó un premio que lo reconoció como el principal agente auxiliar de Estados Unidos en el país, y en su fiesta de despedida en Brooklyn, Norris se comprometió a utilizar parte de su nuevo salario corporativo para comprar su primer televisor, el cual, dijo, había investigado exhaustivamente.

Amanda Hector, quien se había unido al caso casi desde el inicio y quien había trabajado directamente con varios de los colaboradores más importantes, había dejado el Departamento de Justicia el diciembre anterior para ocupar un puesto como consejera general en una sociedad de inversión de capital de riesgo.

Jared Randall, el joven agente del FBI quien fuera el primero en encontrarse con Blazer, también se salió; meses antes lo habían reasignado a la oficina de campos de la Agencia en Los Ángeles para trabajar en investigaciones internacionales sobre corrupción. Siguió el juicio, lo mejor que pudo, a través de las noticias.

Mike Gaeta, el experimentado agente del FBI que había escuchado por primera vez sobre un posible caso contra la FIFA de parte de Christopher Steele a mediados de 2010, se había mantenido en contacto con el exespía británico. Como resultado, fue el primer agente estadounidense en recibir el controvertido expediente de Steele sobre las denuncias de los intentos de Rusia de influir en las elecciones presidenciales estadounidenses de 2016 y en la candidatura de Donald Trump.

En el verano de 2017, Gaeta regresó a Nueva York después de más de tres años en Roma, pero el C-24, el Escuadrón contra Crímenes Euroasiáticos, ya no era suyo. Al acercarse a su jubilación, se le asignó la supervisión de un nuevo escuadrón y ya no asistió al juicio de la FIFA en persona.

El único agente restante que se había involucrado en el caso antes de la primera acusación formal, Sam Nitze, ahora lideraba el equipo de tres agentes, el cual también incluía a Keith Edelman y Kristin Mace. Exreportero de periódico larguirucho que cambió el periodismo por la ley, Nitze se preparó para el juicio desde julio y, para el inicio del otoño, él y los otros agentes trabajaban siete días a la semana para prepararse.

Era una labor colosal. Todos los juicios implican trabajo intenso, pero ninguno de los agentes había lidiado con un caso siquiera la mitad de complicado que este en su vida. El enorme volumen de pruebas que se extendía en millones de hojas, y la larga lista de posibles testigos de todo el mundo que requería una preparación exhaustiva, rayaban en lo abrumador. La carrera final hacia el juicio generó tensión en sus vidas personales y los dejó exhaustos incluso antes de que empezara la selección del jurado.

De las más de 40 personas acusadas en el caso, 24 se declararon culpables y aceptaron cooperar, incluido, más recientemente, un banquero argentino que en junio confesó haber ayudado a Burzaco a mantener cuentas suizas donde se depositaban en secreto millones de dólares en sobornos para Julio Gronda.

Otros quince otros acusados escaparon del proceso. Jack Warner y Nicolás Leoz, los dos objetivos principales de la investigación, evitaron la extradición interponiendo una serie de apelaciones.

Mientras tanto, Hugo y Mariano Jinkis lograron superar la extradición cuando, a finales de 2016, un juez argentino denegó la solicitud porque los Jinkis, propietarios de Full Play, estaban siendo investigados por delitos similares en su país de origen. Esa investigación criminal, que algunos decían que se había basado en pruebas suministradas por los propios Jinkis, no parecía ir a ninguna parte; tan sólo dos meses después, Mariano Jinkis quedó en segundo lugar en un torneo nacional de golf, y su sonriente foto apareció en el periódico local.

Pero con sólo tres excepciones, cada uno de los acusados llevados con éxito a Estados Unidos, terminó declarándose culpable. Fueron esos tres hombres, cada uno extraditado contra su voluntad e insistiendo en su inocencia, quienes enfrentaron juicio a partir del 13 de noviembre.

Como parte de varios complots de sobornos ofrecidos por firmas de mercadotecnia deportiva a cambio de derechos de futbol, los agentes alegaron que Manuel Burga había conspirado para recibir $4.4 millones de dólares; José Maria Marin, $6.5 millones; y Juan Angel Napout, unos $10.5 millones.

Demostrar su culpabilidad a un jurado de ciudadanos no familiarizados con el futbol, y aún menos con las complejas leyes sobre crimen organizado y fraude, pondría a prueba las teorías que Norris había desarrollado años antes: que debido a la corrupción, la FIFA y el futbol internacional operaban como sindicatos del crimen organizado; que la corrupción era endémica; que los hombres que dirigían el deporte habían abusado de sus puestos de confianza para sus propios intereses; y que se habían basado en gran medida en las instituciones estadounidenses para perpetrar sus crímenes.

Pero no sería Norris quien haría esos argumentos. Todo lo que podía hacer era sentarse en la galería entre los espectadores y mirar.

◆◆◆

En la petición que la FIFA presentó ante el tribunal federal solicitando la restitución de decenas de millones de dólares confiscados a los acusados condenados en el caso, la organización suiza sin fines de lucro afirmó que fue víctima de sus propios funcionarios corruptos quienes «abusaron groseramente de su confianza para enriquecerse, causando así un grave daño directamente a la FIFA».

«No hay manera de exagerar todo el daño causado por la avaricia de los acusados», continuaba la petición.

Debido a la desbandada de patrocinadores que huyeron ansiando distanciarse de la organización atacada, así como a los titánicos gastos legales, la FIFA reportó pérdidas financieras netas de $122 millones en 2015 y de $369 millones en 2016, y proyectó incluso pérdidas aún mayores en el futuro.

En marzo de 2017, una aparentemente castigada FIFA le entregó al procurador general suizo una investigación de corrupción interna de 1,300 páginas que había encargado tras el primer operativo. Tres meses después, finalmente publicó el largo y secreto *Informe Garcia* sobre la licitación de la Copa Mundial de 2018 y 2022 en su totalidad, pero sólo después de que un medio de comunicación alemán amenazara con filtrar el documento.

El procurador general suizo, mientras tanto, no daba señales de estar cerca de resolver su investigación en curso sobre Sepp Blatter. En junio de 2017 anunció la primera condena relacionada con el futbol: en contra del mismo banquero argentino que se declaró culpable en Brooklyn en junio. Acordó pagar una multa de $650,000 dólares como castigo por los delitos de falsificación de documentos y por no reportar sospechas de lavado de dinero y no enfrentaría cárcel.

Francia también abrió su propia investigación criminal sobre posible corrupción en las licitaciones para las Copas Mundiales 2018 y 2022. Y en mayo y julio de 2017, la policía española arrestó al expresidente del superpopular club Barcelona, así como al presidente en funciones de la federación nacional de España, como parte de investigaciones separadas que involucraban acusaciones por robo de dinero en partidos amistosos jugados por las selecciones nacionales de Brasil y España.

La antigua empresa de Burzaco, Torneos, firmó un convenio de diferimiento de la acción penal con el Departamento de Justicia, para reemplazar toda su estuctura administrativa e instituir una directiva estilo estadounidense. Acordó que se le confiscaran casi $113 millones de dólares. La Conmebol anuló el trato con Datisa en la víspera de las condenas y la liberó para que encontrara otros socios comerciales que poner en la Copa América Centenario. El torneo era a todas luces el más exitoso en la historia de la Copa América, su concurrencia casi alcanzó 1.5 millones de asistentes y los partidos fueron transmitidos por televisión en más de 160 países.

Mientras tanto, la Copa Mundial 2018, por la que Rusia había luchado tan duro en 2010, atraía la atención no deseada de antiguos espías británicos y agentes activos del FBI, y procedería conforme a lo previsto.

Ocho años de una de las investigaciones internacionales más intensas, ambiciosas y exhaustivas en la historia de Estados Unidos conmocionaron profundamente a la FIFA y sus confederaciones, pero Rusia seguía teniendo su Copa del Mundo.

A partir de junio de 2018, cientos de millones de fanáticos volverían, una vez más, a centrar su atención en el campo de juego, donde los 32 mejores equipos del mundo se enfrentarían para ganar el mayor premio del futbol.

Sería la primera Copa Mundial celebrada desde que las fuerzas del orden estadounidenses revelaron al mundo la verdader a medida en la que la corrupción atacaba al deporte y, como tal, sería una enorme prueba de la relación entre la FIFA y la audiencia deportiva. ¿La investigación futbolística tendrá un impacto en el deporte, o todo quedará olvidado en medio del fervor nacionalista que rodea al evento masivamente popular? Sea cual fuere el caso, una cosa está clara: cuando se trataba de jugar realmente el juego del futbol, Estados Unidos tenía mucho que aprender. El 10 de octubre, apenas un mes antes de que comenzara el juicio, la selección nacional de Estados Unidos se enfrentó a Trinidad y Tobago en su última eliminatoria para la Copa Mundial. Después de fuertes lluvias, la cancha del estadio que está a las afueras de Puerto España quedó totalmente inundada, y con un equipo visitante favorecido, únicamente se se presentaron 1,500 espectadores.

Pero un autogol del defensa estadounidense Omar González, seguido de una anotación limpia de un delantero de Trinidad, resultaron decisivos. Estados Unidos perdió 2-1, y quedó eliminado de la Copa Mundial 2018.

Fue un resultado impactante y humillante: era la primera vez que Estados Unidos quedaba eliminado del torneo desde 1985, cuando un joven Chuck Blazer era el vicepresidente ejecutivo de la Federación de Futbol de Estados Unidos. Encargado de las competencias internacionales y de la gestión del equipo nacional, fue testigo presencial de la eliminación del equipo, continuando lo que entonces era una racha de 35 años sin calificar al evento más grande del deporte.

Cuatro años más tarde cuando el equipo de Estados Unidos, en Trinidad, finalmente se abrió paso y se clasificó para la Copa Mundial de 1990 de forma histórica, Blazer estuvo presente. Ya no como miembro de la Federación de Futbol de Estados Unidos (USSF, por sus siglas en inglés), Blazer fue al día siguiente a la casa de Jack Warner para iniciar su carrera como funcionario del futbol internacional, y durante los siguientes 25 años, Estados Unidos se clasificó a cada Copa del Mundo.

Durante ese tiempo, Blazer desempeñó un papel clave en el desarrollo de un pasatiempo modestamente popular a una potencia cultural y económica en Estados Unidos. Ya fuera por su visión, o por suerte, o por la visión de un estadista sobre la rápida evolución demográfica del país, el exvendedor tuvo una carrera meteórica.

Aun así, Blazer también demostró ser uno de los funcionarios deportivos más corruptos en la historia de Estados Unidos, un pionero no sólo en el crecimiento del futbol, sino también en su corrupción. Si él no hubiera aceptado sobornos desde finales de la década de 1990, sería casi imposible imaginar la investigación criminal de Estados Unidos llegando hasta donde lo hizo.

El 12 de julio de 2017, los abogados penalistas de Chuck Blazer anunciaron que había sucumbido a las diversas enfermedades que sufrió durante los últimos años de su vida. Murió aún esperando su sentencia.

«Su mala conducta, de la cual asumió la total responsabilidad, no debe ensombrecer el impacto positivo de Chuck en el futbol internacional», escribió la abogada de Blazer, Mary Mulligan, en un comunicado de prensa anunciando su muerte.

Jack Warner, antiguo amigo de Blazer y socio desde hacía mucho tiempo en la CONCACAF, no había abandonado Trinidad desde su regreso allí después de su enfrentamiento con el FBI a fines de 2012. Tres meses después de ser acusado, Warner perdió una elección parlamentaria y pasó a ser un ciudadano común, luchando contra su extradición.

Fiel a su estilo, Warner recibió con júbilo las noticias sobre la eliminación de Estados Unidos de la Copa Mundial, y dijo que ese era «el día más feliz de mi vida».

◆◆◆

Steve Berryman llegó a Nueva York seis semanas antes de que comenzara el juicio y se registró en un hotel del centro. Exhibiendo los hábitos exhaustivos y detallados que definieron su trabajo, el agente del IRS ayudó a Nitze y a los otros agentes a preparar a todos los posibles testigos, muchos de los cuales nunca llegaron a testificar. Pasó incontables horas revisando las pruebas del caso, releyendo miles de sus propios correos electrónicos, y recorriendo hojas de cálculo de Excel hasta sentir que era capaz de recordar cada celda.

En comparación con el inmenso trabajo de los agentes federales, incluidas docenas de mociones e interminables pleitos con los abogados de la defensa por las pruebas, la porción de Berryman no parecía tanto, pero estaba comprometido a ser lo más útil posible.

Una vez que comenzó el juicio, se sentó al lado de los agentes federales en su larga mesa en la sala de audiencias, estudiando con astucia a los abogados defensores y escudriñando a cada testigo, fungiendo como un par adicional de ojos para el equipo.

Desde el primer momento en que lo conoció en julio de 2015, Berryman sintió que Alejandro Burzaco sería un gran testigo en el juicio si alguna vez llegaba a ese punto. Era inteligente, apasionado por el futbol, y hablaba excelente inglés. Más que nada, Burzaco era preciso, lo que le daba credibilidad. Pensaba antes de hablar, y fue devastador para los abogados defensores en el contrainterrogatorio, no les dio ni un ápice de material, y de alguna manera logró simpatizar con el jurado. Pocas veces en su carrera Berryman había conocido a un mejor testigo natural.

José Hawilla era otro asunto.

Cuatro años, seis meses y 25 días después de su arresto en Miami, José Hawilla subió al estrado. Era el decimotercer día del juicio, 4 de diciembre. Iba con una barba rala y una condición pulmonar que había progresado sustancialmente, obligándolo a llevar un tanque de oxígeno hasta el estrado.

Aunque parecía agudo y atento durante las sesiones de preparación previas al juicio, su actitud cambió en el estrado. Su testimonio era crucial porque había realizado muchas de las grabaciones que ayudarían a incriminar a los acusados y reforzar la narrativa de que la FIFA y sus confederaciones habían sido cooptadas por los delincuentes que las dirigían para obtener ganancias personales ilícitas.

De pie en un atril cerca del jurado, Nitze le pidió a Hawilla que contara la historia de su vida, y luego reprodujo las cintas de él charlando con funcionarios de futbol y socios comerciales durante almuerzos, llamadas por teléfono a viejos amigos y revelaciones de los empleados sobre el negocio.

—¿Dónde sucedió esta reunión? —preguntaba Nitze—. ¿Quién es la persona con la que está hablando?

Pero a medida que la mañana avanzaba, las pausas de Hawilla se volvieron más largas y sus respuestas más vagas. Cuando Nitze le preguntó sobre el valor total de los sobornos que él y sus socios habían acordado pagar por la Copa América, hizo una pausa.

—No estoy seguro. Estoy confundido. No sé a qué se refiere —dijo Hawilla a través de su intérprete.

Fue peor en el contrainterrogatorio. Los abogados de la defensa habían revisado el expediente del caso de Hawilla y sabían de su obstrucción, de cómo sus mentiras lo habían llevado a ser arrestado en primer lugar, y cómo había seguido mintiendo incluso mientras colaboraba. Lo retrataban como engañoso e indigno de confianza, alguien que había grabado en secreto y traicionado a sus amigos más cercanos. Incluso, señalaron, había sido deshonesto con el FBI.

—¿Te sentaste frente a ellos y les mentiste? —le preguntó indignado un abogado que defendía a José María Marín.

—Sí —respondió tranquilamente Hawilla.

A pesar de sus obvios problemas, Hawilla había sido una parte esencial del caso: el hombre que había repartido más sobornos, por más tiempo, que cualquier otra persona en toda América del Norte o del Sur, y cuyo extenso directorio de clientes en ambas regiones reforzaba la jurisdicción que el caso requería. Desde el punto de vista de la fiscalía, él y Burzaco eran casi idénticos: profesionales en pagar sobornos que se volvieron colaboradores sólo después de tener la espalda contra la pared.

Pero ante el jurado, los dos hombres no podrían resultar más diferentes. Burzaco emergió de sus cuatro días de testimonio bañado en virtud, un hombre desinteresado que voluntariamente se entregó porque quería limpiar el deporte que amaba. Hawilla, en cambio, sólo pensaba en él, una persona que diría o haría cualquier cosa para salvar su propio pellejo. Incluso sus disculpas, que repitió en numerosas ocasiones durante dos días en el estrado, sonaban huecas.

—Fue un error —decía—. No debimos haber pagado. Lo lamento mucho.

El jurado escuchó a una larga lista de testigos, pero a medida que avanzaba el caso, Nitze, confiado en que las cosas avanzaban sin problemas, comenzó a seleccionar nombres. Era un riesgo calculado. Muy pocos testigos, y el caso parecería débil y poco convincente. Pero insistir demasiado en un punto podía hacer que un agente pareciera un sicario.

Después de casi cuatro semanas de testimonios, y con la proximidad de la Navidad, el jurado mostró signos de fatiga. De hecho, un miembro del jurado se quedaba dormido tan a menudo que el juez terminó por sacarlo del caso y traer a un suplente. Sin embargo, había un testigo final al que Nitze no tenía planes de tachar la lista.

Steve Berryman subió al estrado unos minutos después del mediodía del 7 de diciembre, comenzando con tres días de testimonio que iban al núcleo de todo el caso. Mientras Nitze manejaba un retroproyector, Berryman recorrió una serie de recibos de transferencias electrónicas, hojas de cálculo, estados de cuenta bancarios en una docena de países diferentes, fichas de depósito, órdenes de pago, correos electrónicos, fotografías, registros de los bancos corresponsales Fedwire y CHIPS, recibos de hoteles, y los registros de las aerolíneas, que rastreaban meticulosamente el recorrido del dinero y, a menudo, los movimientos paralelos de los acusados para recoger los sobornos en efectivo.

En un dramático *crescendo*, Berryman mostró cómo Hawilla transfirió $5 millones de dólares de su parte de los sobornos de la Copa América desde un banco en Miami a una cuenta suiza controlada por Burzaco en junio de 2013; cómo unas pocas semanas después, se enviaron $3 millones de dólares desde esa misma cuenta suiza a una cuenta en Andorra, donde se transfirieron a una segunda cuenta en el mismo banco; y, apenas una semana después, cómo la mitad de esos $3 millones se envió desde la cuenta andorrana, en tres cuotas iguales, a una cuenta en Morgan Stanley en Estados Unidos.

Esa última cuenta, como demostró Nitze al mostrar al jurado una copia de la tarjeta de firmas de Morgan Stanley, correspondía a José María Marín, a quien se le habían prometido la mitad de los $3 millones destinados a los dirigentes del futbol brasileño por los sobornos de la Copa América. Y para poner la cereza del pastel, Berryman y Nitze, trabajando en equipo, revelaron cómo Marin había gastado $118,220.49 dólares de esa misma cuenta en artículos de lujo en costosas tiendas en Nueva York, Las Vegas y París en tan sólo un mes.

Fue un testimonio devastador, virtualmente imposible de refutar. Los abogados de Marin echaban chispas porque la fiscalía había avergonzado a su cliente al revelar sus hábitos de consumo, incluido el hecho de que había gastado $50,000 en una sola transacción en BVLGARI. Pero en privado, se maravillaron de la efectividad del agente del IRS en el estrado. El caso completo nunca podría haberse unido sin su diligente trabajo, en eso estaban de acuerdo.

Cuando Berryman finalmente bajó del estrado el 12 de diciembre, la fiscalía descansó. Más tarde ese mismo día, uno de los abogados defensores siguió al agente y, rompiendo con el protocolo, le dio un abrazo.

—Hiciste un gran trabajo, Steve —dijo el abogado—. Sólo quería que supieras eso.

◆◆◆

El 15 de diciembre comenzaron las deliberaciones. Las instrucciones del jurado, leídas por la jueza Chen, tenían 54 páginas. Ella les advirtió acerca de los complicados estatutos sobre RICO, fraude electrónico y lavado de dinero que tenían que considerar.

La defensa, durante todo el juicio y en sus argumentos finales, nunca había argumentado que el futbol no fuera corrupto; de hecho, con frecuencia había felicitado a la fiscalía por el trabajo que había hecho para salvar al deporte de décadas de actos ilícitos en beneficio de sus directivos. Su argumento, en cambio, era que, aunque claramente otros funcionarios habían aceptado sobornos, sus clientes no. La investigación, decían, se había extralimitado acusando a hombres inocentes.

En su argumento final, Sam Nitze se burló de la idea de que «todos menos ellos» hubieran aceptado sobornos. La decisión que enfrentaba el jurado dijo, era fácil. «Hay misterios por resolver, hay novelas policíacas», dijo Nitze, visiblemente agotado después de la tensión de seis semanas de juicio y los meses previos de preparación. «Ésta no es una de ellas».

«Algunas cosas», agregó, «son tal cual como aparecen».

Una semana más tarde, José Maria Marín y Juan Ángel Napout fueron condenados por nueve de los doce cargos en su contra, incluidos los cargos conforme a la Ley RICO. Napout enfrentó una sentencia máxima de 60 años en prisión; Marin, 120.

Nitze le pidió al juez que los enviara directamente a la cárcel en lugar de esperar sus sentencias bajo arresto domiciliario, como es común en casos administrativos. Teniendo en cuenta su riqueza y ciudadanía extranjera, argumentó: «el riesgo de fuga es sumamente alto».

La jueza Chen aceptó que seguramente impondría sentencias «muy significativas». Napout, cuya familia entera había estado sentada en la sala de audiencias durante todo el juicio, se volvió hacia su esposa y le entregó su reloj, anillo de bodas, una cadena que traía en el cuello y su cinturón antes de que los alguaciles lo arrestaran a él y a Marin.

Los dos funcionarios del futbol sudamericano pasarían la Navidad en el Centro de Detención Metropolitano en Brooklyn.

Luego, el 26 de diciembre, el jurado emitió un último veredicto, declarando a Manuel Burga inocente de la conspiración de RICO, el único cargo en su contra.

Burga, alto y lacónico, había pasado sus horas libres durante el largo juicio y la deliberación leyendo novelas históricas y haciendo crucigramas en una revista llamada *Super Mata Tiempo*. Mientras que Napout y Marin tenían grandes equipos legales, con varios abogados discutiendo su caso; Burga sólo tenía un abogado, un exagente de Ft. Lauderdale, quien se quejó reiteradamente ante la juez por no contar con tiempo para hacer todo.

Burga había sido extraditado de Perú un año antes con la condición de que Estados Unidos lo procesara sólo por conspiración RICO. Perú estaba llevando a cabo su propia investigación pendiente contra Burga por fraude y lavado de dinero y no quería ver al hombre acusado dos veces por los mismos crímenes.

Tal vez, los fiscales teorizaron después del veredicto, fue porque tenía sólo un cargo en su contra que el jurado dictaminó en la forma en la que lo hizo. Comparado con Napout y Marin, con todos sus complejos cargos, tal vez Burga parecía poca cosa. Podría ser también porque la teoría de su corrupción era más complicada, porque como sabía de la investigación peruana, había optado por no recibir realmente los sobornos acordados y planeó tomarlos más adelante. Quizás los miembros del jurado, después de siete semanas, estaban agotados y querían irse a casa.

Cualquiera que haya sido el motivo, la absolución fue un golpe y a Nitze, Mace y Edelman les costó trabajo entender qué había fallado. Los veredictos de culpabilidad contra Napout y Marín habían sido un gran alivio, manteniendo la premisa de toda la investigación: que el futbol en sí había sido manchado y que sus funcionarios habían estafado a sabiendas a las instituciones a las que supuestamente debían servir. Burga, estaban seguros, no era diferente.

Pero de todas formas él salió libre.

◆◆◆

Berryman se enteró de los veredictos en su casa en el sur de California. Había volado de regreso el 21 de diciembre, desesperado por ver a su familia después de pasar tres tortuosos meses en Nueva York. A lo largo de su carrera, Berryman había estado en otros ocho juicios y nunca se había perdido un veredicto. Pero las festividades estaban cerca y necesitaba desesperadamente un descanso.

Entre los agentes federales, acostumbrados a ganar casi el 100 por ciento del tiempo, hubo dudas. Pero Berryman se negó a especular; después de haber participado en tantos juicios en su carrera, él sabía que los jurados eran imposibles de predecir. Estaba satisfecho de haber hecho su trabajo.

El 26 de diciembre, el día en que se leyó el veredicto de Burga, es el *Boxing Day*, tradicionalmente un gran día para el futbol en Inglaterra. Se jugaron ocho partidos diferentes de la Liga Premier, todos televisados en Estados Unidos.

Para Steve Berryman resultó ser un buen día: su amado Liverpool apaleó al Swansea City, 5-0.

AGRADECIMIENTOS

Al igual que con cualquier proyecto grande, este libro no habría sido posible sin las contribuciones de otros, que generosamente proporcionaron la información, los recursos, los ocasionales azotes y la inspiración que necesité a lo largo del camino. Una lista de todos los que ayudaron de alguna manera llegaría a más de cien. A todos ellos, les estoy enormemente agradecido. Aunque algunos de mis colaboradores más valiosos prefieren permanecer en el anonimato, quiero destacar a algunas personas que fueron especialmente esenciales para hacer de este libro una realidad.

Gracias a mis maravillosos y pacientes colegas de *BuzzFeed*, quienes me pusieron en el camino para encontrar esta historia y luego me concedieron el tiempo para cubrirla y escribirla. En particular, estoy en deuda con mi editor, Mark Schoofs, quien me contrató y, a pesar de su desdén general por los deportes, me permitió lanzar mi carrera en *BuzzFeed* con un extenso perfil de Chuck Blazer. Mi gratitud también va para Ben Smith, quien apoyó la idea de este proyecto, y así como el que yo dedicara una gran cantidad de tiempo de las noticias para hacerlo realidad; a Nabiha Syed, quien me adiestró para la batalla ante los tribunales para obtener información pública y sobre cómo escribir una carta efectiva a un juez; a Ariel Kaminer, quien fue la primera en levantar la mano para hacerme una fiesta por el libro; a Katie Rayford, quien me ayudó a encontrar la manera de dar a conocer la información y a salir bien en una foto de cara; a Heidi Blake, que abrió el camino en la cobertura de la corrupción de la FIFA y proporcionó indicadores clave. Y para Jonah Peretti, quien abogó por el equipo de investigación de *BuzzFeed* desde el principio, nos alentó a correr riesgos y defendió celosamente nuestro trabajo.

Me dejó boquiabierto el apoyo de muchos periodistas internacionales que tuvieron la paciencia suficiente para enseñarme una o dos cosas sobre el deporte más popular del mundo. En particular, me ayudaron Martyn Ziegler, Richard Conway, Simon Evans, Andrew Jennings y Tariq Panja en Gran Bretaña; Jamil Chade en Suiza; Martín Fernández, Allan de Abreu, Sergio Rangel y Juca Kfouri en Brasil; Diego Muñoz en Uruguay; Alejandro Casar González, Ezequiel Fernández Moores, Gustavo Veiga y Marcela Mora y Araujo en Argentina; y Tim Elfrink, Kartik Krishnaiyer, Paul Kennedy, Brian Quarstad y Clive Toye en Estados Unidos.

Muchos no periodistas también colaboraron al compartir conocimiento, ideas y hospitalidad en mis numerosos viajes de reportaje en Europa, América del Norte y América del Sur. Patrick Nally fue una ayuda extraordinaria en el tema de la mercadotecnia deportiva, mientras que Scott Parks LeTellier me enseñó más de lo que pensé que podría conocer sobre la Copa Mundial de 1994. Ariel Neuman me ayudó a entender las mentes de los agentes federales, mientras que Judy Mahon y Jill Fracisco dieron vida, en vívidos detalles, al funcionamiento interno de la CONCACAF. Mientras tomábamos té y galletas en su oficina en West End, Greg Dyke me preguntó provocadoramente… «pero, ¿quiénes son *los buenos* en esta historia?», en tanto que David Dein, tomando té y galletas en el Wolseley, sugería graciosamente dónde podría encontrarlos.

Los maravillosos Baranzellis de Basilea no sólo me recibieron en su casa, sino que también me sacaron de uno de los resfriados más desagradables que he tenido. De la misma manera, mi tía, Jane Kanter, y mi tío, Byron Cooper, me ofrecieron un lugar para quedarme en Manhattan y vaya que me sirvió. Florence Urling-Clark y Sophie Davidson me abrieron las puertas de su casa en Londres y sus alrededores, mientras que Martin Plot y Anabel Wichmacki me hospedaron en Buenos Aires y me llenaron con un asombroso asado.

El mérito recae en mi gerente, Justin Manask, por tener una visión de hasta dónde puede llegar la semilla de una idea y ser cien por ciento correcta. Y a mi agente, David Patterson, quien transmitió esa idea a Simon & Schuster y sorteó varias llamadas ansiosas. Dentro de S & S, quiero agradecer a Johanna Li por su paciencia y claridad, a Jonathan Evans por su ojo de águila, a Lisa Rivlin por su aguda revisión legal, y a Jonathan Karp por aceptar hacer una oferta sobre mi propuesta mientras mi editor estaba de vacaciones. Bob Bender, mi imperturbable editor, regresó de esas vacaciones con su característica calma y buen humor para mostrarme cómo se pueden mover las montañas con una pluma, y que demasiados personajes nunca, nunca, son algo bueno.

Estoy en deuda con Peter Nichols y David Jelenko en Lichter Grossman, Nichols Adler & Feldman por sostener mi mano durante varias negociaciones contractuales largas, y a Chantal Nong de Warner Brothers, Jennifer Todd de Pearl Street Films, y Guymon Cassidy y Darin Friedman de Management 360 por creer que podría haber una película en esta historia del futbol. Gracias también a Gavin O'Connor y a Anthony Tambakis por agregar su visión creativa a ese proyecto.

Hubiera sido mucho más difícil para mí terminar este libro sin el cariño de amigos y seres queridos. Jason Felch se destaca como un verdadero amigo con un gran talento para las historias, mientras que la pasión de Jon Weinbach por los datos extraños del futbol me mantuvo inspirado. Steve Kandell brindó sus lecturas críticas y varias ideas geniales al final del juego, al igual que James Ellsworth y Harriet Ryan, en tanto que Laura Geiser me salvó de tener que aprender a ser un editor de fotografías cuando tenía el tiempo encima.

El gran periodista Shelby Grad fue mi propio animador personal a lo largo de este proceso, y en medio de innumerables sopas *pho* al vapor, poco a poco me convenció de que escribir un libro podría no ser imposible después de todo. Y no hay suficientes palabras para agradecer adecuadamente a mi colega y mi amiga Jessica Garrison por todo lo que hizo para ayudarme a superar este asunto.

Mi hermano, Greg, siempre ha sido mi mejor amigo y estaba allí cuando necesitaba hablar. Mi padre, Richard, ha sido mi roca y héroe a lo largo de mi vida y, por si fuera poco, vaya que es buen escritor. Y mi madre, la mejor editora que he conocido, me puso en este camino de la escritura hace mucho tiempo y nunca dejó de inspirarme con su fuego, pasión y creatividad.

Más que nadie, quiero agradecer a mi increíble familia. Mis hijos, Mateo y Sofía, soportaron mis muchas largas ausencias, mientras siempre me recibían en casa con entusiasmo y abrazos sin límites. Y mi amorosa y paciente esposa, Patricia, quien apoyó mi decisión de llevar esto a cabo, contuvo el fuerte durante mis innumerables viajes en busca de un sólo trozo más de información y me calmó los nervios cuando nadie más pudo hacerlo. Me escuchó leer mi prosa destrozada, me desenredó cuando estaba atascado, y simplemente siempre estaba allí. Ella es la mejor compañera y amiga que podría desear. Ahora estoy contento de estar de nuevo en casa con ella.

NOTAS

UNA NOTA SOBRE LAS FUENTES

La prolongada investigación sobre la corrupción en el futbol que se dio a conocer públicamente con los sensacionales arrestos del 27 de mayo de 2015, rápidamente se convirtió en uno de los escándalos deportivos más ampliamente publicitados y vigilados de la historia.

Tres años, decenas de acusaciones y un juicio público posterior, la causa penal sigue abierta. Todavía se persigue como una investigación activa, con agentes estadounidenses que continúan excavando. También se están llevando a cabo investigaciones criminales en otros países, incluido y especialmente en Suiza.

Debido a que las investigaciones no se han cerrado, las personas con conocimiento directo sobre el tema se muestran extremadamente reticentes, y en muchos casos legalmente impedidas, para hablar sobre ellas en cualquier nivel de detalle. Como resultado, la recopilación de información sobre los orígenes y el desarrollo de la averiguación de Estados Unidos, conocida informalmente como el Caso FIFA, y que es tema de este libro, ha demostrado ser una tarea desalentadora y difícil.

Para producir esta narración me vi obligado a recurrir a numerosas fuentes que aceptaron hablar a condición de mantenerse en el anonimato y de que la información proporcionada no sería atribuída a ellos. Una parte sustancial de la historia contenida en este libro se basa en las contribuciones generosas de estas fuentes protegidas.

En casi todos los casos, utilicé la información que compartieron para encontrar una segunda y hasta una tercera fuente que pudieran verificar y amplificar interacciones, estrategias, conversaciones o aspectos particulares del caso; eso a su vez me permitió volver a mis fuentes originales para refinar aún más sus aportaciones. Este proceso de comparación y verificación me permitió llegar a la verdad al identificar fechas clave, eventos y lugares. En la medida en que fue posible, he intentado proteger la identidad de mis fuentes al hacer que otros completen los detalles sobre sus pensamientos y antecedentes. Las citas no atribuidas en las Notas provienen de entrevistas directas y no se identifican para cumplir con mi compromiso de proteger las identidades de las fuentes.

El juicio penal de cinco semanas contra Juan Ángel Napout, José María Marín y Manuel Burga que comenzó en el tribunal federal de Brooklyn el 13 de noviembre de 2017, el cual presencié en persona casi en su totalidad, resultó ser un recurso invaluable para verificar y confirmar información contenida en este libro, así como para ampliar y agudizar mi comprensión de numerosos aspectos del caso. Cerca de mil quinientas pruebas fueron admitidas como pruebas durante el juicio, desde fotografías hasta correspondencia de correo electrónico y grabaciones clandestinas, y muchos de esos artículos también fueron herramientas extremadamente útiles.

Además, utilicé miles de páginas de documentos judiciales, incluidas las tres acusaciones altamente detalladas y otros documentos de acusación del Caso FIFA, así como los archivos de docenas de otros casos penales y civiles, arbitrajes, registros corporativos, correos electrónicos personales, notas escritas a mano y otros memorandos de reuniones. Algunos de esos documentos son del dominio público; muchos otros, no. Finalmente, me basé en lo que los medios contemporáneos han reportado sobre muchos de los eventos aquí descritos; sin las contribuciones diarias de la prensa deportiva, este proyecto hubiera sido imposible.

Desde que se inició en secreto hace casi ocho años, esta investigación ha involucrado lo que un abogado defensor denominó como contribuciones «hercúleas» de unas dos docenas de agentes federales e investigadores asignados directamente al caso, así como de cientos de otros oficiales de policía norteamericanos que desempeñaron papeles más pequeños pero vitales, por no mencionar el papel interpretado por los innumerables funcionarios de futbol y ejecutivos de mercadotecnia atrincherados en el turbio y selecto mundo del futbol internacional. Capturar todos los detalles y matices de un caso tan amplio y complejo sería un esfuerzo imposible en cualquier extensión. No obstante, creo que esta es la narración más completa y precisa del Caso FIFA hasta la fecha. Estoy profundamente agradecido por la generosidad de las personas que aceptaron brindarme su invaluable ayuda.

CAPÍTULO 1: BERRYMAN

19 *un enorme edificio de oficinas federales:* el edificio federal Chet Holifield en Laguna Niguel alberga oficinas locales de numerosas agencias federales, incluidas la Administración de Seguridad Social, la Administración Nacional de Archivos y Registros y el Servicio de Recaudación de Impuestos. Una breve historia de este inusual monumento arquitectó-

nico aparece en el *Chet Holifield Federal Building: GSA's Decision to Renovate and retain Appears Appropriate.* (Washington: Oficina de Contabilidad General de Estados Unidos, 1987).

20 *un artículo del servicio de noticias de Reuters:* Hosenball, Mark. «El FBI examina los registros financieros de US Soccer Boss», Reuters, 16 de agosto de 2011.

22 *que mandó a prisión al bien conocido sheriff del condado:* Berryman fue uno de varios agentes del IRS y del FBI involucrados en una investigación del sheriff Michael S. Carona que condujo a su acusación formal por cargos de corrupción a fines de 2007. Fue declarado culpable por manipulación de testigos en enero de 2009 y condenado a sesenta y ocho meses de prisión.

28 *críticos acusaron a la fiscalía:* ha habido una amplia revisión legal, periodística y académica sobre el caso penal de Estados Unidos que durante meses fue el caso criminal más prominente del mundo. Véase, por ejemplo, Cecily Rose, «El escándalo de corrupción de la FIFA desde la perspectiva del derecho internacional público», *ASIL Insights*, 23 de octubre de 2015.

29 *representaba su propio tipo de conspiración:* más allá de lo que se ha registrado en la prensa, numerosos funcionarios de futbol me expresaron personalmente este sentimiento durante el informe; entre ellos Sepp Blatter, expresidente de la FIFA, quien cree que el caso fue ordenado personalmente por el presidente Barack Obama. Varios abogados de cuello blanco que representan a los demandados en el caso expresaron opiniones similares, alegando que el exprocurador general Eric Holder abrió el caso durante el mandato del ex presidente Bill Clinton.

CAPÍTULO 2: INTERCEPCIÓN TELEFÓNICA

36 «*La última vez que lo hice en 12 minutos*»: Charles Sale, «La esposa del presidente de Inglaterra 2018, Geoff Thompson, Ann ve acumularse sus problemas tras un colapso de la FIFA», *Daily Mail*, 8 de junio de 2010.

37 *Sudáfrica gastó más de $3 mil millones:* Gerald Imray, «Sudáfrica gastó $3 mil millones de dólares en la Copa Mundial 2010», Associated Press, 23 de noviembre de 2012. Para consultar la contabilidad completa de los gastos de Sudáfrica, véase «Informe nacional de la Copa Mundial 2010 de la FIFA».

38 *Unas cuantas de las canchas de futbol con pasto artificial:* Andrew Harding, «Consejo de Sudáfrica sobre la Copa Mundial para Brasil», BBC, 9 de junio de 2014. Véase también: Andrew Guest, «¿Cuál es el legado de la Copa Mundial 2010?», *Pacific Standard*, 10 de junio de 2014.

41 «*Trabajaremos para la próxima generación*»: Graham Dunbar, «Presidente de la FIFA declara licitación de reelección», Associated Press, 10 de junio de 2010.

42 *Steele, egresado de Cambridge, había pasado varios años como agente encubierto:* Steele se convirtió en tema de prensa a inicios de enero de 2017 debido a su autoría de los memorandos en los que alegaba vínculos entre el presidente Donald J. Trump y el gobierno ruso. Los detalles adicionales sobre los antecedentes y los negocios de Steele provienen, en parte, de entrevistas con numerosos socios, pasados y presentes, a muchos de los cuales se les concedió el anonimato debido a la sensibilidad de las actividades y fuentes de Steele.

42 *Steele había sido contratado:* La información sobre el trabajo de Steele para la candidatura inglesa de la Copa Mundial de 2018, así como sus sospechas sobre las actividades de Rusia, detalladas en ésta y en páginas posteriores, proviene

en parte de una presentación de dieciocho páginas en noviembre de 2014 por *The Times* de Londres a un comité parlamentario británico que estaba investigando el proceso de licitación de la Copa Mundial de la FIFA. Esa información fue corroborada y confirmada por entrevistas y agencias de prensa, incluido Mark Hosenball, «El exespía del MI6 conocido por las agencias estadounidenses es autor de informes sobre Trump en Rusia», Reuters, 11 de enero de 2017.

44 *su compañera entregó la cinta a un tabloide londinense:* La exposición sobre Triesman fue publicada por primera vez en un artículo de Ian Gallagher en *The Mail on Sunday* el 16 de mayo de 2010.

45 *El agente especial Mike Gaeta:* Las descripciones de Gaeta provienen de numerosas entrevistas con oficiales de policía actuales y anteriores, incluido entre otros John Buretta, un exagente federal del Distrito Este de Nueva York, así como a Richard Frankel, antiguo agente especial del FBI a cargo, y Dave Shafer, un exagente especial asistente a cargo en la oficina de campo del FBI en Nueva York.

46 *padrinos como Vyacheslav Ivankov:* Ivankov, nativo de Georgia, también conocido como «Yaponchik», ha sido sujeto de una cantidad considerable de literatura y se le ha llamado «el padre de la extorsión». Véase, entre otros, James O. Finckenauer y Elin J. Waring, La mafia rusa en Estados Unidos: migración, cultura y crimen (Boston: Northeastern University Press, 1998).

48 *la figura más intrigante era Alimzhan Tokhtakhounov:* Existe información considerable disponible sobre la presunta figura del crimen organizado ruso conocida como Taiwanchik en los dos casos penales presentados contra él y otros en el Distrito Sur de Nueva York. Además, ha sido objeto de una amplia cobertura mediática, que incluyó una entre-

vista en 2013 en un restaurante de Moscú en la que proclamó «No soy malo, como piensas». Andrew E. Kramer y James Glanz, «En Rusia viviendo la vida elegante; en Estados Unidos un hombre buscado», *The New York Times*, 1.º de junio de 2013.

CAPÍTULO 3: «¿ALGUNA VEZ HA RECIBIDO UN SOBORNO?»

51 *«¿Alguna vez ha recibido un soborno?»:* Michael E. Miller, «De cómo un viejo periodista cascarrabias expuso el escándalo de la FIFA que derrocó a Sepp Blatter», *The Washington Post*, 3 de junio de 2015.

53 *Finalmente —pensó*: Jennings ha contado aspectos de este primer encuentro con el FBI en numerosas ocasiones a lo largo de los años, por ejemplo, en un artículo escrito en primera persona publicado en *The Mail on Sunday* el 31 de mayo de 2015. Jennings completó los detalles en el transcurso de varias entrevistas.

55 *«el secretario general, su esposa»:* esta y algunas otras citas de Havelange provienen de las memorias del expresidente de la FIFA, algunas de las cuales fueron publicadas por la FIFA el 24 de abril de 1998, en preparación para su jubilación.

56 *logró ingresos de cerca de $25 millones:* David Yallop, pp. 154-55.

56 *Su visión era traer:* Patrick Nally, en una serie de entrevistas, proporcionó una comprensión profunda del proyecto que él y Dassler llevaron por primera vez a la FIFA a mediados de los años setenta. Esa historia ha sido ampliamente contada, pero en ninguna parte mejor que en las excelentes y exhaustivamente investigadas *Sneaker Wars* de Barbara Smit.

59 *Etiopía el 17 de noviembre de 1976:* De *A guide to the FIFA/ Coca Cola World Football Programmes*, publicado por West Nally.

59 *«para eso están los hoteles»:* Entrevista con Sepp Blatter.

61 *«dieciocho votantes africanos aceptaron sobornos»*: Andrew Jennings, «Escándalo en la FIFA. Primer funcionario africano involucrado en demanda de votos por dinero contra el presidente», *Daily Mail*, 28 de febrero de 2002.

62 *La FIFA presentó una denuncia penal:* De «La fiscalía suiza cierra una investigación contra Blatter», Deutsche Press-Agentur, 4 de diciembre de 2002.

63 *La investigación de Hildbrand reveló pruebas:* El 11 de mayo de 2010, la fiscalía del Cantón de Zug desechó los procedimientos penales contra Havelange y Teixeira y liberó una orden de 42 páginas que detallaba los hallazgos de su investigación criminal sobre el «manejo desleal en detrimento de la Fédération International de Football Association». Halló que ambos hombres habían aceptado «comisiones» secretas de ISL, pero la ley suiza permitía a ambos evitar un juicio.

64 *«La compañía no habría existido»:* Andrew Jennings, «Detectives "engañados" por la FIFA en el juicio de las libras perdidas, 45 millones» *Daily Telegraph*, 29 de julio de 2008.

CAPÍTULO 4: UN TIPO DE QUEENS

66 *«ocasión muy especial»:* Blazer detalló sus viajes, incluido el viaje a Rusia, en el blog de viajes que mantuvo, que originalmente se llamaba «Viaja con Chuck Blazer» y luego se cambió el nombre por «Viajes con Chuck Blazer y sus amigos».

69 *Nacido en 1945:* La información biográfica acerca de Blazer aquí y en las páginas posteriores proviene, en parte, de

Pappenfuss y Thompson, así como de varias declaraciones de una demanda civil de 1984 en el Tribunal de Nueva York contra Blazer, *Fred Singer Direct Marketing Inc. v. Charles Blazer, Susan Blazer y Windmill Promotions Inc.* Se obtuvo información adicional de mis propios informes sobre Blazer en «Mr. Ten Percent: The Man Who Built —And Bilked— American Soccer», *BuzzFeed News*, 6 de junio de 2014.

69 *Southern New York Youth Soccer Association:* La SNYYSA se fundó en 1972, pero se extendió geográficamente para incorporar una franja más grande del estado, el nombre ya no se ajusta. En 1984 pasó a llamarse Eastern New York Youth Soccer Association, o ENYYSA, el nombre que lleva hasta nuestros días.

70 *«No hay magia»:* Bill Varner, «Funcionario del futbol se eleva en la clasificación», *Yonkers Herald Statesman*, 25 de septiembre de 1984.

71 *se asignó un salario de $48,000 dólares:* La información sobre el salario de Blazer en la American Soccer League, así como otros detalles de sus tiempos ahí, se obtuvieron de una declaración del 24 de julio de 1989 que hizo Blazer como parte de una demanda civil, *Fred Singer Direct Marketing Inc. v. Charles Blazer, et al.* ante el Tribunal de Nueva York, Condado de Westchester.

71 *«las familias suburbanas»:* Bruce Pascoe, «Soccer Club supera a Canadá en debut, 2-1 ; 2,716 en Mason», *The Washington Post*, 27 de julio de 1987.

72 *«fuerza espiritual que nos cuida»:* Valentino Singh, p. 173. Estos libros proporcionaron información adicional sobre los antecedentes de Warner y los primeros años en la CONCACAF con Blazer.

72 *murió repentinamente de un ataque al corazón:* Guillermo Cañedo murió prematuramente el 21 de enero de 1997. Blazer fue elegido por un voto de 5-2 el viernes 24 de enero.

72 *$35 millones en 2009:* Información sobre ingresos en la CONCACAF tanto aquí como en el resto de este volumen se obtuvo de las declaraciones fiscales con formulario 990 de la confederación para los años 2008-2011. Aunque Blazer no hiciera las declaraciones, la CONCACAF declaró las ganancias de manera retroactiva en 2012.

73 *tenía un condominio de $900,000 dólares junto a la playa:* Los detalles de las actividades financieras de Blazer provienen en parte del *Informe de investigación del Comité de Integridad* de la CONCACAF, publicado el 18 de abril de 2013.

75 *El correo electrónico que envió Warner en agosto:* El correo electrónico y aspectos de la participación de Blazer y Warner en el complot de sobornos de la Copa Mundial de 2010, así como varios otros planes criminales se describen a detalle en varios documentos judiciales presentados en el Distrito Este de Nueva York, incluida la p. 23 de la información criminal en su contra archivada confidencialmente el 25 de noviembre de 2013.

75 *«apoyar a la diáspora africana»:* Comunicado de prensa de la FIFA, 2 de junio de 2015.

75 *«estoy orgulloso de mi voto por Sudáfrica»:* Jack Bell, «Informe de futbol; Granada tiene esperanza de vencer inesperadamente», *The New York Times*, 25 de mayo de 2004.

76 *«Para abono en cuenta»:* A partir de una imagen escaneada del cheque en el archivo del periodista.

CAPÍTULO 5: LA VOTACIÓN

77 *conocido en los círculos de futbol como Casa de la FIFA*: Información técnica sobre el edificio extraída de los materiales de prensa de la FIFA, así como materiales de su arquitecto con sede en Zúrich, Tilla Theus. Descripciones adicionales

extraídas de una visita no oficial al edificio, incluida la sala de juntas del Comité Ejecutivo, en agosto de 2016.

79 *«lugares donde las personas toman decisiones»:* Michael Marek y Sven Beckmann, «Rascacielos subterráneo sirve como sede de la FIFA», *Deutsche Welle*, 16 de mayo de 2010.

80 *«no podía ver las ventajas de una federación de este tipo»:* La Asociación Inglesa de Futbol, conocida como la FA, mantiene registros de esta correspondencia, que es ampliamente citada en la literatura sobre futbol y su historia.

81 *«Estos argumentos»:* De la propia historia oficial de la Copa Mundial de la FIFA, que se encuentra en su sitio web.

82 *registró una ganancia récord:* Los registros financieros de la FIFA se mantienen y se organizan en ciclos de cuatro años coincidiendo con la Copa del Mundo, que es por mucho su mayor fuente de ingresos. Los resultados anuales, así como los balances cuatrienales, se dan a conocer al público en general y están disponibles en la FIFA desde 2002. Los balances financieros anteriores se compilan a partir de documentos de la FIFA disponibles en otros lugares, así como de informes de prensa de la época correspondiente.

83 *«un día triste para el futbol»:* Martyn Ziegler, «Arrancaremos los demonios del juego: Blatter», Press Association Sport, 20 de octubre de 2010.

84 *«antipatriótico»:* Owen Gibson, «Funcionarios de la FIFA acusados de aceptar sobornos en un escándalo de $100 millones: Panorama dice que podrían afectar a la candidatura de Inglaterra 2018», *The Guardian*, 30 de noviembre de 2010.

84 *«tomar su decisión en paz»:* Martyn Ziegler, «Los cambios en Inglaterra mejoran en la carrera por la Copa del Mundo», Press Association Sport, 1.º de diciembre de 2010.

85 *«¿Cómo están nuestras posibilidades?»:* Los detalles de esta llamada telefónica provienen de dos entrevistas personales con Sepp Blatter, en febrero y agosto de 2016.
85 *«Soy un presidente feliz»:* El anuncio de la Copa, con imágenes tanto del escenario como de la audiencia, se grabó en video y está disponible en línea.
86 *«revolcándose en dinero»:* Una transcripción completa de la conferencia de prensa de Putin en Zúrich fue publicada por la Agencia de Información de Rusia, *Oreanda*, el 3 de diciembre de 2010.
87 *una torre de oficinas federales fuertemente custodiada:* Las descripciones de la oficina de campo del FBI en Nueva York provienen de entrevistas múltiples con agentes actuales y antiguos del FBI, así como de la observación de primera mano del edificio y las oficinas.
88 *«Rusia y Qatar expanden la huella»:* Jeré Longman, «Rusia y Qatar expanden la huella global del futbol», *The New York Times*, 2 de diciembre de 2010.

CAPÍTULO 6: JACK *VS.* CHUCK

91 *«Espero que esto sea una broma del Día de los Inocentes»:* Los detalles de esta y otras comunicaciones entre Warner, Blazer y Bin Hammam en este capítulo son cortesía del archivo del periodista británico Martyn Ziegler.
92 *«¿Y nosotros qué ganamos?»:* De un documento del 2 de junio de 2011 titulado *Affirmation of Chuck Blazer*.
94 *un estudio de televisión [...] con un valor de $3 millones:* Información sobre esto y el Centro de Excelencia en Trinidad extraída del *Informe de investigación del Comité de Integridad* de la CONCACAF.
95 *«cree que puede salir siempre airoso»:* De *Affirmation of Chuck Blazer*.

96 *en la casa de Warner en Arouca [...] sonó el timbre:* El relato de la visita de Blazer a Warner en Trinidad proviene en gran parte de Valentino Singh, pp. 162-64, así como de Jack Warner con Valentino Singh, pp. 71-73.

97 *hipotecas múltiples y facturas de automóviles:* La información sobre las finanzas de Blazer de esa época proviene de una declaración de él mismo del 24 de julio de 1989.

98 *nacido en enero de 1943*: La historia biográfica de Warner se basa en gran medida en sus dos biografías.

98 *los soldados llegaron a la casa de André Kamperveen:* Un total de quince personas, incluidos sindicalistas, abogados y periodistas, fueron secuestradas, torturadas y asesinadas por las fuerzas del gobierno en lo que se conoció como los Asesinatos de Diciembre, lo que condujo a una protesta generalizada y a la ruptura de relaciones y también a la ayuda directa a Surinam desde los Países Bajos. De particular interés es el Informe de la Comisión Interamericana de Derechos Humanos sobre la *Situación de los derechos humanos en Surinam*, publicado el 3 de diciembre de 1983.

101 *El plan involucraba a una empresa*: Simpaul Travel. Este episodio se describe con detalle en el libro de Andrew Jennings, *Foul!,* pp. 329-352.

101 *«No se puede probar que Jack Warner supiera»:* Comentario de Marcel Mathier, citado en «El Vicepresidente de la FIFA escapa a las sanciones sobre la reventa de boletos de la Copa Mundial», Agence France Presse, 6 de diciembre de 2006.

CAPÍTULO 7: PUERTO ESPAÑA

106 *la conferencia de la UCF finalmente terminó*: Muchos aspectos de los eventos del 10 y 11 de mayo de 2011, descritos

a lo largo de este capítulo, están registrados en dos informes separados sobre el presunto incidente de soborno: *Informe de pruebas de violaciones al Código de ética de la FIFA*, elaborado por John P. Collins, 22 de mayo de 2011; e *Informe al Comité de Ética de la FIFA sobre las denuncias relacionadas con la reunión de la UCF del 10 al 11 de mayo de 2011 en Trinidad y Tobago*, elaborado por FGI Europe AG el 29 de junio de 2011. Se incluyen detalles adicionales tomados de declaraciones juradas, memorandos, capturas de pantalla de mensajes de texto de teléfonos celulares, y afirmaciones de Blazer, Anton Sealey y Fred Lunn, y las copias de todos ellos fueron cortesía de Martyn Ziegler. Todavía hay más información disponible en copias de las decisiones del 29 de mayo de 2011, el dictamen del Comité de Ética de la FIFA sobre Jack Warner y el laudo arbitral del Tribunal de Arbitraje Deportivo para Bin Hammam dictado el 19 de julio de 2012.

107 *«mientras más dicen, más apoyo y más paga»:* Paul Kelso, «Revelación: Archivos secretos de soborno de la Fifa de Warner y Bin Hammam», *Sunday Telegraph*, 28 de mayo de 2011.

112 *«regalo de cumpleaños»:* Arny Belfor, «Nueva evidencia de $40K en efectivo en regalos en el escándalo de la FIFA», Associated Press, 10 de junio de 2011.

112 *«Bin Hammam solicitó venir al Caribe»:* El discurso completo de Warner fue grabado en secreto, y una copia de ese video fue publicada por primera vez por *The Telegraph* el 12 de octubre de 2011.

114 *Dos días después, Blazer llamó a Jérôme Valcke*: Declaración jurada de Chuck Blazer, 23 de mayo de 2011, cortesía de Martyn Ziegler.

115 *«pruebas claras de violaciones»:* Copia de Collins & Collins, «Informe de evidencia de violaciones al Código de Ética

de la FIFA», 22 de mayo de 2011, copia en el archivo del autor.

115 *«acusaciones de soborno»:* Martyn Ziegler, «El duo de la FIFA enfrenta cargos por corrupción», Press Association Sport, 25 de mayo de 2011.

116 *Temprano el 29 de mayo*: Un excelente relato de las audiencias de ética de la FIFA de ese día, que incluye citas textuales de las transcripciones, así como la conferencia de prensa posterior, se puede encontrar en el libro de Heidi Blake y Jonathan Calvert, pp. 358-378.

117 *«Llevo 29 años en la FIFA»:* Una transcripción completa de los comentarios de Warner a las afueras del parlamento de Trinidad y Tobago fue publicada por el *Trinidad Express* el 27 de mayo de 2011.

CAPÍTULO 8: EL HOMBRE QUE SE FORJÓ A SÍ MISMO

120 *«todos los patrocinios y cuotas por derecho de televisión»:* Hay una copia del contrato en los archivos del autor.

123 *un hombre «ingenioso y gregario»:* Nancy Armor, «Chuck Blazer es ingenioso, gregario y un soplón», Associated Press, 4 de junio de 2011.

125 *comunicarse directamente con [...] Chris Eaton*: Randall le escribió a Eaton un breve correo electrónico sobre la tarde del 13 de junio de 2011, señalando que «si tienes planes de viajar de regreso a Estados Unidos, o específicamente a Nueva York, me encantaría hablar contigo».

126 *Bin Hammam transfirió el dinero:* Primero se detallaron las complejas transferencias electrónicas en el libro de Heidi Blake y Jonathan Calvert, pp. 390-391. Posteriormente el Departamento de Justicia verificó los documentos enviados a Trinidad y Tobago. Véase Camini Maraji, «Soborno de $1.2M para Jack», *Trinidad Express,* 9 de junio de 2015.

126 *Warner renunció a todos los cargos:* El momento de llegada de la carta se detalla en *Informe al Comité de Ética de la FIFA sobre las denuncias relacionadas con la reunión de la* UCF *del 10 al 11 de mayo de 2011 en Trinidad y Tobago*, p. 4.

127 *«No voy a respaldar una denuncia»:* Warner fue entrevistado por Bloomberg TV el 20 de junio de 2011.

129 *«no toleramos el tipo de comportamiento que manifestaron»:* Martyn Ziegler, «Blazer: tuve que actuar en cuanto a las reclamaciones por soborno», Press Association Sport, 29 de mayo de 2011.

129 *La última vez que se planteó fue en 2002: Informe de Investigación del Comité de Integridad* de la CONCACAF, pp. 55-56.

131 *Escribió un libro sobre las guerrillas comunistas en Perú:* Los dos libros de Strong son *Shining Path: Terror and Revolution in Peru* (Nueva York: Crown, 1993); y *Whitewash: Pablo Escobar and the Cocaine Wars* (Londres: Pan, 1995).

132 *«Encuentra a otro villano»:* Jennings publicó gran parte de su correspondencia con Blazer, incluidos los mensajes detallados en este capítulo, y en su sitio web: transparencyinsport.org.

132 *historia del* New York Times *sobre el estilo de vida exorbitante de los funcionarios de la FIFA:* Doreen Carvajal, «Lujos y favores para ejecutivos de la FIFA», *The New York Times*, 17 de julio de 2011.

135 *«no eran ingresos ni estaban sujetas a impuestos»:* Correo electrónico de Blazer a Jennings, 12 de agosto de 2011, publicado en transparencyinsport.org.

135 *«Un escuadrón del FBI con sede en Nueva York asignado para investigar»:* Mark Hosenball, «El FBI investiga los registros financieros del jefe del futbol de Estados Unidos», Reuters, 16 de agosto de 2011.

CAPÍTULO 9: RICO

136 *El verdadero héroe detrás de la caída de Capone:* Wilson, un héroe en medio de un grupo de contadores forenses, escribió una autobiografía, *Special Agent: A Quarter Century with the Treasury Department and the Secret Service*, publicada en 1965, pero ya no se reimprime.

137 *«no teme a nada que camine»:* Elmer L. Irey, *The Tax Dodgers: The Inside Story of the T-Men's War with America's Political and Underworld Hoodlum* (Nueva York: Greenberg, 1948). Irey fue jefe de la Unidad de Inteligencia del Tesoro durante la investigación de Capone.

138 *sobornos a funcionarios en Tailandia:* Gerald y Patricia Green fueron condenados por un jurado federal de Los Ángeles en 2009 por pagar $1.8 millones de dólares en sobornos para obtener casi $14 millones en contratos del Festival de Cine de Bangkok. Véase Ben Fritz, *«Los productores de Hollywood son culpables de sobornar a un funcionario tailandés»*, *Los Angeles Times*, 15 de septiembre de 2009.

138 *habían sobornado a funcionarios del Ministerio de Defensa del Reino Unido:* Dos funcionarios del contratista de la defensa Pacific Consolidated Industries se declararon culpables en 2008 y 2009 de pagar unos $70,000 en sobornos para ganar contratos con el Ministerio de Defensa.

146 *«falta de interés y compasión»:* Carta al editor, *Columbia Daily Spectator*, 7 de octubre de 1998. Norris estaba reaccionando a un artículo de opinión que expresaba las virtudes del trabajo de explotación laboral.

146 *«lo mejor que hay en la facultad de derecho»:* Sarah McGonigle, «Legal Aid Sese Rise in 3L Retention», *Harvard Law Record*, 10 de diciembre de 2002.

146 *un asesino particularmente desagradable:* El juicio de seis semanas de Charles Carneglia comenzó en enero de 2009,

cuando Norris presentó un argumento de cierre de cinco horas. «Señoras y señores, Charles Carneglia no era ninguna perita en dulce, y a la fecha sigue sin serlo», dijo Norris al jurado, que condenó a Gambino por cuatro cargos de asesinato, así como crimen organizado, robo, extorsión, secuestro y conspiración para distribuir marihuana.

CAPÍTULO 10: EL DINERO DE BLAZER

150 *el caso había ofendido su «sentido de justicia»:* Después de que Welch y Johnson fueron absueltos el 5 de diciembre de 2003, el juez federal David Sam remarcó que nunca había visto un caso tan desprovisto de «intención criminal o dolo». Paul Foy, «Juez rechaza el caso de Salt Lake City», *The Washington Post*, 6 de diciembre de 2003.

153 *Conoció a Blazer por primera vez cuando recién había salido de la universidad:* Hay numerosos relatos de la amistad entre Gulati y Blazer. Véase, por ejemplo, Nathaniel Vinton, Christian Red y Michael O'Keeffe, «De la tormenta de la Fifa a la reforma: Prez Gulati de US Soccer supera el escándalo de corrupción para allanar el camino para Mundial», *New York Daily News*, 13 de diciembre de 2015.

154 *sin tener que salir electo:* Gulati fue nombrado por unanimidad para el cargo en una reunión del Comité Ejecutivo de la CONCACAF en Curazao el 28 de marzo de 2007.

155 *«nunca tuvo ocasión de pedir dinero prestado a Blazer»:* Gail Alexander, «Jack Clears Air on $$Paid to Blazer», *Trinidad Guardian*, 3 de septiembre de 2011.

156 *Sólo pidieron que Blazer se abstuviera: Informe de investigación del Comité de Integridad* de la CONCACAF, p. 53.

157 *«buscar otras oportunidades profesionales»:* La CONCACAF emitió un comunicado de prensa anunciando la renuncia prevista de Blazer el 6 de octubre de 2011.

157 *la confederación ganó $60 millones de dólares en ganancias:* Del formulario 990 de la declaración de impuestos federales de la CONCACAF para el año fiscal 2011, que fue archivado con el IRS el 28 de diciembre de 2012. Los ingresos totales fueron de $60,044,279, mientras que los gastos totales fueron de $30,986,338, lo que arrojó un rendimiento neto para la organización sin fines de lucro de más de $29 millones de dólares.

158 *su tarjeta corporativa American Express: Informe de investigación del Comité de Integridad* de la CONCACAF, pp. 63-65.

158 *hizo lo mismo con su renta: Ibid.*, pp. 59-60.

160 *ya se había asignado $4.2 millones: Ibid.*, p. 50.

160 *que transfiriera $1.4 millones de dólares a su cuenta de Sportvertising*: *Ibid.*, p. 53.

CAPÍTULO 11: CAMBIO DE BANDO

165 *«irradia un resplandor de felicidad, aunque autocomplaciente»:* Paul Goldberger, «El patio de la de Trump Tower es una agradable sorpresa», *The New York Times*, 4 de abril de 1983.

166 *ilegal según la Ley de Secreto Bancario:* Los ciudadanos estadounidenses y los residentes permanentes están obligados por ley a presentar un Informe de Cuentas Bancarias y Financieras en el Extranjero, o FBAR, junto con sus declaraciones de impuestos. La pena máxima por el incumplimiento de presentar un FBAR, considerado violación por lavado de dinero, es de cinco años de prisión.

167 *citatorios del Título 31:* Al menos cinco tribunales de circuito de apelaciones diferentes han sostenido el argumento de que el privilegio de la Quinta Enmienda contra la autoincriminación no se aplica a los citatorios relativos a registros de bancos extranjeros. Véase Lynley Browning,

«Nueva táctica estadounidense para presuntos engaños de impuestos a través de bancos suizos», Reuters, 29 de diciembre de 2011.

170 *«asistencia sustancial»:* Una serie de reformas legislativas del sistema de justicia penal a mediados de la década de 1980 llevó a la redacción de las política *5K1.1. Asistencia sustancial a las autoridades*: "Ante la moción del gobierno que declara que el acusado ha brindado asistencia sustancial en la investigación o proceso de otra persona que ha cometido un delito, el tribunal puede apartarse de la directriz» para fines de sentencia. Los colaboradores buscan lo que ahora se conoce como carta 5K para solicitar una reducción en la sentencia.

CAPÍTULO 12: LA JOYA DE LA CORONA

173 *Conoció a Hawilla por primera vez en 1987:* Ciertos aspectos de la historia de la relación entre Blazer y Hawilla provienen del blog personal de Blazer, «Viaja con Chuck Blazer y sus amigos», incluida una publicación del 9 de mayo de 2008 sobre el particular.

173 *había cofundado la empresa de mercadotecnia deportiva Inter/Forever Sports:* Hawilla se incorporó a la empresa, junto con el inmigrante colombiano Jorge Martínez, el 11 de mayo de 1990. A la larga, Hawilla compró la parte de Martínez y el nombre de la compañía se cambió a Traffic Sports USA Inc. el 2 de septiembre de 2003. Martínez murió en 2017 después de una larga enfermedad.

174 *al firmar un contrato en octubre de 1994: USA v. Hawit, et al.*, formulación ampliada de la imputación, 25 de noviembre de 2015, p. 70.

174 *derechos de la CONCACAF: Informe de investigación del Comité de Integridad* de la CONCACAF, p. 6.

175 *un joven reportero deportivo ansioso:* Varios perfiles de Hawilla de la prensa brasileña fueron particularmente útiles para esbozar su biografía. Entre ellos: Allen de Abreu y Carlos Petrocilo, «J. Hawilla, do cachorro-quente ao império», *Diário da Região*, 31 de mayo de 2015; Adriana Negreiros, «O dono da bola (e do time, do jogador, do campeonato, do jornal, da TV, da publicidade)», *Playboy Brasil*, marzo de 2009; Joyce Pascowitch, «Bola na rede», *Poder*, diciembre de 2010; José Roberto Caetano, «O dono da bola é J. Hawilla, dono da Traffic», *Exame*, 8 de noviembre de 2013.

178 *vendió a Traffic los derechos de la edición de 1987: USA v. José Hawilla*, información criminal, presentada el 12 de diciembre de 2014, p. 21. Se ha extraído información sustancial sobre las actividades comerciales de Hawilla en este capítulo a partir de este y otros documentos de cargos en varios casos penales presentados en el Distrito Este de Nueva York. Además, Hawilla fue depuesto en diciembre de 2000 y abril de 2001 por el Senado y la Cámara de Representantes de Brasil, respectivamente, y las transcripciones de esas entrevistas, consignadas en cientos de páginas, están llenas de detalles importantes sobre sus actividades comerciales. Finalmente, una declaración del 5 de septiembre de 2002 de Hawilla tomada en la acción *T & T Sports Marketing v. Dream Sports International v. Torneos y Competencias*, ante el Distrito Sur de Texas, fue útil para aclarar ciertos aspectos de sus negocios, incluida la breve inversión de Hicks, Muse.

180 *«Tienes que saber cómo tomar riesgos»:* Joyce Pascowitch, «Bola na rede».

180 *todos los acuerdos de la Copa América incluían pagos por debajo del agua: USA v. Hawilla,* información penal, p. 24.

180 *Blazer y Warner también comenzaron a exigir dinero: USA*

v. Charles Blazer, información penal, presentada el 25 de noviembre de 2013, p. 18.

181 *el imperio de Hawilla estaba bajo ataque:* La federación de futbol de Honduras demandó a Traffic ante el juzgado federal de Miami en septiembre de 2006; Traffic contrademandó; la controversia finalmente fue sometida a arbitraje. Los detalles sobre el asunto se extraen de esos registros judiciales.

183 *pagar a la Conmebol la cantidad de $46 millones de dólares por el trato:* Se archivaron copias de los contratos de Traffic por la Copa América en el tribunal del Condado de Miami-Dade en *Traffic Sports v. Conmebol y Full Play.*

186 *La demanda civil*: *Traffic Sports v. Conmebol y Full Play* ante el Tribunal del Condado de Miami-Dade el 21 de noviembre de 2011.

186 *El 1.° de diciembre, Mariano Jinkis transfirió: Ibid.*, p. 127; algunos detalles adicionales sobre el pago de sobornos fueron tomados de otros documentos judiciales, incluida la información penal y la transcripción de culpabilidad de Miguel Trujillo del 8 de marzo de 2016; la información criminal y la transcripción de culpabilidad de Fabio Tordin del 9 de noviembre de 2015; y la transcripción de culpabilidad de Alfredo Hawit del 11 de abril de 2016.

CAPÍTULO 13: REINA POR UN DÍA

189 *«El FBI lanza una investigación»:* El artículo de *The Telegraph* fue escrito por Claire Newell y Paul Kelso.

190 *publicaba un segundo artículo:* Paul Kelso, «Una investigación del FBI sobre supuesta corrupción en los líderes de la FIFA en el caribe», *The Telegraph,* 14 de diciembre de 2011.

192 *Era 29 de diciembre:* Las fechas de las reuniones de coope-

ración de Blazer están detalladas en su acuerdo de cooperación, firmado el 25 de noviembre de 2013.

196 *había originado $127 millones en transferencias electrónicas:* La Reserva Federal publica estadísticas mensuales, trimestrales y anuales sobre las transacciones de Fedwire en su sitio web.

199 *Blazer confesó que había aceptado*: Detalles de los actos de corrupción que Blazer confesó se encuentran en *USA v. Blazer*, información criminal, así como su declaración de culpabilidad, ambos en los archivos del 25 de noviembre de 2013.

202 La *FIFA [...] reservó $2,400 millones:* Las cifras provienen de la contabilidad final de la FIFA del periodo de la Copa del Mundo 2007-2010.

202 *La ABC y ESPN habían pagado respetables $100 millones:* Brian Trusdell, «ABC y ESPN obtienen los derechos para Estados Unidos de las Copas del Mundo de 2010, 2014 por $100 millones», Associated Press, 2 de noviembre de 2005.

203 *la CONCACAF recibió $31.1 millones:* Tomado del formulario 990 de la declaración de impuestos de la confederación.

203 *$18 millones de dólares:* Desde enero de 2001 el contrato entre Traffic y la Conmebol, prueba hasta el 21 de noviembre de 2011, queja en *Traffic v. Conmebol y Full Play*.

CAPÍTULO 14: EL REY HA MUERTO, VIVA EL REY

207 *dividir todos los costos e ingresos, incluidos los sobornos: USA v. Hawit, et al.,* formulación ampliada de la imputación, p. 131.

208 *constituyó una de esas compañías, J & D International:* Michael Klein, «Webb era director de la empresa de Jack Warner en Islas Caimán», *Cayman Compass*, 8 de julio de 2015.

208 *podría recibir «pagos adicionales»:* Transcripción de la declaración de culpabilidad de Jeffrey Webb, 23 de noviembre de 2015, p. 26.

209 *«Me siento honrado»:* «Webb acepta la nominación para la presidencia de la CONCACAF», Servicio de Noticias Cayman, 26 de marzo de 2012.

211 *«Es difícil predecir»:* Graham Dunbar, «La CONCACAF intenta expulsar a Chuck Blazer de la FIFA» , Associated Press, 23 de mayo de 2012.

211 *«debemos mover las nubes»: Ibid.*

213 *«un profesional con competencia e integridad»:* Michelle Kaufman, «El nuevo jefe de la CONCACAF podría mejorar la apelación de futbol del sur de Florida», *Miami Herald,* 27 de julio de 2012.

214 *«Podrían haber llevado a cabo una búsqueda en todo el mundo»:* Michelle Kaufman, «El nuevo jefe de la CONCACAF podría mejorar la apelación de futbol del sur de Florida».

214 *Finalmente, fijaron un plan:* Los detalles de la complicada serie de transacciones derivan de numerosas fuentes, pero principalmente de *Estados Unidos v. Hawit, et al.*, formulación ampliada de la imputación, pp. 133-135.

CAPÍTULO 15: MÁS RÁPIDO, MÁS ALTO, MÁS FUERTE

217 *había intentado sobornarlo a él y a Warner: USA v. Blazer*, información, pp. 16-17.

220 *había grabado en secreto a un puñado de rusos:* Mary Pappenfuss y Teri Thompson, pp. 145-146.

220 *«cabildeo dirigido dentro del cuerpo del Comité Ejecutivo de la FIFA»:* Michael J. Garcia y Cornel Borbély, Informe sobre la investigación del proceso de licitación de la Copa Mundial de la FIFA 2018/2022, p. 66.

224 *El plan era centrarse en un pago peculiar:* Muchos detalles

grabados por Blazer en sus interacciones con Hawilla que llevaron a su posterior arresto, provinieron de una copia de la demanda penal sellada y la declaración jurada del FBI contra Hawilla, presentada el 8 de mayo de 2013 y firmada por Jared Randall.

224 *«la fuente de estos fondos»:* Desde el 18 de febrero de 2003, se envió un fax desde el First Caribbean International Bank a Sportvertising.

224 *«prestaría servicios de consultoría al CLIENTE»:* Copia del contrato de cuatro páginas revisado por el autor.

226 *Hawilla había invitado a Blazer a la boda:* «Viaja con Chuck Blazer y sus amigos», 9 de mayo de 2008.

CAPÍTULO 16: A MI MANERA

227 *«garantizar la rendición de cuentas, la transparencia»:* Comunicado de prensa de la CONCACAF.

228 *había visto que estaban triturando documentos: Informe de la investigación del Comité de Integridad* de la CONCACAF, p. 16.

228 *«Nos negamos a atender su solicitud»: Ibid.*, Apéndice B.

229 *«los esfuerzos de reforma iniciados por Webb»: Ibid.*, p. 12.

230 *se celebró una cena de gala en su honor:* Ron Shillingford, «Webb Spun His Charm Superbly», *Cayman Compass*, 18 de julio de 2012.

232 *Traffic transfirió la cantidad de $1 millón de dólares del soborno: USA v. Hawit, et. al.*, formulación ampliada de la imputación, p. 133.

CAPÍTULO 17: EL PACTO

235 *«Los fanáticos del Internacional están devastados»:* Paulo Maia, «A morte do papá e o jogo de futebol», *Jornal do Brasil*, 8 de agosto de 1978.

235 *obligado a firmar un acuerdo de costos e ingresos:* El viejo amigo y asociado de Hawilla, Kleber Leite, compró los derechos de la Copa do Brasil, la liga profesional de alto nivel del país, hasta el 2022. El acuerdo, firmado en diciembre de 2011, no se reveló hasta el siguiente mes de mayo. Traffic y Klefer, la compañía de Leite, firmaron un acuerdo de distribución de costos e ingresos el 15 de agosto de 2012. Los detalles del acuerdo se encuentran en *USA v. Hawit, et al.*, pp. 80-82.

237 *traspasó 49 por ciento de Traffic:* Jill Goldsmith, «Hicks Muse toma 49% de Traffic SA de Brasil», *Variety,* 28 de julio de 1999.

238 *«El hombre más poderoso en el futbol brasileño»:* Gilberto Scofield Jr., «J. Hawilla, a dono do nosso futebol»,*O Globo*, 4 de junio de 2010.

238 *la boda de su hijo:* Rafael Hawilla se casó con Adriana Helú el 17 de noviembre de 2012 en la playa de Manantiales. La boda y la luna de miel fueron el evento de la temporada en Punta del Este y recibió una considerable atención de la prensa en los blogs de estilo y de sociedad brasileños.

239 *el costó sería de más de $1 millón:* Denise Mota, «50% dos casamentos de lujo no Uruguau tem brasileiros no altar», *Folha de S. Paulo*, 31 de enero de 2013. Uno de los propietarios del club de playa donde se celebró la boda calculó su costo en $1.5 millones.

CAPÍTULO 18: «LOS WARNER BROTHERS»

244 *Warner había sido nombrado Ministro de Seguridad Nacional de Trinidad y Tobago:* Warner fue elegido por primera vez en el parlamento de Trinidad y Tobago en 2007 como presidente del partido del Congreso Nacional Unido (UNC, por sus siglas en inglés). En mayo de 2010, el UNC,

formando una alianza con varios otros partidos, ganó las elecciones nacionales por un amplio margen, y Warner, que recibió más votos que cualquier otro candidato a nivel nacional, fue galardonado con el Ministerio de Obras y Transporte. El líder opositor Keith Rowley dijo que su nombramiento posterior «debería ser motivo de preocupación para todos los ciudadanos de Trinidad y Tobago».

245 *Daryan era el inteligente:* Detalles sobre la educación de Daryan Warner en *USA v. Daryan Warner*, transcripción de declaración de culpabilidad, 18 de octubre de 2013.

246 *ignorando las advertencias de la FIFA:* En un comunicado, la FIFA dijo: «Jack A. Warner debe, en particular, asegurarse de que su hijo, Daryan Warner, no abuse de la posición que ocupa su padre». Rob Hughes, «La FIFA libera a Warner de la estafa de los boletos», *The New York Times*, 6 de diciembre de 2006.

247 *Llegó a la ventanilla con 7,500 euros:* Los detalles de las transacciones de pitufeo de los hermanos Warner fueron tomados de una demanda penal sellada en *USA v. Daryan Warner and Daryll Warner*, presentada el 20 de noviembre de 2012. Steve Berryman ratificó la queja.

247 *un ejército de pequeños duendecitos azules:* Existe cierto debate sobre el autor del término *pitufeo*, como se entiende que significa la estructuración criminal. A menudo se le atribuye a Gregory Baldwin, un antiguo abogado litigante del Departamento de Justicia radicado en Miami, el haber acuñado el término a fines de la década de 1980. Sin embargo, el testimonio del Congreso de julio de 1985 indica el uso del término en una audiencia del Comité Judicial de la Cámara sobre lavado de dinero.

250 *Daryll Warner compró un penthouse de tres habitaciones:* La estafa hipotecaria del hermano menor de Warner se deta-

lla en *USA v. Daryll Warner*, información criminal, presentada el 15 de julio de 2013, pp. 1-3.

CAPÍTULO 19: «UNA TRISTE Y LAMENTABLE HISTORIA»

256 *una acusación conjunta contra 72 miembros: USA v. Agate, et al.*, comúnmente conocida por su nombre en clave, operación Puente Viejo. El operativo condujo a 60 declaraciones de culpabilidad, con la mayoría de los acusados enfrentando largas penas de prisión.

256 *una redada aún mayor:* Llamada «la mayor horda de la mafia en la historia del FBI» por funcionarios del gobierno, la operación se basó en cuatro acusaciones separadas y el desmantelamiento involucró a unos 800 oficiales. El procurador general Eric Holder anunció la noticia en una conferencia de prensa en el Distrito Este de Nueva York el 20 de enero de 2011.

258 *«Relaté una historia triste y lamentable»:* Juan Zamorano, «Antiguos ejecutivos regionales del futbol acusados de fraude», Associated Press, 20 de abril de 2013.

259 *«tienen derecho a estarlo»:* Graham Dunbar, «El escándalo financiero de la CONCACAF podría dañar a Estados Unidos», Associated Press, 20 de marzo de 2013.

259 *«Persona del año»:* Sean Williams, «El futbol impulsa a Webb como la persona del año de Caimán», *Jamaica Observer*, 28 de febrero de 2013. «El trabajo de uno en el futbol no se limita sólo al futbol, sino que abarca un ámbito más amplio, está al servicio de todos los demás aspectos positivos de la vida y la realidad humana», dijo Webb al enterarse de la distinción.

260 *envió $2 millones de dólares del dinero de la confederación:* Carta de Samir Gandhi de Sidley Austin a Fabrice Baly,

presidente de la Asociación de Futbol de San Martin, fechada el 5 de enero de 2016. La carta fue enviada a todas las asociaciones miembro de la CONCACAF.

261 *Sanz [...] acordó pagarle un soborno de seis cifras: USA v. Hawit, et al.*, pp. 100-101.

261 *«Esperaría y creería»:* Graham Dunbar, «El escándalo financiero de la CONCACAF podría dañar a Estados Unidos».

262 *Parte de ese dinero fue transferido:* Un informe de los movimientos del dinero del soborno en *USA v. Hawit, et al.*, formulación ampliada de la imputación, pp. 133-134.

263 *convocó a una reunión de emergencia del gabinete para la tarde del sábado:* Mark Fraser, «Warner Resigns; Jack Hits the Road» (N. de la T. Juego de palabras con la canción *Hit the Road, Jack* de Ray Charles), *Trinidad Express*, *The New York Times*, 21 de abril de 2013.

264 *«hasta que alguien fuera lo suficientemente valiente como para publicar algo»:* Mark Bassant, «No estoy bajo arresto domiciliario; Daryan Warner se descubre los tobillos en Miami» *Trinidad Express*, 19 de marzo de 2013.

264 *«una investigación del FBI sobre supuesta corrupción»:* Mark Hosenball, «Exclusiva: el FBI tiene testigos colaboradores para la investigación sobre el fraude en el futbol, según fuentes», Reuters, 27 de marzo de 2013.

265 *«antes de tomar cualquier determinación o pronunciamiento»:* Mark Bassant, «El hijo de Jack es un testigo», *Trinidad Express*, 27 de marzo de 2013.

265 *una enorme investigación de varias partes:* La serie de la reportera investigadora Camini Marajh del *Trinidad Express* comenzó el 14 de abril de 2013 con «más de $100 millones retirados de las cuentas de TTFF». Siguió a lo largo de 2013 con más de una docena de revelaciones y columnas que examinaban a profundidad gran parte de las actividades financieras de Warner.

265 *«uno de los ministros más trabajadores de nuestro gabinete»:* Declaración del ministro de Comunicaciones Jamal Mohammed, citado en «El gobierno apoya a Jack», *Trinidad Newsday,* 19 de abril de 2013.

265 *«es infundado y malicioso»:* Linda Hutchinson-Jafar, «El Ministro de Seguridad Nacional y antiguo funcionario de la FIFA, Warner, renuncia: oficial» Reuters, 21 de abril de 2013.

265 *«He aceptado la renuncia»:* Mark Fraser, «Warner dimite», *Trinidad Express*, 21 de abril de 2013.

265 *Warner recibía una llamada telefónica:* Shastri Boodan, «Warner debe devolver el pasaporte diplomático», *Trinidad Guardian*, 19 de julio de 2013.

266 *los tan esperados resultados de su revisión interna:* La FIFA publicó su *Declaración del presidente de la cámara adjudicadora de la FIFA, Hans-Joachim Eckert, en el examen del caso de ISL* de ocho páginas el 29 de abril de 2013.

267 *los dejaron ir después de que devolvieran escasamente un tercio:* Havelange y Teixeira fueron acusados de «malversación y de posible abuso de confianza en la adminsitración», pero el artículo 53 del Código penal suizo permite «la exención de la pena en caso de que se realice una compensación». «Si el delincuente paga por el daño o emprende todos los esfuerzos razonables para compensar la injusticia que causó, entonces la autoridad competente se abstendrá de enjuiciarlo, llevarlo a la corte o castigarlo». Este estatuto generalmente aplica sólo a delitos con sentencias de menos de dos años. Al hacer compensaciones parciales, el fiscal Thomas Hildbrand determinó que los dos brasileños habían cumplido con el artículo 53. Esto se describe exhaustivamente en la desestimación del proceso penal del 11 de mayo de 2010, publicado por la fiscalía del cantón de Zug.

267 *«cualquier otro paso o sugerencia es superfluo»: Ibid.*

CAPÍTULO 20: «NO NOS INVOLUCRES»

269 *3 de mayo de 2013:* Parte de la información sobre la primera interacción de Randall con Hawilla, así como sus llamadas telefónicas anteriores y posteriores con Blazer detalladas a lo largo de este capítulo, provienen de la denuncia penal en *USA v. Hawilla*, del 8 de mayo de 2013. Los detalles adicionales provienen del testimonio judicial de Hawilla de diciembre de 2017.

270 *Hawilla voló a Buenos Aires:* Algunos detalles de esta reunión, así como del contrato de la Copa América, fueron tomados de *USA v. Hawit, et al.*, pp. 141-143, así como del testimonio judicial de Hawilla.

276 *Blazer llamó por primera vez el mes de junio anterior:* La primera llamada grabada de Blazer a Hawilla fue del 1.º de junio de 2012. Una segunda llamada, el 26 de junio, también involucró a Stefano Hawilla, el hijo mayor del ejecutivo. De la demanda penal del 8 de mayo en *USA v. Hawilla*.

277 *Mentirle a un agente federal es un crimen:* A menudo conocido como falsedad en declaraciones, el 18 USC 1001 es uno de los estatutos favoritos de los agentes federales que intentan presentar una demanda contra alguien. Tiene una sentencia máxima de cinco años y ha sido utilizada con éxito contra Martha Stewart, Bernie Madoff, Jeffrey Skilling y, más recientemente, George Papadopoulos, el exasesor externo de Trump. La mejor manera de evitar un cargo 1001 es pedirle al agente su tarjeta, no decir nada más y llamar a un abogado.

277 *quedarse callado y llamar a un abogado:* Si un agente del FBI se acerca para hacerte preguntas, en serio, no digas nada y consigue un abogado.

279 *un abogado de 42 años originario de Dallas:* Algunos detalles biográficos de Aaron Davidson provienen en parte de la transcripción de su declaración de culpabilidad del 20 de octubre de 2016 en *USA v. Hawit, et al.*, así como de varios perfiles en la prensa, especialmente el de Tim Elfrink, «El impresionante caso del soborno de futbol de Aaron Davidson podría limpiar la corrupción de la FIFA», *Miami New Times*, 1.º de septiembre de 2015.

CAPÍTULO 21: NO SOY TU AMIGO

281 *finalmente estableció una fianza de $20 millones:* Los detalles de los términos de la liberación condicional de Hawilla provienen de copias de un acuerdo de custodia de mayo de 2013 firmado entre Hawilla y la Oficina del Procurador para el Distrito Este de Nueva York, representado por la fiscal federal adjunta Amanda Hector.

286 *más de $2 millones en comisiones anuales:* El acuerdo de $160 millones entre CBF y Nike se negoció a partir de 1994 y se firmó en Nueva York el 11 de julio de 1996. Se describe con cierto detalle en *USA v. Hawit, et al.*, formulación ampliada de la imputación, pp. 83-86. Nike *acordó* pagarle a Traffic $40 millones, en cuotas regulares, además del precio del contrato como una comisión de agencia. Hawilla acordó secretamente el 14 de julio de 1996 dividir esa tarifa con Teixeira, lo que equivale a una comisión ilegal. El acuerdo con Nike fue objeto de una investigación parlamentaria de ocho meses en Brasil que comenzó el 17 de octubre de 2000. La comisión finalmente recomendó cargos contra varios funcionarios de futbol, incluido Teixeira, pero no contra Hawilla. Debido al poder político de esas personas, sin embargo, nunca se presentaron cargos. Se puede encontrar una explicación completa en Sílvio

Torres, *Commissão parlamentar de inquérito destinada a apurar a regularidade do contrato celebrado entre a CBF e a Nike*, publicada en junio de 2001.

287 *Teixeira había estado viviendo en una espectacular mansión de Miami frente al mar:* Ante la investigación criminal en Brasilia, Teixeira salió de Brasil el 17 de febrero de 2012, en un jet privado perteneciente a Wagner Abrahão, propietario del Grupo Águia, una agencia de viajes que tenía, junto con Traffic, derechos para vender paquetes VIP de entradas para la Copa Mundial en Brasil. Tan sólo unas semanas antes, Teixeira había dado el enganche de una mansión de 615 metros cuadrados y $7.45 millones en Sunset Island en Miami que anteriormente había pertenecido a la tenista rusa Anna Kournikova. Renunció como presidente de la CBF el 12 de marzo de 2012, cuando ya estaba instalado en Miami. La historia de Teixeira, ampliamente detallada, se puede encontrar en Jamil Chade y en Ribeiro Jr., *et al.*, que cubre el vuelo del funcionario de futbol en las pp. 233-234.

290 *El 3 de junio, menos de un mes después de que lo arrestaran:* Detalles de los pagos de Hawilla a Torneos y Full Play por su porción de los sobornos por la Copa América extraídos de un testimonio del juicio de Juan Ángel Napout, José Maria Marin y Manuel Burga en noviembre y diciembre de 2017, además de *USA v. Hawit, et al.,* formulación ampliada de imputación, pp. 144-145.

CAPÍTULO 22: UNO DE PLATA, EL OTRO DE ORO

292 *docenas de pagos:* Un informe de los pagos de sobornos de Danis, así como sus problemas impositivos, se encuentra en *USA. v. Zorana Danis*, información criminal, presentada el 26 de mayo de 2015, pp. 15-16, 18.

292 *Blagoje Vidinić:* Hay numerosos relatos de la vida de Vidinić como jugador, entrenador y empleado de Adidas, y la historia de su conversación con Horst Dassler en vísperas de las históricas elecciones de la FIFA de 1974 en Frankfurt ha sido narrada por varios periodistas deportivos, incluyendo a Andrew Jennings, Keir Radnedge y Pal Odegard, entre otros. Tal vez el mejor relato proviene de Barbara Smit, *Sneaker Wars*, pp. 139-140.

293 *después de graduarse de Georgetown:* Aspectos de la biografía y los negocios de Danis provienen de su caso criminal, *USA v. Danis*, incluida la transcripción de su declaración de culpabilidad del 26 de mayo de 2015, así como de declaraciones juradas y otros documentos en una demanda civil presentada por Conmebol contra Danis e International Soccer Marketing en el Tribunal de Nueva York el 21 de octubre de 2016.

294 *Norris le puso un dispositivo de registro de llamadas a Danis:* El agente federal archivó la solicitud el 19 de julio de 2013, pidiendo la vigilancia de cuentas de correo electrónico pertenecientes a Danis, Ricardo Teixeira, Jorge Martínez y Horace Burrell. El 25 de julio se colocó un dispositivo adicional para monitorear el teléfono de Danis. Ambos dispositivos, válidos durante sesenta días, se extendieron dos veces, hasta comienzos de 2014.

295 *en una serie de otras conspiraciones corruptas:* Una letanía de actos delictivos perpetrados por Daryan Warner está incluida en su acuerdo de cooperación, que fue leído en la transcripción de su declaración de culpabilidad, tomada el 18 de octubre de 2013.

297 *«una porción del dinero»: USA. v. Daryan Warner*, orden de decomiso, presentada el 23 de octubre de 2013, p. 1.

300 *Blazer finalmente colapsó:* Mary Pappenfuss y Teri Thompson, p. 152.

301 *No enfrentaría sanción:* Una lista de actos corruptos admitidos por Blazer, pero por los cuales no fue acusado, se encuentra en el acuerdo de cooperación que firmó el 25 de noviembre de 2013, pp. 8-9.

301 *pagar una multa de casi $2 millones de dólares al gobierno:* El monto exacto es de $1,958,092.72, «que representa una parte del dinero que el acusado recibió de sobornos, componendas y ventas no autorizadas de boletos de la Copa Mundial». *USA v. Blazer*, orden de confiscación, 25 de noviembre de 2013. Los términos de su confiscación exigieron que se pagaran los $1.9 millones completos en el momento de declararse culpable; una segunda cantidad no especificada debía pagarse en el momento de la sentencia, pero Blazer murió en julio de 2017, antes de que pudiera ser sentenciado.

302 *«El objetivo principal de la empresa»: USA v. Blazer*, información delictiva, p. 2.

CAPÍTULO 23: CONFIANZA Y TRAICIÓN

304 *un nuevo y lustroso auto deportivo BMW X5:* Algunos detalles sobre las prebendas de Sanz en la CONCACAF en Tariq Panja y David Voreacos: «¿Puede uno de los agentes más sucios del futbol mundial limpiar sus propias acciones?», *Bloomberg*, 23 de febrero de 2016.

304 *Sanz se sentó con su íntimo amigo: USA v. Hawit, et al.,* formulación ampliada de la imputación, p. 139.

306 *Brasil aprobó la primera ley:* La ley brasileña 12,850 fue aprobada el 2 de agosto de 2013. Se diseñó para combatir el crimen organizado y proporcionar beneficios a quienes colaboraran en las investigaciones criminales. La ley ha sido objeto de muchas controversias y los críticos dicen que da a los colaboradores incentivos para hacer acusaciones falsas con la finalidad de recibir sentencias menos duras.

310 *A última hora de la mañana del 16 de marzo:* Algunos aspectos de la junta entre Hawilla y Davidson fueron extraídos de las transcripciones de una grabación clandestina que se tomó como prueba en el juicio de 2017 de Juan Ángel Napout, José Maria Marin y Manuel Burga.
313 *«¿Que si es ilegal?»: USA v. Hawit, et al.,* formulación ampliada de la imputación, pp. 147-148.
314 *El 25 de febrero de 2014, por ejemplo: Ibid.*, p. 105.

CAPÍTULO 24: «NOS VAMOS TODOS A LA CÁRCEL»

317 *En la mañana del 1.º de mayo: USA v. Hawit, et al.,* ampliada de la imputación, pp. 58 y 146. Varios detalles de los eventos que ocurrieron alrededor de la conferencia de prensa fueron extraídos de testimonios, así como de transcripciones usadas como pruebas en el juicio de 2017 de Napout, Marin y Burga.
318 *«Estamos orando por su recuperación»:* La conferencia de prensa fue grabada y hay un video completo del evento disponible en línea.
320 *«Nos vamos todos a la cárcel»:* Esta y otras citas provienen de transcripciones de las grabaciones clandestinas de Hawilla.
324 *detuvieron a un hombre llamado Canover Watson:* Brent Fuller, «Canover Watson liberado bajo fianza», *Cayman Compass*, 29 de agosto de 2014.
327 *un préstamo por $240,000 para J & D International:* Brent Fuller, «Juicio de CarePay: El jefe del banco confirma un "préstamo a Webb"» *Cayman Compass*, 5 de enero de 2016. El *Cayman Compass* brindó una cobertura extensa y de alta calidad de la investigación y del juicio posterior de Canover Watson, que finalizó el 4 de febrero con su condena por fraude, conflicto de interés, abuso de confianza y

conspiración para defraudar. Fue condenado a siete años de prisión, y en julio de 2017 fue nombrado objetivo de una investigación por separado sobre fraude en la Asociación de Futbol de las Islas Caimán. Jeffrey Webb fue acusado por las autoridades de las Islas Caimán en julio de 2015 por conspiración para cometer fraude, abuso de confianza y «conspiración para convertir propiedad criminal».

CAPÍTULO 25: LA DEVOLUCIÓN

330 *Mary Lynn Blanks, la antigua actriz de telenovelas:* Blanks fue, como se comprobó más tarde, la fuente del artículo del *Daily News*, y se convirtió en la principal fuente del libro sobre Chuck Blazer escrito por Mary Pappenfuss y Teri Thomson, *American Huckster.* De hecho, le dedicaron el libro.

332 *los bancos suizos se habían visto obligados:* De los 20,000 clientes de UBS que eran contribuyentes de Estados Unidos, unos 17,000 ocultaron sus identidades y la existencia de esas cuentas. Credit Suisse, por su parte, entregó inicialmente los nombres de sólo 238 titulares de cuentas que eran contribuyentes de Estados Unidos, de un total de más de 22,000 de esas cuentas. Véanse James Vicini, «UBS para identificar clientes, paga $780 millones en caso de impuestos», Reuters, 18 de febrero de 2009; y Eric Tucker y Marcy Gordon, «Credit Suisse se declara culpable, paga $2,600 millones en caso de evasión fiscal en Estados Unidos», Associated Press, 19 de mayo de 2014.

334 *«respetar los derechos personales»:* Owen Gibson, «La FIFA se prepara para publicar Resumen de la investigación», *The Guardian*, 18 de octubre de 2014.

334 *«declaraciones materialmente incompletas y erróneas sobre los hechos»:* Graham Dunbar,«la FIFA bajo la mira después del informe sobre Qatar, Rusia», Associated Press, 13 de noviembre de 2014.

334 *se les prohibía poner un pie en el país:* En respuesta a las sanciones de la Ley Magnitsky aprobadas a fines de 2012, Rusia, el 13 de abril de 2013, prohibió la entrada al país a 18 estadounidenses, incluido Garcia, quien como agente estadounidense del Distrito Sur de Nueva York había participado en el enjuiciamiento de un traficante de armas ruso, Viktor Bout.

336 *Hawilla se había deshecho de sus periódicos [...] en septiembre de 2013:* Chico Siquera, «Grupo Traffic vende *Diário de S. Paulo*», *O Estado de S. Paulo*, 6 de septiembre de 2013.

336 *había convencido a los inversionistas chinos:* Marcio Porto, «Chinese compram CT e São Paulo é quem deve administrálo». *Lance!,* 17 de abril de 2014.

337 *Cuando se aprobó la Ley RICO:* La historia de la confiscación penal, incluido el concepto de «corrupción de sangre», que fue utilizado por el primer Congreso de Estados Unidos para prohibir la práctica en 1790, es un tema apasionante, explorado de manera excelente y clara en Karla L. Spaulding, «Hit Them Where it Hurts», *Journal of Criminal Law and Criminology,* vol. 80, primavera de 1989, pp. 197-292.

338 *La primera entrega, de $25 millones de dólares:* El acuerdo original de confiscación de Hawilla pedía que pagara $25 millones de dólares en el momento de declararse culpable, $75 millones más en el año posterior a esa fecha, y los $51 millones restantes antes de su sentencia, o en diciembre de 2018, lo que sucediera antes. Aunque Hawilla pagó $20 millones adicionales, no ha podido vender Traffic y culpa al caso penal y a la mala economía de Brasil. Por lo tanto, ha recibido prórrogas que le permitirán pagar el saldo completo de $106 millones antes de diciembre de 2018 o en el momento de su sentencia.

CAPÍTULO 26: EL DERRUMBE

341 *«La FIFA es familia»:* Andrew Jennings, *Foul!,* p. 224.
342 *«padre de nuestra familia del futbol»:* Beverly Melbourne, «Cuando la FIFA llegó a las Islas Caimán», *Cayman Net News*, 16 de junio de 2009.
342 *esa persona «podría ser Jeffrey Webb»:* Robert Christopher Woolard, «El jefe de la CONCACAF descarta invitación para el trabajo en la FIFA», Agence France Presse*,* 22 de octubre de 2013.
342 *«entonces veamos a dónde va»:* Sean Williams, «Blatter respalda a Webb para un segundo periodo al frente de la CONCACAF» *Jamaica Observer*, 18 de abril de 2015.
343 *proyectaron una pérdida de $6.5 millones de dólares para el año:* Carta de Samir Gandhi de Sidley Austin a Fabrice Baly, presidente de la Asociación de Futbol de San Martín, fechada 5 de enero de 2016.
343 *a tomar tranquilamente un sueldo de $2 millones:* Tariq Panja y David Voreacos, «¿Puede uno de los agentes más sucios del futbol mundial limpiar sus propias acciones?»
348 *un «tercero» no identificado estaba ayudando a financiar la defensa de Watson:* Brent Fuller, «Otros implicados en la investigación de CarePay», *Cayman Compass*, 2 de abril de 2015.
349 *Jeffrey Webb había amasado una impresionante variedad:* Los detalles de los activos de Webb provienen, en parte, de *USA v. Webb, et al.,* orden que establece las condiciones de liberación y fianza, presentada el 18 de julio de 2015; y también de *USA v. Webb*, orden preliminar de confiscación corregida, presentada el 1.º de diciembre de 2016.

CAPÍTULO 27: EL OPERATIVO

357 *Exactamente a las seis de la mañana:* Este recuento de los eventos de la mañana del 27 de mayo de 2015 se extrae de una serie de entrevistas, así como de las redes sociales y los artículos de prensa del día. En particular, la historia del *The New York Times*, publicada por primera vez unos minutos antes de la redada, y que pasó por casi tres docenas de revisiones y siete titulares diferentes durante las siguientes veinticuatro horas, es un documento de importancia crítica. Los tuits de siete reporteros diferentes involucrados en la redacción y publicación de la historia, así como de otros medios de comunicación involucrados en la cobertura, incluido el recuento de noticias de última hora de CNN, ayudaron a contextualizar los eventos en tiempo real.

358 *«Estados Unidos presenta cargos de corrupción contra funcionarios de la FIFA»* La primera versión de la historia del *The New York Times* incluía los titulares de Matt Apuzzo, Michael S. Schmidt, William K. Rashbaum y Sam Borden, y se basaba en gran medida en las acusaciones de corrupción en la competencia por las Copas del Mundo 2018 y 2022. Ese aspecto de la historia fue eliminado en los borradores subsiguientes.

359 *El martes 26 de mayo fue un día ocupado:* Varios de los detalles de las actividades de Webb en Zúrich antes de su detención fueron extraídos de Vernon Silver, Corinne Gretler y Hugo Miller, «La FIFA estalla en Baur au Lac: dentro de la redada de cinco estrellas», *Bloomberg*, 27 de mayo de 2015.

360 *Neusa Marin […] marcó desesperadamente:* hay varios informes de la redada y los eventos subsecuentes desde la perspectiva brasileña. Algunos detalles son extraídos de Silvio

Barsetti, «Amigo relata abandonó de Del Nero a Marin na hora de prisão», *Terra*, 17 de junio de 2015; otros de Jamil Chade, *Politica, Propina e Futebol.*

361 *Burzaco pidió su desayuno:* Los detalles de las experiencias de Burzaco el 27de mayo se extrajeron de su testimonio en el juicio de Napout, Marin y Burga en 2017.

362 *«tu nombre está en la lista»:* Ignacio Naya, «Tu nombre está en la lista de acusados: así fueron los arrestos en Zúrich», *La Nación,* 28 de mayo de 2015.

364 *un equipo de cámaras de televisión ya los estaba esperando:* Había periodistas de Associated Press temprano en la mañana de la redada. Se publicó un video de una parte de su rodaje, «Redada del FBI contra funcionarios de la CONCACAF en investigación de la FIFA», en YouTube el 27 de mayo de 2015.

365 *«Esta es realmente la Copa Mundial del fraude»:* Las observaciones cuidadosamente ensayadas de Weber, así como todo lo demás que dijo en la conferencia de prensa, fueron grabados en un video del evento de casi 43 minutos de duración, que está disponible en línea.

367 *«no había estado involucrado»:* Un video de la conferencia de prensa de media hora de Walter De Gregorio, en la que afirmó que la FIFA jugó realmente una mano para convocar a la investigación suiza, está disponible en línea. «La FIFA es la parte perjudicada», dijo. De Gregorio fue despedido el 11 de junio, supuestamente por hacer una broma en la televisión suiza: «P: El presidente de la FIFA, el secretario general y el director de comunicaciones están en un automóvil. ¿Quién está conduciendo? R: La policía».

367 *le dijo Warner a un periodista:* Tuit de Steven Goff, periodista de futbol en *The Washington Post*, 27 de mayo de 2015.

CAPÍTULO 28: «UN GRAN DÍA PARA EL FUTBOL»

369 *Zorana Danis entró a un tribunal federal: USA v. Danis*, transcripción de la declaración de culpabilidad, 26 de mayo de 2015.

372 *Por segunda vez en tres años:* A diferencia de su primera investigación interna de la CONCACAF, Sidley Austin nunca ha publicado los resultados de su segunda auditoría. Aunque en diciembre de 2012 la CONCACAF presentó cuatro años de declaraciones de impuestos, las cuales están disponibles para el público, no ha hecho disponible la información fiscal sobre los años subsecuentes, y las fuentes indican que es poco probable que llegue a publicar información sobre las finanzas de la confederación mientras estén Jeffrey Webb y Enrique Sanz.

372 *«¿Qué es esta noción del tiempo?»:* Owen Gibson, «Sepp Blatter reelecto presidente de la FIFA para el quinto periodo», *The Guardian*, 29 de mayo de 2015.

373 *«no en Zúrich cuando estamos en nuestro congreso»:* Martyn Ziegler, «Sepp Blatter culpa a los medios ingleses y las autoridades judiciales de Estados Unidos por intentar derrocarlo tras ser reelecto presidente de la FIFA», Press Association Sport, 30 de mayo de 2015.

373 *«nadie les da el derecho»:* Tim Reynolds, «El exvicepresidente de la FIFA Warner ataca a Estados Unidos basado en una historia satírica», Associated Press, 31 de mayo de 2015.

374 *«Sólo dos personas se presentaron»:* Daina Beth Solomon, «La película de la FIFA "Pasiones Unidas" hace su debut mudo en Los Angeles», Reuters, 5 de junio de 2015.

375 *Alejandro Burzaco, acompañado por un abogado:* Burzaco describió su viaje a Italia y su sucesiva rendición en su testimonio judicial.

378 *renunciar a la suma de $21,694,408.49: USA v. Burzaco*,

orden de confiscación preliminar sellada, presentada el 16 de noviembre de 2015.

378 *Hawit se reunió en privado con Fabio Tordin:* Detalles de la grabación secreta de Hawit extraídos de *USA v. Hawit, et al.*, formulación ampliada de la imputación, pp. 129-130.

CAPÍTULO 29: UN ABOGADO CELOSO

380 *David Torres-Siegrist volvía a casa:* Porciones significativas, pero no completas, del material descrito en este capítulo provienen de varias entrevistas con Torres-Siegrist. Los correos electrónicos adicionales, los documentos legales, la cobertura de la prensa y otros registros fueron vitales para completar y justificar el relato. Fue especialmente útil la excelente obra uruguaya de periodismo de investigación, *Figueredo: a la sombra del poder*, de Diego Muñoz y Emiliano Zecca, que se cita en la bibliografía de este libro.

383 *como extremo derecho en el Huracán Buceo: Ibid.*, pp. 33-51.

385 *Estados Unidos envió las solicitudes formales el 1.º de julio:* El agente estadounidense (AUSA, por sus siglas en inglés) Sam Nitze firmó una declaración jurada en apoyo de la solicitud de extradición el 24 de junio de 2015; fue aprobada y concedida por Estados Unidos de América el 29 de junio y formalmente enviada por la embajada de Estados Unidos a Suiza el 1.º de julio.

385 *Webb incluso tuvo que entregar el anillo de bodas de su esposa:* «El anillo de bodas de diamantes de Kendra Gamble-Webb» figura entre otros activos utilizados para asegurar la fianza de Webb en *USA v. Webb*, orden que fija las condiciones de fianza y liberación, firmada el 18 de julio de 2015.

387 *involucraba a un científico nuclear ruso:* El físico, Yevgeny Adamov, había sido jefe del Ministerio ruso de energía ató-

mica, y fue arrestado el 2 de mayo de 2005 en Suiza a petición de Estados Unidos, que dijo que había robado unos $9 millones de dólares en fondos destinados a mejorar la seguridad nuclear en Rusia y acusado por lavado de dinero, evasión de impuestos y fraude, entre otros cargos. Rusia también solicitó la extradición de Adamov, y su petición prevaleció en diciembre de 2005.

391 *«no guardaban relación con su capacidad económica»:* De la petición de 24 páginas de Uruguay para la extradición de Figueredo, finalizada el 21 de octubre de 2015.

CAPÍTULO 30: *PLUS ÇA CHANGE…*

393 *la policía suiza volvió a entrar al vestíbulo:* al igual que las incursiones del 27 de mayo, el mejor y más completo informe de sucesos se encuentra en el artículo del *The New York Times* sobre los hechos, ya que los reporteros estaban instalados en el hotel antes de los arrestos. Además, como sólo se llevaron a dos acusados del Baur au Lac, la operación se completó más rápidamente, por lo que pocos periodistas llegaron a tiempo para presenciar el operativo.

395 *«La CONCACAF ha sido víctima de fraude»:* Steven Goff, «Blatter sigue desafiante, mientras Estados Unidos retira su apoyo», *The Washington Post*, 29 de mayo de 2015.

396 *despidió al secretario general afectado por el cáncer:* Carta de Samir Gandhi de Sidley Austin a Fabrice Baly.

396 *«La corrupción de la empresa se hizo endémica»: USA v. Hawit, et al.,* formulación ampliada de la imputación, p. 40.

397 *un periodista del* The New York Times*:* Sam Borden, entonces corresponsal deportivo del periódico, recordó los eventos del día en una publicación de Storify, señalando que llegó al Baur au Lac a las 5:45 a. m.

397 *Sepp Blatter se despertó temprano:* Los detalles sobre lo que Blatter hizo el 26 de febrero provienen de una larga entrevista realizada con el expresidente de la FIFA en su residencia ese mismo día.

398 *el procurador general suizo allanó la sede de la FIFA:* Nick Gutteridge, «El jefe de la FIFA, Sepp Blatter, se retiró de la reunión y fue cuestionado por policías suizos sobre cargos por fraude», *Express Online*, 25 de septiembre de 2015.

399 *«entre los ángeles que cantan y el diablo que enciende el fuego»:* Teddy Cutler, «Sepp Blatter "casi muere" pero se enfrenta a la suspensión prolongada», *The Sunday Times,* 24 de noviembre de 2015.

401 *«No pensaba en ser candidato»:* Un video del largo asunto de seis horas, incluido el discurso de Infantino, está disponible en línea.

407 *Ya había rastreado las cuentas del tipo:* El objetivo, Richard Lai, presidente de la Asociación de Futbol de Guam, acordó colaborar con la investigación. Finalmente se declaró culpable por dos cargos de conspiración, fraude de transferencias electrónicas y uno por no informar sobre las cuentas bancarias en el extranjero el 27 de abril de 2017 y estuvo de acuerdo con que se le confiscaran $870,000 dólares.

NOTAS

EPÍLOGO

408 *la noche del 14 de noviembre:* El aparente suicidio de Delhón tuvo una cobertura amplia en la prensa argentina, la cual obtuvo, entre otras cosas, una foto de la nota que se encontró en su portafolio. En la quese leía «Los amo, no puedo creerlo».

410 *habían pagado $15 millones de dólares en sobornos:* Después del testimonio de Burzaco, tanto Televisa como TV Globo publicaron declaraciones en las que negaban estar involucrados en actividades corruptas.

412 *ganó un premio que lo reconoció:* El 20 de junio, Norris fue nombrado ganador del premio J. Michael Bradford de la Asociación Nacional de Antiguos Agentes, venciendo a otros 18 nominados. La asociación llamó al caso de la FIFA «uno de los juicios más significativos que el Departamento de Justicia haya presentado» y felicitó a Norris por diseñar las «estrategias de investigación y procesamiento para este caso revolucionario y trasnacional».

413 *Exreportero de periódico larguirucho:* Nitze trabajó como periodista para *Asbury Park Press* y el *Miami Herald*, don-

de participó en una serie de investigación sobre una ley de Florida de 1959 diseñada para proteger a los agricultores explotados por los desarrolladores.

413 *un banquero argentino:* Jorge Arzuaga se declaró culpable de lavado de dinero el 15 de junio de 2017 y estuvo de acuerdo con que se le confiscaran $1,046,000, «lo cual representa los bonos que el acusado recibió de ejecutivos de Torneos y Competencias S. A. y sus subsidiarias y filiales para compensarlo por su participación en la conspiración de lavado de dinero», según el acuerdo de confiscación sobre el asunto. El caso es *USA v. Arzuaga.*

415 *En la petición que la FIFA presentó:* La organización de futbol presentó una «Declaración y solicitud de compensación de la víctima» al Distrito Este de Nueva York el 15 de marzo de 2016. Buscaba una suma en específico, pero se dio cuenta de que el dinero que Estados Unidos había confiscado en el caso «debía usarse para compensar a las víctimas... particularmente la FIFA y sus asociaciones y confederaciones miembro».

418 *«el día más feliz de mi vida»:* Susan Mohammed, «Jack tiene ganas de ir de fiesta»,*Trinidad Express*, 11 de octubre de 2017.

424 *José Maria Marin y Juan Ángel Napout fueron condenados:* Marin fue sentenciado por un cargo de conspiración de la Ley RICO, tres cargos de conspiración de fraude electrónico y dos cargos por conspiración de lavado de dinero, mientras que lo exoneraron de un cargo adicional de conspiración de lavado de dinero. Napout fue sentenciado por un cargo de conspiración de la Ley RICO y dos cargos de conspiración de fraude electrónico. Le exoneraron de dos cargos de conspiración de lavado de dinero.

BIBLIOGRAFÍA SELECTA

Aguilar, Luís. *Jogada Ilegal: os Negócios do Futebol, os Grandes Casos de Corrupção, Uma Viagem aos Bastidores da FIFA.* Río de Janeiro: Gryphus, 2013.

Araújo Vélez, Fernando. *No era futbol, era fraude*. Bogotá: Planeta, 2016.

Blake, Heidi y Jonathan Calvert. *The Ugly Game: The Qatari Plot to Buy the World Cup*. Londres: Simon and Schuster, 2015.

Bondy, Filip. *Chasing the Game: America and the Quest for the World Cup*. Filadelfia: Da Capo Press, 2010.

Borenstein, Ariel. *Don Julio: Biografía no autorizada de Julio Humberto Grondona*. Buenos Aires: Planeta, 2014.

Casar González, Alejandro. *Pasó de todo: Cómo la AFA, la FIFA y los gobiernos se adueñaron de la pelota*. Buenos Aires: Planeta, 2015.

Castillo, Hernán. *Todo pasa: futbol, negocios y política de Videla a los Kirchner*. Buenos Aires: Aguilar, Altea, Taurus, Alfaguara, 2012.

Chade, Jamil. *Política, Propina e Futebol: Como o «Padrão FIFA» Ameaça o Esporte Mais Popular do Planeta*. Río de Janeiro: Objetiva, 2015.

Conn, David. *The Fall of the House of FIFA*. Nueva York: Nation Books, 2017.

Foer, Franklyn. *How Soccer Explains the World: an Unlikely Theory of Globalization*. Nueva York: Harper Perennial, 2010.

Forrest, Brett. *The Big Fix: the Hunt for the Match-Fixers Bringing Down Soccer*. Nueva York: William Morrow, 2015.

Goldblatt, David. *Futebol Nation: the Story of Brazil through Soccer*. Nueva York: Nation Books, 2014.

——. *The Ball is Round: A Global History of Football*. Londres: Penguin Books, 2007.

Harding, Luke. *Collusion: Secret Meetings, Dirty Money, and how Russia Helped Donald Trump Win*. Nueva York: Vintage Books, 2017.

Hartley, Ray. *The Big Fix: How South Africa Stole the 2010 World Cup*. Jeppestown, Sudáfrica: Jonathan Ball Publishers, 2016.

Hill, Declan. *The Fix: Soccer and Organized Crime*. Toronto: McClelland & Stewart, 2008.

Huerta, Gustavo. *Jadue: Historia de una farsa*. Santiago: Planeta, 2016.

Jennings, Andrew. *Foul! The Secret World of FIFA*. Londres: HarperSport, 2006.

——. *The Dirty Game: Uncovering the Scandal at FIFA*. Londres: Arrow Books, 2016.

Kistner, Thomas. *Fifa mafia*. Barcelona: Corner, 2015.

Kuper, Simon y Stefan Szymanski. *Soccernomics: Why England Loses, Why Spain, Germany, and Brazil Win, and Why the US, Japan, Australia —and even Iraq— are Destined to*

Become the King's of the World's Most Popular Sport. Filadelfia: Nation Books, 2014.

Leoz, Nicolás. *Pido la palabra: I Request the Floor*. Buenos Aires: Salvucci y Asociados, 2002.

Llonto, Pablo. *La vergüenza de todos: el dedo en la llaga del Mundial 78*. Buenos Aires: Ediciones Madres de Plaza de Mayo, 2005.

Mattos, Rodrigo. *Ladrõoes de Bola: 25 Anos de Corrupção No Futebol*. São Paulo: Panda Books, 2016.

Muñoz, Diego y Emiliano Zecca. *Figueredo: A la sombra del poder*. Montevideo: Penguin Random House, 2016.

Pappenfuss, Mary y Teri Thompson. *American Huckster: How Chuck Blazer Got Rich From —And Sold Out— The Most Powerful Cabal in World Sports*. Nueva York: Harper, 2016.

Pieth, Mark (ed.). *Reforming FIFA*. Zúrich: Dike Verlag AG, 2014.

Ribeiro, Amaury Jr., Leandro Cipoloni, Luiz Carlos Azenha y Tony Chastinet. *El lado sucio del futbol: la trama de sobornos, negocios turbios y traiciones que sacudió al deporte más popular del mundo*. México: Planeta, 2014.

Rosell, Sandro. *Bienvenido al mundo real*. Barcelona: Ediciones Destino, 2006.

Singh, Valentino. *Upwards Through the Night: the Biography of Austin Jack Warner*. San Juan, Trinidad: Lexicon Trinidad, 1998.

Smit, Barbara. *Sneaker Wars: The Enemy Brothers who Founded Adidas and Puma and the Family Feud that Forever Changed the Business of Sports*. Nueva York: Harper Perennial, 2008.

Toye, Clive. *A Kick in the Grass*. Haworth: St. Johann Press, 2006.

Veiga, Gustavo. *Deporte, desaparecidos y dictadura*. Buenos Aires: Ediciones al Arco, 2010.

Warner, Jack y Valengino Singh. *Jack Austin Warner: Zero to Hero*. Newtown, Trinidad y Tobago: Medianet, 2006.

Yallop, David. *How They Stole the Game*. Londres: Constable, 2011.